LAS FUENTES
DE LA ALEGRÍA

LAS FUENTES DE LA ALEGRÍA
Textos del P. José Kentenich

COORDINADOR DE LA EDICIÓN:
Jorge De Knoop Santelices

TÍTULO EN ALEMÁN:
Priesterliche Lebensfreude

TRADUCCIÓN AL CASTELLANO:
Roberto Bernet

Nº Inscripción: 155.841
ISBN: 978-956-246-302-7

© **Editorial Nueva Patris S.A.**
José Manuel Infante 132
Teléfono: 235 1343 - Fax: 235 8674
Providencia, Santiago - Chile
E-mail: gerencia@patris.cl
www.patris.cl

Primera edición: Junio, 2006
Segunda edición: Mayo, 2010
Tercera edición: Julio, 2012

Impresor: Dimacofi Servicios S.A.
Julio, 2012
CHILE

P. José Kentenich

Las Fuentes de la Alegría

CONTENIDO

PRESENTACIÓN

En esta obra, el P. José Kentenich enfrenta con especial eficacia anhelos muy profundos de nuestro tiempo y entrega una respuesta plenamente católica y fructífera. Se trata, en último término, de la inquietud por los temas de la felicidad humana y de la motivación última del actuar de Dios.

El enfoque que el padre Kentenich emplea en estos ejercicios espirituales asume el pensamiento de san Francisco de Sales (1567-1622), un hombre de enorme influencia como maestro de espiritualidad. En la actualidad es especialmente valorado como el precursor del apostolado y de la santidad de los laicos. De alguna manera, el Concilio Vaticano II vino a confirmar mucho de lo que él había pretendido cuatro siglos antes. Su pensamiento se resume en la afirmación: "Dios es amor" y por ello todo lo hace por, mediante y para el amor. Esta misma ley, el santo la aplica al hombre, instándolo a imitar el proceder de Dios, encontrando también en el amor la fuente profunda de felicidad plena.

Dan fe de la actualidad de este pensamiento dos acontecimientos eclesiales muy recientes: por una parte, la encíclica *Deus caritas est,* de S.S. Benedicto XVI, y, por otra, la canonización del padre Alberto Hurtado SJ, cuyo lema era una expresión de alegría: "Contento, Señor, contento".

El contexto histórico del presente retiro se sitúa en la Alemania de 1934. En ese año, Hitler se afianza en el poder y reúne en su persona los cargos del Presidente y de Canciller, y adopta el título de *Führer* (caudillo o jefe). Además logra el control total de los medios de comunicación y de la propaganda.

Han transcurrido más de 70 años desde que el P. Kentenich dirigió estos ejercicios espirituales pero, a pesar de ello, siguen siendo plenamente vigentes y eficaces. Si bien sus destinatarios originales fueron sacerdotes y teólogos, estos planteamientos son igualmente aplicables para cualquier cristiano comprometido con su fe. Nuestra experiencia práctica así lo demuestra. Por ejemplo, cuando el P. Kentenich habla de la ordenación sacerdotal y sus gracias, las personas casadas pueden referirlo al sacramento del matrimonio.

El P. José Kentenich y san Francisco de Sales

La relación del P. Kentenich con san Francisco de Sales se remonta a sus tiempos de estudio, durante el noviciado. Desde luego, las primitivas constituciones de los palotinos, comunidad a la cual pertenecía, se inspiraron y poseían una explícita orientación según el carisma de ese santo.

El P. Kentenich se siente captado por Francisco de Sales, por su propia estructura psicológica y su historia de vida. Como el santo, él tenía mucho sentido de la metafísica, de lo trascendente, de la búsqueda de Dios y también del aspecto psicológico y de los procesos anímicos. Por su connatural sentido de la libertad y del amor, todo lo que fuese coacción, temor o rigidez, le causaba rechazo. En este sentido, su ideal de hombre nuevo en la nueva comunidad es una idea original e innata en él.

Poseía un fuerte sentido de la libertad, unido a la búsqueda del motivo y objetivo central, constituido por el ideal. Su experiencia de vida, en su niñez y juventud, la educación que recibió y la disciplina rígida y dura, propia de la época, deben haberlo acercado más a san Francisco de Sales e impulsado a adentrarse en su espiritualidad. En él encontraba un acento en la espiritualidad que coincidía con sus inquietudes y su estructura.

Posteriormente, el P. Kentenich trabaja y elabora más a fondo la espiritualidad salesiana. Lee y trabaja la ley de amor de Dios, lo que después vierte en sus ejercicios sobre *La perfecta Alegría de Vivir*. Asimismo, la elaboración que hace de *La Santidad de la Vida Diaria* tiene parte muy importante de su fundamento en la concepción de san Francisco de Sales, si bien en cierto modo la desarrolla, complementa y prolonga. La espiritualidad del P. Kentenich implica un proceso pedagógico que, inspirado en muchos aspectos en el santo obispo de Ginebra, va más allá. Sobre todo, incorpora una fundamentación psicológica y pedagógica.

De entre las múltiples citas del padre Kentenich que expresan su cercanía y profundo aprecio por el santo, escogimos las siguientes, de 1949:

"La coincidencia entre san Francisco de Sales y nosotros es enorme, tanto en el espíritu como en las aplicaciones concretas. (…) Lo que él buscaba es lo mismo a que aspiramos nosotros, sus dificultades son también las nuestras, sus luchas, nuestras luchas".

"San Francisco de Sales nos sirve de guía en el escabroso camino, en el desconcertante laberinto. Él es flexible cuando se trata de formas de vida externa, pero para elegir o cambiar éstas, exige como criterio y como norma inequívocos el crecimiento en el amor a Dios, hasta la plena intimidad y el éxtasis. Quien sigue su camino, concentra todas sus fuerzas en Dios y recibe de ese modo una sorprendente seguridad en el actuar, una santa libertad que lo hará dichoso en su condición y que se convertirá naturalmente en costumbre y forma de vida, según lo exija su estado y su profesión".

Este retiro del padre Kentenich aporta para la nueva cultura esos elementos básicos: santidad en el amor a Dios, flexibilidad y seguridad, que constituyen una parte muy valiosa de su legado a la Iglesia que tanto amó. Todo ello dentro de una pedagogía que conduce a una actitud de magnanimidad, gozo y libertad. De su lectura y meditación fluye ese encuentro alegre, profundo y vital con el Dios de la Vida y Señor de la Historia, junto con la posibilidad de una profunda transformación personal.

Jorge De Knoop Santelices
Federación de Matrimonios
de Schoenstatt - Chile

19 de marzo de 2006, fiesta del bienaventurado
san José, esposo de la Virgen María.

PRÓLOGO
A LA EDICIÓN ALEMANA

La alegría de vivir es la meta anhelada del hombre moderno. Tal vez nunca antes se haya escrito tanto acerca del tema de la alegría como en la actualidad. Este hecho constituye por sí mismo una señal de que hay muy poca auténtica alegría puesto que, cuanto más se la experimenta realmente, menos se habla de ella. Sin embargo, en la medida en que las cosas evidentes de la existencia humana se ven amenazadas y se tornan huidizas, se hace más necesario reflexionar sobre ellas. Lo mismo observamos al considerar otro término que integra también el título de este libro: «vivir» o bien, la «vida». Todo el mundo vive y quiere vivir. Pero la duda que pulsa en lo profundo de nuestro espíritu es si acaso se trata de una vida verdadera, plena, con expectativas de futuro. Esa pregunta se plantea ya al comienzo de una vida humana: ¡a cuántos niños se les niega el derecho a la vida! También la vida de la naturaleza es objeto de la pregunta: ¡cuántos seres vivos ven amenazada su supervivencia! Los árboles, esos símbolos de vida pujante, de vida crecida y afianzada, caen víctimas de la avidez humana o de la contaminación ambiental.

En el marco de esta situación viene a publicarse este libro sobre *La perfecta alegría de vivir*. Lo componen las pláticas, apuntadas estilográficamente, de un retiro espiritual para sacerdotes dictado por el P. José Kentenich, fundador de la Obra de

Schoenstatt, entre el 7 y el 13 de octubre de 1934 en el marco de su serie de grandes retiros espirituales anuales. La lectura de estas pláticas en las que el P. Kentenich ha hablado de la forma más extensa y fundamental acerca de la alegría y de su fuente, revela que, setenta años más tarde, ellas no han perdido nada de su actualidad y de su fuerza para contribuir a superar los problemas de nuestro tiempo. La vida redimida de hijos de Dios, la vida que trasciende la inmediatez de lo mundano, se encuentra hoy cuestionada en forma mucho más radical que en el tiempo en que fueron pronunciadas estas pláticas. Esa vida, ya incomprensible de por sí, es demasiado inasible, demasiado poco experimentable para estos tiempos, débiles en la fe. La inteligencia, la voluntad y el corazón del ser humano no son capaces de captar lo divino sin la fuerza de la fe.

La vida natural, como también la sobrenatural, debe estar acompañada de alegría. «La alegría es un factor de vida y una necesidad de la vida, una fuerza de vida y un valor de la vida. Todo ser humano tiene necesidad de alegría y derecho a la alegría. Es tan imprescindible para la salud del cuerpo como para la del alma, para el trabajo corporal y mental cuanto para la vida religiosa» (Keppler). En estas pláticas, sin embargo, se habla de la «perfecta alegría de vivir». La alegría no acompaña aquí solamente la vida de este mundo sino la vida en la que el hombre está en unión con Dios. Esto no significa que nos encontremos ante un texto de edificación espiritual dirigido a almas piadosas y escogidas, puesto que, para el P. Kentenich, la perfecta alegría está relacionada con todo el ser, con toda experiencia, aunque sin separar mecánicamente lo sensitivo y afectivo de lo intelectual, lo espiritual y lo divino.

La perfección de esa alegría de vivir depende, en primer lugar, de que en ella concuerden armónicamente todos los apetitos y anhelos del ser humano, es decir, que no se excluya ni tampoco se agregue sólo en forma externa el origen divino, sino que ese origen dinamice justamente todo el espectro de los sentimientos de alegría. Por esa razón, el P. Kentenich le atribuye el calificativo de «orgánica». «La alegría perfecta, la alegría sobrenatural orgánica quiere ver la alegría sobrenatural en unión orgánica con la alegría espiritual humana y con la alegría sensible de los sentimientos».

En segundo lugar, la alegría y, con mayor razón, la alegría perfecta, depende también de la unión permanente con su fundamento: el amor. Cuanto más perfecto sea el amor, más perfecta será la alegría. «¿No hay acaso innumerables motivos para la alegría? ¡Sí! Pero todos ellos tienen un único denominador común: que se reciba o se posea lo que se ama...» (J. Pieper).

Por consiguiente, un libro sobre la alegría que pretenda decir la totalidad de lo que cabe al respecto tiene que ser un libro sobre el amor: «La alegría es una exteriorización del amor... La alegría es la respuesta al hecho de que alguien que ama reciba el objeto de su amor» (J. Pieper). Por eso dice Francisco de Sales, el santo cuya cercanía al pensamiento y a la obra del P. Kentenich se hace más patente en este retiro: «El amor precede también a la alegría. ¿Cómo se podría tener alegría en la complacencia de una cosa si no se la ama?»

La alegría no es de orden primario. Necesita de su fundamento; es sólo un fenómeno concomitante. Pero ¿vale entonces la pena hacer de algo secundario el tema de unos ejercicios tan programáticos? El P. Kentenich toma esta objeción y la utiliza como impulso para acentuar la importancia de la alegría. «La alegría es un instinto primordial de la naturaleza humana». Si no la hay en medida suficiente, el hombre no puede vivir humanamente y cae en peligrosas adicciones sucedáneas. «El derecho a la alegría es un derecho humano inalienable». No obstante, no se trata siempre de la «alegría dominical», en la que vibran todos los sentimientos, sino a menudo de la «alegría de cada día, en la que se tiene la serena y aquietante conciencia de reposar en el deseo de Dios, en la voluntad de Dios». De ese modo se puede unir todo destino despiadado, todo sufrimiento corporal o anímico con la verdadera alegría.

Si bien la alegría es algo «segundo y de orden secundario» (J. Pieper), el anhelo de alegría está al comienzo. En efecto: el ser humano está llamado y destinado a la alegría. La alegría como instinto primordial está tan firmemente arraigada en la naturaleza del hombre que éste no puede sino anhelar la alegría, la felicidad.

Realmente, el destino del hombre es la eternidad de la alegría (no del «placer», como anuncia Friedrich Nietzsche, el profeta sin Dios): para eso ha sido creado por el Dios omnipotente. Pero también esa alegría es de segundo orden respecto de lo primero, con lo que coincide: el amor, puesto que el amor eterno es alegría eterna.

Como puede constatarse en la avalancha de libros que se publican sobre el tema, la gran miseria de nuestro tiempo es que no se ve ni se busca la alegría en forma orgánica. El adjetivo «orgánica» señala que esa alegría está en relación con su fundamento, el amor, y en el contexto de la satisfacción de todas las dimensiones tanto del apetito superior cuanto del inferior, es decir, del apetito espiritual-sobrenatural, del espiritual-natural y del afectivo y sensitivo. Nuestra cultura del ocio está completamente orientada al logro de la alegría pero estamos aún muy lejos de una cultura de la alegría en la que se dé una integración armónica, es decir, en la que la alegría se disfrute en la totalidad del orden correcto. De ese modo, la alegría y el hambre de alegría con el tiempo cambian de signo y se orientan a la diversión, al placer: se separan del amor integral. Al mismo tiempo, la alegría se vuelve superficial y momentánea, sin una hondura que acompañe la vida y tenga una acción duradera. Por tanto, estas alegrías del momento, separadas del amor –que es siempre de índole personal–, pueden buscarse, y se buscan de hecho, cada vez más en forma utilitaria, como algo que se produce, que se fabrica. La alegría de la piel hace que la alegría del corazón se atrofie: el corazón, sede del amor, se hace más estrecho, en oposición a lo que afirma el Salmista acerca de la alegría que Dios regala a través de la naturaleza y la gracia, que «ensancha el corazón». El vino «que alegra el corazón del hombre» no es alegría por el mero disfrute del alcohol sino como manifestación concomitante que brota de la unión, de la comunidad festiva de los hombres.

El P. Kentenich habla de la atomización del alma y de la vida, situación en la que se expresan la división interior, el desgarro y la desorientación del hombre moderno. La civilización de nuestra sociedad moderna, en la que se ofrecen a montones las alegrías separadas del amor personal, es una de las pruebas más contundentes y estremecedoras de esa verdad. El hecho de que haya tantas cosas dedicadas al mero placer: los *sex-shops,* la pornografía, etc., puede considerarse como un signo del tiempo a la vez que como un juicio sobre el ser humano. «No hay miseria más verdadera que una falsa alegría» (San Bernardo). ¡Qué miserable debe sentirse hoy la humanidad! En este retiro sobre la alegría que brota del amor, el P. Kentenich apunta hacia la superación del hombre des-personalizado, des-moralizado y des-divinizado, tal como lo formula ya en la plática introductoria, planteada como un programa de su misión y su pedagogía para nuestro tiempo.

El P. Kentenich hace referencia al opúsculo intitulado *Más alegría* [*Mehr Freude*], de Paul Wilhelm von Keppler. Con su tirada de 200.000 ejemplares, el librito fue un verdadero *bestseller* de su tiempo (1909). Ya Keppler, que fue obispo de Rottemburgo, escribió en la introducción a su libro: «El motivo que dio inicio y origen a este libro es el déficit de alegría de la vida cultural moderna». Son los mismos tonos utilizados por el papa Paulo VI en su Exhortación apostólica *Gaudete in Domino,* para la fiesta de Pentecostés del Año Santo de 1975. El papa Montini caracteriza a los hombres de hoy que, aun habiendo logrado «multiplicar las ocasiones de placer», frente al «tedio, la aflicción, la tristeza», se sienten impotentes para «dominar el progreso industrial y planificar la sociedad de una manera humana» y experimentan el anhelo de una alegría interior. Al igual que este retiro del P. Kentenich, el escrito papal insinúa también la relación entre alegría y amor: «Es una especie de himno a la alegría divina el que Nos querríamos entonar, para que encuentre eco en el mundo entero y ante todo en la Iglesia: que la alegría se difunda en los corazones juntamente con el amor del que ella brota, por medio del Espíritu Santo que se nos ha dado». Por último, el pontífice se dirige a la juventud y le promete la alegría liberadora que proviene de la verdad que nos da vida: *«gaudium de Veritate.* Esta alegría es la que se os propone».

Al terminar estos comentarios sobre el sentido y el valor de este curso de ejercicios espirituales, cabe advertir todavía acerca de la importancia del amor para la aspiración a la perfección.

La alegría es una manifestación concomitante, es «resonancia en la vida de los afectos y sentimientos»: el eco querido por Dios, motivador y plenificante, que responde al hecho de haber alcanzado la realidad buscada y encontrada a través del amor. El papa Juan Pablo II considera la alegría como un «valor subjetivo» que no hay que «abandonar a sí mismo», ya que depende de valores objetivos. Como los sentimientos no captan inmediatamente los valores a la luz del Evangelio en toda su amplitud, deben refinarse —al igual que la alegría—, deben «tornarse poco a poco sensibles frente a esos difíciles valores espirituales y sobrenaturales, hasta que surjan sentimientos nuevos, formas nuevas de contento y de amenidad». Con el desarrollo del hombre hacia la «madurez de la plenitud de Cristo» crece también la alegría y, de ese modo, deja de ser solamente «una manifestación concomitante esencial de una profunda vida y aspiración a la santidad» (como lo formula el P. Kentenich) y se convierte «en un medio esencial para fecundar» esa vida y esa aspiración. Para los maestros y apóstoles de la alegría, como es el caso de Francisco de Sales, hay una verdad evidente: un santo triste es un triste santo.

«Si la alegría es siempre algo de segundo orden, esencialmente fruto y consecuencia de otra cosa, cabe afirmar también que en modo alguno podemos tener como objetivo inmediato la alegría misma: antes bien, hemos de dedicarnos a aquello de lo cual brota la alegría» (*Mehr Freude,* volumen extraordinario de la serie *Herderbücherei).* Por eso, es más que consecuente que el P. Kentenich dedique la decisiva segunda parte de su retiro espiritual sobre la perfecta alegría de vivir a desarrollar el tema del amor. En esas pláticas habla, como fundador de un movimiento de educación y de educadores, acerca del núcleo de su espiritualidad: «pedagogía de la alegría es pedagogía del amor».

También aquí se trata de un amor «orgánico»: es el hombre entero el que debe amar, no sólo su voluntad sino también sus sentimientos. «El amor encendido de afecto es «el principio de nuestra vida de piedad»», dice Michael Müller en su libro *El alegre amor de Dios* [*Frohe Gottesliebe*] citando a Francisco de Sales, cuya doctrina del amor de Dios ha inspirado esencialmente la segunda parte de este curso de ejercicios espirituales.

Si la primera parte del retiro tenía una orientación más vital, la segunda se dedica en forma más fundamental a abrevar de la fuente, el amor. La palabra clave de esta parte es «el amor como ley fundamental del mundo»: la fuente, el torrente y la desembocadura del actuar de Dios, su «motivo central», es su propio amor. He aquí la solución de muchos enigmas, la luz que ilumina los problemas teológicos de la Providencia y de la teología. El lector percibe que en estas páginas se refleja la inquietud más propia del autor. Recorriendo extensamente la Sagrada Escritura, el P. Kentenich insiste: «En resumen puedo decirles, por lo tanto: el contenido original del Nuevo Testamento es la Buena Nueva del extraordinario amor paterno de Dios». Y al terminar el desarrollo del tema del amor de Dios como ley fundamental del mundo, desde la dimensión divina, afirma con toda claridad: «este retiro está inspirado esencialmente en la idea del amor paterno de Dios».

Esta piedad patrocéntrica, que halla una primera expresión global en este retiro sobre la perfecta alegría de vivir, continúa a través de todas las etapas de la historia de fundación de Schoenstatt así como de la espiritualidad que en ella se desarrolla, hasta llegar a la afirmación que hiciera el P. Kentenich, en una carta escrita después de su regreso del exilio, impuesto por la autoridad eclesiástica, y de la conclusión del Concilio Vaticano II. En ella expresa la quintaesencia de su experiencia y de su mensaje con las siguientes palabras: «Dios ha sido siempre para nosotros el Padre del Amor. Así lo indica la fuerte acentuación del amor como ley fundamental del mundo, que ha determinado e impregnado el espíritu de la Familia desde el comienzo. Sabemos, y no sólo en forma teórica sino también práctica, que el motivo de todos los motivos del obrar divino es, en última instancia, el amor. Todo lo que brota de él acontece por amor, mediante el amor y para el amor. Siempre hemos considerado como nuestra especial misión hacer de esa ley fundamental del mundo, establecida por Dios, nuestra ley de vida y de educación. También sabíamos que, dentro de ese amor de Dios, debíamos comprender como característica distintiva su amor misericordioso. Pero lo que es nuevo para nosotros es la inusitada magnitud de este amor misericordioso de Dios» (13 de diciembre,1965).

Tal como lo hemos hecho en el contexto de la alegría orgánica, también, en este marco del Dios del amor, podemos hacer referencia a la voz del papa como abogado de la elevada importancia que reviste actualmente el amor. Juan Pablo II escribe su Encíclica *Dives in misericordia* en la que, justamente con referencia a la perdición y culpabilidad del hombre, desvela el principio del «todo por amor» en su dimensión salvífica y describe la fidelidad y misericordia de Dios, que lo superan todo.

En la segunda parte de las consideraciones sobre el amor como ley fundamental del mundo, en la que enfoca «la dimensión humana» de la misma, el P. Kentenich trata por primera vez propiamente la doctrina salesiana tal como figura en el *Tratado del Amor de Dios*. Según él mismo refiere, para esta aproximación a san Francisco de Sales, se sirve exclusivamente del ya mencionado libro *Alegre amor de Dios,* de Michael Müller. También la expresión del amor como «ley fundamental del mundo» está tomada del libro de este teólogo alemán. Como lo hiciera en el caso de otras fuentes afines, el P. Kentenich incorporó asimismo, en este caso en su propia obra y en sus inquietudes espirituales, aquello que extrajo de la fuente de la espiritualidad salesiana. Y lo hizo en forma tan creadora que todo ello pasó a formar parte de lo más propio de su mensaje carismático y adquirió así nuevo brillo en el contexto de su fundación y misión. Esto vale más que nada para el «amor como ley fundamental del mundo», expresión que el P. Kentenich atribuye directamente a Francisco de Sales.

La figura de este santo aparece ya en el primer lugar de actuación del P. Kentenich, como director espiritual del seminario menor de los palotinos en Schoenstatt. En una plática dictada el 14 de junio de 1914 ante la Congregación Mariana de entonces, el P. Kentenich señala explícitamente la figura de San Francisco de Sales. Según comenta a sus oyentes, «poco tiempo después de la erección definitiva de la congregación parisina surge de ella un gran santo cuya influencia sobre la ascética se prolongará por siglos, llegando hasta nuestros días. Primeramente fue un simple miembro de la congregación, después, asistente y, por fin, prefecto. Ya saben a quién me refiero: el afable san Francisco de Sales. Aquí tienen su imagen, en los vitrales del ábside… Cuantas veces contemplemos la imagen de san Francisco de Sales, ella debe exhortarnos con insistencia: *inspice et fac secundum hoc exemplar* (contempla el ejemplo y actúa como él)».

A raíz de su afinidad espiritual y de la similar orientación de su misión, el P. Kentenich considera en muchos puntos a Francisco de Sales como un garante. Por eso hace referencia a él en el contexto de su concepción de obediencia (la «obediencia animada por el amor»), como asimismo en el de su concepción del ideal de estado de vida y del ideal personal, con su importancia para la aspiración de cada persona a la santidad. En nuestro contexto quisiera advertir expresamente acerca de dos acentuaciones en el P. Kentenich: el amor, ley fundamental del mundo, como principio de educación, y su inquietud en torno a la santidad de la vida diaria.

En un breve ensayo dictado en Milwaukee en 1961, acerca de los principios y bases fundamentales de su sistema schoenstattiano de educación, el P. Kentenich hace expresa referencia a Francisco de Sales. Tras afirmar sus dos primeros principios fundamentales (1º: el orden de ser objetivo como base del orden que ha de seguir la vida y, con ello, también la meta y la forma de educación, y 2º: la relación armónica, orgánica y rítmica entre naturaleza y gracia), basados en el pensamiento tomista, señala que el tercer principio fundamental de la pedagogía de Schoenstatt se orienta por el pensamiento salesiano. Según explica el P. Kentenich, Francisco de Sales «se esfuerza en investigar las últimas y más profundas relaciones metafísicas entre la imagen original divina y su reflejo y semejanza humana, buscando hacerlas fecundas para la pedagogía». Para ello, Francisco parte de la afirmación central de la teología joánica: Dios es amor. «Habla del amor como ley fundamental del mundo y saca como consecuencia que el amor debe llegar a ser la ley fundamental de nuestra vida y de nuestra educación. Como siempre, también en este caso, es el ser el que determina el querer y el deber. Francisco de Sales razona de la siguiente manera: si en Dios el amor es fundamento de todo fundamento, o el último y supremo fundamento y motivación para todo su actuar —esto es lo que quiere significar la palabra «ley fundamental del mundo», más exactamente: el último motivo de todo motivo— entonces, algo semejante debe ocurrir con el hombre, ya que éste es imagen de Dios. Imagen también en cuanto al lugar y a la valoración del amor».

En la «Contribución para la formación religiosa de la vida cotidiana» que el P. Kentenich hizo publicar hacia fines de la década de 1930 bajo el título de *Santificación de la vida diaria* [*Werktagsheiligkeit*], habla en muchos pasajes sobre san Francisco de Sales, sobre todo con relación al amor, que anima al hombre desde lo más íntimo como fuerza primordial y fundamental de su ser. Justamente por haber sido objeto de ataques en el seno de la misma Iglesia, en virtud de su línea pedagógica y espiritual, el P. Kentenich se apoya en Francisco de Sales como Doctor de la Iglesia en el campo del humanismo cristiano: «En la inseguridad intelectual de la actualidad, tenemos en él un guía en quien se puede confiar». En una programática carta dirigida al episcopado alemán, escribe el P. Kentenich en 1949: «Lo que decimos hoy acerca de la santidad de la vida diaria fue enseñado en su tiempo por Francisco de Sales... Por eso, en la historia del pensamiento y del espíritu occidental se lo considera como pionero de la santidad de la vida diaria para todos los estados de vida, como adelantado en la lucha por la modalidad espiritual de los institutos seculares y de todas las corrientes afines».

En una obra posterior en la que arroja una mirada retrospectiva sobre el desarrollo interior de su espiritualidad, el P. Kentenich destaca dos de sus grandes cursos de ejercicios espirituales dictados en la década de 1930: nuestro curso acerca de *«La perfecta alegría de vivir»* y el curso sobre el *«Ser niño ante Dios»*. La inquietud común a ambos retiros es la elaboración de las corrientes más profundas de la historia del pensamiento y la espiritualidad occidental, que han dejado una impronta decisiva en la imagen del Dios y del hombre: «En ese tiempo me enfrenté extensamente con las dos líneas que, como dos torrentes, recorren la Iglesia desde los comienzos del cristianismo y marcan asimismo la imagen de Dios y del hombre en el seno de los pueblos cristianos: la corriente de la justicia, que ha sido proclamada, por lo menos en la práctica, como ley fundamental del mundo y que proclama como ley de vida el temor, y la corriente del amor que anuncia como ley fundamental del mundo y de la vida justamente el amor». Él designa como núcleo de la espiritualidad schoenstattiana la actitud fundamental de una infancia espiritual abierta y confiada ante Dios Padre, que nos ama con amor misericordioso. En ese espíritu de infancia ve él la única actitud fundamental humano-cristiana que es capaz de superar las tormentas de este tiempo de cambio y los desafíos de los tiempos novísimos.

Sobre la preparación de esta edición

Nos hemos atenido lo más posible al texto que aparece en la versión policopiada basada en apuntes estenográficos, aun a pesar de que la misma no fue autorizada por el P. Kentenich. Sólo en casos ocasionales hemos modificado el orden sintáctico o hemos completado el texto ante evidentes omisiones, siempre que este procedimiento no modificara el sentido de la frase. Los complementos introducidos para lograr una mejor legibilidad han sido colocados entre corchetes. Los títulos, al igual que los resaltados en cursiva o en negrita, son de los editores.

Michael Johannes Marmann

Las citas de la Sagrada Escritura para la edición en español han sido tomadas de la *Biblia de Jerusalén, Nueva edición totalmente revisada y aumentada,* Bilbao: Desclée de Brouwer, 1975 (N. del T.)

Primera Plática

PREPARACIÓN PARA UN ARDIENTE ANHELO POR EL ESPÍRITU SANTO

1. Expectativas del retiro

Volvemos a hacer en estos días retiro espiritual y, una vez más, lo hacemos en tiempos difíciles. Por eso mismo, no venimos hasta aquí sólo para cumplir con una exigencia del Código de Derecho Canónico,[1] para disfrutar de una cierta variación espiritual o con el fin de llevarnos un par de impulsos religiosos para la vida cotidiana. Nuestras *expectativas* son mucho más elevadas, aunque de antemano no podría decir con certeza en qué consiste cada una de ellas. Tal vez esperan que estos días les brinden una resistente seguridad para futuros tiempos difíciles. Y tienen razón: los tiempos que vivimos son difíciles, y es posible que lleguen a serlo aun más, por ejemplo, después del plebiscito que tendrá lugar en el Sarre.[2] Tal vez esperan una refundición, una transformación de todo su ser en marcadas y líderes personalidades, iluminadas, estremecidas por fuerzas divinas. También aquí debo decir que tienen razón, y por partida triple.

---

1   Según el canon 126 del Código de Derecho Canónico de 1917, los sacerdotes diocesanos debían asistir por lo menos cada tres años a un retiro espiritual.

2   En el plebiscito realizado el 13 de enero de 1935, el 90% de la población del Sarre, territorio anexado a Francia desde la Primera Guerra Mundial, votó a favor de su incorporación a Alemania.

## 1.1.	Transformación en personalidades líderes

En primer lugar, tienen razón en su exigencia de una marcada *personalidad líder*. Todos los que conocemos el tiempo actual, sentimos y sabemos que, con independencia de la forma que asuman las estipulaciones del concordato,[3] nos encontramos sin duda ante un giro histórico de extraordinaria intensidad, ante un cambio en cuanto al ámbito y al método pastoral. Hoy en día todo forcejea por llegar hasta el principio vital, hasta el principio primordial, hasta las fuentes originarias. Cada vez se nos arrebatará más de las manos todo aquello que no revista una importancia última, también en el campo pastoral. No pasará mucho tiempo antes de que, como personalidades, como dirigentes de nuestro pueblo, nos veamos puestos directamente frente a la masa popular. Querámoslo o no, cada vez podremos contar menos con las instancias intermedias que hemos conocido hasta ahora desde nuestra infancia como, por ejemplo, las instituciones, la vida de las asociaciones. No es que debiésemos renunciar tan fácilmente a todo eso: con un brazo luchamos por lo que aún está vigente, mientras con el otro construimos una época nueva. Pero imagínense ahora el caso de estar colocados, en forma directa y sin intermediarios, con nuestra personalidad frente a la masa del pueblo: ése es el nuevo ámbito pastoral para el que debemos disponernos.

¿Y el nuevo método? Una marcada personalidad líder ¿no deberá aspirar a desarrollar esa acción inmediata sobre las masas populares, acción que hasta ahora nos proponíamos y alcanzábamos a través de instancias intermedias? Así habrá de ser, ciertamente. Si los tiempos siguen el curso que hoy preanuncian,

---

3	Después de los concordatos con Baviera (1924), Prusia (1929) y Baden (1932), la Santa Sede celebró, el 20 de julio de 1935, un concordato con el *Reich* alemán.

deberemos contar, mucho más que hasta ahora, con nuevos métodos pastorales a fin de llegar a ser marcadas personalidades líderes que, por la fuerza, por el atractivo de toda su personalidad,[4] ejerzan un magnetismo sobre las masas y las lleven consigo hacia lo alto, hacia la Trinidad. Por eso, hoy más que nunca resuena en nuestras filas el clamor por dirigentes, por líderes auténticos. También nosotros lo escuchamos.

- *Líderes proféticos*

Y por segunda vez tienen razón con la exigencia que colocan a esa personalidad líder. ¿No acabamos de esbozar el anhelo por marcadas personalidades líderes, iluminadas, estremecidas por fuerzas divinas? Hasta hace poco se discutía en nuestro propio frente acerca del perfil que debía tener el líder de la nueva época. Actualmente, esa discusión carece ya de sentido. También en nuestro propio frente, con sus diferentes matices, se coincide hoy en que el dirigente del tiempo actual debe ser el líder profético. Desde épocas pasadas sabemos ya que podemos distinguir tres grandes tiempos en la historia, en los movimientos: tiempos de tranquilidad, tiempos de esclavitud o de deformación y tiempos de erupción.[5] Según cuál sea el tiempo en el que hayamos sido colocados, la imagen de dirigente variará en su desarrollo y proceder. En tiempos de tranquilidad basta una personalidad dirigente habitual que sea sobrenatural. En tiempos de deformación, en tiempos en que el acostumbramiento ha ido deformando cada vez más a las masas humanas, puede suceder que

---

4   Al final de la quinta plática (p. 166), el P. Kentenich vuelve a plantear brevemente esta pregunta, característica de su concepción y práctica pastoral (la inmediatez de la relación entre la comunidad y quien la preside) y acentúa una relación de unión con el pueblo animada por el amor.

5   J. Kentenich, IPT, 1930, 9-20: tiempos de vinculación aceptada por adhesión interior; tiempos de vinculación aceptada por mera costumbre y épocas de anarquía y disolución.

el dirigente ocupe su posición como un funcionario. Pero la experiencia nos señala que a esos tiempos de deformación siguen, por regla general, tiempos de revolución, tiempos de disolución, tiempos como el que hoy tenemos ante nosotros, en el que estamos viviendo. Y en un tiempo como éste, Dios exige del liderazgo que sea marcadamente profético. El líder profético es el hombre que ha sido enviado por Dios y que está profundamente impregnado de esa misión divina. Al mismo tiempo, junto con esa misión divina lleva en sí la fuerza divina e, impulsado por ella, tiene también el coraje y hasta el anhelo, el anhelo arrebatador, de dejarse crucificar, si es necesario, por esa misión divina. Sí: tenemos razón al traer a este retiro ese anhelo y al esperar de él una fuerte renovación, una fuerte transformación de nuestro ser, un adentrarnos en el ideal de esa marcada personalidad líder iluminada por fuerzas divinas.

- *Líderes estremecidos por la fuerza de la gracia*

Y por tercera vez tienen razón al esperar que sea precisamente *desde este lugar* desde donde las gracias de este retiro puedan y deban desarrollar en nosotros una acción especial en el sentido indicado. Todos sentimos que, si esta personalidad líder ha de hacerse realidad, si realmente ha de surgir en torno a nosotros un mundo muy fuerte y novedoso, no sólo necesitaremos un pronunciado *movimiento de ideas* sino también *de gracias.* ¿Podrán y deberán esperar ustedes en este lugar un pronunciado movimiento de gracias –aunque también de ideas– como el que podemos presumir que brota desde nuestro Santuario? Ya lo hemos experimentado durante años, si es que nos hemos esforzado con algo de éxito en acomodar a nuestro tiempo las antiguas verdades católicas, sin hacer ni la más mínima concesión.

1.2. Renovación de la gracia de la ordenación

No sé qué otras expectativas traen consigo a este retiro. Ustedes mismos deben plantearse esa pregunta, y escucharán así uno u otro eco en su interior. Pero, en última instancia, podemos reducirlo todo a un denominador común: esperamos de este retiro una profunda *renovación de la gracia de la ordenación y de la gracia de Pentecostés*. Aquí debemos detenernos. ¿No les sucede lo que, a los que somos ya un poco más viejos? Nos decimos: ¡si nuestra ordenación fuese ahora! ¡Si fuese éste el momento de nuestra entrada en el gigantesco combate espiritual de nuestro tiempo, estando con las fuerzas enteras y sin desgaste, con la medida íntegra de las gracias que nos ha puesto a disposición la ordenación! No podemos recibir nuevamente la ordenación pero una cosa sí podemos: podemos esperar: una renovación de la gracia de nuestra ordenación, siguiendo el deseo y el mandato del apóstol san Pablo: ¡Reavivad la gracia que está en vosotros, gracias a la imposición de las manos del obispo! (Véase 2 Tm 1, 6). Si mencionamos al mismo tiempo la gracia de la ordenación y la gracia de Pentecostés, es porque sabemos, tanto por la teoría cuanto por la experiencia, que ambas se condicionan y complementan mutuamente. Tenemos ante nuestra mirada interior el día de nuestra ordenación. Lo recordamos con cierta alegría y nostalgia, y todavía resuenan en nuestros oídos las palabras: *«Accipe Spiritum Sanctum»*, «recibe el Espíritu Santo». En efecto, esas palabras fueron pronunciadas sobre nosotros por el obispo. ¿Y no es acaso eso mismo lo que se hizo realidad en la Iglesia naciente el día de Pentecostés?

1.3. Renovación de la gracia de Pentecostés

¿Qué efectos tuvo esa recepción del Espíritu? Todos fueron colmados por el Espíritu Santo y comenzaron a hablar. Esta consideración nos traslada automáticamente al Cenáculo. Y en nosotros revive la misma petición, la misma actitud que se dio en el Cenáculo. En cierta medida revivirá también en nosotros y en nuestro entorno el espíritu de los mismos apóstoles. ¿No será que, especialmente en estos días, aunque también más allá, podemos considerar como nuestro Cenáculo a nuestro pequeño Santuario, allá abajo, en el valle? *Et omnes erant perseverantes unanimiter in oratione cum Maria matre Jesu* (Todos ellos perseveraban en la oración con un mismo espíritu en compañía de María, la madre de Jesús… [Hch 1,14]). Así es: en estos días debe revivir el Cenáculo, debe revivir también la actitud fundamental de los apóstoles. En las palabras de la Sagrada Escritura que acabo de citar, resuenan tres momentos de esa actitud fundamental: espíritu mariano, espíritu de oración y espíritu de soledad. *Espíritu mariano:* con María. Los apóstoles se congregan en torno a la Santísima Virgen, oran con ella y, por su intermedio, y confiando en su intercesión. ¿No puedo hacerlo también yo en estos días? ¿No debo acaso hacerlo? También vemos encarnado en los apóstoles el *espíritu de oración: perseverantes unanimiter in oratione.* Esa frase quisiera darnos la orientación para nuestra propia acción. Y *espíritu de soledad:* los discípulos deben retirarse del ajetreo del mundo, deben permanecer en la soledad, hasta que hayan recibido a el Consolador, en el Espíritu Santo.

En estos días puede y debe revivir en forma eminentísima la petición originaria de Pentecostés: *Emitte Spiritum tuum!* (¡Envía tu Espíritu!). ¡Envía, Espíritu de Dios, envía, Padre, envía, Señor Jesucristo, tu Espíritu! Y cuando lo hayas enviado, surgirá la *nova creatura* (nueva creación), el hombre será transformado interiormente. El hombre, la humanidad y la comunidad serán renovados, redimidos, íntegramente redimidos. ¿No debemos tomar esta situación como punto de partida para repetir, muy a menudo en estos días, esa suplicante petición? En unión con María clamamos hacia lo alto: *Emitte Spiritum tuum!* ¡Envía tu Espíritu! ¿Acaso el Espíritu de Dios no es el Espíritu Santo? ¿No es el milagro de Pentecostés un efecto del anhelo ardiente por la fuerza creadora del Espíritu Santificador y Transformador? *¡Anhelo* ardiente! ¿Quieren evocar en su memoria cómo lo hemos vivido durante la ordenación? Es posible que tengamos todavía muy presente en el recuerdo cómo actuaba en nosotros en forma creadora ese anhelo por el Espíritu de Dios, por el Espíritu Creador, por el Santificador. Si volvemos la mirada hacia el Cenáculo y contemplamos lo que el Espíritu de Dios obró en los apóstoles, descubrimos cómo el anhelo desplegó una fuerza creadora, cómo atrajo al Espíritu Creador sobre la joven Iglesia. El Señor había dicho a los apóstoles que debían permanecer en el Cenáculo y esperar el Espíritu. ¿No fue esa indicación la que orientó el anhelo expectante y la anhelante expectación? Y la Santísima Virgen se unió a esa actitud. Los teólogos afirman con razón que esos sentimientos de anhelo, unidos a la Santísima Virgen, hacen que la gracia fluya con gran fuerza y abundancia. Si leemos los Hechos de los Apóstoles, encontramos también después de Pentecostés la historia del actuar del Espíritu Santo, pero vemos al mismo tiempo cómo la comunidad primitiva confirmó ese actuar en forma extraordinaria con la fuerza creadora del Santificador, con la fuerza creadora del Espíritu de Dios.

1.4. Renovación del anhelo por el Espíritu Santo

¿Y acaso el *tiempo actual* no exige de nosotros una acción extraordinariamente profunda del Espíritu Santo? ¿Saben ustedes lo que eso significa? ¿En este retiro? ¿No consideran que, cuanto más clama el tiempo por el Espíritu Creador y Santificador, tanto más debiésemos atraerlo mediante la fuerza creadora del anhelo? ¿No queremos unirnos en este único clamor: emitte

Spiritum tuum, envía tu Espíritu!? ¿No sienten ustedes que se está gestando un nuevo mundo, que el mundo quiere asumir una forma nueva? ¿Y no es acaso nuestra tarea cuidar de que este mundo, de que el hombre nuevo, redimido, y la nueva y redimida humanidad lleven impreso de manera singularísima el rostro de Jesucristo? Por eso, podemos juntar las manos en oración con los apóstoles, podemos unirnos con la Santísima Virgen y también entre nosotros y clamar: *Emitte Spiritum tuum!,* envía tú, el Espíritu Santo y la faz de la tierra se renovará en nosotros, en nuestro entorno, en nuestra parroquia. Nuestra comunidad parroquial quiere y debe renovarse.

Quiero proponerles que esta noche, aquí, en esta sala, nos unamos espiritualmente junto con todos los *católicos* fervorosos, con todos los *sacerdotes* del mundo entero y de nuestra patria alemana, pero también con todos nuestros *compañeros de curso.*[6] Y el anhelo que nos habrá de unir con cada uno de esos grupos será la invocación de la fuerza creadora del Espíritu Creador y Santificador: *Emitte Spiritum tuum et creabuntur: et renovabis faciem terrae!*[7]

En primer lugar, pues, nos unimos con todos los católicos fervorosos del tiempo actual.

¿Será acertada mi percepción de que, de las voces de ese gran coro, surge un único gran clamor por el Espíritu Creador? ¿Es verdad que ese clamor brota del corazón de todos los verdaderos católicos? ¿No querrán preguntar ustedes si es verdad que el coro, la multitud de esos auténticos católicos es realmente tan

---

6 En el manuscrito de los apuntes tomados durante estos ejercicios dice «compatriotas». No obstante, la especificación a la que apunta el P. Kentenich es la sucesión *católicos - sacerdotes - comunidad de curso* (Véase pp.44-46).

7 Véase Sal 104 (103), 30: «Envías tu soplo y son creados, y renuevas la faz de la tierra».

grande? ¿Acaso no existen hoy legiones de católicos que, si bien conocen y reconocen como acontecimiento histórico del pasado la fiesta de Pentecostés y el Espíritu Santo, ya no creen, al menos vitalmente, en la fuerza del Dador de Vida que actúa también en nuestro tiempo? ¿Son ellos verdaderos católicos? Deben ser *creyentes a medias*. Casi diría que, hoy, muchos paganos son más creyentes que esos católicos. ¡Observen qué fuerza tiene en el campo adversario el impulso, la conciencia, la fe en un hombre nuevo y en una nueva sociedad humana! Por supuesto, también ellos se quedan a mitad de camino. Pero ¡cuántos de nosotros estamos cansados y apagados y no podemos elevarnos hasta esa fe en una nova creatura, en una nueva redención, en un hombre nuevo, redimido, y en una humanidad nueva, redimida!

1.5.   Crear un hombre nuevo en una sociedad humana nueva

No queremos ser de aquellos que sólo saben hablar mucho sobre la fiesta de Pentecostés, sobre la actividad desarrollada por el Espíritu Santo en Pentecostés milenios atrás. Quisiéramos percibir también hoy al Espíritu Santo, al Espíritu que da vida. Creemos en su fuerza —en su fuerza de transformación, en su fuerza creadora— también en nuestro tiempo, también en nosotros, en nuestro pueblo. Hablo de un gran clamor que se eleva del corazón de los verdaderos creyentes hacia lo alto. ¿Escuchan ustedes ese clamor? Si lo analizan con detención, hallarán que su contenido penetra hasta la *expectativa de un hombre nuevo en una sociedad humana nueva.*

Observen cuán estridente es ese clamor en el campo adversario. El *bolchevismo* vive de esa expectativa y del anhelo de un hombre nuevo, redimido, y de una humanidad nueva, redimida. Todos haremos bien en percibir ese clamor y esa expectativa en tantos jóvenes que se pasan de nuestras filas a las del adversario.

Lo que allí puede tener un efecto tan cautivante, también para nuestra juventud, es ese anhelo tremendamente fuerte. Es probable que su realización sea una utopía. Pero ese anhelo por el hombre nuevo y la nueva sociedad humana está presente.

¿Está viva esa expectativa y convicción también *en nuestras filas?* En realidad, debería estarlo. ¿Acaso no delineó el Señor con trazos claros el perfil de esa *nova creatura,* de ese hombre nuevo, redimido? Basta con interpretar lo que él enseña en las ocho Bienaventuranzas (Mt 5, 3-12). Ésa es la imagen del hombre nuevo, siempre nueva, nueva en cada época. ¡Contemplen a ese hombre redimido, perfilado en forma tan clara en el Evangelio! Pero el Señor no se contenta con eso: quiere también una sociedad humana redimida. Por eso nos hace pedir y suplicar una y otra vez: *Adveniat regnum tuum!* ¡venga a nosotros tu Reino! (Mt 6, 10). En la Sagrada Escritura se escucha muy a menudo, a veces en una formulación, a veces en otra, que el Reino de Dios es un Reino de verdad, un Reino de justicia, un Reino de amor –o cualesquiera sean todos los demás atributos–.[8] Por eso debemos interpretar lo que el Señor quiere decir con esas expresiones: quiere señalar el camino a nuestro anhelo. También nosotros, cada uno según su época histórica, hemos de tener no sólo el anhelo por el individuo redimido sino también por la sociedad humana redimida, por un Reino de Dios aquí en la tierra, por la *civitas Dei* (ciudad de Dios).

---

8   En la Sagrada Escritura, esas formulaciones no aparecen en forma textual sino sólo aproximada (p. ej. en Jn 18, 37; Mt 6, 33). Es posible que la forma de expresión utilizada aquí por el P. Kentenich le haya sido inspirada por la liturgia de la festividad de Cristo Rey. El prefacio de la misa de esa solemnidad dice que Cristo entregará a la majestad infinita del Padre «un reino eterno y universal: el reino de la verdad y la vida, el reino de la santidad y la gracia, el reino de la justicia, el amor y la paz».

Pregunto una vez más: ¿conocemos, como sacerdotes y jefes del pueblo, en forma tan clara y segura ese clamor, ese grito expectante por el hombre redimido y por la sociedad humana redimida? ¿No hemos de admitir que, muchas veces, en especial en el tiempo actual, concebimos el cristianismo en forma demasiado unilateral, como una suerte de escalera hacia el cielo, pero no también como una escalera hacia la tierra? ¿No dejamos demasiado en manos de otros la plasmación de un cielo aquí en la tierra? ¿No lo hemos hecho siempre de ese modo? Podremos consolarnos diciendo que el cielo es inalcanzable aquí en la tierra, pero un catolicismo que opine y aspire de ese modo es un catolicismo a medias.

1.6. Crear un estado católico ideal

Es verdad que debemos creer en el Reino de Dios, en la plenitud del cielo. Pero ¿no tenemos también la tarea de contribuir con el compromiso de todas nuestras fuerzas a transformar y configurar de nuevo, ya aquí en la tierra, el estado ideal del Reino de Dios en nuestro tiempo, también en tiempos difíciles como los que estamos viviendo? Por eso debemos abrazar y sostener en forma inequívoca, permanente y gozosa la consigna que dice: *¡crear un estado católico ideal!* ¡Pero no divagar! ¡Quiero crear ese estado católico ideal en mis asociaciones, en mi familia parroquial! Por eso, ¡fuera con ese pesimismo, con la idea de que no se puede crear una sociedad humana plena y redimida! ¡Cuánto nos cansa ese pesimismo! No es asunto nuestro asegurar el éxito, pero debemos luchar día a día de nuevo por crear ese estado ideal. Entonces, ¡fuera también con esa pusilanimidad y esa estrechez de miras! ¡Ellas están fuera de lugar frente a los problemas de la época y frente al giro histórico que vivimos! ¡Son inaceptables! ¡Debemos ayudar a crear el estado ideal, un nuevo mundo en el que se movilicen fuerzas originariamente católicas! ¡Ésa sería la correcta política de ataque! Podremos protestar, será nuestro derecho, mientras no se torne en algo demasiado impertinente. ¡Pero no quedarnos en eso! ¡No quedarnos sin energía y dejar caer los brazos! ¡No; debemos crear un oasis, y todos y cada uno de nosotros podemos hacerlo! Tengo familias en mi comunidad parroquial, tengo las asociaciones. ¡Somos los líderes del pueblo! Prestaré oídos a lo que sucede en la época, a las corrientes que resuenan en ella, a lo que Dios quiere que se forme de manera especial, y de ese modo plasmaré también yo mi pequeño estado ideal. Da lo mismo si la paleta de albañil se me cae de las manos. Sólo tengo que construir; lo demás es tarea de Dios.

Escuchemos las palabras de san Agustín: *Utamur haereticis, ut contra eorum insanias veram sententiam catholicam asserentes, firmiores et tutiores simus!* [9] También él se encontraba en medio de un giro histórico y sentía que se estaba dando sepultura al imperio romano. ¡Y cuán asociada estaba en ese entonces con el ocaso del antiguo imperio la fe en el fin del mundo! Pero él creyó en esa *civitas Dei,* en su creación. *Utamur haereticis* (utilicemos a los herejes): ¿qué quiere decir con esa expresión? Nos señala cuáles son las fuerzas que debemos movilizar especialmente e incorporar como fuerzas constructivas en nuestra familia parroquial. De ese modo debemos responder al clamor de la humanidad moderna;

---

9   El texto literal de esta cita de Agustín se encuentra en *De vera religione [De la verdadera religión]* 8, 15 (PL 34, 129). Después de calificar como un «favor de la Providencia» el hecho de que existan herejes, puesto que significa un impulso para los fieles, dice el santo de Hipona: *«Utamur ergo etiam haereticis non ut eorum approbemus errores, sed ut catholicam disciplinam adversus eorum insidias asserentes, vigilantiores et cautiores simus, etiamsi eos ad salutem revocare non possumus»:* «Utilicemos, pues, también a los herejes, no para aprobar sus errores sino para afirmar la disciplina católica en contra de sus insidias y ser así más vigilantes y cautos, aun cuando no podamos llamarlos de nuevo a la salvación».

debemos ampliar y profundizar cada vez más su eco en nuestra propia alma, en nuestras propias filas. Lo demás no sirve para nada: ese pesimismo, esas infructuosas actitudes de protestar, de quedarse esperando, de estar en vilo y abandonar la lucha.

Pero ¿qué objeto tiene todo lo que les digo? Les he dicho que un único clamor por el Espíritu Santo recorre a todo el pueblo católico. ¿Y qué les he demostrado? La presencia del clamor por el hombre nuevo y redimido, por la sociedad humana nueva y redimida. Creo que esta conexión puede verse muy fácilmente. Yo podría hacerme muy fácil la tarea y decirles, rápidamente: toda redención divina depende de la gracia, del Espíritu Santo. Por tanto, si el mundo actual ha de ser redimido, si la humanidad moderna, si los hombres del futuro han de ser redimidos, no será posible sin el Espíritu Santo, sin el Espíritu Santificador y Creador. Pero, una vez más: no quiero hacerme tan fácil la tarea.

2. Tres imágenes del hombre actual

Pienso que tengo la oportunidad y el deber de despertar en ustedes la conciencia de que el hombre moderno redimido y la humanidad moderna redimida no sólo necesitan, sin más, el Espíritu Santo, sino que necesitan también una acción *sumamente profunda* del Espíritu de Dios, del Espíritu Santo. Con esto toco algunos puntos sobre los que quiero extenderme un poco a fin de mostrar el trasfondo sobre el cual puede y debe actuar el Espíritu Santo, especialmente en nosotros durante estos días. Tres son los pensamientos que quiero señalarles y poner de relieve. En primer lugar, la imagen del hombre moderno enfermo; en segundo lugar, la imagen opuesta, el hombre moderno redimido; y, en tercer lugar, la profunda acción del Espíritu Santo en ese hombre moderno redimido.

¿Por dónde comenzaré, señores? Lo mejor será que les esboce en algunos de sus rasgos –que serán tres– la imagen del hombre moderno y la respectiva imagen opuesta. Después entraremos de inmediato a tratar los efectos del Espíritu Santo.

2.1. Imagen del hombre bochevique y del hombre redimido

Primer rasgo. Contemplen antes que nada la imagen del hombre moderno. ¿No se esboza acaso como *la imagen del hombre bolchevique?* [10] Deben retener siempre lo siguiente: **la herejía de los siglos venideros es el bolchevismo.** Por más que observen oscilaciones en esa imagen, por más que perciban inseguridad en algunos países, el bolchevismo pasará furiosamente a través de todos los países civilizados como el gran peligro para la Iglesia, sea que nos encontremos en Europa, en Asia, o donde sea. Por eso, quien quiera ayudar a la Iglesia con conocimiento de la época, quien quiera ser instrumento en manos de Dios, debe prepararse de alguna manera para ayudar a superar en sí y en su entorno el bolchevismo, el espíritu bolchevique de nuestro tiempo. Por eso, quien quiera pintar, dibujar y señalar la imagen del hombre moderno, debe conocer en sus detalles la imagen del hombre bolchevique. Tres son aquí los rasgos característicos que se manifiestan con gran rapidez a primera vista.

---

10 La imagen del hombre bolchevique no se reduce al tipo de hombre al que se aspiraba en la Rusia soviética a través de la ideología y el dirigismo (como lo indica ya la referencia a los «sacramentos» de la sangre y la raza, en la p. 40 s.). Antes bien, la revolución bolchevique del ser, en relación con una dinámica anti cristiana (anti eclesiástica), conduce en todas partes a la realización de este tipo de hombre caracterizado por la ausencia de vínculos: el «hombre masa». Ambas expresiones –hombre bolchevique y hombre masa– designan, en la obra del P. Kentenich, la imagen exactamente opuesta a la del «hombre nuevo» a la que aspira la Familia de Schoenstatt.

2.1.1. *El hombre bolchevique, un hombre diabolizado*

No deben tomar esto como una fórmula retórica. Quisiera que se entienda bien la expresión: el hombre bolchevique es el hombre diabólico, el hombre demoníaco. ¿Saben lo que esto significa? Con esto se ha delineado y esbozado en lo fundamental nuestra posición para el cuidado pastoral de nuestro propio corazón y del corazón de los demás. Así es: quien hoy día pretenda trabajar con fuerzas humanas, no podrá alcanzar la meta. En efecto: hoy no se están midiendo fuerzas humanas con fuerzas humanas. El que conozca nuestro tiempo tendrá muy claro el cuadro: hoy se miden fuerzas infrahumanas con fuerzas sobrehumanas. Hoy se miden y luchan entre sí fuerzas diabólicas con fuerzas divinas, y no como fue siempre en la historia universal, sino de un modo ciertamente singular y muy marcado. Aunque sólo nos llevemos a casa este claro reconocimiento, tendremos una posición firme; no será tan fácil que nos arrojen fuera y nos derriben, que nos pongamos intranquilos y pesimistas, que cometamos errores.

Ahora bien, si digo que el hombre bolchevique es ante todo el hombre diabolizado, tendrán derecho a que les indique por lo menos brevemente *algunas características de esta diabolización.* ¿No es acaso el reino del Demonio un reino de la mentira? Me estoy dirigiendo a sacerdotes que conocen el tiempo, a quienes el tiempo ha vuelto clarividentes y que comparten la vida y la vivencia de este tiempo. ¡Por favor, vean el reino del Demonio como un *reino de la mentira neta!* ¡Cuánta mentira y engaño hay en el tiempo actual! Cuando se erige la mentira en sistema, se verifica de manera singular una marcha triunfal del reino del Demonio. ¡Quién de nosotros no ha mentido ya por debilidad humana! ¡Pero es diferente que alguien mienta por principio! Ésa es una fuerza típicamente demoníaca.

Si quieren tomar conciencia de otros rasgos del hombre diabólico, tal vez pueda poner de relieve lo siguiente como aspecto esencial y más peligroso para el hombre actual: este arte demoníaco busca la *naturalización y esclavización del instinto religioso en la naturaleza humana*.[11] ¿No sienten todos cómo el instinto religioso ha despertado actualmente en vastísimos círculos de la humanidad moderna? Y ahora se sabe captar, naturalizar y esclavizar ese instinto en forma diabólica.

En concreto, esto significa que el hombre no conoce ni necesita una redención que venga de fuera, que no conoce ni necesita sacramentos ni Cristo alguno. O bien: ¡sí, necesita redención pero se redime a sí mismo! ¡Sí, conoce y necesita gracia! Pero ¿qué gracia es ésta? La conservación de la pureza de la sangre y de la raza. Éstos son los sacramentos modernos. Por eso, no vean en primer lugar el error sin más, sino más bien el arte diabólico de la naturalización de estos instintos.

¡Y cuánto ha luchado el cristianismo contra un paganismo tremendamente pujante! ¿No hemos pronunciado en el bautismo nuestra renuncia a la *pompa diaboli* [las pompas del demonio]? ¿No es también el recurso a todo su poder y todo su esplendor el modo en que se extiende tanto el bolchevismo? ¡No lo pierdan de vista! ¿No son éstos los rasgos del hombre bolchevique, del hombre diabolizado? No quiero seguir señalando y describiendo esta imagen. Por ahora es suficiente con que oriente sus pensamientos hacia uno u otro aspecto para que veamos el tiempo a partir de principios últimos. No nos confundamos: debemos

---

11 Clara referencia a los rituales pseudo religiosos del estado nacionalsocialista, por ejemplo, en las celebraciones de la juventud hitleriana y en las fascinantes demostraciones y los grandes actos del nazismo como también, en general, de todos los regímenes totalitarios (véase poco más abajo la referencia a la *pompa diaboli*).

tener una posición, una actitud. Y en este caso es erróneo formular el principio: *Nemo praesumitur malus, nisi certe probatur*[12]. Efectivamente, también hay tiempos en que se lo puede decir a la inversa: de nadie se presume que sea bueno si no ha sido probado con certeza. ¿Qué significa esto? ¡Tener una posición clara en el tiempo actual! He ahí, pues, un rasgo en la imagen del hombre moderno: el hombre diabolizado.

- *El hombre redimido, un hombre divinizado*

¿Cómo es, en cambio, la imagen opuesta? Escúchenlo una vez más: *utamur haereticis.* ¡Si el hombre moderno fuese nada más que pagano![13] Pero es algo más que eso: ¡ni siquiera reconoce a un Dios personal! *Utamur haereticis…* ¿Cómo es la imagen opuesta? No es simplemente un juego de palabras si les señalo al *hombre divinizado* como rasgo de la imagen opuesta. ¿No hemos hablado por eso, ya al principio de la plática, sobre la personalidad líder estremecida por fuerzas divinas? También aquí debemos tener una posición firme. El hombre de hoy no se conforma con ver lo divino encarnado en algún lugar, con saber que Dios está en el cielo y en el sagrario: ¡el hombre de hoy quisiera ver a Dios y a lo divino encarnado en el hombre! ¡No pierdan esto de vista! Lo mismo vale también para el polo opuesto. No basta con ver las fuerzas diabólicas operando en algún lugar. El hombre de hoy se inclina bien ante las fuerzas diabólicas o bien ante las fuerzas divinas encarnadas que ve frente a sí. ¿Saben qué significa eso? ¿No debemos acaso crear y formar personas, ser nosotros mismos personas, sacerdotes, que representen la encarnación de lo divino?

---

12   De nadie se presume que sea malo si no ha sido probado con certeza.

13   Como ya se ha puesto de manifiesto en la p. 32, esta interpretación va más allá del contenido de las palabras de san Agustín. En efecto, aquí, el frente adversario con sus consignas e iniciativas implica un impulso para acentuar con tanto mayor énfasis lo mismo que él impugna. Desde esa perspectiva se entiende que se pueda identificar a herejes y paganos.

Permítanme que utilice una fórmula retórica: seguramente recordarán la historia del ateo que había oído hablar del cura de Ars y de su actuación. El hombre se había puesto por tarea poner en evidencia al santo cura, a quien consideraba un mentiroso. Pero cuando regresó a París, donde lo esperaban, llegó con una expresión muy seria a las filas de sus viejos compañeros de lucha y dijo: «He visto a Dios en figura humana» (véase p. 285). Éste es el hombre divinizado. Lo divino debe encarnarse en mí, y yo debo ayudar hoy a crear este tipo de hombres. ¡Dejemos de lado todo lo periférico! Todo lo que no revista carácter último, será echado por tierra. Hoy todo gira siempre en torno a cosas de importancia absolutamente última. Por eso, debo luchar en mí mismo por esa profunda divinización de toda la personalidad.

Pero ¿cómo podemos alcanzar esa profunda divinización? Como teólogos recordamos que no sólo existen las virtudes infusas, sino también los dones del Espíritu Santo. Y donde lo divino actúa en la naturaleza humana por encima del término medio, sabemos que allí *los dones del Espíritu Santo* han llegado a cobrar vida de manera muy singular. Escuchen lo que quiero decir con esto: el hombre moderno redimido, el hombre que ha sido salvado de la diabolización a través de una profunda divinización, sólo puede ser obra del Espíritu Santo. Por eso, llenos de convencimiento queremos unirnos una y otra vez a la súplica: ¡Espíritu de Dios! ¡Sí, envía tu Espíritu Santo!

¿Me permiten que les diga una expresión de tono duro? ¿Queremos decírnosla unos a otros? No basta con que seamos voceros de Dios, charlatanes de Dios, que hablemos y charlemos sobre Dios desde el púlpito. ¡Debemos ser portadores de Dios, hombres divinizados! ¡Y qué difícil me resulta serlo! No lo logro con los dones y gracias habituales: es el Espíritu Santo, son los dones del Espíritu Santo los que deben cobrar vida. Por eso, no cabe limitarse a protestar sobre el misticismo moderno, sobre las corrientes teosóficas.[14] Debemos mirar más a lo hondo de todas esas corrientes, y ver el impulso que hay en ellas hacia lo que trasciende los sentidos. Dicho en nuestro lenguaje, el impulso hacia lo divino. *Emitte Spiritum tuum!*

En ese mismo sentido hay que interpretar, asimismo, el fuerte *movimiento mariano.* Se presenta ante nosotros María, la que aplasta la cabeza de la Serpiente (véase Gn 3, 15). El movimiento mariano quiere poner en acción un movimiento de santidad. Donde se presenta María, donde un movimiento mariano genera ondas y círculos de cierta magnitud, podemos esperar que ella quiera atraer hacia nosotros el Espíritu de Dios, el Espíritu Santo, el Dador de Vida. Y así lo entendemos: un movimiento de renovación profunda no debe ser solamente movimiento de ideas, por grandiosas y adecuadas que sean a las necesidades del hombre actual. Un movimiento de renovación quiere y debe ser un movimiento de gracia, quiere y debe pasar a través de las propias filas estremeciéndolas como un terremoto de gracia.

---

14 En el tiempo que medió entre las dos guerras mundiales, la cuestión de la mística como estadio de plenitud de la aspiración cristiana a la santidad se había complicado en forma virulenta con la búsqueda y la dependencia de fenómenos místicos extraordinarios. Esta discusión es la que retoma, por ejemplo, el libro de Réginald Garrigou-Lagrange intitulado *Perfection chrétienne et contemplation selon Saint Thomas d'Aquin et Saint Jean de la Croix (Perfección cristiana y contemplación según Santo Tomas de Aquino y San Juan de la Cruz)* (1923), obra que el P. Kentenich consultó pero cuya posición no hizo propia puesto que, según él, la meta formal de la vida cristiana no era la gracia de contemplación sino el grado heroico en la vivencia del amor. A partir de allí, y en concordancia con su «cosmovisión» de la fe práctica en la Providencia, se explica también su considerable aversión a todo tipo de fenómenos así llamados «místicos». Las corrientes «teosóficas» aquí mencionadas no se reducen por cierto a las repercusiones de la Sociedad Teosófica, que se desarrolló desde Estados Unidos en torno al cambio del siglo XIX al siglo XX, sino que incluyen también las de la antroposofía de Rudolf Steiner (derivada de la estadounidense), cuyo centro se fundó en Stuttgart en 1916.

Este es el primer rasgo en la imagen del hombre moderno redimido.

2.1.2. *El hombre bolchevique, un hombre brutalizado o bestializado*

Segundo rasgo. Una vez más contemplamos la imagen del hombre bolchevique. El mismo se nos presenta no sólo como el hombre diabolizado sino también como *el hombre brutalizado,* más aún –si me permiten utilizar esta brutal expresión–, como el hombre bestializado. ¡Tampoco aquí debemos confundirnos sino ver con claridad! El hombre bestializado, brutalizado, no conoce derecho alguno, no conoce verdad sino sólo *instintos* bestiales, sólo brutalidad. ¿He de demostrar lo que quiero afirmar? No es necesario. Conocemos suficientemente el tiempo como para tener una imagen clara y detallada de estas cosas,[15] aunque, tal vez, el caos del tiempo y la censura de los periódicos y revistas no nos hayan permitido ver y retener las cosas en su contexto orgánico.

- ### *El hombre redimido, un hombre espiritualizado*

Por eso quiero mostrarles de inmediato la imagen opuesta. ¿Cómo debe ser el hombre moderno redimido? ¿No diré que el hombre brutalizado que ha de ser redimido debe convertirse en *el hombre espiritualizado?* ¿Qué tipo de hombre es éste? Es el hombre lleno de moral, lleno de espíritu, el hombre personalizado. He ahí tres expresiones de contenido muy profundo. ¿Cuál debe ser hoy el objeto de nuestra educación? No podremos superar el bolchevismo a través de la justicia. Hoy no es el momento

---

15 En el racismo biológico del estado nacionalsocialista (véase la típica expresión «la bestia rubia») se ha llegado al extremo de la glorificación de lo instintivo. Esa glorificación muestra su crueldad sobre todo en los campos de concentración o bien en la consecuencia típica de su ideología: la eutanasia. En aquel entonces, los medios no informaban prácticamente nada al respecto.

adecuado para ello. Si el hombre brutalizado quiere aplastarnos, de poco nos servirá la ciencia como contrapeso. ¿Qué debemos oponerle, por tanto? **¡Personalidades extraordinariamente fuertes, llenas de moral, llenas de espíritu, personalizadas, figuras vigorosas!** Ahí los tienen: hombres que se han desarrollado a partir de un núcleo, hombres que no disimulan en nada su modo de sentir, personalidades con carácter y con conocimiento de la verdad. Y tanto más difícil es hoy en día este logro cuanto más queramos vencer esa brutalidad con una brutalidad similar. No faltan quienes remiten muy fácilmente a la historia de la Iglesia afirmando que, en siglos pasados, cuando la Iglesia tuvo el poder en sus manos, actuó con análoga brutalidad. No vamos a entrar a considerar hasta dónde es históricamente verdadera tal afirmación. Sólo es preciso que captemos lo siguiente: ¡debemos formar hombres, personalidades! Escuchen una vez más las expresiones que dije anteriormente: hombres llenos de moral, llenos de espíritu y personalizados.

¡No tomen estas expresiones como frases hechas! Tienen un gran contenido para el hombre redimido, para el hombre moderno, en una dirección muy específica. Hoy se habla mucho del renacimiento de la naturaleza, también de la nuestra propia. Según se afirma, tanto la naturaleza de la especie cuanto la naturaleza intelectual deben ser regeneradas. Observen, por favor, qué poco y con qué frecuencia ha bautizado el cristianismo, en amplios sectores, a la bestia en el ser humano. Basta con dirigir la mirada hacia el campo bolchevique. ¡Qué poco le han sido quebrados los dientes venenosos al hombre moderno! ¿De dónde proviene esta circunstancia? No queremos formular acusaciones sino sólo ver nuestra tarea. ¿Qué pretendemos? ¡Crear el estado ideal! ¿Cómo ha de ser ese estado ideal? Ahora no puedo exponerlo a partir de este contexto tan amplio, pero puedo decir que debemos **crear una comunidad perfecta a partir de personalidades perfectas.**[16] Si bien esto no se alcanza tan rápido, debemos ver el objetivo. ¡Una comunidad perfecta, *no una masa!* Personalidades perfectas deben crear y formar comunidades lo más perfectas posible.

Debo recordarles –con lo cual entramos en el tercer pensamiento– que el hombre redimido tal como acabamos de caracterizarlo *es impensable sin el actuar del Espíritu Santo con sus dones.* Lo sabemos: cuando se trata de alcanzar una obra maestra en la formación de la personalidad, de remover dificultades mayores en esa formación, dependemos totalmente de la fuerza divina, del Espíritu Santo. Una vez más sentirán ustedes que tengo razón. El clamor de los buenos católicos es un único clamor por el Espíritu Santo. ¿Quiero marchar también yo en esa misma dirección y decir, una y otra vez: *emitte Spiritum tuum,* envía tu Espíritu?

2.1.3. El hombre bolchevique, un hombre fanatizado

Permítanme que les esboce rápidamente una tercera imagen. En ella, el hombre moderno se nos presenta como *el hombre fanatizado.* ¡Fanatismo del hombre bolchevique! Lo conocemos y lo vemos cada día en ambos sexos, y muchas veces con máxima virulencia en la naturaleza femenina. ¡El hombre fanatizado! Permítanme que utilice una expresión aparentemente contra-

---

16 Con estas consideraciones sobre el estado ideal (en clara contraposición al «Imperio de Mil Años» que proclamaba el nacionalsocialismo), el P. Kentenich remite a su tarea (educativa) más propia como fundador de las comunidades de Schoenstatt. Lo mismo que él exige aquí de los sacerdotes, como respuesta al clamor de los tiempos, ha sido objeto, durante décadas, de su trabajo en lo cotidiano con las personas, grupos y comunidades. El movimiento de renovación religioso-moral de Schoenstatt tiene por eso mismo como primer objetivo «el hombre nuevo en la comunidad nueva», o bien, en formulación más concreta, la personalidad perfecta en la comunidad perfecta.

dictoria: ¿no profesa el bolchevismo errores heroicos porque en nuestras propias filas se ha visto muchas veces la verdad en forma demasiado trivial? Errores heroicos y acciones heroicas: he ahí al hombre fanatizado y radical.

- *El hombre redimido, un hombre entusiasmado*

¿Qué aspecto debemos oponer en la imagen del hombre redimido? Debemos oponerle *el hombre entusiasmado*. Debemos proclamar con gran fervor al mundo actual las grandes verdades últimas del catolicismo. ¡No quedarse a mitad de camino! ¡No invertir las verdades o anunciarlas sólo a medias! Al hombre fanatizado debemos oponer el hombre entusiasmado que, con gran calidez y fervor, conoce y abraza las grandes y últimas verdades.

Pero eso no es suficiente. Se cuenta sobre Mussolini que, antes de la guerra o durante la guerra, militaba todavía en las filas del socialismo. En ese tiempo pensaba que era ya hora de que se produjese un gran caos a fin de que se despertaran las fuerzas heroicas. Y si escuchamos en el campo contrario, oiremos –por cierto como frase pero también como realidad– el clamor por el héroe y por el *hombre heroico*. En nuestro propio campo, el hombre radical no debe limitarse a conocer con gran ardor las verdades últimas sino hacer que esas mismas verdades cobren vida en él, pagando, de ser necesario, el precio de su propia vida.

3. Implorar el Espíritu Santo en comunión

3.1. Con nuestro hermanos sacerdotes

Una vez más debo decirles que una altura espiritual semejante, una plasmación tan elevada de toda la naturaleza, es impensable sin una profunda acción del Espíritu Santo. *Emitte Spiritum tuum!* Así, nos hemos puesto transitoriamente en comunión con todos los buenos católicos y nos hemos asociado al clamor por la fuerza creadora del Espíritu Santificador y Creador.

¿No queremos ponernos también, por un momento, en sintonía *con todos nuestros hermanos sacerdotes* del mundo entero, sobre todo de nuestra patria? Ya sabemos: *vae soli*, ¡ay del que esté solo! Hoy en día, en que se libran batallas del espíritu, debemos *unirnos* y fortalecer la conciencia de que debemos tirar todos de la misma cuerda, de que debemos cerrar filas porque, del lado contrario, se acomete contra el Reino de Dios. De este modo, nos sentimos transitoriamente uno. ¡Pero debiéramos hacerlo en forma permanente! En efecto, somos el *cuerpo de dirigentes en el Reino de Dios.* ¿No sentimos acaso que todo el ardor y la violencia del espíritu diabólico nos ha escogido como objeto de un odio particular? Siendo así, ¿no es acaso evidente que marchemos de manera cohesionada, formando un frente contra la *civitas* de este mundo? ¿No sentimos cómo hoy ya se nos señala con el dedo y mañana o pasado mañana se nos dará caza como a un animal de presa? No queremos jugar con la idea, pero sí tener el coraje de mirar al fondo de las cosas y no esconder la cabeza en la arena para poder dormir tranquilos por unos días. Queremos ver las cosas como debemos. No para que nos dé temor; pero, si hemos de contar con que todo el odio del bando contrario[17] nos busque como cuerpo de conducción de la *civitas Dei* y que, con el tiempo, quiera arrojarnos de nuestra posición, debemos preguntarnos si acaso no es evidente que necesitamos el Espíritu Santo. ¿No debe darnos él la fuerza moral para per-

---

17 En 1934 había que tener una notable capacidad de percepción y amplitud de visión para constatar estos hechos cuya tremenda realidad debió experimentar el P. Kentenich con muchos otros cohermanos sacerdotes en los tres años y medio que estuvo prisionero en el campo de concentración de Dachau. Véase E. Monnerjahn, *Häftling Nr. 29392. Der Gründer des Schönstattwerkes als Gefangener der Gestapo 1941-1945,* Vallendar-Schönstatt: Patris, ³1975.

manecer serenos frente a estas dificultades, para hacerles frente —y aunque nos cueste todo— con una serenidad y un entusiasmo fundados en Dios?

Pero con esto no habremos cumplido todavía nuestra tarea. A través de un proceso de transformación[18] que corresponde muchísimo al querer de Dios, debemos ayudar a plasmar el nuevo mundo, la nueva Ciudad de Dios. Me llevaría demasiado lejos si quisiera señalarles las líneas por las que debe darse este proceso de transformación. Sólo quiero decirles lo siguiente: ¡cuánta luz y cuánta fuerza se precisan hoy en día para ver e intervenir con claridad en este punto! ¿Quién es capaz de hacerlo? Nadie, aunque se tratara de una personalidad de relevancia secular. En un tiempo en que triunfan las fuerzas diabólicas, sólo puede ayudar el hombre que, en la fuerza divina, está captado por el Espíritu Santo. Por eso, como sacerdotes, como cuerpo de elite de la Iglesia, dependemos en forma singularísima del Espíritu Santo: *Emitte Spiritum tuum!*

3.2. Con nuestros compañeros de curso

Y todavía un tercer punto: también queremos ponernos en sintonía *con nuestros compañeros de curso*. Solemos utilizar a menudo la expresión de los «estados originarios». Estado originario:[19] ¿no podemos decir que también nuestro curso, con cada

---

18 Una referencia al «taller de educación» de Schoenstatt puede iluminar también aquí el objetivo planteado: en Schoenstatt debe surgir un nuevo tipo de hombre, una personalidad animada por el amor y vinculada al ideal, que pueda valerse bien en un ambiente de libertad contando con las vinculaciones mínimas que son propias de la ley natural y que, en consecuencia, realice tanto más su misión en comunidad a partir de la vinculación interior con Dios.

19 No se hace aquí referencia al concepto teológico que designa la condición originaria del hombre paradisíaco antes del pecado original sino, en sentido más bien literal, a la idea de un estado original y primero, que reviste una importancia radical para la vida.

uno de los compañeros que lo integran, representa un tal estado originario? Hemos crecido juntos, hemos vivido muchas cosas juntos. Hoy tenemos que ver que, en la lucha de los espíritus, no hay de nuestra parte ninguna fuerza que sea prescindible. ¡Hay que emplear todas las fuerzas! ¿No sería acaso muy importante que infundiésemos de nuevo más alma a nuestra comunidad de curso? Lo sabemos, sobre todo nosotros, en el norte de Alemania. De tanto en tanto, los cursos se reúnen en este lugar. Podemos alegrarnos de que esas reuniones adquieran cada vez más un carácter religioso, educativo, y de que esa pertenencia y conciencia de curso crezca hacia una profunda *comunidad de vida, de tareas y de destinos.*[20] ¿No opinan también ustedes que, estando tan solo el sacerdote diocesano, debiésemos procurar unirnos nuevamente en este lugar, de modo que nadie pierda la vocación y se vuelva

[20] El hecho de que el P. Kentenich atribuya aquí tanta importancia al significado que tiene el curso, es decir, el grupo del mismo año de ordenación para la vida sacerdotal (por contraposición, por ejemplo, al grupo «oficial» de la parroquia, el decanato, la diócesis), es decir, al hecho de que cada sacerdote diocesano deba considerarse integrante de dos comunidades, puede explicarse a partir del sistema de la educación comunitaria practicado en Schoenstatt. Los miembros de los Institutos Seculares de la Obra de Schoenstatt, por citar un ejemplo dentro de la organización, «pertenecen al mismo tiempo a dos diferentes formas comunitarias. La primera, que se encuentra bajo la dirección inmediata de los superiores, consiste en el Instituto en su conjunto, sus provincias o regiones y sus filiales o grupos («comunidad oficial»). La otra está constituida por los cursos, que plasman su propia vida a partir de las iniciativas de sus miembros («comunidad libre»)» (cita del Estatuto General de la Obra de Schoenstatt en su estado de redacción al 10 de diciembre de 1975). Quien sepa captar la dinámica de una formación comunitaria viva, como la que aquí se describe, podrá estimar la importancia siempre actual que, en el marco de esta época «bolchevique», tienen las «comunidades libres» para la educación de hombres que posean el grado más alto posible de madurez, para el arraigo y cobijo de esos hombres así como para su compromiso y su conciencia de responsabilidad comunitaria.

flojo en la lucha contra el reino del Demonio? ¡Quiero ponerme en comunión con mis compañeros de curso! ¿No sienten que la imagen de nuestros cursos se caracteriza por un gran cansancio, por una cierta parálisis? Ya nos hemos cansado. ¿Quién podrá superar en nosotros ese estado de parálisis? Una vez más, los santos y la vida de grandes sacerdotes nos señalan que, si el Espíritu de Dios no trabaja en nosotros a través de su fuerza divina y de sus dones, no saldremos de este estado de cansancio.

Así, pues, me he puesto en comunión con todos los fieles católicos, con todos los sacerdotes y con mis compañeros de curso. Y en todos los casos resuena el suplicante clamor en demanda de auxilio: *Emitte Spiritum tuum et creabuntur: et renovabis faciem terrae!* Así debe ser. De ese modo, al final de nuestros santos ejercicios debe haber un nuevo milagro de Pentecostés.

4. Renovación del anhelo por el Espíritu Santo

La renovación del milagro de Pentecostés presupone, sin embargo, la renovación de la situación de Pentecostés, presupone la *renovación del anhelo ardiente,* del ardiente anhelo creador *por el Espíritu Creador* y Santificador. Unámonos en las horas de silencio que median hasta la próxima plática, sobre todo si salimos a caminar fuera o nos arrodillamos frente al altar, e introduzcámonos una y otra vez en el mundo de los ejercicios espirituales como hombres de un anhelo profundo y sereno, como *viri desideriorum.*[21] En la medida en que viva en nosotros la fuerza creadora de un anhelo ardiente por el Espíritu Creador y Santificador, podemos considerar como nuestro a ese mismo Espíritu.

---

21   «Varón de deseos», es decir, de anhelos: expresión que aparece en Dn 9, 23; 10, 11.19 en la versión de la Vulgata, referida, en singular, al profeta Daniel.

Alguien de nosotros podrá tener la firme convicción de que, en tiempos difíciles, debe llevar la carga más pesada, o bien una carga grande, fuerte y pesada. Pero en la medida en que tengamos una misión para el tiempo actual –en silencio o en forma pública, en el trasfondo, para otros o para nosotros mismos–, debemos decirnos una y otra vez: *Emitte Spiritum tuum!*

Al contemplar el comportamiento de Cristo vemos que, hoy, huye a Egipto, y, mañana, hace frente a los herodianos. ¿Qué debo hacer yo? ¿Huir o mantenerme de pie? Sólo uno puede indicarnos la actitud y la forma correctas: *Emitte Spiritum tuum!*

Segunda Plática
LA PERFECTA ALEGRÍA DE VIVIR

1. Profundizar la receptividad

Esperamos en estos días una profunda renovación de las gracias de ordenación y de Pentecostés. Ayer por la tarde nos hemos dispuesto para el anhelo, para la fuerza creadora de un ardiente anhelo por el Espíritu Creador y Santificador. A ese anhelo, hoy debemos dar ante todo una meta muy determinada, a fin de poner de relieve la idea directriz del retiro de este año y, al mismo tiempo, el profundo contenido de la gracia que de él esperamos. Como *idea directriz* propongo la **perfecta alegría sacerdotal de vivir.**

Por tanto, eso mismo habrá de implicar que la petición «¡Envía tu Espíritu!» recibirá a partir de ahora un contenido muy definido: envía el Espíritu de la perfecta alegría de vivir sacerdotal, y así llegaré a ser una *nova creatura,* y nuevas fuerzas cobrarán vida en mí, fuerzas que, con ayuda de la gracia, serán capaces de transformarme en un hombre nuevo, redimido. Cuanto mayores sean la frecuencia y el fervor con que dirijamos hacia lo alto ese clamor anhelante, tanto más fuertes serán también sus efectos, tanto mayor su éxito. Sabemos que, cuando Dios quiere regalarnos una gracia especial, nos regala primeramente el correspondiente anhelo. Y si ayer en la tarde hemos concluido la plática como *viri desideriorum,* (varón de deseos)[22] hoy también queremos ser verdaderos hombres del anhelo por una perfecta alegría de vivir sacerdotal.

A fin de crear, pues, una actitud comunitaria, una mentalidad común, quisiera plantear una pregunta con el objeto de redondear esta preparación interior para nuestro retiro: ¿qué eco despierta la idea directriz en nuestro interior? La pregunta no es superflua. No sólo porque es capaz de crear una actitud interior comunitaria entre nosotros, sino también porque puede colocarnos en una relación más estrecha con el alma del tiempo, con el espíritu del tiempo con el que, de alguna manera, debemos enfrentarnos en virtud de nuestra función. En efecto, por una parte, tenemos la tarea de superarlo interiormente, y, por la otra, la de incorporar a nuestro acervo interior lo noble y bueno que hay en el espíritu del tiempo.

En lo que respecta a *lo que nos une,* quiero darlo por aclarado de inmediato. Lo que nos une es una cierta capacidad y disposición para recibir las semillas de la alegría. No necesito demostrarlo: es evidente. Ya por naturaleza tenemos esta capacidad y disposición receptiva, y ella se ha hecho hoy tanto más fuerte cuanto más notamos en todas partes la falta de alegría.

En cuanto a *los momentos de divergencia,* podemos designarlos con la expresión «gozosa voluntad para recibir».[23] Algunos

---

22 Véase Dn 9, 25; 10, 11. 19, donde (en la versión de la Vulgata) se denomina a Daniel *vir desideriorum.*

23 Según las explicaciones dadas más abajo, «gozosa voluntad para recibir las semillas de la alegría» designa aquello que predispone nuestra alma para la capacidad y disposición receptiva, o bien, lo que fortalece e incrementa esa capacidad y disposición. En ese sentido, «capacidad» no es todavía una realización, una posesión, como lo es la alegría, sino la disposición de los sentimientos o la captación vivencial de estar dispuesto para la alegría. Por así decirlo, la alegría demuestra su fuerza de atracción de la misma manera que, la certeza de llegar a poseer lo anhelado, enciende el anhelo.

de nosotros, tal vez no pocos, traemos ya desde el comienzo esa gozosa voluntad para recibir. Ustedes saben por experiencia o por el estudio teórico que la alegría es un elemento esencial en la vida religiosa, en el proceso de formación del alma, tanto de la propia cuanto de la ajena. Cuando la alegría entra en su alma en una medida mayor, ha recibido un gran regalo de la Trinidad. Por eso, ¡gozosa voluntad para recibir las semillas de la alegría! Otros no conocen ni por experiencia ni por el estudio teórico la importancia de la alegría para la vida religiosa, tanto para la propia cuanto para la ajena. Por eso tampoco están capacitados para elevarse hasta esa gozosa voluntad receptiva. Por esa razón, el objeto de la presente plática será reflexionar acerca del modo en que, como conjunto, podemos *crear esta gozosa voluntad para recibir* o bien profundizarla, si ya la poseemos.

Verán con cuánta rapidez adquirimos de esta manera la conciencia de una actitud comunitaria. Pero verán también cómo tenemos aquí la oportunidad de tocar en forma especialmente breve todos los problemas con los que habremos de enfrentarnos en el curso de este retiro.

Quiero cumplir mi tarea procurando llevar a cabo, por una parte, una reducción y, por la otra, un incremento. Quisiera incrementar y multiplicar los momentos que preparan el ambiente de nuestra alma para la capacidad y disposición receptiva; y reducir todos los momentos desfavorables, los obstáculos que impiden aquí y allá el surgimiento de esa gozosa voluntad para recibir. Seguramente nos encontraremos en algún punto cerca del centro y obtendremos una línea clara. ¿Puedo preguntarles ante todo en qué se basan esos momentos favorables para la capacidad y disposición receptiva? Si tomamos conciencia de los mismos, la capacidad y disposición receptiva se incrementará, fortalecerá y multiplicará por sí sola. La respuesta es muy fácil:

sólo es preciso que mencione dos expresiones cuyo contenido conocemos: hambre de alegría y falta de alegría.

1.1. Hambre de alegría – instinto de felicidad

¡Hambre de alegría! Nuestra alma tiene hambre de alegría, y en forma marcada. Más aún: puedo decir que el alma humana está impulsada en todo momento por esa marcada alegría. En efecto: como verán y oirán más adelante, en el punto culminante del retiro, esa hambre de alegría es un *instinto primordial* en la naturaleza humana.[24] Si por el momento quieren reflexionar un poco por su propia cuenta acerca de este pensamiento, les ruego que reemplacen la palabra *hambre de alegría por hambre de felicidad, por instinto de felicidad.* ¿Acaso no sabemos todos, por experiencia y por observación de la vida, cuán inseparablemente unido está el instinto de felicidad y, junto con él, el instinto de alegría, a la naturaleza humana? ¿Tendremos razón, entonces, en ampliar el concepto y afirmar que, así como la planta tiene hambre, es decir, así como depende de la luz, del aire y del calor, así depende el alma humana de la alegría, del brillo del sol de la alegría, si es que no ha de atrofiarse? ¡Así es: el hambre de alegría como instinto primordial de la naturaleza humana; el instinto de alegría, el instinto de felicidad como una fuerza de enorme ímpetu, como instinto primordial! Cuanto más conciencia tome de este hecho –sobre el que hablaremos después extensamente–,

---

[24] La tradición occidental acentúa, como rasgo esencial del hombre en su condición de criatura, el *«desiderium naturale»,* el deseo natural, el no poder sino desear la felicidad suprema, la beatitud (*visio beata;* véase santo Tomás de Aquino, S. c. G. III, 48, 3: *«Felicitas est ultimum finis, quem homo naturaliter desiderat»*). La inquietud constante del P. Kentenich se verifica también aquí: los conocimientos fehacientes de la historia del pensamiento son puestos en relación con los hechos y las exigencias psicológicas y pedagógicas, relación en la que desempeña un papel dominante el concepto de lo «orgánico». Véase p. 414.

tanto más fuerte podrá hacerse la capacidad y disposición receptiva, la gozosa voluntad para recibir las semillas de la alegría.

1.2.　La falta de alegría

Segunda expresión: *falta de alegría*. ¿Debo aclarar lo que quiero decir con ello? ¿Debo demostrar el hecho de la *falta de alegría del tiempo actual?* Piensen en la moderna institución a la que se denomina «Fuerza a través de Alegría».[25] Dos son las cosas que resuenan en este nombre. En primer lugar, el hecho de que hoy se da una gran falta de alegría. Pero también, por otro lado, la convicción de que la alegría es la fuente de fuerza. ¡Falta de alegría! ¿Quién de nosotros no sufre en forma muy profunda de esa falta de alegría? ¿Quién no sufre profundamente con su pueblo, con sus seguidores, que tanto padecen por esa carencia?

- *Causas de la falta de alegría:*

Pero lo que más nos interesa en este contexto es la reflexión, aunque sólo sea superficial, la pregunta por el *motivo* de esa falta de alegría en los tiempos modernos. Si quieren tener por el momento una respuesta preparatoria, deberán preguntarse también, en forma análoga, cuál es la esencia de la alegría. La filosofía nos da la respuesta: alegría es el reposo que proviene de la posesión de un bien conveniente, el reposo del apetito por la posesión de un bien conveniente. Según el bien sea sensible, espiritual-natural o espiritual-sobrenatural, hablamos de alegrías sensibles, espirituales-naturales o espirituales-sobrenaturales. No es preciso que me extienda más en demostrar que las alegrías que realmente confortan son las alegrías del alma, y no tanto las de los

---

25　*«Kraft durch Freude»* (KdF) era una institución del nacionalsocialismo que organizaba actividades de tiempo libre en el marco de la acción del «Frente alemán del trabajo» (*«Deutscher Arbeitsfront»*), organización sindical unida al partido nacionalsocialista.

sentidos. Desde este punto de vista tendrán muy rápidamente la respuesta a la pregunta por el origen de la moderna falta de alegría. Permítanme que les dé dos respuestas: una *ratione subiecti,* desde el punto de vista del sujeto, y la otra *ratione obiecti,* desde el punto de vista del objeto.

Desde el punto de vista del sujeto: Falta de alma y falta de Gemüt.[26]

– Carencia de alma

¡Falta de alma! Quiero recordarles de nuevo que las alegrías que realmente nos hacen felices y confortan son las alegrías del alma. Y ahora decimos: falta de alma, falta de *Gemüt.* Esto significa que el hombre moderno está en peligro de perder su alma, de esclavizar su alma a las cosas exteriores, de vincularla a las cosas. ¡Qué calamidad, qué gran desventaja puede ser esto! Conocemos la historia del «hombre sin sombra».[27] ¡Qué terrible ha de ser el caso de un hombre sin alma! El hombre moderno

---

26 Dejamos aquí sin traducir la palabra alemana *Gemüt,* para la cual, en realidad, no existe traducción literal al español. La misma designa el centro emocional-afectivo de la persona, la sede de los sentimientos, el «alma» entendida en este sentido, el conjunto de las fuerzas anímicas y de los impulsos interiores de los sentidos y los sentimientos, como también la configuración psíquica y ética personal que se da con el funcionamiento de estas mismas fuerzas. El mismo P. Kentenich suele utilizar con frecuencia en forma sinónima a *Gemüt* la palabra alemana *Herz,* corazón. Véase más abajo la definición de *Gemüt* como «consonancia entre el apetito inferior y el apetito superior» (N. del T.).

27 Referencia al cuento *La extraordinaria historia de Peter Schlemihl [Die wundersame Geschichte des Peter Schlemihl]* (1813), de Adelbert von Chamisso [seudónimo de Louis Charles Adelaide de Chamisso] (1871-1834), en la que se cuenta la historia de un hombre que vendió su sombra al demonio para obtener riqueza pero se vio así marginado de la sociedad humana. Más tarde, habiendo comprado por azar las «botas de las siete leguas», se dedica a recorrer el mundo investigando la naturaleza. El cuento puede leerse en: J. Gotthelf / T. Storm / W. Hauff / G. Keller / A. von Chamisso, *El cuento fantástico alemán,* selección de A. von den Lippen, traducción de H. C. Lipps, prólogo de L. Vax, Buenos Aires: Adiax, 1978, 15-72 (N del T.).

no tiene alma. ¡Vean cuán esclavizado está a las cosas exteriores! ¡Qué poco puede concentrarse, poseer un alma propia! ¡Esclavizado a las cosas exteriores! ¿No tenemos razón al afirmar que el hombre moderno lleva una vida de ratón, una vida de rata, una vida de sapo, una vida de ave migratoria? Está demasiado poco en su propia casa, siempre mentalmente de viaje, siempre de camino. Exteriormente podré viajar; eso no es algo malo. Pero si mentalmente estoy siempre de camino como los ratones y las ratas, entonces ya sé de qué se trata: el hombre moderno está atado en forma demasiado fuerte hacia fuera, carece de alma, no tiene un órgano que pueda comprenderse y denominarse como soporte de la alegría interior.

Pero debemos mirar más hacia lo hondo: allí donde se está gestando el hombre bolchevique, se trabaja en forma consciente y sistemática hacia esa falta de alma. Si me permiten que vierta de manera popular lo que hemos expuesto antes en forma científica –el concepto de hombre bolchevique–, podemos decir que se trata aquí de la pugna por la coordinación[28] de las piernas y la desconexión del espíritu. El hombre moderno debe desconectar el espíritu a fin de llegar a ser rápidamente un hombre masificado. Y, para que eso resulte más fácil, está la conexión de las piernas, la constante actividad, el constante ajetreo. ¡De otro modo, el hombre podría tomar conciencia de su alma, de su originalidad! Éste es el primer y profundo motivo de la tristeza del mundo actual: falta de alma.

---

28 Al utilizar este término (en alemán, *«Gleichschaltung»*), que suele traducirse también como «unificación», el P. Kentenich alude al proceso de nazificación puesto en práctica por el gobierno de Hitler en la segunda mitad del año 1933 a fin de someter toda Alemania a la ideología nacionalsocialista. Como apunta con clarividencia el P. Kentenich, esa coordinación o unificación suponía la desconexión o supresión (*«Auschaltung»*) del espíritu y de la originalidad (N. del T.).

– Carencia de Gemüt

El segundo motivo es la *falta de Gemüt.* El *Gemüt* es, en definitiva, aquella capacidad en la que la alegría alcanza en forma más clara y profunda su disfrute. *Gemüt* como consonancia del apetito superior y el apetito inferior. Vean cómo se transforma el hombre moderno en un hombre sin *Gemüt,* cómo se colectiviza: no sólo como bestia sino también como pieza de una máquina, que puede ser reemplazada a discreción. Pues sólo el hombre es capaz de dejarse masificar cuando se le ha arrebatado el alma y el *Gemüt,* éste. Y la cultura moderna se encuentra ya hace años en el camino hacia esa masificación. ¿Conocen, pues, el motivo profundo de la ausencia y la carencia de alegría del tiempo actual?

Desde el punto de vista del objeto: carencia de moral y carencia de Dios

Contemplen, también por el momento, el objeto de la verdadera alegría. A fin de llegar lo más rápido posible al objetivo, me permitirán mencionar también aquí simplemente dos expresiones: falta de moral y falta de Dios.

– Carencia de moral

¡Falta de moral! Según cuál sea el bien conveniente en que reposa el apetito, tenemos los diferentes grados de alegría. Hay un *bonum honestum* (bien honesto) y un *bonum supernaturale* (bien sobrenatural). *Bonum honestum* es aquel que está especialmente a la altura del hombre moral. Podemos designarlo como el reino de los valores morales. Cuando el alma reposa estando en posesión de ese bien moral, ese reposo del apetito significa alegría espiritual. Pero si observan cómo la inmoralidad va ganando terreno en forma progresiva, unas veces con un título, otras con otro, entenderán muy bien cómo hemos de comprender la afirmación acerca de la falta de alegría del tiempo actual.

— *Ausencia de Dios*

Pero el bien supremo en cuya posesión reposa el espíritu humano es Dios, el Dios Trino infinito. Por eso, la *falta de Dios* del tiempo actual significa una muy honda falta de alegría en nuestro tiempo, una carencia de alegría que está profundamente arraigada y que va ganando terreno a partir de este punto.

Tal vez hagamos bien en tomar como punto de partida este cuadro del tiempo actual que acabamos de esbozar fugazmente y, en mayor o menor medida, descubrirnos en él *a nosotros mismos.* ¿Sufre también mi propia alma de ausencia de alegría, de falta de alegría? ¡Se han destruido tantos puentes, tantos valores a los que estábamos apegados! ¿De dónde proviene que mi alma esté tan cansada, con las alas quebradas? ¿No habrá sucedido también en mi vida que he visto demasiado las fuentes de alegría como fuentes de alegría sensible? Es posible que, como sacerdotes modernos, nos hayamos ido quebrando cada vez más por ese motivo. ¿No me habré acostumbrado demasiado poco a concebir también las alegrías espirituales-naturales y espirituales-sobrenaturales como las que más me llegan y más se ajustan a mi condición? ¡Redefinición de los valores! Ahora puedo examinar mi conciencia y preguntar de dónde proviene mi falta personal de alegría. Debo reorganizarme, debo considerar como los valores más altos de la escala aquellos que son los más altos según la concepción de Dios, y cuanto más me sean retirados los bienes sensibles, tanto más aspirar a los espirituales. Sólo entonces estaré en camino de llevar una vida de alegría íntegra, a pesar de las dificultades de la época.

Con lo dicho he hecho un breve intento de incrementar en algo los momentos que implican capacidad y disposición para recibir la alegría.

2. Obstáculos para la receptividad del tema de la alegría

Procuremos desarrollar también un poco el segundo argumento. Preguntemos por los *obstáculos* que no permiten que la capacidad de recibir se convierta en gozosa voluntad para recibir. ¡Intentemos superarlos! Podemos resumir el argumento de la siguiente manera: en lo esencial, existen dos obstáculos, a saber, una cierta decepción y un cierto temor.

2.1. Una cierta decepción ante el tema

Una cierta *decepción* ante el tema. ¿En qué se fundará la decepción por haber tomado como idea directriz del retiro la perfecta alegría de vivir sacerdotal? En la medida en que no hayamos experimentado todavía todos los valores de la alegría, muchos de nosotros podremos decir, a primera vista, que la perfecta alegría de vivir sacerdotal como idea directriz es demasiado poco central y demasiado poco vigorosa. Se trata, por supuesto, de un grave reproche.

¿Es verdad lo que se afirma? ¿Es realmente *tan poco central* la perfecta alegría de vivir sacerdotal como *idea directriz* para el retiro? Es evidente: en este tiempo de revolución debemos pugnar tanto en nosotros cuanto en los demás por los valores y verdades últimas y centrales. Verdades superficiales, periféricas, no deben ser objeto de nuestra aspiración. La vida es demasiado seria para ello.

Si examinamos la vida práctica –tanto nuestra vida sacerdotal cuanto la de los que nos están confiados y la de nuestro círculo de conocidos– hemos de admitir que, lamentablemente, la alegría no ocupa una posición central en la vida práctica. ¿No lo sabemos acaso por experiencia? ¿No lo vemos con nitidez al observar la vida? Les pregunto: ¿conocen acaso una marcada filosofía, teología y pedagogía de la alegría? Si la alegría ocupase una posición central, debiera existir un manual con ese contenido o las correspondientes partes en los manuales generales.

Aun cuando debamos admitir que la vida práctica otorga la razón al reproche, de igual modo deberíamos cuidarnos si se pensara que esa situación fuese ideal, que la misma correspondiese a las ideas, a las grandes leyes fundamentales del Reino de Dios. ¡En absoluto! Entonces: en principio debemos decir que la alegría, sobre todo la perfecta alegría sacerdotal, forma parte de los momentos esenciales, centrales del catolicismo y, por eso mismo, de la educación y la pastoral católicas. ¿Debo demostrárselo?

- *La alegría es esencial a la pastoral católica*

No pierdan de vista que se trata de un redondeo de la preparación, de un redondeo de la profunda puesta en ambiente que hacemos en común para entrar en el retiro. Por eso mismo deben estar contentos de que les hable en forma aforística. ¿Es la alegría un tema esencial de la pastoral católica? Les menciono dos verdades: en primer término, la alegría es una manifestación concomitante esencial de una profunda vida de santidad y aspiración a la santidad; en segundo término, la alegría es un medio esencial para fecundar la vida de santidad y la aspiración a la santidad. Les hablaré un poco al respecto, pero ustedes deberán hacer de ambas verdades objeto de su profunda oración y reflexión.

- *La alegría es esencial a la santidad*

En primer lugar, pues, la alegría es una *manifestación concomitante esencial de una profunda vida de santidad*. Repasen, por favor, la teología, tanto la teología científica, especulativa, cuanto la dogmática, y abran la Sagrada Escritura. La dogmática nos dice que la *alegría es un fruto del Espíritu Santo*. ¿Qué entendemos por frutos del Espíritu Santo? Son actos virtuosos especialmente descollantes, actos perfectos de virtud que se asocian con una cierta dulzura en el sentimiento, en la actitud interior. Consideren lo que pretendo decirles: ¿tendré razón al advertir que el fruto del Espíritu Santo, así como también la alegría, presuponen una aspiración de alto grado, de gran seriedad, una profunda aspiración a la santidad y una profunda vida de santidad?

Para no abundar en consideraciones, me permito hacer referencia a lo siguiente: si esa virtud, ese *habitus,* ese acto está asociado a una profunda alegría interior, no hablamos de frutos del Espíritu Santo sino de bienaventuranzas. Según dicen los dogmáticos, es tanta la bienaventuranza que se asocia a determinadas actitudes virtuosas que la misma constituye una anticipación de la bienaventuranza eterna. Si aún no la hemos experimentado, es porque no hemos alcanzado todavía el grado anhelado y previsto de santidad. Pero no es necesario que preguntemos a la dogmática, a la exégesis y a la Sagrada Escritura. Basta con que acudamos a la escuela de Aristóteles y de la escolástica. La escolástica ha tomado de Aristóteles la idea de que la alegría sólo se asocia a los actos de virtud cuando los mismos se han convertido en una cierta evidencia, cuando brotan de un cierto hábito virtuoso.[29]

La que más nos interesa es la segunda verdad, a saber, que la alegría es también *un profundo medio para llegar a ser santo,* sacerdotalmente santo y perfecto. De ello podremos extraer la profunda conclusión de que nuestro deber moral consiste en

---

[29] Véase Tomás de Aquino, STh I-II, 34, 3, donde remite a la primera *Ética* de Aristóteles y afirma que la alegría (*delectatio*) no es exterior a la acción virtuosa sino concomitante a ella. En *De virtute I*, I, dice: «Realizar el bien con alegría corresponde a la disposición de ánimo del virtuoso». Véase, además, Aristóteles, *Ética a Nicómaco* 1, 9; 2, 2; 4, 2.

educarnos a nosotros mismos y educar a otros para la alegría. Si quieren examinar la premisa, oriéntense por la Sagrada Escritura y por una sana filosofía y psicología.

Por la Sagrada Escritura. Les resumo lo que puede decirse en este punto. La Sagrada Escritura presenta la alegría y la educación a la alegría como una *ley fundamental y esencial del Reino de Dios.* Más concretamente, se nos presenta como pilar fundamental, exigencia fundamental y petición fundamental del Reino de Dios.

Pilar fundamental. ¡Son tantas las expresiones de ese tenor que escuchamos en la Sagrada Escritura: el Reino de Dios no consiste en comer y beber sino en paz, alegría y amor.[30] Tengan la bondad de hacer ustedes mismos la exégesis: aquí se coloca la alegría al mismo nivel que el amor. Y, como veremos y oiremos más tarde, el amor es la gran ley fundamental del mundo.[31] ¿Notan qué importancia tiene también la alegría en el sentido de la Sagrada Escritura? ¡Pilar fundamental! Pueden recurrir a la concordancia bíblica y agregar otras expresiones a fin de convencerse de que tengo razón.

- *La alegría es una exigencia fundamental*

  Si la alegría es un pilar fundamental, también es una *exigencia fundamental.* Así escuchamos al Apóstol pronunciar la célebre frase que hemos oído tantas veces pero que, probablemente, no hemos tomado tan en serio: *Gaudete in Domino...!* (¡Estad siempre alegres en el Señor...!) (Flp 4, 4). ¡No olviden que se trata de un imperativo! *Gaudete in Domino!* Quien pueda interpretar aunque

---

30 Rm 14, 17: «El reino de Dios no es comida ni bebida, sino justicia y paz y gozo en el Espíritu Santo». Véase Ga 5, 12: «quienes hacen tales cosas [= las obras de la carne] no heredarán el Reino de Dios. En cambio, el fruto del Espíritu es amor, alegría, paz...».

31 Véase p. 220ss.

sólo sea un poco estas palabras a partir del contexto, entenderá y sentirá cuánto quiere el Apóstol que se le tome en serio con su exigencia. En otra oportunidad dice, también: «Para vosotros es sumamente útil, y a mí no me causa perjuicio alguno, repetir una y otra vez: ¡alegraos en el Señor![32] San Agustín nos advierte con razón que el apóstol san Pablo emite una orden, también una orden respecto de la educación a la alegría.[33]

En síntesis: la alegría, la perfecta alegría de vivir sacerdotal, debe comprenderse como un elemento central de nuestra vida religiosa; como manifestación concomitante pero también como un medio esencial para alcanzar la santidad. Por eso tampoco nos sorprendemos cuando consultamos la vida o los dichos de los santos y encontramos cuánta importancia daban a la alegría y a la educación a la alegría. En estos días escucharemos durante las comidas algunos dichos de los santos y complementaremos así las reflexiones que aquí hacemos. Las lecturas están orientadas esencialmente por el pensamiento de san Francisco de Asís,[34] que dice: educaos para la alegría; donde no reina ella, es seguro que reina el Demonio. No es el texto literal pero sí el sentido de sus pensamientos. Y si ya Goethe nos dice que «la alegría es la madre de todas las virtudes»,[35] sabemos lo que quiere decirnos.

---

[32] Flp 3, 1: «Por lo demás, hermanos míos, alégrense en el Señor… Volver a escribirles las mismas cosas, a mí no me es molestia, y a ustedes les da seguridad».

[33] «¿Qué se nos ordena, por tanto? Que nos alegremos en el Señor» (Agustín, Sermo 21, sobre Sal 63, 11; PL 38, 142).

[34] En la primera Regla de san Francisco dice, en el capítulo 7: «Y los hermanos deben evitar mostrarse exteriormente tristes y como sombríos hipócritas. Antes bien, deberían demostrar ser hombres que se alegran en el Señor, joviales y amables como corresponde».

[35] J. W. von Goethe, *Götz von Berlichingen* (1773), acto I, El albergue en el bosque (Martín).

O cuando Faber[36] dice que la alegría es la atmósfera de la santidad heroica, sabemos lo que se quiere expresar. Sabemos todo eso, pero se ha hecho demasiado poco realidad. Por eso debemos prestar atención a que se coloque más en el centro la educación a la alegría como deber moral.

¿Quieren conocer la razón psicológica de la importancia de la alegría en la pastoral toda? ¿Puedo recordarles algo que doy por conocido pero que demostraré más adelante, a saber, que la alegría es un instinto primordial en la naturaleza humana? Y si los instintos primordiales no son desarrollados, ya saben lo que eso implica: el hombre busca instintivamente profundas satisfacciones sucedáneas y, en la mayoría de los casos, se equivoca en su actuar. Y cuando ha errado en la alegría, sin la cual no puede vivir, cuando ha bebido de las sucias cisternas de la vida actual, podrá apartarse cuantas veces quiera de ellas que, después, vuelve a caer allí de nuevo, desvalido, hasta que su pobre alma se enferma y su pobre naturaleza se desorganiza interiormente. ¡Ya no querrán decir, entonces, que la alegría no es central o que no es una meta central de la educación!

2.2. Una cierta decepción porque la alegría no sea vigorosa

Un segundo reproche se basará probablemente en el temor de que la perfecta alegría de vivir sacerdotal *no sea suficientemente vigorosa*. ¿Qué puedo responder a ese cargo? Hay expresiones que suenan más vigorosas que la alegría. Cuando el Señor nos dice que el Reino de Dios es un reino de la verdad y la justicia,[37] nos

---

36 Véase F. W. Faber, *Das heiligste Altarsakrament*, Ratisbona 1857, 221: «El que quiera ser alegre debe mortificarse primero; y el que se ha mortificado, ya posee la alegría pura que proviene del cielo» (citado según Keppler, 6).

37 Véase Mt 6, 33: «Busquen primero su Reino y su justicia, y todas esas cosas se les darán por añadidura» (véase también nota 8 en la p. 34).

sentimos frente a condiciones que se hallan estremecidas como bases de la vida actual. ¡Qué nostalgia tenemos hoy del reino de la verdad y la justicia! Otra frase: «Para esto he venido al mundo: para dar testimonio de la verdad» (Jn 18, 37). Conocemos otras expresiones que suenan más vigorosas: «¡Velad y orad, para que no caigáis en tentación! (Mt 26, 41). Y otras: «Si no os convertís…» (Lc 13, 3). Todo eso está muy bien. Y también es verdad que se trata de verdades por las cuales todos debemos luchar. Pero no olviden: la alegría, la verdadera alegría, presupone la realización de todas esas condiciones. Como todo está asociado con la alegría, no poseeremos ni disfrutaremos una verdadera alegría si no luchamos con gran seriedad y hasta el extremo por la justicia, por la verdad, por el espíritu de oración, por el espíritu de penitencia. Ahí tienen una respuesta.

- *La educación a la alegría es un deber moral*

Pero si quieren ver con mayor claridad aun cuán poco justificado está el reproche de que la alegría y la educación a la alegría, de que la perfecta alegría de vivir sacerdotal no sea suficientemente vigorosa, tengan presente lo siguiente: ¿qué entendemos por alegría y educación a la alegría? Creo que si les cito ya ahora algo que comprenderemos mejor más tarde, a saber, la antífona de ofertorio de la liturgia de dedicación de iglesias (en la que, justamente, hay muchos textos sobre la alegría), que dice: «En la pureza de mi corazón *te he ofrendado con alegría absolutamente todo*»,[38] y si les digo que en esa frase encontramos el sentido profundo de la educación a la alegría, no querrán decirme, ¡por favor!, que no sea suficientemente vigorosa.

---

38   De la antífona de ofertorio del común de dedicación de iglesias en el misal de Pío X: *«In simplicitate cordis mei laetus obtuli universa»:* «en la simplicidad de mi corazón, te lo he ofrendado todo con alegría» (véase 1 Cor 29).

Intérnense en la vida de san Francisco. Sabemos que su vida está rodeada de leyendas. Posiblemente, la más conocida sea la de la perfecta alegría: Hermano León, ¿qué es la perfecta alegría? Y se mencionan todo tipo de cosas que podrían ser el sentido, el contenido y el objeto de la perfecta alegría, hasta que san Francisco llega a la siguiente conclusión: si somos perseguidos, despreciados, etc., y tú te alegras en Dios, entonces tenemos la alegría perfecta.[39] Pregunto: si concebimos de este modo la alegría, ¿es acaso algo blando o, por el contrario, algo sumamente vigoroso, algo que nosotros, sacerdotes de la humanidad actual, necesitamos?

En síntesis, cuanto más reflexionen sobre estos pensamientos, con tanto mayor convicción dirán que no solamente se trata de una verdad central, sino que implica la consecuencia de que la *educación a la alegría es un deber moral*. Y podemos agregar: en el tiempo actual, un deber moral de primer orden. Debo educarme y educar a otros a la alegría, si es que verdaderamente quiero ser un sacerdote cristiano y católico.

Hasta aquí, pues, el primer sentimiento de rechazo. Tal vez, con lo dicho esté ya conjurado y eliminado. Una cierta decepción —así lo describíamos— y una cierta inseguridad frente a la alegría.

2.3. Un cierto temor a desdibujar la vida cotidiana real

El segundo motivo que he mencionado es un cierto *temor*. Aquí tenemos la oportunidad de adentrarnos en los problemas de la vida actual. Un cierto temor, un recelo de que se distorsionen la vida cotidiana real y el verdadero cristianismo.

---

39 Citado en Keppler, 82s.

Me dirán ustedes que la vida es mucho más amarga y triste de lo que muchas veces se cree en la teoría. Advertirán que hay personas que, al parecer, tienen por profesión de vida el sufrimiento, personas que son desgraciadas de nacimiento. Realmente, así es. También en nuestras propias filas. No son pocos los sacerdotes nobles y fervorosos que fracasan en todo lo que emprenden. ¡Desgraciados a la enésima potencia! Su profesión es el dolor.

No queremos perder de vista esto ni pintarlo de color rosa, sino enfocar la pregunta respecto al dolor. Pero también queremos transformar las fuentes de dolor en fuentes de alegría. En efecto, para reducir el sentimiento de rechazo puedo decir que la educación a la alegría debe pasar aquí su *prueba de verificación*. La educación a la alegría debe saber tocar también este sufrimiento con la vara mágica y hacer del sufrimiento una fuente de alegría. Si no lo logra, no está en consonancia con el objetivo de la educación a la alegría: *Gaudete in Domino; iterum dico, semper gaudete!* (¡Estad siempre alegres en el Señor; os lo repito, estad alegres!) (Flp 4, 4). ¿Me permiten anticipar ya de qué vara mágica se trata? Más tarde, en la segunda parte del retiro, queremos tomarla en nuestras manos y no dejarla caer ya nunca más. Esa vara mágica es el amor, la ley fundamental del mundo. Sólo cuando sea el amor el que me impulse hacia Dios y cuando sepa que todo es expresión de su amor, tendré en mis manos la vara mágica con la que todo puede convertirse fácilmente en fuente de alegría.[40] Por tanto, no teman una distorsión de la vida real. ¡Por el contrario! Queremos esmerarnos para delinear con claridad esas sombras de la vida actual.

---

40   El P. Kentenich escribió en el campo de concentración de Dachau un poema sobre Schoenstatt, ese «terruño» bendecido,

> «donde el amor, como una vara mágica,
> transforma con prontitud la tristeza en alegría». (HW1945, estr. 603).

2.4. Un cierto temor a desdibujar el cristianismo real

Más hondo, sin embargo, cala el segundo temor, el temor de que se distorsione el cristianismo real. Quienes sufren en la vida, quienes cargan con un pasado difícil, quienes han atravesado destinos difíciles, podrán sacudir la cabeza y expresar, con rechazo: yo también conozco un cristianismo dibujado en las nubes que consiste sólo en alegría. Pero el cristianismo real es muy diferente. El cristianismo cotidiano no es, como dicen sus enemigos, o como dice también Rosenberg, un «asesino de la alegría», pero sí, como puede demostrarse, un enemigo de la alegría. Aquí debemos detenernos por más tiempo. ¡Enemigo de la alegría! ¿Por qué? No quiero hablar en el sentido de aquellos que se expresan y sienten de este modo y, después, adoptan una determinada actitud frente a las dificultades actuales. Se nos dirá, y también nosotros decimos, que el *cristianismo* no es, en realidad, asesino de la alegría pero sí *enemigo de la alegría, porque acentúa, en forma demasiado fuerte, demasiado unilateral y exagerada, el temor y la humildad.*

¿No escuchan en esas palabras un reproche que se nos hace desde el campo adversario? El cristianismo es antiario porque hace que el hombre doble la cerviz, porque lo oprime contra el suelo. Por eso, ¡fuera con el cristianismo! Aplasta al hombre ario, hace del orgulloso ario un esclavo. ¿Queremos tomarnos el tiempo para considerar más de cerca este reproche?[41]

---

41 Al igual que en la primera plática, el maestro de ejercicios se enfrenta aquí con el «campo adversario» del nacionalsocialismo y de su ideología (racista). En lo que sigue, se basa –al igual que en la segunda parte, donde lo hace en forma casi excluyente– en el libro *Frohe Gottesliebe [Alegre amor de Dios]*, de Michael Müller (Friburgo de Brisgovia 1933). Las referencias que colocamos en las notas corresponden a la nueva edición de la obra, por la editorial Franz Sales, en Eichstätt y Viena, 1968.

• *No dejarse abatir por las dificultades*

Ahí tienen bosquejado el oscuro trasfondo en el que podemos diseñar nuestro retiro sobre la alegría. Ayer les dije lo que Dios exige de nosotros. No queremos ser débiles sino escuchar la palabra de Dios. Las llamadas del tiempo son llamados de Dios. Queremos ayudar a crear el estado ideal impulsado por la fuerza creadora del cristianismo, un estado ideal que esté inmunizado contra las dificultades y los males de nuestro tiempo. Por eso no queremos responder a los adversarios solamente con un gesto de rechazo. ¿Creen ustedes acaso que la corriente contraria sería asumida en forma masiva, también por nosotros, si muchos de sus reproches no fuesen ciertos? Debemos escuchar en esos reproches lo que Dios nos dice a través de las circunstancias, de los adversarios. Pero, en todo lo que acontece, tengan fe en que, para los que aman a Dios, todas las cosas redundan en bien.[42] ¿No creen que también éste constituye un propósito muy definido para nosotros? Es erróneo que un luchador de Dios aquí en la tierra se deje abatir por las dificultades. Las dificultades deben ser para nosotros una tarea. Escuchen una vez más las palabras de san Agustín, que deben ser orientadoras para nosotros: «*Utamur haereticis!*», (utilicemos a los herejes). ¿En qué consisten los reproches, qué hay de justificado en ellos? Y examinen en qué posición está ante ellos el verdadero cristianismo.

Por de pronto puedo darles tres respuestas. No me extiendo en ellas porque debemos detenernos una y otra vez en la preparación a fin ir más tarde a lo profundo. En primer lugar: desgraciadamente, es verdad que, en nuestro cristianismo tradicional, acentuamos en forma demasiado unilateral y exagerada el temor y la humildad. ¡Desgraciadamente! En segundo lugar: eso

---

42 Rm 8, 28: «Por lo demás, sabemos que en todas las cosas interviene Dios para bien de los que le aman».

es necesario que así sea. Y, en tercer lugar, nuestra tarea consiste en acceder *a las intenciones de Dios* manifestadas a través de las corrientes adversarias e inmunizarnos así nosotros mismos y a nuestro pueblo contra los gérmenes venenosos que el adversario quiere inocular en el cristianismo.

En la medida en que alcance el tiempo, debemos enfrentarnos sobre todo con las primeras consideraciones. Así es, desgraciadamente: en la educación acentuamos en forma muy exagerada el temor y la humildad. Lo hemos hecho en el pasado y lo seguimos haciendo hoy en día. El filósofo de la cultura y el pedagogo saben que *nuestra vida cristiana está impulsada en forma demasiado frecuente y demasiado intensa por tensiones.* Y en razón de que esas tensiones son tan profundas es que se produce la fuerte oscilación y vacilación en la educación de orientación religiosa. Las tensiones pueden demostrarse sobre todo en los dos siguientes sentidos: tensiones entre temor y amor, y entre humildad y grandeza de espíritu, magnanimidad y ufanía.[43] Como el reproche se articula también desde nuestras propias filas —temor y humildad exagerados—, vale la pena perseguir esta relación de tensión primeramente en forma histórica y, después, en forma filosófica, así como también estudiar las ideas directrices y las fuerzas propulsoras internas de cada una de las tensiones, y su resolución. Entenderán lo que pretendo tan pronto como comience a tratar las preguntas.

---

43 Véanse en Müller, 62-84, bajo el título de «La actitud ante el optimismo y la alegría» [*«Die Einstellung auf Optimismus und Freude»*], los dos capítulos intitulados «Optimismo y pesimismo en la actitud religiosa» [*«Optimismus und Pessimismus in der religiösen Haltung»*] y «Humildad y grandeza de espíritu en el sentimiento de sí mismo del cristiano» [*«Demut und Hochsinnigkeit im christlichen Selbstgefühl»*].

2.5. Tensión entre temor y amor

Pregunto por la primera tensión: *tensión entre temor y amor*. Tengan la bondad de recordar una vez más que el auténtico sentimiento de vida católico debe experimentar realmente esta tensión. Es verdad: Dios es el Todopoderoso, el Omnipotente. ¡Sin duda! Por eso corresponde frente a él la actitud de temor, la actitud de respeto. Por eso se nos presenta como el *fascinosum,* como el *augustum.*[44] Es correcto que así sea. ¡No debemos olvidarlo! Pero Dios es también el Dios del amor, la fuente del amor. Por eso corresponde ante él también la actitud de la respuesta sencilla y simple de amor filial. Ahí tienen la fundamentación: temor y sentimiento de distancia, amor y entrega a Dios, el Padre.[45] Si realizan una investigación histórica para establecer a favor de qué línea se ha resuelto en occidente esta relación de tensión, encontrarán que se ha resuelto, *la mayoría de las veces, a favor del temor.* No se trata que eso fuese algo herético: ambas posiciones son correctas, porque la mezcla está fundada en la filosofía y la dogmática. Pero se plantea la siguiente pregunta: ¿qué es lo dominante? ¿Cuál es la actitud fundamental del auténtico cristiano? ¿Debe ser el temor o el amor? ¿Temor con mezcla de amor o amor con mezcla de temor?

Repito: desde una perspectiva *histórica,* encontrarán dos corrientes que atraviesan la historia de la Iglesia en occidente. A veces, ambas corrientes fluyen pacíficamente por separado, a veces confluyen en un único caudal. O bien, si quieren utilizar

---

44 Lo absolutamente «fascinante»; lo egregio, lo que inspira respeto.

45 Véase Müller, 62: «Con esto se establecen dos actitudes del alma creyente. Sentimiento de distancia y temor caracterizan a la primera; amor y alegre unión con Dios, a la segunda». Semejanzas y diferencias (típicas) como éstas aparecen a menudo a lo largo de estas páginas. Sólo las mencionaremos cuando sean importantes para una mejor comprensión del texto o bien cuando la concepción de Müller sea asumida en forma directa o modificada de manera esencial.

otra imagen: a veces, se erigen como una catedral en puro estilo clásico y, a veces, deben caracterizarse como una catedral cuya construcción se inició en un estilo, se continuó en otro y se concluyó en un tercero.

Es interesante estudiar cómo este enfrentamiento clásico creó, ya *en el paso al siglo II,* dos corrientes. El representante de la corriente que afirma que Dios es el Señor, y en la que la dominante en la vida religiosa debe ser el temor, es *Tertuliano* quien introdujo su pensar jurídico en la relación con Dios. Para él es evidente que Dios es el Omnipotente, el Todopoderoso, y que la criatura debe colocarse de ese modo frente a él. Por eso, temor aunque, por supuesto, con mezcla de amor.[46]

Clemente de Alejandría es el representante de la actitud espiritual opuesta. Él habla en un sentido completamente joánico. El impulso primordial en Dios es el amor. Dios ama a sus criaturas pero más que todo al hombre.[47] Es así como, por amor, ha conferido al hombre una configuración magnífica, por lo cual el tono fundamental con el que el hombre debe responder a Dios es el amor simple y sencillo de hijo. La mayor honra para Dios es el amor de su criatura y su hijo. Véanlo con claridad: ambas cosas son justificadas. Sólo hacemos una consideración histórica para ver cómo son las dos corrientes.

Verán así cómo en la *edad media* se hace más o menos dominante la actitud del temor, cómo se transmite en forma creciente a la conciencia pública el sentimiento de que la dominante

---

46　«El temor es la base de la salvación» (Tertuliano, *De cultu feminarum* 2, 2 [PL 1, 1432]); «El temor del hombre es la honra de Dios» (id., De poenitentia 7 [PL 1, 1351]).

47　«El lugar mejor y más seguro en la obra de la creación lo ocupamos nosotros, sus hijos». «Pero más que todo ama él al hombre ... su criatura más hermosa» (Clemente de Alejandría, *Paidagogos* I, 2, 8).

debe ser el temor, junto al cual puede resonar también el amor. Sólo quiero hacer referencia a la actitud de oración que se tenía en aquel tiempo, a la *forma* y al *contenido de la oración.* La historia nos narra cómo en los siglos IX y X la oración litúrgica se transforma en el sentido del temor. Hoy tenemos todavía restos de ese proceso en las oraciones introductorias de la misa que se rezan ante las gradas del altar. En aquel momento debe haberse incorporado en la liturgia toda una cantidad de aspectos de temor que, más tarde, fueron rechazados nuevamente. Piensen en el *Ave María.* En ese entonces se hizo cada vez más popular. Pero fue complementado con lo que hoy rezamos: Santa María, Madre de Dios, etc. Ciertamente hubiese sido posible una actitud diferente en este punto. No es que esta actitud sea errónea. En la primera parte, veo a la Santísima Virgen en su grandeza. ¿No habría sido posible que, como resonancia, se suscitaran en mí sentimientos de profundo respeto y suspirante anhelo? Pero el sentir cristiano buscó otro camino. Miró hacia la luz y vio las sombras y la pobreza de la propia naturaleza. Por eso, la naturaleza cristiana se estremece en la conciencia de la propia debilidad y se vuelve a María diciendo: *¡Ruega por nosotros, pecadores!* Hasta hace poco, en el sur de Alemania no se contentaban con esa forma. Decían «pobres» pecadores y agregaban, además, la expresión «extinción».[48] No quiero decir con esto que haya sido injustificado sino sólo señalar cómo el sentimiento de vida cristiano se fue transformando en forma lenta y constante.

Dios exige de nosotros que accedamos (a sus intenciones), una vez que hemos visto a nuestros adversarios trabajar de esa manera. Debemos verlo. En efecto, en nuestras filas se plantea la pregunta: ¿cómo crearemos el estado ideal en la familia parroquial, en el internado, en la comunidad religiosa? ¿Cómo

---

48   En alemán, *«Absterben»* , en lugar de «Tod» (muerte) (N. del T.)

crear un estado ideal que inmunice a sus miembros contra las circunstancias vigentes? Así es como me imagino las corrientes del tiempo. ¡No tener miedo sino ver tareas! ¡Ayudar a la Iglesia a encontrar el camino hacia un tiempo nuevo! [49]

En esa misma época encontramos muchos libros que tratan acerca del *arte de morir*. ¡Y cuántos libros! ¡Pero veamos sólo el fuerte cambio que se produce en el sentimiento de vida; cómo el temor se va convirtiendo lentamente en la dominante del sentimiento cristiano de vida! Piensen en los numerosos relojes que llevan el motivo del juicio sobre los muertos. En los relojes se pintaba la muerte. Una y otra vez, se planteaba la idea de que la vida es pasajera. Se sobre acentuaba el temor.

Del mismo modo podrán recordar ustedes la transformación operada en ese tiempo en la *postura de oración,* especialmente en la liturgia. La liturgia clásica original adoptaba en la oración la postura erguida, con las manos levantadas hacia lo alto, tal como la conocemos actualmente en las oraciones de la misa. En esa época se introdujo la actitud de las manos unidas, según era uso entre los francos. Era costumbre que el vasallo se presentara ante su rey con esa actitud. Por tanto, es procedente sentirse frente a Dios de ese modo, como súbdito. Pero todo indica una fuerte transformación en el sentimiento de vida cristiano. ¿No es así? Los gestos de manos extendidas nos muestran mucho más sencillos ante Dios. Por otra parte, también puedo colocar en el gesto de juntar las manos la expresión de la infancia espiritual. [50]

---

49 El P. Kentenich adelanta aquí la tercera respuesta anunciada más arriba. Así, el lugar de este párrafo en el marco de la ilación lógica de los pensamientos expuestos sería al final de la plática (N. del T.).

50 Esta acotación de contenido correctivo (muy distinto es lo que se lee en Müller, 65ss) sugiere un acento típico en la espiritualidad del P. Kentenich. Por lo demás, la misma demuestra la lúcida amplitud de su pensar orgánico.

No deben absolutizar estas cosas sino extraer de ellas la transformación del sentimiento de vida a favor del temor.

Con lo dicho tenemos una breve sinopsis histórica sobre la tensión entre temor y amor.

• *Origen de esta tensión*

Pero lo que aquí nos interesa más es la siguiente pregunta filosófica: ¿de dónde proviene esta oposición, esta tensión? Naturalmente, esperarán que muchos hombres modernos les respondan que todas estas diferencias están condicionadas por la raza y la etnia: según se afirma, el ario está naturalmente predispuesto —y debe estarlo, si es racialmente puro— para el amor, para estar erguido, mientras que el semita está predispuesto por naturaleza para la acentuación del temor. ¡No es cierto! Es erróneo afirmar que el Antiguo Testamento sea esencialmente el testamento del temor. Recuerden que Dios está ante su pueblo como el Esposo. La esposa y el Esposo no se separan. Lo vemos en el Cantar de los Cantares, en el Salmo 44 y en Oseas: una y otra vez nos encontramos con la misma imagen.[51]

El *motivo de esta transformación* es otro.[52] Es la disposición personal, individual. Examínense ustedes mismos enseguida: ¿cómo es mi *vivencia de Dios*? ¿Mi actitud fundamental frente a Dios ,es la del temor o la del amor? ¡Pero no se equivoquen! No pregunto si su actitud es la del amor o la del temor, sino[53] si la

---

51 Véase Müller, 62s.

52 En su concepción del motivo de esta oposición y tensión, el P. Kentenich se aparta de la opinión de Müller (66s) y pasa a referirse a una inquietud esencial de su interpretación profética de la historia y del presente, que lo acompañó durante toda su vida. Esa misma inquietud abre el «marco para nuestro retiro», como él mismo enfatiza (véase p. 80).

53 En el apunte estenográfico dice «o» en lugar de «sino», con lo cual el párrafo resulta ininteligible. Siendo imposible reconstruir la génesis textual, hemos reemplazado la partícula «o» por «sino» siguiendo el sentido del contexto.

dominante de la actitud fundamental de su alma es el amor o el temor. El motivo psicológico, la fuerza propulsora de esta diferenciación es la disposición personal, original, individual. Es lo que en el último curso de ejercicios hemos denominado *angustia cósmica ética (ethische Weltangst)*.[54] ¿Acaso no está presente esa angustia en forma extrema en el hombre moderno? Quisiera destacar una vez más lo que descubrimos en aquella oportunidad. Uno de los elementos que determinan esta actitud es *la vivencia personal de padre*. Todos harán bien en examinar, si en realidad se sienten fuertemente impulsados por el temor, si no deberían decir: no es la disposición natural sino la vivencia paterna la que señala en esa dirección. O bien me faltó toda relación con mi padre o bien él representaba el derecho y la justicia, se me presentaba como el hombre con el látigo; y aunque no siempre fuese algo tan marcado, ésa era en lo sustancial su figura.

¿Dónde se encuentra la idea directriz? Estamos en la pregunta filosófica por la idea directriz. ¿Dónde se encuentra esa idea directriz? La respuesta es fácil. Si he hablado acerca de la vivencia de padre, ahora hablo del concepto de padre y asocio al mismo la *idea de Dios*. Como ustedes admitirán, la idea de Dios permite dos concepciones. Se trata de una cuestión que deberemos resolver más adelante. ¿Es Dios padre o juez? Según cuál sea nuestra idea de Dios, nuestra actitud frente a Dios será de temor con mezcla de amor o de amor con mezcla de temor.

---

[54] En su esfuerzo por analizar la seguridad en la fe –cuyo modelo es la Virgen María–, el P. Kentenich hace referencia a un elemento irracional, a uno racional y a uno supra racional (véase retiro sobre la *Sabiduría de vida*, de 1933, t. II, pág. 33). En el elemento irracional distingue entre «angustia cósmica metafísica y angustia cósmica ética», afirmando sobre esta última lo siguiente: «Es decir, tenemos la conciencia de haber caído fuera de un orden dentro del cual deberíamos estar. Nos sentimos sucios, no santos, diferentes de lo que deberíamos ser. Por eso hay una urgencia interior que nos impulsa hacia lo prístinamente puro, hacia lo totalmente santo. ¡Qué fuerte está impresa esta angustia en el hombre puro!».

Pareciera que todas estas consideraciones fuesen periféricas. Pero no lo son, ya por el solo hecho de que nos señalan el *marco para nuestro retiro*. Y no lo son, al mismo tiempo, porque todo lo que acontece en el campo adversario nos urge actualmente a colocar de nuevo a Dios más en el centro de la vida, de nuestra propia vida. Esto no significa que haya que dedicarse sin orden ni concierto a hacer teología con el pueblo, sino que **Dios quiere que se examine la idea de Dios.** Dios quiere que se inicie una reforma de toda nuestra vida así como también de todo nuestro pensamiento. Debemos captar las corrientes del tiempo según las intenciones de Dios y superar así interiormente el mundo adversario. Por eso vale la pena examinar la idea de Dios a fin de transmitir ideas claras.

2.6. Tensión entre humildad y magnanimidad

Si no les resulta demasiado fatigoso, quisiera esbozar brevemente la segunda *tensión:* la tensión *entre humildad y magnanimidad.* Está claro que nuestro sentimiento de vida católico debe estar impulsado por esta tensión. Según yo permita que la dominante en mi sentimiento de vida sea un elemento o el otro, tendré una humildad marcadamente enfermiza o un orgullo exagerado. Pero hay una actitud que acierta con total exactitud en lo que corresponde al catolicismo. Si coloco siempre en el centro de mi pensamiento mi pequeñez, mi dependencia de Dios, mi ser nada ante Dios, el efecto será la actitud fundamental de la *opresión:* estoy oprimido frente a Dios. Eso no impide que tal actitud sea sanamente católica, con tal que desemboque en la conciencia de que Dios me quiere.

Pero también puedo decirlo a la inversa: ¡Cuántas cosas me ha dado Dios! Como dijimos en el retiro del año pasado —estúdienlo de nuevo, por favor—, una sana educación a la humildad nos ayuda a superar interiormente las opiniones erróneas del campo adversario.[55] Debemos crear un pueblo, una comunidad que supere interiormente los errores. Lo exterior no logra superarlos. Debemos superar el tiempo actual desde dentro.

Si examinan lo dicho, verán que les he expuesto primero el desarrollo histórico y, después, las ideas directrices. ¿Qué respuesta podré darles? Quiero insinuarla brevemente porque sólo se trata de preparar el terreno para más adelante.

En nuestra cultura occidental, tal como tenemos acceso a ella o como se enseña en las escuelas a las que hemos acudido, ha predominado prácticamente la siguiente concepción: *la dominante en el sentimiento de vida es la humildad,* junto a la cual podrá aludirse a veces a la grandeza de espíritu, la magnanimidad. ¿Es cierto lo que digo? ¡Pregúntense cómo han sido educados ustedes, véanlo ustedes mismos! Una confirmación clásica de la actitud a la que me refiero la encontrarán en la *Imitación de Cristo*[56] y en todo el entorno de esa obra. No quiero con esto atacar a la *Imitación de Cristo.* Haremos bien en leerla con frecuencia, pero deberían ver, históricamente, que en ella hay una acentuación constante de la pequeñez.

---

55 Se trata del «pensar y actuar orgánicos», «sin los cuales es imposible la humildad». A fin de subrayar la importancia actual de estas ideas citamos una vez más el retiro de 1933 (MPLW1933, III, 3): «En consecuencia, una sana auto conciencia, conciencia de verdad y conciencia de fuerza no se oponen a una verdadera humildad. Aquí reside para todos nosotros la actual dificultad de educar realmente a la humildad a un hombre moderno. ¿Tener una sana conciencia de nuestro estado y de nuestra fuerza? ¡Sí, pero por Dios!». También aquí se ve con claridad la postura opuesta a las consignas del nazismo y a su polémica contra el espíritu cristiano.

56 *La Imitación de Cristo,* obra perteneciente al ámbito espiritual de los «Hermanos de la vida común», atribuida a Tomás de Kempis (1379-1471). Su espiritualidad de la *«devotio moderna»* fue especialmente inspirada por Gerhard Groote de Deventer (1340-1384), a quien se remonta probablemente la forma originaria (y más breve) de la «Imitación de Cristo».

• *Origen de esta tensión*

¿Me permiten que les diga rápidamente de dónde proviene?[57] Decimos que, desde la perspectiva eclesiástica, dogmática, esto es exacto. Sin embargo, también puede concebirse otra actitud, una actitud que hoy en día debemos acentuar más si es que hemos de superar en forma creciente los errores modernos. Pero no por eso quiero intervenir en su desarrollo personal. No obstante, no les hará daño escuchar que es posible otra actitud. A partir de ello puedo suponer en cierto modo que estaremos más en condiciones de colaborar en la superación de los errores modernos. El testigo fundamental de esta actitud es san *Agustín,* con su *pesimismo ortodoxo.* Más adelante hablaré más sobre el tema. En general, debemos considerar este curso como un intento serio de superar el tiempo actual. Por eso debemos examinar estas ideas también a lo largo del año y hacerlas objeto de nuestra predicación y de nuestras reflexiones. ¡El pesimismo ortodoxo de Agustín! Habiendo sufrido Agustín tanto bajo su propia naturaleza (más adelante podrán observar también cuánto dependen de su propio desarrollo los maestros clásicos de la vida espiritual) llegó a la concepción de que la naturaleza humana es débil y, a partir de allí, a la exigencia de tener temor de sí mismo.

Si quieren examinar la *Imitación de Cristo* y el círculo en torno a esta obra –lo tenemos en forma simultánea en España–,[58]

---

57 Este pasaje, con su ilación sintáctica y argumental, sólo puede comprenderse a partir de la situación en la que fue pronunciada la plática. Queriendo hacer presente desde el comienzo «la otra actitud» que vence los errores de la época, el P. Kentenich interrumpe dos veces el hilo argumental, que pretende poner de relieve el pesimismo agustiniano como fuente histórica de la excesiva acentuación de la humildad y el temor. Véase Müller, 71.

58 Todo parece indicar que el P. Kentenich está haciendo referencia al contenido de las notas 24 a 26 de Müller, 73, en las que el autor remite a textos de tenor drástico de Ignacio de Loyola, Juan de Ávila y Luis de Granada. Este último habla del hombre como «montón de estiércol cubierto de nieve».

verán que todo está dispuesto para la idea en la que muchas veces hemos sido educados también nosotros: ¿qué podrá hacer el hombre contra la debilidad de la naturaleza humana? ¡Meditar! De ese modo, se alcanza el auto conocimiento y, a través de él, la piedad.[59] Apliquenlo a nuestro método (es decir, al método usual entre nosotros, en occidente): *hay que humillar al hombre.* ¡Tú no puedes nada! ¡La cabeza bajo el agua, y cada vez más abajo! Cuanto más desvalido llegue a ser, tanto más hace eclosión en mí el grito: ¡Dios, ayúdame, pues de lo contrario me hundo! Dicho en forma clásica, esto ni siquiera es una versión extrema, sino que expresa la psicología interior de esta actitud.

Permítanme también que haga un poco de *crítica.* No para hacerlos vacilar sino para complementarnos. Estoy señalando que nuestra vieja ascética está orientada en forma extraordinariamente fuerte hacia este ser quebrantado por Dios. ¡Contemplen solamente la *Imitación de Cristo* y la ascética española de aquel tiempo! Escucharán expresiones como: ¿qué es el hombre? Un montón de estiércol, una fosa de estiércol, etc.. ¡Qué cadáver más brillante! Las verdades son totalmente exactas. Eso somos. Pero la crítica es la siguiente: puedo decirles que, si se acentúan demasiado esas verdades –que en realidad existen en el orden objetivo–, el resultado es una *profunda ausencia de alegría.* La consecuencia necesaria es una presión constante sobre los sentimientos. ¿Cuál será el efecto? En forma inmediata, el fuerte impulso hacia una satisfacción sucedánea. Si no recibo alegría –más tarde trataré extensamente el tema–, si no tengo alegría tanto por mi crecimiento interior en Dios cuanto por el de los demás, ¿cuáles serán los efectos? Si la alegría es un instinto primordial,

---

59   «La meditación genera saber, el saber genera contrición, la contrición genera piedad» (*De spiritu et anima* 50 [PL 40, 816], obra erróneamente atribuida a san Agustín).

el hombre buscará la alegría en otra parte. «¡Sí, pero Dios me ayuda!». Esto es teológicamente correcto pero, psicológicamente, ¿creen acaso que un sentimiento tan tremendamente fuerte podrá ser capaz de recibir las semillas de la alegría, de la alegría divina y de la alegría espiritual? Podrán decir: Dios es la alegría. Es verdad, las águilas, que están siempre en vuelo, pueden captarlo. Pero los otros no lo captan. Puede ser que se torturen por un tiempo con ello. ¿Me permitirán que lo diga en forma ruda, voluntariamente exagerada, a fin de expresar lo que pretendo? Si yo dijese reiteradamente en mis pláticas, en un sesenta a noventa por ciento: «tú no puedes hacer nada pero Dios ha hecho de ti algo valioso», esa afirmación tiene que causar una falta de alegría en mi relación con Dios y, por eso, se busca la alegría en otra parte: en el mundo de las alegrías sensibles y del pecado.

Un segundo efecto necesario: con el tiempo se instala en el alma un *sentimiento tan paralizante* que lo activo, el impulso, el trabajar para Dios y en Dios, se pierden. Pero todo eso significa lo siguiente: ¡ya tenemos suficiente de estas manifestaciones de parálisis! ¿Hemos de multiplicarlas todavía? Pero la dirección se justifica, ¡no lo olviden! No quiero abundar aquí en todo lo importante de este punto. Pero eso no significa todavía que debamos decir: no vamos a leer más la *Imitación de Cristo*. Si tomo como lectura la *Imitación de Cristo* por el énfasis puesto en mi pobreza, si lo tomo a mi manera, mi conciencia de criatura se hará más delicada. De ese modo, seré introducido también en el seno de Dios, en el seno de su amor.

Pregunto por la idea directriz y las fuerzas propulsoras de nuestro sentimiento de vida. La idea directriz, que veremos extensamente más adelante, es la siguiente: toda nuestra ascética y pedagogía han destacado en la teoría que *el motivo central en nuestra actitud debe ser el amor,* pero, en la práctica, la mayoría de los ascetas y pedagogos a partir de la edad media han colocado junto al motivo central del amor, casi en forma simultánea y con igual valor, y no sólo de manera transitoria sino permanente, los motivos de la obediencia y de la humildad. Más adelante volveré sobre el tema.

Vean, *por el contrario,* otras escuelas, por ejemplo, *Francisco de Sales,* etc. Las mismas siguen en forma muy clásica la otra corriente. Por eso, si hay órdenes y comunidades religiosas que, por sus estatutos, tienen como guía a san Francisco de Sales,[60] esas comunidades no deben colocar en forma tan fuerte el temor y la humildad como base de la educación. Si Francisco de Sales es el guía de la vida espiritual, la dominante debe ser el amor, no el temor; la dominante debe ser la magnanimidad, no la humildad acentuada en demasía. ¡No teman que, por esa razón, la humildad se quede demasiado corta! Puedo decirles por convicción que, si en verdad quieren tener una sana humildad –y hoy en día debemos tener una *humildad sana,* no una humildad encorvada–, deberán esforzarse seriamente por la magnanimidad, por aquello que nosotros denominamos pedagogía de ideales.[61]

60　Una de esas comunidades es la *Societas Apostolatus Catholici* (Pallottinos), en cuyas Constituciones (Capítulo XIII: De los ejercicios de piedad) dice: «En la vida espiritual téngase por guía sobre todo a san Francisco de Sales». Las nuevas Constituciones de los Palotinos, elaboradas después del concilio Vaticano II, ya no contienen esa referencia.

61　Con el concepto de «pedagogía de ideales» se designa el tipo original de la doctrina pedagógica de Schoenstatt en la que no se trata tanto de una educación a partir de exigencias (y castigos) y de prácticas (mecánicas), como tampoco de una educación a partir de inclinaciones y necesidades del educando. Antes bien, en el proceso educativo se trata de la orientación fundamental y del desarrollo de madurez orgánica del individuo y la comunidad hacia los ideales de ser y de misión queridos por Dios. Una de las actitudes fundamentales y virtudes necesarias para ello es la magnanimidad.

¡Verán entonces cuán pronto son humildes! En caso contrario, deberán luchar por más tiempo.

¿Y la idea directriz o, mejor dicho, la fuerza directriz? Esa fuerza es *la predisposición especial.* Hay personas que tienen la disposición de estar siempre oprimidas, mientras que otras tienen por naturaleza el impulso a ser más magnánimas.

Como segundo pensamiento quisiera decirles lo siguiente: no es indispensable que se sobre-acentúe el temor y la humildad, sino que también está permitido asumir en la práctica otra postura a favor del amor, a favor de la magnanimidad y de la grandeza de espíritu. El fundamento estriba en que también existen otros sistemas ascéticos, no sólo el tomista, etc., y que cuentan con el reconocimiento de la Iglesia, por ejemplo, el salesiano, que aspiran conscientemente a lo contrario de lo que acabo de exponerles.

Y si queremos superar estos tiempos, debemos esforzarnos en examinar especialmente si no cabe realizar una reforma de nuestras concepciones, de toda nuestra vida, nuestra pastoral y nuestra educación. Si queremos, y podemos suponer que pertenecemos a un movimiento de renovación, debemos examinarnos seriamente y, en lo posible, introducir en nuestra vida un fuerte y profundo proceso de transformación.

Por tanto, tengo razón en suponer que, si hemos llevado a cabo con la reflexión, tenemos como actitud general una cierta voluntad gozosa para recibir las semillas de la alegría.

Tercera Plática
VALOR Y ESENCIA DE LA ALEGRÍA

1. La verdadera alegría, nuestra gran meta

Esta mañana hemos concluido el trabajo de preparación para el retiro. La alegría sacerdotal de vivir, la perfecta alegría sacerdotal de vivir, se encuentra ahora ante nosotros como una gran meta que merece ser objeto de nuestras aspiraciones y capta todos nuestros deseos y anhelos. De esa manera podemos iniciar entonces la lucha por este bien tan elevado, la lucha por una perfecta alegría sacerdotal de vivir. Y no queremos olvidar que, en esta lucha, no estamos solos.

Recordémoslo: nos encontramos en el Cenáculo. *Et omnes erant perseverantes unanimiter in oratione cum Maria matre Jesu* (Todos ellos perseveraban en la oración con un mismo espíritu en compañía ... de María, la madre de Jesús... [Hch 1,14]). Nos congregamos de nuevo en torno a la Santísima Virgen, puesto que sabemos que en estos días debe acompañarnos un profundo espíritu mariano, un espíritu de oración y un espíritu de soledad. María se une a nosotros juntando las manos en oración. Lo hacemos como familia en común con ella. *Emitte Spiritum tuum*, envía tu Espíritu, el Espíritu de la perfecta alegría sacerdotal de vivir, y nuestra vida adoptará una orientación diferente, una plasmación y transformación interior nueva y diferente.

Tanto la lucha personal cuanto las fuerzas de la gracia divina procuran que captemos vivencial e intelectualmente qué es la verdadera alegría y dónde se encuentran las fuentes de esa verdadera alegría. Y con esto acabo de decirles las *dos ideas directrices,* las dos grandes partes y los dos pilares de la construcción de nuestro retiro: queremos luchar, en primer lugar, por la *verdadera alegría.* Pero, al mismo tiempo, queremos poner al descubierto las fuentes de esa verdadera alegría y esforzarnos también por captar personal e interiormente esas fuentes de la verdadera alegría y apropiarnos de ellas.

Si examinan más de cerca esas dos partes de nuestro retiro ,verán y reconocerán que las dos son tan abarcadoras que brindan con facilidad materia suficiente para dos cursos enteros de ejercicios espirituales. Pero nosotros queremos verlas como una unidad orgánica, puesto que nos hemos acostumbrado a comprender siempre nuestros retiros como un impulso orientador para doce meses de trabajo. Debemos llevarnos a casa tantos pensamientos, tantas vivencias interiores, como para tener materia suficiente para elaborar y transmitir a lo largo de doce meses. Pronto verán que esos dos conjuntos de pensamientos constituyen realmente una unidad orgánica: amor y alegría, alegría y amor.

Quien haya elaborado el material de los retiros del año pasado y del anterior, sentirá por cierto que, con la temática de este año, damos el cierre a las reflexiones del último año. Recordarán que hemos dejado conscientemente de lado dos conjuntos de ideas. Hemos hablado de estar en la luz divina, en la fortaleza, la fuerza y la paz divinas y en la alegría divina. Según habíamos dicho el año pasado, hemos dejado los dos últimos conjuntos de pensamientos para este año.[62] ¿Qué es «estar en la fuerza di-

---

62   En los ejercicios espirituales para sacerdotes del año 1933, el P. Kentenich habla de las tres virtudes teologales, pero sólo desarrolla la fe y la esperanza. Al parecer, al año

vina»? Es el estar en el amor divino, el estar en la alegría divina: lo mismo que ahora denominamos perfecta alegría sacerdotal de vivir. Queremos ver, pues, esos dos momentos como una unidad orgánica. Partiendo de la alegría, queremos realizar incursiones de descubrimiento y conquista por el vasto territorio de una sana y moderna vida de santidad y aspiración a la santidad.

Tal vez ya sospechen quién quiere servirnos particularmente de protección y apoyo. Ya hemos hecho referencia al respecto: lo que vamos a tratar es una ascética típicamente *salesiana*. Es posible que nos suceda de vez en cuando que escuchamos exposiciones de san Francisco de Sales que están *muy en contra de lo corriente* pero que corresponden, de la manera más profunda, a nuestros deseos personales. Por eso puede ser que nuestra alma se llene de una inmensa tranquilidad si les recuerdo que san Francisco de Sales, al igual que santo Tomás y que san Alfonso María de Ligorio, es doctor de la Iglesia. Por tanto, si hay opiniones encontradas y notamos ahora, habiéndonos dejado guiar antes fuertemente por santo Tomás, que san Francisco de Sales tiene concepciones contrarias, nos está permitido seguir tanto a uno como al otro. Creo tener que advertir acerca de este punto en forma previa para que nos mantengamos serenos si escuchamos afirmaciones que se encuentran en contradicción con lo que ha sido hasta ahora lo habitual.

El modo en que armaremos este año la estructura de nuestros ejercicios diferirá tal vez del precedente. Ya lo habrán notado:

---

siguiente pretendía tratar en principio sólo las «manifestaciones concomitantes» de «la fuerza divina» (el amor), a saber, la alegría y la paz (véase MPLW 1933, II, 2; III, 2). En la penúltima plática del curso, bajo el título de «¡Presérvate de la tristeza!», se afirma lo siguiente: «Por esa razón, ¡cultivar la alegría!. ¡Qué importante es eso hoy en día! Tal vez dicte alguna vez un curso dedicado especialmente a ese tema. La alegría es un logro enorme» (V, 1).

desde una perspectiva puramente lógica, el desarrollo debería haber comenzado con la fuente de la alegría, con el amor. Pero elegimos con toda intención el camino psicológico. Primeramente queremos *gozar del fruto del amor,* la perfecta alegría. Esperamos que esa fruición de la alegría despierte en nuestra alma un fuerte anhelo de aspirar también hacia la fuente, hacia la raíz de ese árbol cuyos frutos tanto nos gustaría saborear.

La diferencia esencial entre este retiro y los precedentes estriba probablemente en que queremos adecuarnos en mayor medida a la modalidad de aquellos que pretenden captar y penetrar las cosas menos desde una perspectiva del conocimiento, de aquellos que, por su estructura interior, dependen más de una *captación vivencial.* Por esa razón, quisiera presentarles todas estas grandes realidades siempre en forma primera y profundamente vivencial, para poner de relieve sólo más tarde y como resumen también, las ideas, lo intelectual, lo fundamental. Sin embargo, no tienen por qué temer que nos quedemos cortos con lo fundamental, ya por el solo hecho de que consideramos como nuestra tarea exponer en la actualidad ideas lo más claras posible, que puedan superar interiormente las ideas enfermas del tiempo actual.[63]

De ese modo comprenderán que pasemos ahora a la primera parte de nuestro retiro y que nos esforcemos por captar primeramente en forma vivencial la esencia de la perfecta alegría. Una vez que hayamos saboreado la vivencia de la alegría, queremos examinar sus leyes fundamentales.

---

63 En correspondencia con la predisposición metafísica del fundador, asociada con una gran cercanía a la vida, Schoenstatt procura mantener la relación recíproca entre una clara visión de las ideas y una percepción psicológica. En ese sentido habla de su tarea de ser «oficial de enlace entre idea y vida».

2. Vivencia de la alegría

Consideren cómo surge la vivencia de la alegría. Es una pregunta que nos interesa también en el marco de nuestra vida cotidiana, en la pastoral y en la educación. ¿Cómo será que se suscita la vivencia de la alegría? Una revisión serena del proceso nos mostrará que debemos hacer dos cosas. En primer lugar, debemos *despertar el hambre de alegría* en nuestra alma. Y, en segundo lugar, debemos esforzarnos por *sumergir* nuestra alma hambrienta de alegría *en la atmósfera de la alegría,* en una atmósfera de alegría como la que nos llega desde la Sagrada Escritura, desde la vida de los santos y desde la liturgia. Nuestra primera tarea consistirá en despertar el hambre de alegría.

2.1. Explicación psicológica

Una sana psicología a la vez que nuestra vida concreta nos permiten alcanzar una clara comprensión de la relación psicológica que existe entre esos dos momentos del hambre de alegría y del sumergirse en la atmósfera de alegría. Si estoy sufriendo hambre y entro a un recinto en el que me llega un aroma de alimentos asados, ¿no es acaso obvio que me lance con avidez sobre los mismos? ¿Cuál es el sentido de la educación, psicológicamente hablando? Suscitar un movimiento espiritual de bienes, un movimiento espiritual de alegría. Ahora bien, para que esos bienes se capten en forma correcta es necesaria una correspondiente perspectiva de intereses o receptividad para los valores. Hay que generar ambas cosas: *la receptividad para los valores y el movimiento de alegría.* Esto mismo es lo que hemos expresado al decir que debemos despertar el hambre de alegría y sumergir el alma hambrienta de alegría en una atmósfera de alegría.

2.2. La alegría, un instinto primordial y un derecho inalienable

El hambre de alegría se despierta en nosotros cuando nos convencemos debidamente de que el instinto de alegría, el instinto de felicidad, es un instinto primordial de la naturaleza humana. Con esto tienen ante ustedes una afirmación de enorme importancia. Queremos alimentarla y convencernos de ella en forma tan clara y profunda que tengamos así una base firme a partir de la cual podamos formar y plasmar más tarde la vida en forma sistemática.

Supongan —más adelante tendré que demostrarlo— que la alegría es realmente un instinto fundamental de la naturaleza humana. ¿Saben qué significa eso? ¿Podré decir que el *derecho a la alegría es un derecho humano inalienable?* ¿No dicen lo mismo ambas afirmaciones? El instinto de alegría es un instinto primordial, por lo cual el derecho a la alegría es un derecho humano inalienable. ¿Y saben qué significa eso, aplicado a la práctica? Significa que quien no eduque a la alegría, quien no lo haga consigo y con los demás, está procurando el regreso a un estado primitivo y la quiebra de su naturaleza. Simplemente, la naturaleza humana no puede existir a la larga sin la alegría que le corresponde.

Por tanto, es falso y erróneo cuando se dice aquí y allá que la alegría no es más que un trago de una botella de champaña que muy pocos mortales pueden adquirir. ¡No es verdad! Todo aquel que pueda decir que posee naturaleza humana, tiene un derecho inalienable a la alegría. Por eso mismo, el instinto de alegría debe ser satisfecho de alguna manera —el cómo lo veremos más adelante— pues, de lo contrario, la naturaleza puede enfermarse, puede sufrir una quiebra irreparable.

También se equivocan los que afirman que la alegría es una niñería: cosa para niños, niñas y mujeres pero no para vigorosas figuras masculinas. El varón tiene que cumplir con su deber; todo lo demás es secundario. ¡Es erróneo! El varón también tiene naturaleza humana, el instinto de alegría también está asociado con la naturaleza del varón y, consiguientemente, el varón también tiene derecho a la alegría.

Y del mismo modo hablan y actúan en forma totalmente errónea los que opinan, en nombre de la religión, que una religión, sobre todo la religión cristiana, no debe suscitar alegría ni deformarse en alegría. ¡Qué erróneas son tales concepciones, ya por el solo principio que dice: *gratia naturam non destruit, sed elevat!* [64] Aun cuando estemos insertos en el mundo de lo religioso, en el mundo de la gracia, no renunciamos a un sano derecho natural. Así, también Francisco de Sales y todos los que se hacen eco de él tienen razón cuando dicen: ¡un santo triste es un triste santo! [65] Es decir: un santo que está triste es una caricatura de santo, porque no ha cumplido el sentido de su naturaleza, no ha enderezado lo que, según la intención de Dios, debe enderezarse sin falta.

2.3. La alegría humana, participación de la alegría divina

Si es así que la alegría es un instinto primordial de la naturaleza humana, de ello se sigue una segunda consecuencia: la convicción de que la alegría tiene que ser de manera singular *una participación de la alegría divina*. Los instintos primordiales, los instintos primordiales sanos queridos por Dios deben estar profundamente arraigados también en Dios. ¡Recuerden que Dios

---

64 La gracia no destruye sino que eleva la naturaleza, principio que se encuentra por vez primera en su importancia axiomática, en santo Tomás de Aquino (p. ej., De veritate 27, 6, ad 3).

65 Müller 94; Keppler, 99.

es un Dios de alegría, que la alegría forma parte de la esencia de Dios! La profunda razón psicológica de esa afirmación estriba en que la alegría es el reposo del apetito en la posesión de un bien. ¿Y acaso no posee la voluntad de Dios el bien supremo en forma constante, eterna, inamisible, permanente, segura y garantizada? Dios se posee a sí mismo como el Bien Supremo. Por esa razón, Dios tiene que ser un Dios de alegría, y quien ama a Dios, quien esté arraigado en Dios, participa de la vida divina y tiene que participar por ello también en la alegría divina. Es posible que lo dicho evoque aquí la conocida expresión que dice: ¡Alegría, bella chispa de los dioses…![66] La verdadera alegría debe ser por eso una participación en la alegría divina, así como la verdadera vida es una participación en la vida divina. Nuestra tarea consistirá ahora en demostrar en forma efectiva que la alegría es realmente un instinto primordial de la naturaleza humana.

Como filósofos sabemos que es sumamente difícil demostrar que un instinto reviste carácter primordial. Se lo presupone sin más como algo evidente. Como es sabido, análogamente difícil es demostrar los primeros principios. No obstante, debemos arriesgarnos a hacer el intento y hacerlo de tal modo que, al mismo tiempo, en nuestra alma se despierte en forma casi perceptible el hambre de alegría. ¿Me permiten que les proponga un camino que puede recorrerse con facilidad y que conduce a la meta?

Reflexionen conmigo. Si puedo demostrarles que *la bendición de la alegría y que la maldición de la tristeza* son tremendamente grandes, ¿no presupondrá eso que el instinto del que aquí se trata es realmente un profundo instinto primordial de la naturaleza humana? Estamos hablando de grandes magnitudes.

---

66 *«Freude, schöner Götterfunken…»:* Friedrich Schiller, «Oda a la Alegría» (1785), musicalizada por L. van Beethoven en su novena sinfonía. Texto en: Friedrich Schiller, *Gedichte. Eine Auswahl,* Stuttgart 1977, 28ss.

No digo que la bendición de la alegría es grande, no; digo que es extraordinariamente grande. Y a la inversa: la maldición de la tristeza, del instinto de alegría que no ha satisfecho su razón de ser, es extraordinariamente grande. Por supuesto, la psicología y la filosofía exigirán que veamos ambos asertos como una unidad orgánica. Si así no fuese, es posible que la demostración no sea concluyente. Dos son los momentos que cabe considerar con más profundidad para poder subrayar algunos aspectos particulares para la vida práctica de cada día: primero, el hecho y, segundo, los efectos.

El hecho. ¿Qué hecho? El de que la alegría es realmente un instinto primordial. ¿Cómo lo demuestro? Contraponiendo el inmenso torrente de bendiciones y la inmensa ola de maldición de ambos términos, (alegría y tristeza).

2.4. Esencia de la perfecta alegría

Pero a fin de poder desarrollar la argumentación sin lagunas y sin fricciones, me permito pedirles que reflexionen primeramente a manera de una pregunta preliminar, aunque sólo en forma muy breve, lo siguiente: ¿en qué consistirá la esencia de la perfecta alegría sacerdotal de vivir? Ya lo presentimos: la perfecta alegría sacerdotal de vivir es la *alegría espiritual-sobrenatural.* No la espiritual-natural sino la espiritual-sobrenatural. Pero debo agregar de inmediato una segunda expresión: se trata de la alegría espiritual-sobrenatural considerada en forma orgánica, no mecánica. La alegría espiritual-sobrenatural orgánica quiere ver la alegría espiritual-sobrenatural *orgánicamente asociada* a la alegría espiritual-natural y a la alegría sensible de los sentimientos. Ésa es la alegría espiritual-sobrenatural orgánica. O bien, dicho con mayor claridad: cuando pienso en la alegría debo subrayar dos puntos de vista: *ratione obiecti* y *ratione subiecti.*

2.5. Objeto de la alegría

Ratione obiecti, (referido al objeto en sí mismo): veo la alegría y su *objeto inmediato.* El objeto de la alegría son los bienes espirituales-sobrenaturales: la Trinidad, la gracia, la bienaventuranza, etc. Pero no debo ver esos bienes en forma mecánica, es decir, separados de los otros. En efecto, tengo una jerarquía de valores. Y nosotros, que somos tan firmes seguidores de la doctrina del organismo, lo vemos cada vez con mayor claridad: si se destaca uno de los bienes, hay que ver también el segundo y el tercero. Por eso: todo aquello que puede ser fuente de alegría según el querer de Dios *(bonum honestum)* –es decir, los bienes espirituales-naturales y los bienes sensibles– puede y debe ser al mismo tiempo objeto de la alegría perfecta.

2.6. Sujeto de la alegría

• *Desde el punto de vista del sujeto*

¿Cuál es el *sujeto de la alegría?* En primer lugar, podrá ser el organismo de las virtudes infusas, en este caso el del amor infuso. Pero el amor infuso está orgánicamente unido con el instinto espiritual-natural de amor, y este último está normalmente asociado con el *appetitus sensitivus.* Por tanto, *ratione subiecti,* el amor orgánico quiere ver orgánicamente a los tres sujetos como una unidad.

• *Importancia del corazón y los sentimientos*

Pues bien, ahora me permitirán que subraye el punto que en realidad me importa, el que nos importa si es que queremos inmunizarnos contra los errores de la época, si es que queremos crear un estado ideal en el que resuenen y se retransmitan todos los aspectos sanos del tiempo actual:[67] toda alegría espiritual-

---

67 Para el P. Kentenich, fundador de ese «estado ideal» que es Schoenstatt, la pregunta preliminar por la alegría espiritual-sobrenatural vista en clave orgánica es la pregunta

sobrenatural orgánica implica en sí el *appetitus sensitivus,* implica el amor del corazón, la alegría de los sentimientos. ¡No sólo la alegría de la voluntad sino también la del corazón, la alegría de los *sentimientos!* Si quieren entender esto como corresponde, deben detenerse algo más en este punto.

Es verdad lo que nos dicen la antigua filosofía y teología escolásticas en el sentido de que, en lo esencial, hemos de distinguir dos potencias en el alma humana: inteligencia y voluntad. Es verdad que la moralidad de una acción depende esencialmente de la forma en que se comporta la voluntad. Los sentimientos deben considerarse como meras manifestaciones concomitantes de la actividad de la voluntad. Todo eso es verdad y está bien. Y también es correcta la conclusión que se extrae de ese hecho: la moralidad de un acto, el valor de un acto se determina esencialmente por el acto de la voluntad, por la vinculación de la voluntad.

De ese modo, puede muy bien pensarse que puede existir un amor extraordinariamente grande y profundo aun cuando el sentimiento o el *Gemüt* vayan en una dirección opuesta. Un ejemplo al respecto son los estados depresivos. Concretamente, pues: la realización del sentido, la satisfacción interior de la vida sensitiva no es en modo alguno un signo seguro de un grado elevado de amor. Una vez más: en estados de depresión, cuando todo en mí se encuentra como paralizado, no puedo decir: si hago actos de la voluntad, actos de amor, no son profundos, no son de alto grado. Por el contrario, debo decir que los actos de amor a Dios realizados en el estado en que todo en mí empuja

---

central por la que, por ejemplo, asumió a partir de 1949 el enfrentamiento con la jerarquía eclesiástica y debió sufrir después un exilio de catorce años. Véanse las consideraciones fundamentales al respecto bajo el título «filosofía de la alegría», en especial en la p. 203ss.

hacia abajo pueden ser de un grado sumamente elevado. Todo eso debemos admitirlo. Ésa es la doctrina que sostenemos siempre, que hemos aprendido en la escuela y llevado a nuestra vida.

Pero ¿me tomarán a mal si les pongo de relieve algunas *conclusiones erróneas?* ¿Acaso no estamos demasiado acostumbrados a declarar que, por tanto, *el sentimiento es superfluo?* También en nuestra oración, en nuestras oraciones estereotipadas: sólo se hace referencia a los actos de la voluntad y a que, en la educación, tenemos la tarea de enseñar a los niños muchas oraciones y, con ellas, motivaciones para la voluntad. ¿Qué estamos perdiendo de vista en ello? La unidad orgánica de la naturaleza física y psíquica, de la naturaleza psico-física. Perdemos de vista que, normalmente –¡y escuchen lo que quiero decir!–, un acto profundo de la voluntad debe tener resonancia en la vida emocional, en la vida del *Gemüt* y de los sentimientos. Eso es lo que perdemos de vista. ¿Y saben ustedes qué significa ese olvido? Un descuido profundo de nuestros sentimientos.

- ***Consecuencias del descuido de los sentimientos***

Permítanme que les recuerde qué significa esto en la lucha contra las corrientes intelectuales de la actualidad. Ahora deben tener en cuenta todo el contexto orgánico del ser humano. Si es verdad –cosa que probaré enseguida– que la alegría es un instinto primordial de la naturaleza humana, pueden estar seguros de que, si ese instinto de alegría no se satisface en su totalidad orgánica, se procurará por necesidad natural una *satisfacción sustitutoria.* ¿Saben qué significa eso? Si en mi interior no me encuentro normalmente satisfecho también en mis sentimientos –por supuesto, en una cierta medida– y si siempre lucho y aspiro solamente a la plasmación en Cristo en la vida propia y ajena, el alma no lo resiste, sobre todo el alma del pueblo. Entonces nos encontramos con una muy *fuerte escisión.* Por un lado, a través de la religión, hay que vincular la voluntad a Dios y a lo divino pero, por el otro, el instinto elemental del hombre, los sentimientos del pueblo, no se ven satisfechos. Y entonces aparece la escisión: Dios recibe la voluntad, y el mundo recibe la vida de los sentimientos. Sólo si no hubiésemos madurado ni conociésemos la vida ni a nosotros mismos, no sabríamos quién gana esa batalla: por lo común, la ganan el mundo y sus alegrías.

No quiero exponer ahora en detalle la psicología del proceso opuesto. Pero si las cosas siguen de tal modo que las alegrías naturales, las alegrías de los sentimientos sólo se buscan en el mundo y, aquí, con nosotros, sólo se buscan las alegrías de la voluntad, humanamente hablando tendremos con el tiempo una Iglesia sin pueblo. El pueblo va a donde se le ofrecen alegrías experimentables en forma instintiva, emocional y vivencial. Consideren lo que pretendo decirles. Debemos regresar a casa con una visión clara de las tareas que hemos de cumplir y de los caminos que hemos de recorrer. No queremos construir dunas de arena frente a las corrientes intelectuales modernas. ¡Debemos crear un oasis! Por eso, debemos superar mentalmente las herejías de los tiempos venideros y prepararnos para ellas. Sólo estoy preparando lo que más tarde les mostraré *in extenso*. Por eso harán bien en reflexionar hoy un poco acerca de todo esto en forma más profunda.

Y una segunda desventaja: allí donde la alegría no constituye el impulso, en forma profunda y normal, *falta la elasticidad,* el empuje y la energía. ¿Acaso no lo vemos hoy en muchas partes? Cuando nos vemos enfrentados a dificultades de mayor monta y nos faltan el empuje y la energía, se acabó la cosa. ¿De dónde proviene este hecho? Amarás a Dios con todo tu corazón,[68] etc.

---

68   Dt 6, 5; Mt 22, 37; Mc 12, 30; Lc, 10, 27.

Si no estoy *apegado a Dios con todo mi corazón,* tampoco tendré la fuerza necesaria. No deben contar con unas pocas «águilas» que han recibido gracias especiales de Dios. Deben ver a los hombres normales y los caminos normales. Tal vez, el error consista justamente en que hemos visto demasiado poco al pueblo y que hemos mirado demasiado poco desde la perspectiva de una psicología del pueblo. Si queremos dar a nuestro pueblo nuevo empuje y capacidad para los sacrificios más grandes por Dios y lo divino, debemos procurar que también los sentimientos estén apegados a Dios. Y eso no debemos enseñarlo solamente en el catecismo: por este o aquel motivo estoy arrepentido, etc., etc. Antes bien, debemos dar importancia a que la educación capte en mayor medida los sentimientos para Dios y lo divino.

Y una tercera desventaja: donde los sentimientos no están vinculados también a Dios y a lo divino, al hombre *le falta una perfección y plenitud moral.* Sé lo que tal vez pueda decirse al respecto. Más tarde aparecerá más fuertemente con cuánta seriedad debemos esforzarnos por transformar también la naturaleza del hombre. Hoy en día, ése es un elemento esencial de la inmunización contra las corrientes intelectuales de la época: ¡no crear solamente hombres llenos de Dios sino también *llenos de moral!* La condición humana debe perfeccionarse a través de la religión. Hay que quebrarle al hombre los dientes venenosos.

Es posible que se quiera designar esto mismo como «humanismo religioso». Y yo quisiera profesar mi adhesión al mismo. En efecto, hoy en día todo lucha por un *renacimiento de la naturaleza.* Si no nos esforzamos no sólo por señalarlo sino también por representarlo en la vida a través de la educación, no podremos crear el estado ideal. ¿De dónde proviene, si no, la expresión que dice: «puedo prescindir de los hombres piadosos; prefiero a los religiosos»? ¿Qué es lo que se está viendo en forma correcta y qué es lo que falta (en los piadosos)? El aspecto sano y cálido de todo su ser. Hay algo artificial, hay una ruptura en la naturaleza humana. Pero esa naturaleza humana debe alcanzar una perfección también en cuanto naturaleza. Si lo desean, pueden denominarlo «humanismo religioso». No será sino una clara aplicación de la gran ley que dice: *gratia non destruit naturam, sed elevat*. No podemos estar siempre haciendo marcar el paso al hombre actual, en particular a nuestra juventud. No lo resistirá. Es un error si nos limitamos a esperar para ver qué se nos permite conservar todavía. No: ¡debemos avanzar, ver tareas, instruirnos a nosotros mismos y a otros para superar mentalmente las herejías del tiempo actual! Permítanme que les insista en la importancia que quisiera otorgar en este contexto a la alegría de los sentimientos.

2.7. Tipos de alegría

• *Alegría cotidiana y alegría dominical*

Pero a fin de que no surjan en ustedes concepciones extremas, debo agregar de inmediato lo siguiente. La alegría puede ser de dos tipos: alegría cotidiana y alegría dominical. La *alegría dominical* es una profunda satisfacción de los sentimientos, un profundo reposar en Dios, un reposar en Dios con los sentimientos. Y la *alegría cotidiana* es la conciencia serena y aquietada de reposar en los deseos de Dios, en la voluntad de Dios. Por eso, la alegría cotidiana puede entenderse con el mismo significado que la entrega, la profunda entrega a la voluntad de Dios. Y con esa conformidad con la voluntad divina se da al mismo tiempo un profundo reposo de la vida emocional. Por supuesto, existen también estados depresivos y, en esos casos, podrá dejarse de lado el reposo de los sentimientos en la voluntad de Dios. Pero eso debe constituir una excepción. Así comprendemos en cierto modo lo que hemos de entender con las expresiones «alegría dominical» y «alegría cotidiana».

Ahora podré confrontar y demostrar en forma muy rápida y consistente mis afirmaciones. Confrontaré bendición y maldición, fuentes y olas de bendición (y fuentes y olas de maldición).

La *verdadera alegría*, la alegría profunda como torrente de bendición *desprende* en forma extraordinariamente profunda mi alma de la alegría mundana, *de la alegría sensual, de la alegría pecaminosa*. Por supuesto, en este punto, es importante que presten atención a las grandes magnitudes a las que me refiero. O sea, una alegría realmente profunda desprende en forma extraordinariamente fuerte mi alma de las alegrías pecaminosas, de las alegrías mundanas. Pero recuérdenlo: especialmente en los casos habituales, eso es así sólo en la medida en que la alegría perfecta halle una cierta resonancia en la vida emocional en el sentido de la alegría dominical y de la alegría cotidiana. ¿Comprenden lo que les estoy diciendo al exponerles el primero de los dos aspectos?

3. La tristeza, alegría no satisfecha

La *maldición* que brota de la *tristeza,* del instinto de alegría insatisfecho, puede caracterizarse de la siguiente manera: es una *apetencia* extraordinariamente fuerte de mi naturaleza *por alegrías sustitutos,* por una satisfacción sustituto, en la mayoría de los casos en el ámbito de los sentidos, en la sensualidad más baja. Les ruego que se detengan a considerar personalmente este punto por un tiempo prolongado. Esto resuelve muchos enigmas de la propia vida e ilumina a la vez en forma nueva muchas situaciones de la pastoral. Quiero exponerles de manera breve y concisa algunos pensamientos muy esquematizados. Lo hago en perspectiva histórica, psicológica, filosófica y pedagógica.

3.1. Desde una perspectiva histórica

En perspectiva *histórica*.[69] Retrocedamos a los siglos precedentes, hasta el monacato antiguo. Según está demostrado, los monjes del siglo IV pusieron ya claramente de relieve las consecuencias de la tristeza. Ellos dijeron lo siguiente: el que está triste, está poseído por el Demonio. Por esa razón, los monjes tristes eran castigados con penitencias muy severas. Vemos así también cómo la concepción de los monjes de oriente llegó a occidente a través de Casiano. Se consideraba a la *tristeza* como uno de los males principales, de los *pecados capitales,* fuente de toda una cantidad de otros pecados. Más tarde, a lo largo de los siglos, esta concepción sufrió oscilaciones. Cuando se comenzó a reunir los pecados capitales, no se contaban siete sino ocho. San Gregorio, movido por su predilección por el número siete, identificó más tarde la pereza con la tristeza, desplazó la pereza y colocó en su lugar la tristeza. Sabemos también que, en las prácticas penitenciales de la edad media, la pena eclesiástica por la tristeza era la misma que por la pereza. Santo Tomás tiene el mismo esquema de siete pecados pero tachó la tristeza y la reemplazó nuevamente por la pereza. Es así como conocemos más comúnmente el código de los siete pecados, capitales, de las siete fuentes principales, y no contamos entre ellas a la tristeza sino a la pereza. En principio, el cambio formal no tiene nada que decir. Da lo mismo si se menciona o no un pecado determinado. Pero lo lamentable es que, en virtud de ese cambio, se haya perdido en el catolicismo la conciencia de cuánto tira hacia abajo la tristeza, de cuán importantes son sus efectos. ¿O acaso no nos sucede lo mismo hoy en día? ¿Están ustedes realmente convencidos de que la tristeza –y permítanme que lo exprese en forma

---

69 A propósito de lo que sigue véase Müller, 84ss: La importancia religioso-moral de un estado de ánimo alegre.

tajante– es un pecado capital, fuente de muchos otros vicios? Si así fuese, ya nos habríamos esforzado en cerrar esa fuente, tanto en nosotros cuanto en los demás.

3.2. Desde una perspectiva psicológica

Ahora, en perspectiva *psicológica*. Aquí podrán detenerse en su propia experiencia y observación de vida. También quisiera hacer referencia a la experiencia de grandes maestros de la vida espiritual. Invocamos, pues, la *propia experiencia,* la experiencia hecha en carne propia. ¿Me permiten que diga las cosas como son? ¿Quién de nosotros no lo sabe por experiencia? Si estoy paralizado, si estoy cansado, si me encuentro en estados depresivos o de tipo depresivo, ¿qué sucede? ¿Acaso no despiertan de pronto en la vida de mi alma todos mis puntos débiles, no hacen eclosión con tremenda fuerza mis puntos enfermos? ¿No ha sido acaso así que, cuando éramos más jóvenes y teníamos mucho trabajo que realizar los sábados y domingos, nos veíamos azotados con mucho más fuerza por dificultades sexuales que en otros momentos? Si el alma no está de alguna manera sumergida en forma orgánicamente espiritual en la alegría, busca instintivamente la satisfacción sustituto. Ustedes podrán decir que sí o que no a ello, pero la vida habla en este punto un lenguaje claro.

Lo que vale para el individuo vale también para la comunidad. En este contexto puedo formular una cierta constante: *o bien hay atmósfera de pantano o bien hay atmósfera de alegría.* Esto vale para la persona: en mí reinará la alegría o bien una atmósfera de pantano. Pero vale también para la comunidad, para un Instituto, para una asociación: o atmósfera de alegría o atmósfera de pantano. Y esto es tan cierto que Keppler dice en su libro *Mehr Freude (Más alegría)* que, cuando en un establecimiento la alegría no constituye un estado permanente, ha llegado la hora de cerrarlo.[70] ¿Por qué razón? Por la constante que dice: o atmósfera de alegría o atmósfera de pantano.

Hagan ustedes la comprobación en sí mismos: lo dicho vale también para mi vida y aspiración personal. ¿Qué quiere decir? Es posible que tenga que luchar con fuertes tentaciones, que muchas cosas hagan presión en mí. ¿Qué debo hacer? ¿Debo quedarme por mucho tiempo en esa situación de presión? Por ejemplo, siento el azote de la sensualidad. ¿Cuál será la consecuencia? Un sentimiento de presión. ¿Debo quedarme detenido en él? ¡No! Los afectos paralizantes tiran hacia abajo, los afectos alegres dan alas. Por eso, también en la situación de tener que luchar contra una falta consuetudinaria, celebrar con alegría cada pequeño triunfo, alegrarse sinceramente del mismo. ¡Convertir estas cosas en objeto del examen particular (EP)![71]

Lo mismo vale para el confesionario: incorporar todos los aspectos. No olviden la ley psicológica que dice: los afectos de tristeza paralizan, los de alegría dan alas. Por eso, no debemos mantener por largo tiempo los afectos de tristeza. Podrá ser que un alma sana lo haga. Pero si mi alma está enferma y no estoy en cierta medida satisfecho en Dios, debo esforzarme porque se superen en mí los afectos de tristeza. Y esto no vale solamente para el individuo sino también para la masa del pueblo. No debo admitir ni aceptar con demasiada facilidad que haya un pecado mortal cuando no lo hay. No decir: me confieso y, después, todo está en orden. ¿Por qué admitir tan rápido pecados mortales donde no los hay? ¿Debo decirles por qué? ¡Para no tener siempre el sentimiento paralizador de encontrarme en ruptura con Dios! Debemos acentuar mucho más los afectos de alegría con

---

70 Keppler, 114.

71 EP = examen particular (propósito particular).

Dios a fin de asegurarnos para no caer en las satisfacciones sustitutorias sensuales, sexuales. Esto vale también para el pueblo. La gente debe sentir alegría. Si no la tiene en Dios, la busca en el mundo, en cosas que se oponen a Dios. O bien tenemos una educación profunda y global a la alegría orientada hacia una lucha por la alegría en Dios, o bien tenemos un dejar rienda suelta y una decadencia del individuo y de la comunidad hacia las sucias fuentes de la satisfacción sustitutoria.

Si quieren profundizar en ustedes mismos estas verdades, pueden recurrir a ascetas de primera línea, pueden buscar en el lugar que quieran. Por ejemplo, en *Introducción a la Vida Devota*. ¿Qué nos dice allí san Francisco de Sales acerca de la tristeza y de las hijas de la tristeza, como se designaba en ese tiempo a los efectos de la tristeza? En la cuarta parte, capítulo 12.[72] ¡Léanlo, por favor! Creo que tampoco hoy en día podríamos decir desde el punto de vista de la psicología[73] nada mejor de lo que encontramos allí.

3.3. Desde una perspectiva filosófica

En una perspectiva *filosófica*. ¿Por qué estas cosas deben ser de este modo? Si nos llevamos a casa la convicción de que el instinto de alegría es un instinto primordial y de que, si no se lo satisface, tiene que vengarse porque todo impulsa hacia abajo, entonces está bien.

Por eso digo, desde el punto de vista de la *pedagogía:* ¡edúcate y educa a otros a la alegría! Si queremos sacar a los hombres del pantano, de las pocas alegrías terrenas hacia arriba, debemos educarnos a nosotros y a los demás a una recta y auténtica alegría

---

72 *Introducción a la Vida Devota* IV, 12: *De la tristeza (Obras selectas I,* pág.241ss). Véase Müller, 85 y 87.

73 Müller, 91.

como Dios la quiere. Últimamente se ha escrito mucho sobre Don Bosco y en todas partes se subraya que fue el pedagogo de la alegría, que educó a la alegría y a través de la alegría, y que ese hecho constituye en gran parte el secreto de su éxito. Ahí tenemos la bendición y la maldición, una ola y una fuente.

4. Frutos de la perfecta alegría

Tomemos una segunda ola y fuente de bendición. Ya la hemos insinuado anteriormente. Si me educo a mí mismo a una verdadera alegría, a una perfecta alegría cristiana, *germinarán en mí una energía e ímpetu*[74] *fortísimos hacia la plasmación en Cristo* de mi propia vida y de la de los demás. No me refiero sólo a la energía sino también al ímpetu. Aquí tienen que sopesar cada palabra. El hombre sólo está totalmente asegurado cuando se unen y asocian en él la energía y el ímpetu. Si tengo que exponerles cómo con la recta y auténtica alegría se asocian en la pastoral una energía e ímpetu profundos, podemos elegir el mismo esquema que antes.

4.1. Desde una perspectiva histórica

¡Consulten la vida de los santos! ¿De dónde tuvieron ellos esa energía y ese ímpetu de fuerza tan elemental tanto frente a su propia vida cuanto frente a la de otros? Del sano cultivo de la alegría.

4.2. Desde una perspectiva psicológica

¿Debo subrayar una vez más que los afectos de tristeza paralizan y que los afectos de alegría dan alas a la energía y arrastran consigo el corazón? Conocemos la palabra de la Sagrada Escritura que dice: *viam mandatorum tourum cucurri, quia dilatasti*

---

74 Keppler, 3.

cor meum: corro por el camino de tus mandamientos pues tú mi corazón dilatas (Sal 119 [118], 32), pues has llenado mi alma de una gran alegría. ¿Y no sabemos acaso, a partir de la dirección espiritual tanto de nuestra propia alma cuanto de la de otras personas, en qué gran medida la verdadera alegría es la rueda motriz del alma? ¡Cuánto debemos contenernos a nosotros mismos y a otros cuando nos encontramos en esa situación, para no apresurarnos demasiado!

4.3.   Desde una perspectiva filosófica

¿Y el motivo *filosófico?* Recordemos lo que ya nos ha dicho Platón en la imagen de los dos corceles: si el carro es tirado por dos corceles, o sea, por las pasiones –¡no hay gran hombre que no tenga grandes pasiones!–, entonces anda. ¿Qué implican profundas pasiones en su sentido sano? Implican alegría, la resonancia de la sensibilidad. Y si esos corceles son la alegría, el carro será arrastrado con rapidez trascendiendo todo lo demás, pero si son jamelgos, ¡con cuánto cansancio y aplastamiento recorrerá el alma incluso el camino habitual!

Contemplen ahora el camino contrapuesto: la bendición se invierte en maldición allí donde, *en lugar de la alegría, es la tristeza* quien lleva el timón. La voluntad de rendir y de tener éxito instintivamente se dejará trasladar a otros ámbitos. Es una profunda afirmación la que acabo de hacer en forma fugaz. Una vez más, seguiremos el mismo esquema: perspectiva histórica, psicológica, filosófica y pedagógica.

5. La tristeza y sus consecuencias

5.1. Desde una perspectiva histórica

¡Consideren los serios y melancólicos sistemas que tenemos en el calvinismo y en el puritanismo! Históricamente puede demostrarse cómo esos sistemas han preparado el terreno en forma profunda para el capitalismo y para todas las demás manifestaciones concomitantes.[75] ¿Saben por qué? Cuando el alma se entrega a la tristeza en las cosas religioso-morales, cuando no se permite que la voluntad de rendir y de tener éxito se satisfaga correctamente en la propia alma y en el alma de los demás, el hambre de rendimiento busca otro terreno. ¿Qué es lo que consideran como virtud suprema el calvinismo y el puritanismo? ¿Qué destacan? El rendimiento, la actividad afanosa, la *habilidad para los negocios.* Habilidad para los negocios: nada puede esperarse en la transformación de la propia vida y en el carácter del otro. Pero como el hombre lleva en sí la voluntad de rendimiento, procura obtener los logros en otro terreno.

5.2. Desde una perspectiva psicológica

Con lo dicho nos encontramos ante la perspectiva *psicológica.* Pensemos en nosotros mismos: ¿de dónde viene muchas veces nuestra afanosa actividad? ¿Por qué todos nuestros logros están orientados hacia fuera? ¿No es acaso en gran parte porque sabemos —y porque también se ha promovido en nosotros esa concepción— que, en la transformación del propio carácter, en la transformación del alma de los demás, no pueden esperarse logros esenciales y, por eso, *actividad afanosa,* logros y más logros en otros terrenos? Lo vemos en los puritanos pero también en otras personas. Vemos la conexión con el capitalismo: con cuánta seriedad se han buscado éxitos a base de rendimiento. Y,

---

75 Müller, 75 (donde también se hace referencia a la importancia psicológica).

más tarde, se querían éxitos –actuaba por cierto el hambre de éxito–, sin esfuerzo. ¿No lo vemos también hoy en día? ¿No es acaso el éxito el criterio para discernir lo recto y lo sano? ¿No sienten acaso cuán importante es que hoy cambiemos un poco de postura en ese sentido?

¿No debe concentrarse hoy de nuevo nuestra voluntad de rendir y de tener éxito en hacer que nuestra propia alma y el alma de los demás estén plenamente divinizadas y llenas de moral? Es verdad lo que hemos dicho ayer a la tarde en el sentido de que quien quiera colaborar hoy en día para vencer el mundo debe ser un hombre divinizado y lleno de moral. Pero si arrebato a los hombres la alegría por sus logros, si elevo demasiado las exigencias, si los arrastro una y otra vez hacia abajo, la profunda voluntad de rendir que tiene el hombre se desviará con el tiempo hacia otro lado. Y puedo decirles con certeza que el ímpetu en la formación del carácter de la propia alma y de la de los demás se irá debilitando en forma creciente. Con lo dicho quiero expresar cuán importante es que nos esforcemos por implantar la alegría en nuestra actividad, que eduquemos a la alegría cada vez que tengamos oportunidad.

Extraigamos rápidamente las *consecuencias* de estos dos torrentes de bendición y maldición: donde se cultiva en profundidad la alegría y se educa a ella, podemos esperar una garantía en cuanto a *trabajos y rendimientos de calidad.* ¿No es acaso así que, donde la alegría está al timón, la voluntad de trabajo se asocia con la idea de realizar una labor de calidad? Pero comprueben ustedes mismos en qué medida ven confirmado esto en la experiencia.

6. La alegría, un medio terapéutico

Y también podemos decir que la alegría es reconocida asimismo por la medicina como un *medio terapéutico.*[76] La prueba de esta afirmación estriba en que, cuando la alegría da alas al alma, la sangre circula en forma serena y alegre, desaparece esa fuerte presión sobre el alma, sobre los órganos. Así es: y podemos decir que valdría la pena dar acceso a círculos más amplios a la educación a la alegría como factor terapéutico. ¿No lo sabemos acaso por experiencia propia? Si tenemos una sola gran alegría, nuestro estado de salud se ve beneficiado en forma muy especial.

7. La alegría, llave del corazón humano

Y por último: la actitud fundamental de alegría es la *llave que abre el corazón de los hombres.* Un hombre con esa actitud fundamental tiene en el bolsillo la llave del corazón de los hombres. Un hombre así es una varilla de radiestesia viviente, que descubre en el alma del otro la fuente secreta y profunda y la hace brotar. No sólo la despierta a través de su ser sino también por su palabra, por su lenguaje, por su actuación.

Pero la falta de alegría: el hombre triste sólo podrá realizar con gran dificultad un trabajo de calidad. ¡Cuánto inhibe la tristeza cuando se prolonga en su duración! ¡Cuánto inhibe el proceso de sanación! Y el hombre triste pierde también la influencia transitoria sobre sus semejantes.

Recordemos ahora *un par de ejemplos* para ilustrar lo que hemos dicho. Se cuenta del P. Zucchi que veía como una tarea esencial de su actividad pastoral el educar a los suyos a la alegría. Un día fue llamado a asistir a una religiosa enferma para

---

76 Keppler, 2 (allí, referencia a: Weber, *Die Verhütung des Alterns, Mittel und Wege zur Verlängerung des Lebens,* Leipzig 1905).

prepararla para la muerte. Pero la hermana recuperó la salud. Años más tarde, esa hermana volvió a estar en el lecho de muerte y vino el mismo sacerdote. La religiosa lo reconoció y le dijo: Reverendo padre, lo que usted me dijo hace años ha significado un giro muy fuerte en mi vida como religiosa: ¡buscar toda mi alegría en el Señor! Debo decirle que, posiblemente, no haya llegado a ser una santa, pero el vivir en y a partir de la alegría ha suscitado en mí una transformación muy fuerte.

Otro ejemplo: un hombre joven, un convertido que está metido en todo tipo de pecados. El P. Zucchi le señaló el camino a la alegría y logró grandes cosas.[77] Y un tercer ejemplo. Desde hace algunos años suelo ir con frecuencia al sur de Alemania. El director de la casa de ejercicios de aquella zona es una personalidad original. Todo el año me viene con las mismas historias. Pero ahora ha recibido una carta de una mujer que le dijo: ¡Padre, qué feo es usted! Pero cuando sonríe, es usted un hombre bellísimo. Desde ese momento –me dijo el director– río siempre y pongo cara de alegría. Y con eso he logrado siempre tener éxito, con la única excepción de la superiora de la casa.

Por eso, la educación a la alegría debe ocupar un lugar muy importante en la educación en su conjunto.

Comprueben ustedes mismos si la prueba ha sido concluyente. ¿Es verdad que la alegría, que *el instinto de alegría es un instinto primordial* de la naturaleza humana? ¿Son *extraordinariamente profundas la bendición y la maldición* que brotan en uno y otro caso? Si han seguido mis pensamientos y se toman el tiempo para ahondar en ellos, no les resultará difícil atribuir muchos fracasos, muchas enfermedades de la propia naturaleza

---

77   Ambos ejemplos del P. Zucchi SJ están relatados en la obra de Paolo Segneri el Mayor SJ intitulada *Il cristiano istruito,* discurso 34).

y de la pastoral a la falta de alegría, de educación a la alegría. Por eso, la consigna es: ¡Edúcate a ti mismo y a los otros más y más a la alegría!

Cuarta Plática
FUENTES DE LA PERFECTA ALEGRÍA

1. Las pequeñas fuentes de alegría

A fin de tener la vivencia de la alegría deberíamos esmerarnos primeramente en profundizar en nosotros el hambre de alegría. Es lo que hemos intentado en la última plática: convencernos de manera efectiva de que el instinto de alegría es un instinto primordial de nuestra naturaleza humana. Espero que sea de su agrado que, a partir de esa realidad claramente reconocida, nos esforcemos ahora en examinar también los correspondientes *efectos*. Me permito perseguir en cierta medida esos efectos a fin de hacer que las consideraciones de tenor fundamental sean más efectivas para nuestra vida práctica cotidiana. En el centro de nuestra reflexión se encuentra la convicción de que el instinto de alegría, el instinto de felicidad, es un instinto primordial de la naturaleza humana. ¿Qué se sigue de ello para Dios o, mejor dicho, para la comprensión de la práctica, de la sabiduría pedagógica de Dios? ¿Qué se sigue de ello para nosotros?

Si contemplo con profundidad el taller del obrar de Dios, si contemplo con profundidad también el instinto primordial de la naturaleza humana, entiendo por qué Dios, hablando humanamente, está obligado a hacer brotar y borbotear muchísimas *fuentes de alegría, y ya ahora,* en la tierra, en que nuestra naturaleza está tan cargada con el lastre del pecado original; y entiendo también por qué *en la eternidad,* en la *visio beata,* Dios está obligado a implantar en nuestro interior en forma plena las fuentes de la alegría. ¿Por qué? Porque ha depositado el instinto primordial de la alegría en nuestra alma, en nuestra naturaleza. Si hubiese depositado ese instinto en nosotros pero no nos diera al mismo tiempo la oportunidad de satisfacerlo, nos habría engañado.

¡Observen, por favor, la vida práctica! ¿Acaso no debemos decir, haciendo una consideración serena, que son realmente innumerables las fuentes de alegría, los cálices de flores en nuestro camino de vida? Por supuesto, son en su mayoría *alegrías pequeñas* las que nos salen aquí al encuentro. Podrán ser alegrías de la naturaleza, alegrías que residen en la gratitud. Vean, por favor, qué importante es que, como artistas de la alegría, como maestros de la alegría, como apóstoles de la alegría, aprendamos y enseñemos el arte de descubrir esas pequeñas fuentes de alegría y de disfrutar de ellas. Es más: en un tiempo tan pobre en alegrías, ésta debería ser nuestra tarea esencial: disfrutar de las gotas de miel de la alegría en todas las ocasiones en que Dios quiera ofrecérnoslas. Ese es el arte de alegrarse, el arte de educar a otros a la alegría.

Esta tarde o mañana temprano, cuando caminen en silencio por ahí, ¿no querrán comprobar cuántas oportunidades de alegría hemos ignorado hasta el presente en nuestra vida, también ahora que tantas esperanzas de nuestra vida se han visto sepultadas? ¿Conocemos incluso las alegrías que la naturaleza nos ofrece? ¿Disfrutamos de ellas? ¿No hay acaso, también hoy, cosas alegres en nuestra vida como sacerdotes? ¡Cuántas fuentes de alegría podrían manar para nosotros a partir del trato con Dios, a partir del trato en y con la Iglesia, si estuviésemos alertas y atentos para captar y procesar todo lo que se nos ofrece! Tengan la bondad de comprobarlo ustedes mismos.

1.1. Esparcir e incrementar las fuentes de alegría

Un segundo efecto de la gran realidad que hemos aprendido podrá ser determinante también para nuestra actividad propia, para la educación de nosotros mismos y de los demás. ¿Admiten ustedes que es una obra extraordinariamente grande de Dios, una bendición extraordinariamente grande para la humanidad actual si multiplicamos, aunque sólo sea un poco, las existencias de alegría, el fondo de alegría de la humanidad actual? Por tanto, donde yo pueda *repartir alegría* por mi modo de darme, donde pueda difundir un poco de luz solar a través de mi palabra, de mi vida, allí debo intervenir con ansias porque lo que realizo es una *gran acción*.[78] Y me pregunto, una vez más: ¿cuán a menudo he dejado pasar la oportunidad de incrementar las existencias de alegría del mundo, las existencias de alegría de la humanidad y, reduciendo el ámbito de la idea, las existencias de alegría de mis seguidores? Piensen en la familia parroquial, en la asociación, en el púlpito: ¡cuán poco he aprovechado la oportunidad de incrementar la exigua reserva de alegría de la humanidad y del mundo actual!

2. Cómo incrementar la alegría

Si quieren saber en detalle qué podemos y debemos hacer en este punto, puedo darles dos respuestas para la actitud y forma de actuar personal. Deben enseñar y aprender un santo arte de inmunización y un santo arte de transformación.

---

78 Véase F. W. Faber, *Bethlehem*, Ratisbona 1861, 478: «En realidad, el más feliz, el más grande, el más semejante a Dios de todos los hombres es aquel que haya agregado una única alegría verdadera al fondo de felicidad del mundo» (en el original, texto espaciado).

2.1. Mediante el santo arte de inmunizarse contra la tristeza

Un santo *arte de inmunización*. ¿Qué estoy entendiendo por esa expresión? Debemos *hacernos inmunes a la tristeza*. Si quieren pueden decir, en lugar de ello, *arte de esterilización:* debemos ser infecundos para la tristeza. Admitirán que este arte de inmunización es difícil, que es aplicable en todas las ocasiones y en todo tiempo y que, desde cierto punto de vista, es un arte fácil.

Es un *arte difícil* porque, en todo tiempo y, especialmente, hoy, hay tantísimas oportunidades para estar triste: tanta desgracia, tanto sufrimiento exterior e interior; sufrimientos que nosotros mismos nos deparamos, sufrimientos que otros nos deparan; sufrimientos anímicos, sufrimientos corporales. Así es: si en todo tiempo ha tenido vigencia y ha sido verdad la afirmación de que ser hombre es ser un portador de la cruz, ¿no vale eso hoy en forma potenciada? Por eso: el arte de hacerse inmune a la tristeza tiene que ser por cierto un arte sumamente difícil.

Y justamente porque el sufrimiento nos sale al encuentro en forma tan intensa desde todos los flancos, es que podemos decir, de la misma manera: este arte de inmunización *puede aplicarse* por cierto *en todas las ocasiones*. Eso significa que no hay nada en este mundo que pudiese ponernos sola y profundamente tristes. ¡Nada!

Sólo hay un único ser que tiene un interés muy particular en hacer que nos pongamos tristes: ese ser es la *encarnación de la tristeza, el demonio.* Él es la misma tristeza. Por eso no le gusta ver a otros alegres; por eso tiene que empujarnos también a nosotros a la noche de la tristeza. Él es la tristeza encarnada. Como sabemos, la alegría es el reposo de la vida instintiva, del apetito, en la posesión del bien conveniente. El bien último y supremo es Dios. Pero el demonio nunca puede poseer a Dios. Y como su naturaleza tiene interiormente el apetito y el instinto de Dios, él tiene que ser la tristeza personificada. Por eso tiene ese afán de aplicar en todas partes su truco, su afán de representar la vida en Dios como una vida triste, y la vida en el mundo como una vida alegre y dichosa. ¿Por qué? Porque sabe qué repercusiones, qué manifestaciones colaterales tiene la tristeza: sabe cómo al hombre no le gusta ni puede tampoco resistirla por mucho tiempo; cómo se asusta frente a una vida triste; cómo, ante la perspectiva de tristeza, se asusta también frente a otras cosas, por más que se las presente en forma brillante.

- *Convencerse que nada puede ser fuente de tristeza permanente*

No hay nada que pueda hacernos sola y permanentemente tristes. Permítanme que haga referencia a los pecados y a las faltas de nuestra vida. Escuchemos la advertencia que nos hace san Francisco de Sales: Dios es Padre, él conoce las debilidades de su hijo y, si su hijo ha caído, el Padre celestial sonríe a su débil hijo dándole ánimos para que se levante de nuevo y se apresure hacia su corazón de Padre.[79] *Tampoco en el pecado* debe esconderse *una tristeza profunda y de larga duración:* el Padre nos hace señas, nos atrae, quiere saber que su hijo está de nuevo junto a su corazón.

O bien, si quieren, pueden considerar la misma idea con una fundamentación algo diferente, tal como aparece en el retiro del año pasado. Hablábamos en él de los grados de humildad.[80] El

---

79 Francisco de Sales escribe a la abadesa Angélique Arnauld (de Port Royal) acerca de una de sus hermanas: «dígale que nunca debe espantarse de eso por más que tropiece, ni tampoco enfadarse consigo misma. Antes bien, debe mirar a Nuestro Señor, que la contempla desde el cielo como un padre lo hace con su hija que todavía es bastante débil y que tiene dificultad en dar sus pasos en forma segura y le dice: «Tranquila, hija mía»; y cuando cae: «No llores más»; y que después viene y le tiende la mano» (*Deutsche Ausgabe VII,* 331).

80 MPLW1933, III, 3.

primer grado era complacerse en la propia miseria. Conocemos también el contexto orgánico: he cometido faltas y pecados; me complazco en esa miseria, es decir, tomo mi miseria y me entrego a Dios de esa manera, de modo que, así, mi miseria se exprese más, se la reconozca más y se haga necesario reconocerla más. También aquí: pecados, profundos pecados de mi pasado, no pueden ni deben ser en forma exclusiva una fuente de tristeza.

Y si quieren ahondar aún más en el tema, podrán recordar todo lo que está contenido en el *mysterium iniquitatis* (misterio de iniquidad): la fuerza curativa y salvífica de la culpa, del pecado y del arrepentimiento. Nada, absolutamente nada debe entristecernos en forma profunda y sostenida.

Tampoco nuestras *limitaciones, afanosa actividad* personal que tenemos por naturaleza. También esto es, muchas veces, un truco del demonio en las personas fervorosas. El demonio impulsa a los hombres a estar descontentos con su propio modo de ser: todos los otros modos de ser son valiosos y bendecidos por Dios. Sólo el mío no lo es. ¡Qué tardo soy, cuánto me cuesta pensar! ¡Fuera con esos pensamientos! Si estoy totalmente fundado en Dios, tengo razones para ahondar en mi propio modo de ser. La razón es que yo soy también una idea de Dios encarnada. Dios me ha querido así como soy, con mis limitaciones. Por eso me ama, también a mí. Debo amarme con mis limitaciones porque y en la medida en que sigo los pensamientos de Dios, quiero a Dios y lo amo. E incluso si he faltado y lucho con Dios en la oración, ¿he de detenerme durante esa oración por largo tiempo en mi miseria, en mis faltas y pecados? Hombres santos, sobre todo san Francisco de Sales, nos aconsejan no hacerlo. Es decir, no detenerse largo tiempo, ni siquiera en la oración, en el recuerdo paralizante de nuestras faltas y pecados, sino también allí ver lo positivo: unirse íntima y alegremente con Dios. Cuanto más positiva sea la forma en que lo haga, tanto más se apartará mi alma de todo lo que no es Dios.

Por tanto, será correcto que digamos: aquí tenemos un arte de inmunización que puede aplicarse en todas las situaciones de la vida. ¿He de agregar que, dadas ciertas condiciones, *ese arte* es fácil, *fácilmente aplicable*? Fácil en la teoría, aunque en la práctica pueda ser difícil.

- **Vincularse a Dios con un profundo amor**

Fácil en la teoría, es decir, sólo es preciso que empuñe la vara mágica del amor, estar yo mismo captado solamente por un profundo amor filial a Dios, y toda cruz y sufrimiento, y todo lo que pueda suceder, debe parecerme como una expresión del amor divino (véase p. 70). «Dios es Padre, Dios es bueno; bueno es todo lo que él hace». Sé, entonces, que, en la cruz y el sufrimiento, e incluso en el pecado, incluso en la tristeza transitoria, tengo una demostración del amor divino. Véanlo en concreto desde el punto de vista puramente filosófico y psicológico: la alegría es el reposo del apetito en la posesión del bien conveniente. También en el mal, en el pecado, hay un punto de vista que representa un bien inmensamente grande. ¿Qué punto de vista? El agrado de Dios, el deseo de Dios, la permisión de Dios, ¡simplemente Dios! Si también en el mal, en el pecado, he reconocido no tanto el *malum* cuanto el *bonum* y me percato de él, poseo el arte de inmunización y será difícil que algo pueda hacerme vulnerable a la tristeza.

Dirán ustedes: seguro, esto es en teoría correcto pero ¡qué grado de amor presupone! Tienen razón. Por eso digo también: *en la práctica* es sumamente *difícil* porque exige un alto grado de amor a Dios y, al mismo tiempo, un muy fuerte desprendimiento del apego al yo y al mundo, un desvincularse del yo y del mundo, un vincularse en forma sumamente profunda a Dios, una fortísima intimidad con Dios y un estar cautivado por Dios. Con esto estamos preparando ya lentamente la segunda parte del retiro. En la medida en que tenemos amor a Dios, en que estamos cautivados por Dios, cumplimos también en forma correcta la expresión del apóstol san Pablo que dice: «*Gaudete in Domino semper*» (*Alegraos siempre* en el Señor) (Flp 4, 4).

2.2. Mediante el santo arte de transformar las tristezas en alegrías

Pero, por experiencia, sabemos que la cruz y el sufrimiento están presentes en nuestra vida en forma muy fuerte y variada. Mientras estemos en esta tierra, no raras veces seremos sus víctimas. Aun cuando haya caído sobre nosotros el sufrimiento y hayamos respondido con el afecto de la tristeza, también en una u otra ocasión con una tristeza desmedida y desordenada, queremos seguir no obstante la orden del apóstol. Así, el arte de inmunización deberá ser complementado por un *arte de la transformación:* hemos de aprender a transformar la cruz, el dolor y la tristeza en alegría, en alegría real. Para ello se nos abren dos caminos.

* *Por amor a Dios*

El primer camino es por cierto lo último y más profundo que podremos y deberemos repetir una y otra vez a lo largo de estos días. Así también aquí: lo último y más profundo es *la llave mágica del amor.* ¡Cuán pronto transforma el amor también el dolor y la tristeza en alegría! En efecto, hasta la misma tristeza podrá ser para el amor objeto de alegría si es que vive en nosotros un alto grado de amor. «Yo hago siempre lo que agrada al Padre» (Jn 8, 29). Mi alimento de alegría es hacer y padecer la voluntad de Aquel que me ha enviado (véase Jn 4, 4). Así es: espiritualmente, la transformación de toda nuestra vida se funda, en el fondo, en este profundo y excelso amor a Dios.

3. Fuentes de la tristeza

Pero si, para este arte de la transformación de la tristeza en alegría, queremos conocer también medios de segundo orden relacionados más directamente con la tristeza, debemos preguntarnos primeramente acerca de las diferentes *fuentes de la tristeza.* Y como estamos investigando los antídotos que se relacionan con la tristeza, debemos conocer también las fuentes de régimen propio. Recordemos –sólo es preciso que consideremos nuestra propia experiencia y observación de vida– que puede haber tres fuentes de tristeza:[81] en primer término, el demonio; en segundo, el temperamento melancólico y, en tercero, los golpes del destino en la propia vida.

3.1. El demonio

No pierdan de vista lo siguiente: si es verdad lo que hemos dicho anteriormente acerca de que el hombre bolchevique, el hombre diabolizado, realiza actualmente una marcha triunfal por el mundo –y, presumiblemente, por siglos–, debemos contar también con una marcha triunfal del demonio, debemos contar con que el demonio actúe en forma muy profunda en el tiempo actual, en el mundo actual y en los acontecimientos actuales. Y tal vez el truco más insidioso y peligroso del demonio para nosotros, como hijos de Dios, como sostén y apoyo del Reino de Dios, como sus ciudadanos y fiadores, es que nos haga creer que no existe, que no actúa en forma extraordinariamente efectiva, como es en realidad. Ya Goethe nos advierte al respecto: «esa

---

81 Francisco de Sales, *Tratado del amor de Dios XI,* 21, 1-3 (pág. 709s); véase Müller, 86s.

gentecilla no cree en el demonio ni siquiera cuando él la tiene tomada por el cuello».[82] ¿No es ése acaso un verdadero truco del demonio? Si digo que creo en la existencia y en la acción del demonio, es más fácil que pueda precaverme y formarme. ¿Y no nos dice acaso la Sagrada Escritura –las Completas nos lo recuerdan cada día–: «el Diablo ronda como un león rugiente buscando a quién devorar»? (1 Pe 5, 8) ¿No nos señala la experiencia de siglos que el Demonio sabe averiguar con fina psicología los puntos débiles de nuestra naturaleza para así asociar y unir con ellos su poder? Por eso podemos entender cómo es que el demonio tiene gran interés en arrojar el alma humana a los abismos de la tristeza. El demonio, que sabe captar y formar, guiar y conducir la naturaleza y sus instintos primordiales mucho mejor que nosotros, sabe también mejor qué peligrosa es la tristeza en el organismo de la vida del alma y de la vocación. No es erróneo cuando afirmamos que el maligno pesca en aguas turbias. Por eso, el demonio procura, por todos los medios, arrojarnos a los abismos de la tristeza.

3.2. El temperamento melancólico

Si quieren conocer otra fuente de tristeza, recuerden *el temperamento melancólico*. Muchos de nosotros sabemos, por experiencia propia, cómo el melancólico sufre de constante temor y vacilación interior. Sabemos cómo el temperamento melancólico tiende demasiado fácilmente a tomar todo con gravedad, a dejarse oprimir demasiado por la cruz y el sufrimiento. (La consecuencia es:) Huida de la cruz, huida del sufrimiento.

---

82   J. W. von Goethe, Fausto I, v. 2181s:

    «Esa gentecilla no nota la presencia del demonio
    ni siquiera cuando él la tiene tomada por el cuello».

3.3. Los golpes del destino en la propia vida

La tercera fuente de tristeza son los golpes del destino en la propia vida. Humanamente es comprensible: la pobre naturaleza quisiera tener alegría, poseer alegría, pero entonces vienen los golpes del destino y destruyen todas las obras de nuestras manos. ¡Con cuánto esfuerzo fueron realizadas, con qué alegría tan dichosa[83] estábamos apegados a ellas, y ahora no progresan, son atacadas, echadas por tierra de la noche a la mañana! Ahora, todo está en un hilo. Piensen qué grandes sufrimientos y cuántas decepciones tenemos que experimentar frente a aquellos a quienes dedicamos nuestros desvelos pastorales: nos han sido infieles; algunos nos han traicionado, tanto a nosotros mismos cuanto a nuestra personalidad. Como ven, hay golpes del destino en nuestra vida.

O bien, experimento una quiebra en medio de la carrera, la salud ya no resiste, las fuentes de nuestra pobre y enferma naturaleza manan aguas turbias; tentación tras tentación pasan a ser parte del sufrimiento que me toca. Por favor, tengan la bondad de señalar ustedes mismos los golpes del destino en su propia vida y pregúntense: ¿me han desgastado? ¿Me han arrebatado el optimismo, la alegría y, por culpa de esos golpes de destino que no he parado suficientemente, me encuentro en la mazmorra de la tristeza? San Francisco de Sales, que es en sí tan suave, compara a los hombres que se dejan doblegar de semejante manera por los golpes de la vida con monos que dependen demasiado de la luna.[84] Está bien que consideremos esa comparación. A

---

83 *«Selige»*. En el texto fuente dice: anímica (*«seelische»*).

84 *Tratado del amor de Dios XI*, 21, 3 (pág. 710): «...en los mundanos, al contrario, la tristeza es general y ordinaria y se manifiesta en pesares, desesperanzas y aturdimientos de espíritu semejantes a las monas y a las marmotas, que están siempre tristes, melancólicas y sombrías cuando no hay luna, así como, cuando este satélite brilla, saltan, bailan y cometen mil travesuras».

veces es posible que dependamos mucho del mundo, de la naturaleza, pero debemos reunir las fuerzas para superar, a través de una sana educación, el pesimismo, la tristeza, la melancolía. Ahí tienen ustedes las fuentes de la tristeza. ¡Por favor, apliquen estos pensamientos a sí mismos!

Y ahora, los *antídotos que se relacionan más directamente con la tristeza*. Si les parece bien, resumiré brevemente lo que puede decirse en este punto.

4. Antídotos contra la tristeza

En primer término: *principiis obstare!* [85] Si en verdad están profundamente convencidos de que la tristeza es un vicio fundamental en igual medida como la alegría cumple el sentido de la naturaleza humana, de que la tristeza es un mal fundamental en la unidad orgánica de nuestra vida, en la aspiración a una santidad seria, la consecuencia es evidente: *principiis obsta!* (¡rechaza los comienzos!), debemos resistirnos ante los primeros comienzos de la tristeza. Ofrecer resistencia, al igual que contra las tentaciones contra la pureza o contra la fe. Ofrecer resistencia a los primeros accesos que se insinúan, rechazarlos, mantener firme esta meta: quiero ser un sacerdote alegre, y un sacerdote así no puede dejar entrar los accesos de tristeza a la profundidad de su alma.

A pesar de aspirar seriamente a ello, por mucho tiempo no lo lograremos. ¿Qué debemos hacer, entonces? Dos cosas.

4.1. Eliminar las causas de la tristeza

En primer lugar, hablamos de un arte de inmunización propio. Por tanto, si la tristeza tiene causas tangibles, corporales, *causas físicas, psíquicas,* procuremos *eliminarlas.* Indisposición

---

85   Rechazar los comienzos (de Ovidio, *Remedia amatoris,* v. 91: *«Principiis obsta!»*: rechaza los comienzos). Véase Müller, 89.

corporal: ¿de qué puede tratarse? Permítanme que lo diga con toda claridad: en gran parte, de trastornos digestivos. Tampoco aquí deben perder de vista el gran contexto. ¿Qué haré, entonces? ¡Eliminarlos! Hacerlo a partir del pensamiento –el astro de los reyes– que nos dice: Dios ama al sacerdote alegre, al que da con alegría, (véase 2 Co 9, 7). Eso es lo que debo llegar a ser. Por eso: ¡fuera con la tristeza y fuera también con sus causas!

4.2. Descubrir la fuente de la tristeza

Muy a menudo, la tristeza se supera en gran medida cuando *conocemos la fuente de tristeza,* aun cuando no podamos eliminarla. Me permitirán que, para su mochila práctica de pastores, les diga que esto vale especialmente para las mujeres y jovencitas. Así es: la curva vital de la mujer experimenta cada mes una fuerte declinación. En sí, se trata de algo evidente. Cuando la mujer sufre la menstruación, se ve fuertemente atacada por la tristeza. Saberlo es ya en gran parte el antídoto contra la misma.

4.3. Practicar la oración

Pero, en última instancia, esto no conducirá del todo a la meta. Recordamos, entonces, la receta del apóstol Santiago: si alguno está triste, que ore.[86] *La oración* como el gran remedio para superar la tristeza. En definitiva, nos encontramos ya aquí ante la fuente última, ante la vara mágica del amor: oración entrañable como expresión de la intimidad con Dios. Por eso, debemos unirnos entrañablemente con Dios también en la oración. Y los teólogos y santos saben aplicar aquí, en forma muy bella, leyes que confirman la psicología actual. Por ejemplo, cuando san Francisco de Sales dice que deberíamos *acompañar nuestra oración interior también con actos exteriores:* [87] besar la cruz, be-

---

86 St 5, 13: «¿Sufre alguno entre ustedes? Que ore. ¿Está alguno alegre? Que cante salmos».

87 *Introducción a la Vida Devota IV,* 12 (*Obras selectas I,* 242).

sar el suelo, etc.; agregar actos exteriores como manifestaciones que acompañan los actos interiores, ¡cuánta fina psicología se esconde en ello! Escuchemos lo que nos dice la vieja ascética sobre los suspiros. Nuestro interior está oprimido: se lo descarga por medio de suspiros, del canto, etc. No decir, por ejemplo: lo cargo yo mismo, estoy solo. Así, mañana o pasado mañana mi naturaleza colapsará; experimentaré una descarga tal que todo mi entorno sufrirá una explosión. ¡Ver siempre al mismo tiempo el contexto natural! Ahí tienen medios directos para superar la tristeza. Arte de inmunización o arte de transformación.

4.4. Superar los pensamientos tristes

Verbalizándolos – escribiéndolos – desarrollando una actividad creativa

Si quieren conocer también *medios indirectos,* debo decirles, en la línea de la vieja ascética: tenemos que procurar *quitar su empuje creciente y evocadora los pensamientos tristes que nos atacan.*[88] ¿Cómo lo hacemos? Verbalizándolos frente a una instancia apropiada (véase nota 10), tener quizá un confesor permanente al que confiamos todo; o bien, puesto que hay diferentes modos de ser, consignando nuestro sufrimiento por escrito. O también esforzándonos por realizar un trabajo y distraernos, tener una *actividad creativa.* Este es un modo indirecto de preservarnos de la tristeza o de eliminar cada vez más la tristeza que nos ha atacado.

4.5. Considerar que todo es del agrado de Dios

¿Quieren otro modo de hacerlo? Por tanto, nos encontramos nuevamente ante lo último, ante la vara mágica del amor. Allí

---

88   Müller, 90: «Unido y en conformidad con este combate directo va un segundo procedimiento terapéutico: hay que quitar la energía psíquica a los pensamientos turbios. Entonces, se reducen por sí solos».

tenemos que considerar el agrado de Dios, el deseo y la voluntad de Dios como el bien supremo de nuestra vida. Escúchenlo una y otra vez: si lograra reconocer como bien supremo el agrado de Dios, el deseo de Dios, el *sufrimiento* no estaría ante mí bajo la perspectiva formal de sufrimiento, del *mal,* sino *bajo la perspectiva del agrado de Dios,* como un *bien.* Y mi alma está apegada a ese bien. Todo lo demás es periférico. Por eso, de este modo me será realmente posible realizar el deseo, la orden del apóstol que dice: *Gaudete semper!* (¡Alégrense siempre!) (véase Flp 4, 4).

En síntesis: si queremos extraer la consecuencia práctica de la realidad que hemos constatado convincentemente en la última plática, la consigna es, en última instancia, esforzarnos por la vara mágica del amor. Y ésta es la vara mágica del amor (véase p.70). Permítanme que les indique una vez más que, con todo esto, preparamos la segunda parte del retiro. La alegría debe ser disfrutada como fruto, y cuanto más disfrutemos de ese fruto, tanto más debemos poner de relieve la fuente de la alegría, la raíz de la alegría. Por eso, la primera parte de los ejercicios nos prepara para la segunda.

Resumo: queremos buscar vivencias de alegría, despertar y ahondar en nosotros la vivencia de alegría.

5. Fuentes cristianas de alegría

¿Qué debemos hacer en lo que sigue? Hemos despertado en nosotros el hambre de alegría. Ahora debemos *sumergir* el alma, en la que se ha despertado el hambre de alegría, en forma algo más profunda *en la atmósfera de alegría.* Ya conocen la atmósfera de alegría que debe transformarnos cada vez más año a año: la Sagrada Escritura, la vida de los santos, la liturgia. Estas son las fuentes de alegría que manan con tanta abundancia, que están a nuestra disposición casi en forma obligatoria y por profesión pero que, sin embargo, son a menudo ignoradas y pueden ser invertidas en lo contrario. ¿Por qué razón? *Quotidiana vilescunt:* las cosas cotidianas se envilecen. ¡Con cuánta facilidad se hace cotidiano lo que utilizamos constantemente, el breviario, el misal! ¡Qué fácil llegamos a no captar ni comprender ya su sentido profundo! Por eso, en un lento ascenso, queremos hacer el intento de considerar las diferentes atmósferas de alegría, dejando que ejerzan su influjo sobre nosotros y bebiéndonos todo su contenido.

5.1. La Sagrada Escritura

Queremos comenzar por la *Sagrada Escritura.* Quiero recordar que la Sagrada Escritura es un paraíso de alegría, que sus fuentes de alegría fluyen con abundancia inagotable. Vemos manar fuentes grandes y pequeñas, tanto en el Antiguo cuanto en el Nuevo Testamento. Dios ha cuidado de que en la actualidad circule por nuestras filas un fuerte *movimiento bíblico.*[89] No vemos en él un medio para distribuir más libros y ganar dinero sino para conducir también a los fieles a las fuentes originarias de los pensamientos de Dios, de las ideas de Dios, tal como están consignadas en la Sagrada Escritura. Permítanme advertirles que para nosotros es una obligación tener un papel de liderazgo en ese movimiento bíblico. Si somos en todo líderes del pueblo, debemos serlo antes que nada y en forma más profunda en las cosas más afines a lo religioso. ¿No sería acaso una vergüenza que los fieles que impulsan ese movimiento sepan más sobre la Sagrada Escritura y vivan más a partir de ella que nosotros?

---

89 En este contexto cabe mencionar no sólo el interés de los fieles por la Sagrada Escritura tal como se desarrolló y despertó en parte, gracias a los papas, sobre todo a Pío X, y que fue fuertemente inspirado asimismo por el movimiento litúrgico, sino sobre todo el movimiento bíblico católico en Alemania, a partir del cual se fundó en 1933 la Obra Bíblica Católica (*Katholisches Bibelwerk*).

Educación a la alegría –también la que queremos que nos brinde la Sagrada Escritura– implica dos cosas: en primer lugar, hay que tornar receptivo el órgano para la alegría; en segundo lugar, hay que alumbrar fuentes sanas de alegría. Hay que tornar *receptivo el órgano para la alegría*. ¿Cuál es la fuente de alegría más abundante? ¿Pero si mi órgano está insensibilizado? Después, hay que *alumbrar la fuente de alegría*. También la educación a la alegría a través de la Sagrada Escritura –y lo mismo vale en forma análoga acerca de la vida de los santos y de la liturgia– quiere y debe cumplir estas tareas. ¡Y qué fácil es! ¿Quieren detenerse a contemplar todos los momentos de alegría que quieren llegar a nosotros en la Sagrada Escritura?

- ### *El Antiguo Testamento – un paraíso de la alegría*

Me detengo primeramente en el *Antiguo Testamento*. Al ocuparme un poco más de este punto, no persigo solamente la intención de aclarar conceptos, de alumbrar fuentes de alegría y de formar nuestro órgano para la alegría sino también de enseñar a rezar nuestro *breviario* en forma algo más acorde con su sentido y con las reglas del arte. Al rezar el breviario, presten atención a los textos del Antiguo Testamento, así como también a los del Nuevo Testamento, y vean qué enorme contenido de alegría nos sale al encuentro en ellos. En forma meditativa deben comprobar en su interior esa alegría y hacerse así más accesible, en el breviario, lo que se ofrece en la Sagrada Escritura.

Es verdad que el Dios del Antiguo Testamento es en forma destacada el *Dios de la justicia y del temor.*[90] No obstante, no debemos perder de vista que, al mismo tiempo, es un *Dios de alegría.* Seguramente les agradará que les presente en forma re-

---

90 En el siguiente alumbramiento de las fuentes de alegría –sobre todo en las de la Biblia y la vida de los santos, menos en la de la liturgia–, el P. Kentenich sigue en gran medida el correspondiente capítulo de Keppler, 63ss.

sumida los momentos de alegría del Antiguo Testamento y que deje en sus manos la tarea de internarse más profundamente en ellos durante el año, al rezar el breviario y hacer lectura espiritual. Hasta donde puedo ver, pueden mencionarse cinco profundas fuentes de alegría en el Antiguo Testamento.

   — *Primera fuente: ¡Israel tiene a su Dios!*

¿Qué querrá decir esto? Nuestra alma hambrienta de Dios, nuestra alma íntimamente unida y cautivada por Dios, podrá estimar cuánta alegría resonaba para Israel en esa gran convicción que tenía. ¡Su Dios! Y, como podrán leer en innumerables pasajes, ese Dios es un Dios de alegría, que se alegra y quiere tener alegría, que hace susurrar manantiales de alegría en todas partes. En estos días, al rezar el breviario y tomar en los labios la expresión *Deus:* ¿resuena algo también en mi corazón? Puedo preguntarme: ¿es también la Trinidad, son el Padre, el Hijo y el Espíritu Santo, mi fuente de alegría? Entonces podré rezar: ¡Señor Dios, haz que tú seas siempre el objeto de mi alegría! *Gaudete in Domino!* (Aléngrense en el Señor! (Flp 4, 4)). Dios: la fuente, la fuente más profunda, la gracia suprema de mi anhelo más profundo, del anhelo que se regala en mí brotando desde lo más hondo.

   — *Segunda fuente de alegría: Israel, el pueblo escogido*

Escuchen la expresión: *Israel fue escogido por Yahveh como pueblo elegido* y, por esa razón, Dios le regaló la ley, le regaló el templo, le regaló la tierra prometida. ¡Escuchen una vez más, por favor, cuántas fuentes de alegría contiene esa frase!

Israel, *¡el pueblo elegido!* ¿Acaso no soy también yo, como sacerdote, miembro de un pueblo elegido? No me habéis elegido vosotros a mí sino yo a vosotros (véase Jn 15, 16): ¡escogidos de entre cientos, de entre miles! Así, también yo soy miembro de un pueblo escogido, elegido; soy un miembro, un jefe, una personalidad en la Iglesia de Dios.

¿Y qué dio Yahveh a su pueblo elegido? Lean, por favor, el salmo 118 (119) y tómense el trabajo de estudiar cómo experimentó y vivió Israel *los mandamientos de Dios* como su profunda fuente de alegría. Pienso en mis obligaciones: en los mandamientos de Dios, en las leyes de mi propio estado, en las virtudes de mi estado, en los preceptos que yo mismo me he impuesto a través del hecho de haber ingresado a una comunidad que establece ciertas condiciones. ¿Han llegado a ser también para mí esos mandamientos, esos consejos que he asumido, una fuente de alegría? Si pertenezco a una orden, a una comunidad religiosa, se trata de las prescripciones de la orden, del ordenamiento del día. Lean, por favor, el salmo 118 (119) y procuren ver si nosotros, hijos del Nuevo Testamento, descubrimos realmente en nuestros mandamientos una alegría tan profunda como Israel.

Israel tenía su *Templo en Sión.* ¿A quién evocaré aquí? ¿A David? ¿A Daniel? David: una sola cosa deseo todos los días de mi vida…[91] Imagínense: he ahí a David, el rey tan hábil para la guerra. ¿Qué quiere? Con una ternura de niña dice: «Una sola cosa anhelo todos los días de mi vida…». ¡Qué gran apego tenía por el templo, por el santuario! ¿Puedo decirlo también de mí mismo? También yo tengo mi santuario, mi santuario familiar en la familia parroquial: la iglesia. ¿Conozco las fuentes de alegría? ¿Me ha dado hasta ahora mi santuario tanta alegría como a Israel el templo santo, y he cuidado también de él? O bien, piensen en Daniel. Fue llevado al cautiverio. Pero no sólo su espíritu sino también su mirada está vuelta hacia el templo. El rey

---

91 Sal 27 (26), 4: «Una cosa he pedido a Yahveh, una cosa estoy buscando: morar en la Casa de Yahveh todos los días de mi vida, para gustar la dulzura de Yahveh y cuidar de su Templo».

se entera de ello y quiere prohibirle el apego a su templo, por lo que promulga la ley que dice: no está permitido pedir nada a nadie que no sea el rey que ocupa el trono. Daniel se retira a su habitación a fin de no caer víctima de las leyes del estado. Pero, también aquí, su mirada se dirige siempre hacia Sión (véase Dan 6, 11). Deténganse a considerar todas las grandes alegrías contenidas en esa entrega sencilla al templo, a su santuario nacional. Y entonces me pregunto siempre, en forma meditativa y seria: ¿de dónde proviene que mi santuario parroquial, que mi iglesia sea tan poco objeto de alegría para mí?

A Israel como pueblo elegido se le destinó la *tierra prometida* en la que manaba leche y miel. ¿Qué podrá ser mi tierra prometida? ¡La vida divina! La participación de la vida divina en la visio beata. ¿Es realmente la tierra prometida de la entrega, de la unión con Dios, una fuente de alegría para mí?

— *Tercera fuente de alegría: la conducción de la Providencia divina*

Una tercera fuente profunda de alegría para Israel era *la conducción de gracias por parte de Dios;* este sano juego, este sano exclusivismo que tenemos ante nosotros en la Sagrada Escritura en la conducción del pueblo de Israel: la conducción y *providencia* paterna, estricta pero bondadosa y sabia. ¿Acaso no siento yo también en mi vida esa mano bondadosa de Dios? ¿No tendré que permitirme ahora disfrutar contemplando en forma retrospectiva mi pasado y los últimos meses?[92] ¿No puedo percibir acaso, tanteando en el pasado, cómo la mano de Dios siguió entretejiendo los hilos de mi vida siempre para mi bien? En todas las cosas...[93]

---

92   Vida a partir de la fe en la Providencia: esta inquietud, típica del P. Kentenich y, de ese modo, característica principal de la espiritualidad original de Schoenstatt, llevó a la elaboración de un método propio de meditación: pos gustar (y pre gustar) las demostraciones del amor divino, de la intervención de Dios en la propia vida.

93   «En todas las cosas interviene Dios para bien de los que le aman» (Rm 8, 28).

¿No ha guiado acaso la mano de Dios todo de tal manera que redundó en lo mejor para mí? ¿Sienten ustedes todo lo que se esconde en la entrega alegre a esta Providencia infinitamente bondadosa? Detrás de la Providencia divina se esconde, en la medida en que nos entregamos a ella, una fuente de alegría que mana en forma constante. Ya no hay nada que pueda hacernos temblar, que haga estremecerse a la naturaleza entera, si el fondo del alma está siempre cobijado en el hogar primordial, en el agrado de Dios, en el cuidado y la Providencia divinos.

— *Cuarta fuente de alegría : las alegrías transfiguradas de la naturaleza*

La cuarta fuente de alegría son *las alegrías transfiguradas de la naturaleza,* que Israel disfrutó en forma sumamente singular. Me darán la razón si opino que, en este punto, difícilmente haya algo más hermoso que lo que vemos en el Antiguo Testamento. ¡Las alegrías transfiguradas de la naturaleza! El israelita sabe que, detrás de todo, está Dios, el Dios de la alegría, que educa incluso a la criatura a la alegría para que el hombre busque un cierto asemejamiento. Las montañas saltan de alegría,[94] toda la naturaleza.[95] ¡Todo se presenta en forma personificada como un único gran mar de alegrías! En efecto, el mismo hombre debe ser transfigurado a través de ello, debe ser sumergido en ese fondo, en ese mar de alegría. Si quieren, pueden leerlo en Keppler.[96] Él ha reunido estas referencias en forma de ensayos y en pláticas; todo puede reducirse todo a unos pocos elementos: alegrías en

---

94 Véanse Sal 89 (88), 13: «Tú creaste el norte y el mediodía, el Tabor y el Hermón exultan en tu nombre». Sal 98 (97), 8: «Los ríos baten palmas, a una los montes gritan de alegría».

95 Véase Sal 96 (95), 11ss: «¡Alégrense los cielos, regocíjese la tierra, retumbe el mar y cuanto encierra; exulte el campo y cuanto en él existe, griten de júbilo todos los árboles del bosque, ante la faz de Yahveh, pues viene».

96 Keppler, 65s.

la Sagrada Escritura, alegrías de la naturaleza. Pueden leerlo en las páginas 83/84 de mi edición. Es ciertamente ejemplar.

¿Acaso esas fuentes no están también a nuestra disposición? ¿Por qué nos alegramos tan poco en la naturaleza? He estado en el sur de Alemania y me encontré allá con un viejo capuchino que permanecía levantado de noche hasta las once y las doce para cazar mariposas nocturnas. ¿Por qué? Ya es un hombre viejo y no presta servicios. Pero dice: «permanezco joven si me deleito constantemente en la multiplicidad de formas y en la maravillosa belleza de estas mariposas nocturnas que hay también aquí». Después, comienza a protestar por los maestros y las maestras jóvenes, que, según dice, son todos tan nerviosos. En cambio, comenta, el que vive en la naturaleza se alegra también de la naturaleza. Estas cosas pueden convertirse fácilmente en manías, pero hay algo sano y verdadero en esa reflexión. Sin embargo, hace falta una cierta educación para disfrutar de las alegrías de la naturaleza.

– *Quinta fuente de alegría: la esperanza en el Mesías*

La última fuente de alegría para Israel es su *esperanza en el Mesías*. También en este punto deben comprobar, al rezar el breviario, qué alegría chispeante y profunda residía en esa esperanza: ¡de nuestras filas surgirá el Salvador del mundo, que reconciliará de nuevo a su pueblo con Dios!

¿Acaso no vemos hoy, en el ancho mundo, cómo se ufanan y presentan nuevos salvadores de diferentes rostros, nuevos salvadores del mundo? «Hemos sido llamados por Dios, tenemos la misión de salvar el mundo». Frente a ellos, debemos mirar con tanto mayor entusiasmo y fervor hacia nuestro Dios, hacia nuestro Mesías, en nuestras propias filas. Éste es el Mesías que nos es dado y que debemos llevar hoy hacia este mundo tan movido. Sí:

el destino del Mesías debe ser también nuestro destino. También nosotros podemos participar, podemos ayudar a nuestro Mesías, el gran Dios hecho hombre, a salvar el mundo y la humanidad. ¡Vean cuántas fuentes de alegría tenemos allí ante nosotros!

No deben molestarse porque no se hayan introducido nuevas ideas en nuestra alma. Es una atmósfera serena. Son siempre los mismos pensamientos. Pero debemos revisar esos pensamientos, apropiarnos de las fuerzas vivenciales que en ellos se esconden y, como se ha despertado en nosotros el hambre de alegría, sumergir el alma hambrienta de alegría en la atmósfera de alegría de la Sagrada Escritura, primero en el Antiguo Testamento, tal como lo experimentamos día a día.

Quinta Plática
FUENTES CRISTIANAS DE ALEGRÍA
(continuación)

1. El Nuevo Testamento, testamento de la alegría y del amor

A fin de profundizar en nosotros la vivencia de alegría, intentamos despertar primeramente en nuestro interior el hambre de alegría, para sumergir después más profundamente el alma, que se ha tornado hambrienta de alegría, en la atmósfera de alegría. Ayer hemos intentado contemplar en esa perspectiva el Antiguo Testamento. En una consideración seria debemos admitir que, efectivamente, incluso el Antiguo Testamento es un *paradisus voluptatis,* (jardín de las delicias)[97] un paraíso de alegría. ¡Qué podremos esperar entonces del *Nuevo Testamento,* el *Testamento del amor!*

Tal como lo suponemos, como sabemos y como meditaremos después en común en forma más extensa, el amor y la alegría están unidos como causa y efecto. Así podremos entender también cómo es que el Nuevo Testamento fue anunciado como un *Testamento de la alegría* –«Les anuncio una gran alegría» (Lc 2, 10)–; comprenderemos asimismo cómo el Nuevo Testamento fue asumido y acogido interiormente en forma silenciosa con el

---

97 Jardín de las delicias. Véase Gén 2, 8. 15; 3, 23; véase Keppler, 62.

cántico de júbilo de la Santísima Virgen, el *Magnificat* (Lc 1, 46-55), un himno de alegría tan límpido, puro y de sonoridad tan clara como difícilmente se haya cantado desde los días del paraíso.

1.1. Las bienaventuranzas, ley fundamental del Nuevo Testamento

Eso nos permite entender por qué se designa al Nuevo Testamento *sin más como la Buena Nueva,* el mensaje de la alegría. No nos sorprende que la *ley fundamental* del Nuevo Testamento sean las *ocho bienaventuranzas.*[98] Por supuesto, también nos esforzaremos por arrojar una mirada más profunda a este punto. Se nos mencionan aquí fuentes, objetos de la alegría que muchas veces repugnan al hombre natural: pobreza, pureza, paciencia, misericordia, persecución. Todo eso, así nos dice la ley fundamental del Nuevo Testamento, debe ser objeto y contenido de nuestra alegría. ¡Y cuán claro resuena esto en nuestra situación actual, en nuestro necesitado tiempo actual: Bienaventurados seréis cuando los hombres os persigan y odien! ¡Sí, bienaventurados! Con justicia podemos preguntarnos entonces si hasta ahora hemos comprendido y degustado realmente la persecución y el sufrimiento como fuente de beatitud, como fuente de felicidad, como fuente de alegría.

Si queremos colocar con más fuerza en primer plano algunos componentes particulares de esta exposición general, resultan por sí solas dos perspectivas: el Señor Jesucristo y la Santísima Virgen. Si ustedes quieren, sobre todo si durante el año procesan las ideas en la predicación o en otras ocasiones, pueden aplicar los mismos parámetros a la vida de los apóstoles. Nosotros, pa-

---

[98] Mt 5, 3-12 (12: «Alegrense y regocijense, porque su recompensa será grande en los cielos»). Véase el popular libro de J.-M. Perrin OP, *El evangelio de la alegría,* Madrid: Rialp, 1962 ³1975 (original en francés: *L'evanglie de la joie,* Friburgo / Suiza 1959).

ra nuestro propósito, queremos quedarnos en la vida del Señor y de su Madre.

2. La alegría en la vida de Jesús

2.1. Jesús, ideal, maestro y modelo de alegría

Jesucristo caracteriza su propia vida hacia el término de ella, inmediatamente antes de entrar en su pasión, con las siguientes palabras: Os he dicho esto para que *mi gozo* en vosotros sea colmado.[99] ¿Qué quiere decir con ello Jesús? Quiere decir que él mismo es un *maestro de alegría, un modelo de alegría.* Que mi gozo en vosotros sea colmado: ¿coincide nuestra imagen de Jesucristo con esta caracterización? ¿No lo vemos acaso muchas veces, en forma demasiado fuerte y unilateral, como *rex dolorosus* (rey de los dolores)? ¿Acaso no está ante nosotros el Cristo moribundo como el ideal de alegría, como el maestro de alegría y el modelo de alegría? Procuremos estudiar lo que Cristo quiere decirnos con las palabras «para que mi gozo en vosotros sea colmado». Debe interesarnos cómo es su alegría.

Un examen sereno apoyado por la reflexión dogmática puede convencernos muy pronto con claridad de que su alegría constituye una singular mezcla de alegría divina y humana —en el ápice de su alma, él estuvo siempre en la *visio beata*–, una mezcla de alegría divina dichosa y beatificante y de alegría humana, hasta donde un corazón humano puro es capaz de tal cosa. Si quieren hacer la comprobación de lo dicho, colóquense junto a Jesús como niño, en su edad juvenil, como hombre en la plenitud de sus edad, en el momento en que sale a su vida pública, a cumplir su tarea; acompáñenlo en su vida de sufrimiento y de-

---

99 Jn 15, 11: «Les he dicho esto, para que mi gozo esté en ustedes, y su gozo sea colmado».

ténganse cuando asciende triunfante a los cielos. Presten atención a los diferentes rasgos de alegría.

2.2. Jesús *en su infancia*

Casi nada se nos relata sobre la infancia de Cristo, en el contexto de la alegría, que podamos considerar información segura. Pero tendremos derecho a utilizar todo lo que la Sagrada Escritura dice más tarde sobre él para elaborar, en una reflexión retrospectiva, una imagen sobre el modo en que él se daba cuando era niño. Y hemos de decir lo siguiente: es erróneo pensar que el Señor haya estado siempre sumido en una profunda tristeza, siempre pensando en su futuro sufrimiento. Tal cosa contradice una concepción sana de auténtica y verdadera humanidad. ¡Él fue un niño humano, auténtico y natural! Lo que relatan los evangelios apócrifos no constituye una prueba firme pero, si quieren darle un poco de peso, podemos considerarlo. Según ellos, los niños, sus compañeros de infancia, los niños vecinos, habitantes de Nazaret, acudían al pequeño Jesús cuando tenían algún sufrimiento, cuando estaban tristes, diciéndose: ¡acudamos a la «Filantropía» para volver a estar alegres![100]

2.3. Jesús en su *edad juvenil*

También si nos imaginamos al Señor *en su edad juvenil,* no sabemos nada seguro, pero podemos hacer una reconstrucción con sentido. Podemos y debemos admitir que Jesús, al igual que nosotros en esa edad, se enfrentó con sus tareas y planes de futuro. Pero no olvidemos lo que, más adelante, Jesús dijo a su Madre: ¿No sabíais que yo debía estar en las cosas de mi Padre? (Lc 2, 49). Lo que impulsa aquí a Jesús es su inmensa entrega a la complacencia del Padre celestial. Podría ser que el gran sufri-

---

[100] Keppler, 68.

miento futuro haya sido una carga pesada y agobiante sobre su alma, pero pudo llevarla y hasta soportarla alegremente por esta conciencia: el Padre, el deseo del Padre ha previsto este sufrimiento para mí. Y cuando más tarde nos dice: ¿No sabíais que el Redentor debía sufrir todas estas cosas?,[101] sentimos cómo piensa y siente él con total autenticidad humana. No vio el sufrimiento exclusivamente como sufrimiento, sino también desde la perspectiva de fuente de alegría para su naturaleza humana, para la parte inferior de su alma, para la humanidad toda. Por consiguiente, ¿no tendrá que haber brillado en el rostro de Cristo, a pesar de todos sus graves y serios pensamientos, la aureola de la alegría? Por supuesto, alegría y diversión son dos cosas diferentes. Según los testimonios posteriores de la Sagrada Escritura, no podemos imaginarnos a Jesús divertido en el sentido habitual del término; pero una alegría profunda, seria, serena, corresponde a la imagen que nos da la Sagrada Escritura.

Y concluyendo una vez más en forma retrospectiva, a partir de su vida posterior, debemos decir también que gran parte del fondo de alegría de sus años de juventud se encuentra en las *alegrías de la naturaleza*. ¡Cómo sabe describir más tarde la naturaleza, ahondar en ella con una agradable pintura miniaturista! ¿No podemos y debemos suponer entonces que, en sus años de juventud, disfrutó a pleno del placer que le ofrecían las maravillas de la naturaleza? Esto también es fácilmente comprensible desde el punto de vista dogmático. En medio de la magnífica naturaleza de su entorno, él se encontraba en primer lugar como aquella criatura para quien habían sido creadas todas esas maravillas; después, como Creador, que había llamado a la existencia todas esas maravillas con una palabra de su omnipotencia; y, finalmente,

---

101 Lc 24, 26: «¿No era necesario que el Cristo padeciera eso y entrara así en su gloria?».

como Redentor, que quería redimir la naturaleza de la maldición del pecado original. ¿Acaso no son ya estos tres pensamientos toda una fuente, una profunda fuente de alegría?

2.4.   Jesús en su *vida pública*

Y ahora queremos colocarnos junto a él cuando comienza *su vida pública*. Aquí ya no dependemos más de construcciones, de suposiciones, sino que tenemos ante nosotros su imagen con precisión. Ciertamente, es así cómo se mostró Jesús: debe haber sido alguien del todo serio, como un hombre que lleva sobre sus espaldas una tarea, más aun, una vocación de salvación del mundo. ¿No es ésa en realidad también nuestra vocación? ¿No debería ser también nuestra actitud permanente la vocación de redentor, la vocación de víctima? ¿No debemos cargar en el tiempo actual con el peso de ésa, nuestra vocación de redentor, nuestra vocación de víctima? Y a pesar de todo: podrá ser que sepamos que así es; que, a partir de esa actitud, Jesús pronunció palabras serias, corrigió a los seres humanos con voz de trueno; pero una y otra vez resuena en él una alegría, una jovialidad del corazón por la que nosotros, que tenemos dificultades y sufrimientos semejantes, debemos envidiarlo.

¿Qué quiere decirnos cuando nos dice en forma reiterada «el Padre está siempre conmigo»?[102] Él está siempre unido al Padre, siempre apegado al Padre, y esa *vinculación a la voluntad del Padre*, al deseo del Padre, reconocido como bien supremo, es una muy profunda y límpida fuente de alegría. Y piensen en la conocida expresión que nosotros mismos hemos citado ya tan a menudo:

---

[102] Jn 8, 29: «El que me ha enviado está conmigo: no me ha dejado solo, porque yo hago siempre lo que le agrada a él». Jn 16, 32: «Miren que llega la hora (y ha llegado ya) en que se dispersarán cada uno por su lado y me dejarán solo. Pero no estoy solo, porque el Padre está conmigo».

«Mi alimento es hacer la voluntad del que me ha enviado» (Jn 4, 34). ¿No tenemos derecho, partiendo de este contexto orgánico, a agregar una pequeña palabra: «mi alimento de alegría…»?[103] ¡El reposar en la voluntad de Dios es su alimento, el alimento en el que encuentra placer! ¿Qué es esto? Es el sentido profundo de la alegría. ¡Mi alimento de alegría! Escúchenlo una y otra vez. ¡Sobre el trasfondo oscuro de la pesada y agobiante vocación de Redentor! Y a pesar de ello, los alegres sones que resuenan cuando dice: estoy cobijado en la voluntad del Padre. Ésta es la fuente más profunda de una santa y auténtica alegría.

2.5.   El trato, el actuar y hablar de Jesús

¿Y cómo fue su trato con los hombres, su modo de actuar y de hablar? Revisemos cada uno de esos puntos.

- *Su trato*

¿De dónde vendrá que atraía tanto a las personas, que sus ojos irradiaban tanto, que a través de su mirada cautivaba a tanta gente? ¿No tendremos razón en sospechar que no sólo sus ojos sino toda su personalidad estaba envuelta en un brillo y resplandor muy particular? El que conoce la vida, el que sabe cómo se mueve y se transforma a los seres humanos, no tendrá dificultad en suponer con certeza que el misterio que emanaba del Señor y atraía hacia él a los hombres era también, y no en último término, el misterio de la alegría que estaba encarnado en su personalidad. No sólo las jóvenes y las mujeres se dejaban vincular a él, sino que también los hombres lo seguían respondiendo a una única palabra y a una única mirada suya. Y cuando, más tarde, las masas están tan electrizadas por su persona que lo quieren hacer rey, debemos comprobar cuánta atracción debía de irradiar su persona.

---

103 Sobre la expresión «alimento de alegría», véase Keppler, 69.

- *Su actuar*

¡Y con tanto mayor razón si meditamos sobre *su vida!* ¿Acaso no lo sentimos? Cuando está cansado, busca recuperarse en las montañas, *en la naturaleza.* ¿No es ella una fuente de alegría, un mar de alegría? ¿No supo Jesús ver esas alegrías y gozar de ellas? Una y otra vez descansa en la naturaleza. Y las imágenes que utiliza nos advierten siempre de nuevo cómo él mismo está interiormente cautivado por la naturaleza y cómo nos quiere enseñar el arte de disfrutar y de apropiarnos de las pequeñas alegrías de la naturaleza.

- *Su hablar*

Si consideramos *las imágenes que utilizaba al hablar,* encontramos una gran diferencia respecto de san Pablo y de los otros apóstoles. En san Pablo son trazos gigantescos, mientras que, en Jesús, hay algo como de ama de casa, algo sencillo: una y otra vez entra en las pequeñas cosas de cada día y de la naturaleza. ¿Qué imágenes prefiere? Las del reino animal y vegetal. ¡Con cuánto amor debe haberse internado en todas esas cosas y cómo debe haber sido una pequeña parte de su tarea advertirnos nuevamente acerca de ellas! Habla de la gallina y los polluelos,[104] de las aves del cielo que no tienen preocupaciones,[105] de las palomas y las serpientes.[106] Pensemos si estas cosas no tienen algo que decirnos. Habla del campo sembrado (Mt 13, 24-44), se

---

[104] Mt 23, 37: «¡Jerusalén, Jerusalén, la que mata a los profetas y apedrea a los que le son enviados! ¡Cuántas veces he querido reunir a tus hijos, como una gallina reúne a sus pollos bajo las alas, y no has querido!»

[105] Mt 6, 25: «Por eso les digo: no anden preocupados por su vida, qué comerán, ni por su cuerpo, con qué se vestirán. ¿No vale más la vida que el alimento, y el cuerpo más que el vestido? Miren las aves del cielo: no siembran, ni cosechan, ni recogen en graneros; y su Padre celestial las alimenta».

[106] Mt 10, 16: «Sean, pues, prudentes como las serpientes, y sencillos como las palomas».

interna en el reino vegetal, habla de la semilla de mostaza (Mt 13, 31s), de la vid y los sarmientos (Jn 15, 1s). Veamos de nuevo todas esas cosas. Prestemos atención a fin de grabar profundamente en nosotros la imagen de Cristo como el portador y maestro de alegría, para dejarnos conquistar por la misma. Atmósfera de alegría: ¡no queremos más! No queremos grandes ideas: por ese objetivo podremos luchar más tarde. Ahora se trata solamente de que nosotros, que hemos venido con hambre de alegría, absorbamos esa atmósfera de alegría para que volvamos a ser alegres, y eso a pesar de estos tiempos importantes y serios y de la difícil vocación de redentores que llevamos junto con Cristo.

- *Su encuentro con los apóstoles*

¡Y cuánto más *su trato con los apóstoles!* En este punto es donde menos dependemos de presunciones. En efecto, en la Sagrada Escritura está consignado que su primer encuentro público con los apóstoles fue con ocasión de una boda (Jn 2, 1-12). ¡Y con cuánta claridad comprendió, anheló y presentó Cristo ese encuentro con los suyos en las bodas como fuente de alegría para los apóstoles! Más tarde le reprocharon: los tuyos no ayunan. ¿Y su respuesta? Mientras los amigos del novio están junto a él, se alegran.[107] A partir de allí podrán concluir ustedes cuánta alegría impregnó ese encuentro. Además, vemos también cómo Jesús se alegra paternalmente cuando regresan de su salida apostólica, de su viaje misionero: ¡venid y descansad un poco, que estáis cansados, y contad![108] Entonces, ellos comienzan a contar. Podemos representarnos la situación, cuánta necesidad tenían los apóstoles de relatar lo que tenían dentro. Y Jesús, ¡con

---

107 Mt 9, 15: «¿Pueden acaso los invitados a la boda ponerse tristes mientras el novio está con ellos?».

108 Mc 6, 30s: «Los apóstoles se reunieron con Jesús y le contaron todo lo que habían hecho y lo que habían enseñado. Él, entonces, les dice: «Vengan también ustedes aparte, a un lugar solitario, para descansar un poco» ».

cuánta bondad debe haber escuchado! ¡Y con cuánta seriedad resuena después –ahí vemos al Redentor del mundo, que lleva seriamente su voca ción–: ¡Padre, te agradezco que hayas revelado esto a los pequeños![109]

- ***Su camino de sufrimiento***

Así está Jesús ante nosotros en su vida pública. Ahora comienza *su camino de sufrimiento*. Por más que su sufrimiento haya llenado su alma de tristeza hasta el borde, no podemos imaginarnos que haya sucumbido completamente a ese sufrimiento sin alegría alguna. Pero no era una alegría dominical la que llenaba su alma: sólo puede haber sido una *alegría cotidiana*. En efecto, de la misma manera advirtió a los apóstoles: Os digo esto para que mi gozo en vosotros sea colmado (véase Jn 15, 11). Reflexionen qué puede haber sido, en esa situación, motivo de una alegría que brotara tan desde lo profundo. Es siempre el mismo pensamiento: el agrado del Padre; la conciencia de que así agrada al Padre; la conciencia que le decía: mi sufrimiento es el precio del rescate por la redención del mundo.

¿No podríamos, deberíamos y sería nuestra obligación, hacer que todas esas fuentes de dolor manen en nosotros como fuentes de alegría? ¡Cuánto dolor, cuánta cruz y sufrimiento nos estará esperando y habremos de soportar! Pero ¿qué es todo eso frente al sufrimiento que debió soportar Cristo a través de la persecución exterior, el asesinato, el homicidio y la muerte? Si quiero tener en plenitud en mí las alegrías de Cristo, debo saborear también las alegrías de la cruz y del sufrimiento. Son mis alegrías de redentor las que deben prepararme para la *visio beata*,

---

109 Lc 10, 21: «En aquel momento, se llenó de gozo Jesús en el Espíritu Santo, y dijo: «Yo te bendigo, Padre, Señor del cielo y de la tierra, porque has ocultado estas cosas a sabios e inteligentes, y se las has revelado a pequeños».

las que interiormente me dan alas para participar en lo concreto de la vocación de redentor del Dios hecho hombre.

- *Su resurrección*

Y más tarde, *después de la Resurrección,* ¿cómo es la alegría en la vida de Jesús? Entonces es una pura y constante *alegría dominical* la que llena su alma hasta el borde. Su naturaleza humana, la parte inferior de su alma está llena de luz, la *visio beata* se impone. Él es total y completamente alegría: *rex gloriae,* Rey de la alegría.

- *Su ascensión*

¡Y cuánto más ahora, *en el cielo!* Debemos alegrarnos de corazón con él de que el sufrimiento termine y que participe en la alegría de Dios. El Dios de la alegría participa de la alegría de Dios.

3. Ser maestros y modelos de alegría

Valdrá la pena, pues, que *nosotros como sacerdotes,* nosotros, que compartimos la difícil vocación de redentor de Jesucristo y que lo vemos ante nosotros, nos preguntemos: ¿no sucumbimos demasiado al agobio y a la seriedad de nuestras tareas actuales? ¿De dónde proviene que el éxito de nuestra acción pastoral sea muchas veces tan reducido? Podemos dar toda una cantidad de respuestas pero ¿no será que, a partir del contexto que hemos presentado, podemos decir, con mucha razón, que el motivo de ese fracaso estriba en que nosotros mismos conocemos demasiado poco la alegría en la pastoral, que nosotros mismos no somos artistas de la alegría, maestros de alegría? No es impensable si en mi vida, en la pastoral, sólo veo siempre los lados negros. ¿No hay acaso tanta alegría valiosa? ¿Por qué no la veo?

Ya la sola gratitud profunda y permanente frente a Dios por nuestra hermosa vocación, ya la conciencia de que a mi sufrimiento le ha sido dado ser una fuente de alegría para las fuerzas vitales inmanentes del cristianismo, de que el sufrimiento, la cruz y la oración están a disposición mía en forma muy abundante, debería ser nuestra alegría. ¿Son todos realmente en la parroquia los que me arrojan piedras? ¿Por qué veo siempre sólo lo triste y lo sombrío y no también los lados luminosos de mi vocación? ¿Acaso no veo en el confesionario y en el trato personal cuántas cosas buenas y nobles hay en el mundo, en las almas torturadas y martirizadas? ¿Por qué miro siempre en forma tan unilateral lo menos noble?

Debemos ser maestros de alegría, modelos de alegría, debemos aprender el arte de alegrarnos de cada pequeñez en el camino de las pequeñas cosas.

Uno de los sacerdotes que hacen aquí retiro todos los años se propuso examinar cada noche su conciencia de una manera diferente que hasta ahora y preguntarse: ¿he aprovechado durante el día cada una de las oportunidades que tuve de alegrarme? ¿Y cómo llevó acabo su propósito? Cuando se ha puesto de rodillas y se ha examinado, se acuerda entonces de su propósito: ¡pero si quiero hacerlo de otro modo! ¿Qué hace entonces? Se examina por segunda vez: ¿he aprovechado cada oportunidad para alegrarme? ¿He aprovechado cada oportunidad para practicar y cultivar también la gratitud y todo lo que en ella resuena? Me permito pedirles que prueben si no debiésemos también nosotros, de manera semejante, educarnos conscientemente y por principio más a la alegría.

3.1. Importancia de tener una actitud alegre

La maestría en la alegría no nos llueve del cielo. Por naturaleza estamos demasiado poco educados para la alegría, y la vida actual no impulsa por sí misma a la alegría. Distingamos:

no entiendo por alegría la diversión, tampoco en una forma muy determinada y cuidada. Cada cual podrá hacerlo a su manera pero no es suficiente que estemos de buen talante en lo exterior. Lo más importante es la alegría interior, espiritual, que tengamos *una actitud fundamental alegre,* y aunque sólo se base en que digamos: estoy fundado en Dios; en que nos digamos: la Providencia de Dios, la sabiduría de Dios me lleva por caminos de sabiduría, por caminos de bondad y de misericordia. El que posee en su vida la fe en la Providencia nunca puede estar realmente triste en forma profunda; debe tener siempre la alegría cotidiana. Y ésta consiste en la entrega sencilla a la voluntad de Dios. Por eso, ¡cultivo consciente de la alegría! ¡Quiero educarme para ser un maestro de alegría y un modelo de alegría!

- *Ser hombres solares*

¿Por qué tenemos tan poco éxito en este serio tiempo actual? Permítanme que les pregunte: ¿No se da acaso en nuestra vida, con demasiada frecuencia, la triste realidad de que, en el modo en que tratamos con quienes han sido confiados a nuestro cuidado pastoral, somos demasiado poco «hombres solares»? ¿No hemos dicho ayer que una alegría sencilla es una llave mágica que puede abrir los corazones de los hombres, una varilla mágica que descubre y vivifica misteriosas fuentes de fuerza en la persona que tenemos delante? Deberíamos *dar más importancia a ser verdaderos hombres solares,* también en el trato con quienes nos han sido confiados. ¡Qué convincente tiene que ser para las personas el saber que nosotros mismos cargamos con un gran sufrimiento, que nosotros mismos vivimos siempre en la inseguridad humana y que, a pesar de eso, estamos de pie en la vida, frente a las dificultades y a los enemigos, con una serenidad soberana, humanamente madura, que no quiere simular exteriormente algo sino que está también en nuestro interior!

3.2. Predicar siempre sobre la alegría

Y ahora una tercera pregunta: ¿predicamos también sobre la alegría? Si la alegría es un contenido esencial de la doctrina del anuncio cristiano, si es una exigencia fundamental tal como lo hemos expuesto el día de ayer, y también un pilar fundamental, entonces, en el tiempo actual, tan pobre en alegría, debemos *predicar una y otra vez sobre la alegría*. Más adelante volveremos a hablar acerca de que no debemos ocultar a nuestro pueblo actual la seriedad y el peso de la verdad, pero que debemos darle acceso, más que en otras épocas, al contenido de alegría de la Buena Noticia. ¿Y acaso no hay en cada doctrina un contenido de alegría? Allí hemos de ser artistas de la exposición, y seremos artistas de la alegría en la medida en que nosotros mismos poseamos una alegría profunda e inconmovible y una idéntica serenidad en todas las situaciones de la vida.

Tal vez estas frases esquemáticas basten para acoger en nuestro interior la atmósfera de alegría.

4. La alegría en la vida de María

4.1. María, Madre de la alegría

¿Me permiten que dibuje una segunda imagen del Nuevo Testamento? Para nosotros, Jesús está siempre unido a su Madre, y su Madre siempre unida a él. Nunca debemos ver el fruto sin el árbol, ni tampoco el árbol sin el fruto. El parámetro podrá ser el sentido y el contenido del Avemaría … y bendito es el fruto de tu vientre, Jesús. Por eso, podemos colocar junto Jesús *a la Santísima Virgen*. ¿No será que debemos reorganizarnos un poco en nuestro pensar y sentir a propósito de este punto? ¿No estamos demasiado inclinados –y es posible que esto sea consecuencia de toda nuestra educación, de nuestra actitud seria– a ver a la Santísima Virgen en forma demasiado unilateral como la *Mater dolorosa?* ¿Acaso no es ella también la madre de la alegría, la *mater sanctae laetitiae* (Madre de la santa alegría), la Madre de nuestra alegría? ¡Pero si ella lo canta con júbilo a todos los siglos: «Engrandece mi alma al Señor y mi espíritu se alegra en Dios mi salvador» (Lc 1, 46s)! Lo mismo que el apóstol establece más tarde como ley fundamental –¡Alegraos!, y siempre de nuevo, ¡Alegraos! (véase Flp 4, 4)– es lo que ha realizado la Santísima Virgen en forma singularísima ya al comienzo del Nuevo Testamento: «… y mi espíritu se alegra en Dios mi salvador».

4.2. Su alegría superó ampliamente su dolor

Retengan con firmeza esta idea, esta imagen, puesto que aquí tienen un rasgo totalmente esencial en la vida de aquella que es Bendita entre las mujeres. Si quisiera comparar en su vida el dolor y la alegría, debería decidirme a declarar que *la alegría ha superado ampliamente su dolor.* ¡Ampliamente! ¿Por qué? Ya lo sospechamos: si el Redentor ha sido modelo de alegría, heraldo de alegría, maestro de alegría, entonces la Santísima Virgen, como Espejo de Justicia, como el ser humano que ha plasmado de la manera más perfecta el rostro de Cristo, que ha absorbido y encarnado en sí en forma singularmente clásica todos los rayos que parten del Sol de Justicia, deberá haber realizado en su vida también estos rayos.

4.3. Su alegría dominical

Si quieren contemplar la idea no sólo *a priori* sino también *a posteriori,* comprueben cómo es la alegría en la vida de la Santísima Virgen. Les recuerdo la subdivisión de ayer: *alegría cotidiana y alegría dominical.* ¿Cómo es en su vida la alegría cotidiana, cómo es la alegría dominical? Admírense si les digo ahora mismo lo que encontraremos al final: una comparación de ambos términos debe llevarnos a la *convicción de que la alegría dominical supera ampliamente su alegría cotidiana.* ¡Tantas alegrías hay en su vida! Ahora debemos captar con más profundidad el contenido de la alegría: no como diversión, no como si se tratase de un sentimiento más o menos fuerte de saciedad interior o de satisfacción de placeres de los sentidos. ¿O acaso se tratará del buen comer y beber? No: la alegría, tal como Dios y Jesucristo la han concebido y como nosotros la hemos definido.

4.4. Su alegría cotidiana

¡Contemplen la *alegría cotidiana!* ¿En qué consiste? Dicho con sencillez: en la fuerte conciencia de la conformidad con la voluntad divina. En ella, todo su ser se arraiga en Dios y en lo divino: ¡conformidad con la voluntad divina! Si quieren tener *parámetros* para la alegría cotidiana de la Santísima Virgen y si quieren aplicar esos parámetros, pueden esforzarse por dos de los mismos.

Observen primeramente la vida de los apóstoles, en especial la del apóstol Pablo. ¡Cómo sabe presentarnos toda una serie de cruces y sufrimientos! ¡Cuántas cosas padeció: dificultades en el agua y en tierra, etc. Él sabe describirlo a su manera[110], pero sabe expresar también que, al final, está la alegría, en la que todo está en paz en nuestro interior. Por eso debemos esmerarnos siempre también en la educación a la alegría: ¡educación a la alegría también en la dura persecución! Y a pesar de todos esos sufrimientos: «Estoy lleno de consuelo y sobreabundo de gozo en todas nuestras tribulaciones» (2 Co 7, 4). Y si el apóstol puede decir eso de sí mismo, ¡cómo lo habrá experimentado análogamente en su interior la Bendita entre las mujeres, que se yergue con mucho mayor grandeza ante nosotros como imagen del Redentor!

---

110 Véase 2 Co 6, 1-10; 11, 22-33.

O bien, otro parámetro: ustedes saben que la alegría cotidiana consiste en una fuerte vinculación a la voluntad de Dios. ¿Y qué determinará, en última instancia, esa vinculación a la voluntad de Dios? Por lo menos, en cierta medida, estará determinada también por el fuerte desprendimiento respecto de las criaturas. Consideren ahora, en la vida de la Santísima Virgen, cuán desprendida de todo lo antidivino estará ella y sabrán cuán vinculada está al querer de Dios. De esa manera debe haber tenido la Santísima Virgen la alegría cotidiana, la vinculación a la voluntad divina, la entrega a la voluntad divina.

Y si quieren aplicar otro parámetro, recen silenciosamente en su interior los misterios dolorosos del Santo Rosario. Vean la realidad de su dolor, recórranlo paso a paso. Aquí tienen en cada misterio el sufrimiento de su Hijo tal como ha sido asumido y compartido en su corazón de madre: Jesús orando en el huerto de Getsemaní, flagelado, atado a la columna, etc. Pueden recorrer el Via Crucis con el corazón, con los ojos y los sentimientos de la Santísima Virgen o rezar los misterios dolorosos del Santo Rosario, sólo para contemplar cuán grande ha sido el dolor en su vida: inmensamente grande, podremos decir.

4.5. Su dolor, fundado en la alegría de hacer la voluntad divina

Pero se plantea una doble pregunta: la pregunta por *la característica propia de su sufrimiento* y cómo ella, en ese sufrimiento, estuvo fundada en Dios, gozó de la alegría cotidiana. Posiblemente, la pregunta por la característica propia de su sufrimiento no sea superflua para nosotros como hombres. La característica propia es: en primer lugar, padecimiento del alma y, en segundo lugar, compadecimiento del alma.

- *Padecimiento y com-padecimiento de su alma*

Padecimiento del alma. Así lo profetizó Simeón: «Y a ti misma, una espada te atravesará el alma» (Lc 2, 35), etc. Dicho sea de paso, para la mujer, el sufrimiento más fuerte no es nunca el dolor corporal sino el del alma. Pero, a menudo, el sufrimiento del alma es en lo más hondo un *com-padecimiento.* ¿No está esto también incluido en la profecía de Simeón? Éste está puesto para caída y elevación de muchos, y a ti misma, una espada te atravesará el alma (véase Lc 2, 34s). *Com-padecimiento,* ésa es la característica propia de su sufrimiento.

- *La medida de su sufrimiento: el amor*

Pero si quieren conocer no sólo la característica propia sino también *la medida de ese sufrimiento,* ya hemos encontrado el parámetro para nosotros. ¿De acuerdo a qué parámetro se mide el padecimiento, el com-padecimiento del alma? De acuerdo al *parámetro del amor.* ¿Quién no lo sabe por experiencia? Si quiero a una persona, sufriré con ella cuando ella sufre. Si no quiero a una persona, no sufro con ella. Si quiero inmensamente, ilimitadamente a una persona, ¿no es acaso evidente que mi compadecimiento sea análogamente ilimitado? Apliquen ahora este parámetro al dolor del alma de la Santísima Virgen. ¡Qué grande era su amor por su Hijo! Con ello saben también cuán grande fue el dolor de su alma.

¿Cuán inmensamente grande fue su amor por Jesús? Me permito alinear tres pares de palabras para responder esa pregunta. Primer par de palabras: madre e hijo. Segundo par de palabras: una madre inmaculada y un hijo puro y, por eso, un recíproco amor puro de madre y de hijo. Tercer par de palabras: el hijo de su seno es al mismo tiempo su Dios. ¿Quieren examinar cuántas fuentes de amor se encuentran allí ante nosotros? Ahora sabemos también cuán inmensamente grande ha sido su sufrimiento, según la constante que dice: todo lo que el Señor sufrió en el cuerpo y en el alma fue transformado por el sentimiento de la Santísima Virgen en com-padecimiento materno, femenino.

Pero no queremos hablar de su sufrimiento sino de su alegría. Y eso es lo más importante para nosotros. *¿Dónde se manifiesta la alegría* en ese fuerte sufrimiento? Podemos decir que su sufrimiento era tan fuerte que manos y espaldas meramente humanas no podían soportarlo. Eso quiere decir que ningún mortal, ninguna persona meramente mortal ha apurado hasta las heces un cáliz de dolor semejante a como lo hizo María. Creo que acabo de demostrarlo. Por eso la pregunta es tan importante para nosotros, que tenemos que cargar tanto sufrimiento: ¿cómo se revela sobre el trasfondo oscuro de ese sufrimiento la alegría de su alma?

- *La fuente de su alegría: ser la esclava del Señor*

Si no queremos depender de construcciones nuestras, debemos escuchar lo que ella supo decir con tanta claridad y nitidez: hágase en mí según tu palabra. He aquí *la esclava del Señor* (Lc 1, 38). En ese «esclava del Señor» reside para ella la fuente de su alegría también en el más profundo sufrimiento. Ahora deben permitirme que les presente la palabra «esclava» en un doble y triple sentido.

Tómenla en sentido literal. ¡Qué enorme cobijamiento contiene el claro reconocimiento de que él, el Absoluto, el Infinito, puede hacer conmigo, su criatura, lo que quiera! Dependo absolutamente de él. Dios tiene derechos de soberanía absoluta sobre mí. Puede destruir su vaso, pegarlo nuevamente, y volver a destruirlo: he aquí la esclava del Señor. ¡Si tuviésemos más esa *conciencia de criaturas,* esa profundísima conciencia de dependencia de Dios, verían cómo, incluso en el sufrimiento más grande, estaríamos siempre cobijados en el agrado de Dios, vinculados a Dios!

- *La fuente de alegría en su dolor: su unión esponsal a Cristo*

Permítanme que, mirando la vida entera de la Santísima Virgen y dejándome asesorar por la dogmática, contemple la palabra «esclava» también como «esposa del Señor». He aquí no sólo una esclava del Señor sino también –si queremos seguir a Scheeben[111]– la esposa del Cristo. Unión esponsal: la comunidad de destinos y de tareas más íntima entre dos personas. ¡Cuánta alegría tiene que haber vivido y experimentado interiormente la Santísima Virgen en esta conciencia: ¡Él y yo! *¡Se me ha permitido ayudarle a realizar su tarea de vida,* a redimir el mundo! Si Jesús dice ya a sus apóstoles: ¿No era necesario que el Hijo del Hombre padeciera eso y entrara así en su gloria? (véase Lc 24, 26), y si para Cristo ya era una motivación en su sufrimiento el hacer que manaran las fuentes de alegría, ¿no tiene que haber sido eso mismo mucho más fuerte en la Santísima Virgen? Cuando una mujer da a luz, está llena de tristeza. Pero cuando tiene al niño frente a sí, ¡cuánta alegría debe de estremecer el corazón de la mujer![112] *¡Mater dolorosa!* Sus dolores de parto: ella da a luz hijos espiritualmente. ¡También a nosotros!

No tomen estos pensamientos como frases baratas. Es aquí donde debemos beber; éstas son las fuentes. Y aunque yo

---

111 Como en la mayoría de las cuestiones dogmáticas, el P. Kentenich se orienta según Matthias Joseph Scheeben, en especial en la mariología. Según la convicción de este último, el carácter personal (sobrenatural) de la maternidad divina es en lo más profundo el «desposorio divino» de la segunda persona de la Divinidad con María. Véase la elaboración de la mariología de Scheeben en Carl Feckes, *Madre y esposa del Verbo,* Bilbao: Desclée 1955, 115ss.

112 Jn 16, 21: «La mujer, cuando va a dar a luz, está triste, porque le ha llegado su hora; pero cuando ha dado a luz al niño, ya no se acuerda del aprieto por el gozo de que ha nacido un hombre en el mundo».

sea hundido en la tierra para morir como grano de trigo, sé que mi muerte y mi sangre serán semillas de nuevos cristianos. Sé que todos los otros medios podrán no ser efectivos para trabajar de manera fecunda en la viña del Señor. Por esa razón, de una manera agradable a Dios, debemos cargar con los medios más fecundos: la cruz y el sufrimiento. Tengan la bondad de considerar con más detención las alegrías cotidianas de la Santísima Virgen. ¿No creen que debemos mostrar a nuestro pueblo, junto a la Madre Dolorosa, también la Madre Gozosa? ¿No consideran que, en el tiempo actual, tan pobre en alegría, debemos esforzarnos por mostrar, en forma ilustrativa, en la imagen de la Santísima Virgen el sentido y el objetivo de la verdadera alegría? Ésa es la tarea del cristianismo actual.

4.6. Los misterios gozosos y gloriosos, alegrías dominicales de María

Y con tanto mayor razón si pienso en las *alegrías dominicales*. En ellas tenemos una resonancia mucho mayor del cobijamiento, del reposo del apetito en nuestro bien, del reposo de la vida emocional. ¿Puedo pedirles que reflexionen sobre los misterios *gozosos* y gloriosos del Rosario? No sé si tiene objeto que les muestre cómo hacerlo en los diferentes misterios. Las cosas son claras. Sólo tenemos que tomarlas y registrarlas bajo la idea-guía de la alegría. No se trata de nuevos pensamientos sino de absorber en sí con serenidad la atmósfera de alegría. Más adelante les trazaré ya en forma fundamental las líneas y principios. No sé por dónde hemos de empezar.

* ***Primer misterio gozoso, la escena de la Anunciación***

La anunciación a la Virgen María y la encarnación del Hijo de Dios (véase Lc 1, 26-38). Examínense ustedes mismos y expongan al pueblo qué fuentes de alegría tan abundantes pueden buscarse aquí en la vida de la Santísima Virgen. Piensen en la *alegría de la propia elección*. No deberíamos ser tan inhumanos y pensar, por ventura, que a la Santísima Virgen no le haya significado nada la alegría por su propia elección y por la redención del mundo. Y cuando la Santísima Virgen aparece de nuevo, viene también una nueva alegría. Donde está el árbol, debe estar también el fruto. Ella es el árbol y, donde ella aparece, debe actuar también el fruto, debe hacerse de nuevo realidad la salvación. ¿No querremos darle la alegría de ayudarle para que ella aparezca de nuevo en medio del pueblo, de modo que la alegría de su alma se fortalezca también por la redención de la humanidad actual?

- ***Segundo misterio gozoso: su visita a Isabel***

Segundo misterio (véase Lc 1, 39-45). Examinen lo que significa ya de por sí la decisión de servir en forma desinteresada. Un ingenioso poeta ruso relató, en cierta oportunidad, que había ayudado a su criado a poner la mesa, y destacó después cuánta dicha había sentido como eco en su interior.[113] Piénsenlo humanamente: la Santísima Virgen va con prontitud a la región montañosa; es sagrario de Dios. Pero no tiene un fuerte impulso que la lleve a apartarse de los hombres, a ir a la soledad. Dios está en ella, y ella *quisiera llevar a Dios a los hombres*. ¿Y qué hace en el lugar a donde va? Presta servicios de matrona. Ella es la primera asistente familiar: presta servicios de matrona. Va con prontitud a la montaña, y sentimos cómo su ser es fuente de alegría para la mujer y para su esposo. El hombre recupera el habla, la mujer comienza a profetizar, y el niño da un salto en el seno materno y recibe la justificación. ¡Vean cómo la Santísima Virgen lleva alegría a todas partes! ¿No debe penetrar e impregnar esto mismo también nuestra propia alma?

---

113 Iván Turgeniev (1818-1883).

• *Tercer misterio gozoso: el nacimiento de Jesús*

Tercer misterio.[114] Piensen en sus *alegrías maternas* naturales. Y en este misterio, consideren cómo María contempla en la fe a su Dios, que está inmediatamente delante de ella. Pero piensen también cómo compartió la alegría de los pastores, la alegría de los tres Reyes, la alegría de todos los que quieren regalar su corazón al Salvador.

• *Cuarto misterio: la presentación de Jesús en el templo*

Cuarto misterio: la presentación de Jesús en el templo (véase Lc 2, 22-40). También en este caso debe haber sido difícil entregar a su Hijo. Pero ella estaba apegada a la voluntad del Padre y sabía que Jesús tenía la vocación de redentor. Y toda auténtica madre considera que nada hay *más grande que servir al Hijo* en dependencia del agrado del Padre celestial. Llevar al niño hacia su tarea de vida, acercarlo a ella. ¡Y cuánta alegría, a pesar del sufrimiento! Pero la alegría se hará tanto más clara cuanto más reconozcamos que su alma está colmada de un verdadero amor sobrenatural a Dios.

• *Quinto misterio gozoso: Jesús perdido en el templo*

Quinto misterio (véase Lc 2, 41-52). En primer lugar, un gran sufrimiento. ¿En qué habrá consistido ese sufrimiento? En gran parte, en el hecho de que perdió al hijo y, en gran parte también, en que, al reencontrarlo, debió decirse: el niño no ha tenido siquiera nostalgia de la madre. Y ése es un gran dolor para un corazón de mujer. Ella misma estaba llena de añoranza y él no. Él se planta frente a ella y le dice: ¿No sabíais que…? Fuente de un gran sufrimiento. Y a pesar de ello: porque Jesús lo dice en forma tan clara, porque hace referencia al Padre, porque el Padre exige de ella que renuncie por segunda vez a él, que lo engendre por

---

114 Véase Mt 1, 1-12; Lc 2, 1-20.

segunda vez, por eso ofrece el sacrificio. Sí: ella debió engendrar por segunda vez a su hijo: la primera vez en forma corporal y, ahora, en la entrega a Dios y a su gran tarea de vida. ¿No sabíais que…? En ese momento debe de haber resonado en su alma la expresión: «Es la voluntad de Dios; por tanto, guarda silencio». El *deseo y la voluntad del Padre* son la fuente última, la razón más profunda de esta verdadera conciencia de cobijamiento.

¿No querrán considerar por sí mismos en forma autónoma estos pensamientos? Debería ser algo sumamente evidente para nosotros que los *misterios gozosos del Rosario* implican un gran *mar de alegrías dominicales.* Por favor, háganlo ustedes mismos en forma autónoma.

5. Saberse y sentirse amado, la pieza maestra de la alegría

Entonces, si dejamos que todo eso ejerza nuevamente su influjo sobre nosotros, nos encontraremos por cierto ante una atmósfera totalmente preñada de alegría. En esta clase ilustrativa no solamente se habrá aclarado el concepto de alegría sino fortalecido también nuestra receptividad para la alegría, orientándose hacia las alegrías verdaderas. Por eso será bueno que retengamos y cultivemos conscientemente este mundo de valores a lo largo de todo un año.

Al echar una mirada a mi propia vida –háganlo ustedes por sí mismos–, ¿no tendré que decirme, tal vez, que, así como los misterios del Rosario son diez de alegría dominical y sólo cinco de alegría cotidiana, así también en mi vida, mirándola más de cerca, *la alegría dominical es, con mucho, la más grande?* Muchos de nosotros piensan que han sido predestinados para el sufrimiento: consideran que el buen Dios no quiere saber nada de ellos y que quiere derramar a raudales el dolor en su vida. Se trata de excepciones. Así como es en la vida de la Santísima Virgen, así también deben estar distribuidas proporcionalmente en nuestra vida la alegría dominical y la cotidiana.

San *Francisco de Sales* –lo escucharán más extensamente durante la comida– dijo una vez, dando una mirada retrospectiva: «Desde hace un tiempo, mi tranquilidad se ve perturbada por contradicciones y secretas persecuciones desde todos los frentes». Pero escuchen ahora cómo se levanta ante estas cosas el verdadero hijo de Dios, el hombre sobrenatural. También nosotros podemos decir: desde hace un tiempo, nuestra tranquilidad se ve perturbada por contradicciones y secretas persecuciones desde todos los frentes, y no de vez en cuando sino en forma permanente. ¿Y la respuesta? Eso me brinda «una paz tan dulce y amable que nada puede superarla». ¿Comprenden qué profundidad tiene esto? Si en el sufrimiento sólo vemos la tristeza, el dolor, no lo resistimos. Dios quiere que, a través del sufrimiento, nos desengañemos de las cosas a fin de que nuestra alma se dirija hacia aquello para lo cual ha sido creada: para que vuele hacia sus brazos. El sufrimiento duro y abundante debe prepararnos para la unión con Dios y educarnos cada vez más para Dios.[115]

En otra oportunidad, dice el mismo san Francisco: «A veces tiemblo de temor de que Dios me dé el cielo ya aquí abajo, pues, en realidad, no sé qué es la adversidad». ¡Y eso a pesar de que había pasado por tantas cosas! Quien conoce su vida lo sabe. Pero, en el hombre que está fundado en Dios, el sufrimiento es siempre una nimiedad que casi ni vale la pena. Así también en este caso: «A veces tiemblo de temor ... Los sufrimientos que he tenido fueron sólo pequeños cortes que apenas me rasgaron

---

115 La cita inserta en este párrafo es la primera parte de una frase que continúa de la siguiente manera: «...y me anuncia la pronta unión de mi alma con Dios, lo que, dicho sinceramente, no es sólo la mayor sino también la única ambición y pasión de mi corazón» (Keppler, 99s).

la piel. Las calumnias que circularon sobre mi persona fueron cruces de aire cuyo recuerdo se disipó con el sonido. ¡Qué insignificantes fueron todos los incidentes que me ocurrieron!».[116] ¡Vean cuánto ha sufrido Cristo en comparación conmigo! ¿Qué son mis sufrimientos? Las calumnias que sobre mí han circulado son pequeños rasguños en la piel.

Ahí tienen ustedes una *ascética* totalmente *salesiana*. La misma ve siempre lo positivo, ve siempre la bondad y misericordia de Dios que le tiende sin fin los brazos. Lo otro, lo negativo, el sufrimiento, en cuanto es un *malum,* también se experimenta pero no se contempla formalmente. Esto es *ascética positiva.* ¡No digan que es nada más que un juego! Esto presupone un gran amor a Dios, un chispeante amor a Dios, una unión entrañable con Dios y un estar cautivado por Dios. Así podemos entender cómo san Francisco exhorta una y otra vez en sus cartas: ¡sed alegres! Y siempre de nuevo: ¡sed alegres! «Vive con alegría, el Señor dirige su mirada hacia ti y te mira con amor y ternura».[117] Éste es el tono fundamental de toda su ascética. La vara mágica es el amor. Me siento amado por Dios. Seguro: nosotros, como varones, no tenemos un sentir correcto para estas cosas. Sólo cuando nos hacemos más viejos, cuando la ambición va menguando o cuando los impulsos naturales de la ambición ya no pueden ser satisfechos, porque otros son más talentosos o están mejor posicionados, puede desarrollarse con mucho mayor fuerza el impulso amoroso, el de saberse amado. Y eso, sin embargo, dejando totalmente de lado que, después, el amor vivido con esa actitud se da a veces en un nivel sumamente bajo. Pero la pieza maestra de san Francisco de Sales fue declarar que el instinto primordial de la naturaleza humana es todo amor y que, si se lo

---

116   Ibid, 100.
117   Ibid, 99.

capta correctamente, el hombre crece en forma orgánica y sana. Por eso, Francisco da una y otra vez el consejo: *¡créete amado, siéntete amado, sábete amado!* La pieza maestra es la conciencia de que es Dios quien poda, el Padre quien limpia.[118] La pieza maestra es: me creo amado.

¡Oh, no crean que esto es fácil! Sólo parece serlo. Pruébenlo cuando todo se quiebra, cuando se les arrojan piedras: el Padre limpia. ¡Saberse amados! No ver solamente la mano de Dios que castiga sino también actos del amor de Dios: ésa es la pieza maestra de la educación, pero también de la educación a la alegría. Alegría es siempre el estar-en-todo-momento-cobijado-en-Dios. El Padre me quiere. «Vive con alegría, el Señor dirige su mirada hacia ti y te mira». El que lo logra es un portador de alegría, un maestro de alegría.

En una oportunidad, san Francisco escribe a una superiora: «Viva usted en santa alegría en medio de sus hijas: muéstreles su corazón maternal a través de una benevolencia interior y de una actitud de cordial acogida para con ellas a fin de que se apresuren a acercarse a usted con alegría».[119]

Ya lo ven: éste es el mundo que debemos volver a hacernos propio hoy en día. El bando contrario aleja con gran fuerza a nuestro pueblo de nosotros, pero nosotros debemos elevarlo hacia Dios. *Hoy en día, nuestro pueblo debe quererlos,* debe estar vinculado a ustedes. ¿No hemos dicho acaso en la primera plática que el nuevo ámbito pastoral exige métodos nuevos? La gente se ha desprendido de todo lo que no reviste carácter último. El pueblo se encuentra frente a mí, que soy el líder del pueblo. Allí

---

118 Véase Jn 15, 2: «Todo sarmiento que en mí no da fruto lo corta, y todo el que da fruto lo limpia, para que dé más fruto».

119 Keppler, 99.

estoy yo y allí, la masa del pueblo. Las instancias intermedias desaparecerán. Debemos alcanzar la recta relación con el pueblo.[120]

Nuestro pueblo debe estar vinculado a nosotros, debe querernos. ¿Qué implica eso? *Que también nosotros debemos querer al pueblo.* Si queremos cultivar más y más ese amor al pueblo, debemos tener como ideal, como consigna: ¡edúcate a ti mismo y educa a los otros a la alegría!

Y si nos hemos puesto de acuerdo acerca de todo lo que resuena con esta reflexión, de todo lo que hemos captado, debemos decir:

El mundo se hace día a día más hermoso.

¿Quién sabe cómo terminará?[121]

Ésa es la actitud que debemos asumir: sea que me alcance una bala, que vaya a parar a «prisión preventiva», o que todo sea destruido:

El mundo se hace día a día más hermoso.

¿Quién sabe cómo terminará?

O podrá ser que tengamos dificultades con el ama de llaves. A pesar del tiempo serio e importante que vivimos, todavía existen pequeñeces semejantes. No importa:

El mundo se hace día a día más hermoso.

¿Quién sabe cómo terminará?

Porque toda la vida es una gran oportunidad para la alegría dominical o, por lo menos, para la alegría cotidiana.

---

120 Al final de esta quinta plática, el P. Kentenich vuelve a plantear brevemente esta pregunta, característica de su concepción y práctica pastoral (la inmediatez de la relación entre la comunidad y quien la preside) y acentúa una relación de unión con el pueblo animada por el amor.

121 Ludwig Uhland, «Frühlingsglauben» (*Frühlingslieder,* 2):
    «El mundo se hace cada día más hermoso,
    no se sabe lo que aún llegará a ser».

Sexta Plática
FUENTES CRISTIANAS DE ALEGRÍA
(continuación):
LA LITURGIA

1. La alegría liturgica

A fin de incrementar, en medio de la escasez de alegría del tiempo actual, nuestra receptividad personal para la alegría y de relacionarla con su recto objeto, nos esforzamos por sumergir más profundamente nuestra alma hambrienta de alegría en las alegrías de la Sagrada Escritura, en las alegrías que nos salen al encuentro en los dichos de los santos y en la alegría de la liturgia. Aquello que en lo fundamental puede decirse a partir de la vida de los santos, ustedes podrán interpretarlo a partir de las lecturas que se hacen durante las comidas: vean asimismo, especialmente en los casos particulares que aparecen en la vida de los santos, cuánta importancia reviste la atmósfera de alegría. Podrán captarlo a partir de lo que se leerá durante las comidas. Por esa razón me permito pasar al último pensamiento, que quiere *clarificar y profundizar para nosotros la vivencia de alegría,* a fin de formular después, en la próxima plática, una toma de posición fundamental respecto de todas las preguntas que atañen de alguna manera a la alegría.

Luchamos, pues, por la *alegría litúrgica*. Todos nosotros que conocemos la vida actual, que sufrimos bajo sus dificultades pero que también hemos acompañado este tiempo y que hemos reconocido en forma rápida y fácil las intenciones de Dios a partir de la corriente del tiempo, precisamente nosotros, nos hemos congregado más y más en torno al altar. Y eso es correcto. Cuanto más y mayor peligro exista de que se nos arrebaten las instancias de segundo orden, tanto mayor debe ser la energía con la que debemos congregarnos en la pastoral en torno al altar.

El *movimiento litúrgico* tiene en este contexto un sano y profundo sentido. Y nosotros nos hemos esforzado, desde aquí[122] y desde hace años, por sentar lo más profundamente posible las bases dogmáticas para nuestra propia vida y para la pastoral. Todo lo que hemos hecho en torno a este punto, a fin de crear en nosotros y en los demás la actitud fundamental litúrgica, –actitud de filiación, de miembros de Cristo y de plenitud por el Espíritu Santo en el sentido de la expresión que dice: *per Christum ad Patrem in Spiritu Sancto,* (por Cristo al Padre, en el Espíritu Santo), todo ello es pastoral moderna en el sentido eminente de la palabra. Si acompañamos con especial fuerza el movimiento litúrgico, debemos cuidar tan sólo de no caer nuevamente en lo periférico.

Está bien que coloquemos en el centro el movimiento litúrgico. Pero si con el tiempo no trabajamos seria y profundamente para que se prepare en el pueblo la *actitud litúrgica,* la nueva forma litúrgica se tornará una vez más una fórmula y deberá venir un nuevo movimiento que, a su vez, la destruya. No es que nosotros estemos exagerando la forma. En efecto, la forma, la liturgia, puede y debe remitir nuevamente con fuerte carácter

---

122 Sobre todo en las jornadas pedagógicas. Véase ME1934, 111.

pedagógico a la plasmación y formación del alma, puesto que la forma también contiene un valor.

1.1. Educación para la liturgia eucarística

Por tanto, valdría la pena que diésemos más importancia a la así llamada *educación para el sacrificio de la misa.* Menciono dos partes de la misma: educación para el sacrificio y educación para la comunión o, si ustedes quieren, para la Eucaristía. Como educadores y pastores debemos disponernos aquí, en mayor medida, a sostener principios últimos claros. Pero también debemos reunir el coraje para mantener nuestro esfuerzo hasta que esos principios hayan sido llevados a la práctica, puesto que, en general, nuestro estilo de pastoral no se caracteriza por saber esperar. ¡Observen qué revuelto está el tiempo actual! Por más que aspiremos tenazmente a una visión clara, a una meta clara, humanamente no la alcanzamos de una vez. Por eso no deben esperar que podamos ingresar, de hoy para mañana y de una manera más profunda y exitosa, en la educación para el sacrificio de la misa. No obstante, aquí tampoco hay que volverse esquemáticos.

Puedo *comenzar por la educación eucarística y a la comunión,* pero no debo quedarme allí sino llegar hasta la educación al sacrificio. Sólo debemos cuidar de no pretender ver demasiado rápido los frutos. Tal vez, en nuestra generación, no logremos congregar a nuestro pueblo en torno al altar.[123] ¡Cuánto tiempo

---

123 Una y otra vez acentúa el P. Kentenich que, en la pastoral comunitaria –cuando se la entiende, según él postula, como tarea educativa–, no se puede ni se debe contar demasiado pronto con «éxitos». A él le importa siempre la visión de todos los aspectos relacionados: educar es un proceso de vida que sigue las leyes del crecimiento *orgánico.* De ese tema se había hablado en el retiro del año anterior. Todo crecimiento orgánico implica, primero, que la totalidad crece hacia una nueva realización de la totalidad; segundo, que esa totalidad crece en forma *lenta* y, tercero, que crece desde dentro (MPLW1933, I, 1).– La importancia que él

hemos tardado hasta que nosotros mismos captamos estas verdades naturales en su contenido valórico! Por eso, en general, lo más adecuado a la psicología del pueblo será comenzar con el movimiento de la comunión o eucarístico, y sólo después ahondar para introducirse en el movimiento del sacrificio o bien, si queremos expresarlo en forma más profunda, en la gran realidad de la condición de miembros de Cristo. Y quien haya comenzado en sentido inverso, es decir, de inmediato con el movimiento del sacrificio, debe cuidar que estas cosas no se conviertan con el tiempo en formas, si es que toda la vida espiritual no está hondamente cimentada. Podrá ser que ya conozcamos todo esto. Podrá ser también que nos dispongamos en forma cada vez más profunda a las exigencias pastorales de la actualidad. Pero lo que aquí importa es el contenido de alegría de la liturgia.

1.2.   Liturgia y alegría

No sé si ya se han dado cuenta en cierta medida: *liturgia y alegría*. ¿Es preciso que haga referencia a que el hombre, sobre todo nuestro pueblo sencillo, a la larga no puede existir de una manera agradable a Dios, sin alegría? Si queremos ser honestos, debemos aplicarlo también a nosotros mismos. Tampoco nosotros podemos estar sin alegría. Sentimos eso cuando nuestro órgano para la alegría se atrofia tan fácilmente en la actualidad y lamentamos que sean tan pocas las fuentes de alegría que vemos manar en nuestro entorno. Con tanta mayor razón puedo decir, entonces: si la liturgia es una fuente de alegría, queremos procurarnos, a partir de ella, la capacidad de alegrarnos realmen-

---

otorga y quiere que se otorgue a estas leyes de vida puede reconocerse en la advertencia que hace a propósito del largo período de tiempo que requiere una educación del pueblo. Sólo desde esa perspectiva adquiere su enseñanza visos de realismo. Como es obvio, eso comprende y presupone que tengamos «mano segura para actuar a partir de principios últimos» (pág. 184).

te y dejarnos señalar, a partir de ella y a base de ella, cómo es la fuente, el objeto y el contenido de la alegría.

1.3. La alegría litúrgica y la juventud

Si en el tiempo actual hablamos de educación a la alegría, querremos detenernos especialmente en nuestra juventud. En efecto, ella se encuentra de la forma más intensa en el centro de la lucha. Pero una educación de la juventud sin educación a la alegría es difícil, imposible. En este punto reside la honda tragedia de nuestra situación actual. Por una parte, se ha tendido en forma instintiva –tal vez consciente– hacia ese lado. En el campo adversario se quiere dar a la juventud todo lo que puede alegrarla, sus alegrías originales y propias. De ese modo, nosotros sólo tendremos a la juventud para introducirla en un mundo de seriedad.

Supongan que los obispos no logren configurar de tal manera las estipulaciones del Concordato[124] que podamos brindar atención a la juventud también en lo externo, y en una modalidad juvenil: en tal caso, estaríamos humanamente en una situación desfavorable con nuestra juventud. Una educación de la juventud sin educación a la alegría es impensable. ¿Qué debemos hacer? Debemos procurar que nuestra juventud reciba en la Iglesia todo lo que necesita para educarse y formarse en profundidad. Eso significaría lo siguiente: debemos *hacer del culto una fuente de alegría también para nuestra juventud.* Es sumamente necesario captar religiosamente a la juventud en una atmósfera de alegría y conducirla así hacia lo alto. Por eso, hay que dar mucha importancia a la siguiente pregunta: ¿qué puedo hacer para que la juventud participe en forma más activa en la santa misa y en las celebraciones devocionales?

---

124 Véase p. 26, nota 3.

Actualmente circula en Alemania una corriente de pensamiento que quiere plasmar los oficios religiosos en una forma más adecuada al sentir del pueblo. No debemos ponernos a la defensiva frente a ella. Si no hacemos brotar una fuente de alegría para nuestra juventud en la liturgia, en la Iglesia, junto al altar, si no utilizamos todos los medios para llevar a la juventud a la Iglesia con gran alegría, permítanme que les pregunte cómo quieren a la larga retener y educar a la juventud. ¿Siempre sólo con ese duro «¡tienes que…!» y «¡ay de quien…!», con el cielo y el infierno y quién sabe con qué otras amenazas? Las amenazas pasan pero ustedes tendrán enseguida la escisión. El instinto primordial de alegría es innato en forma especial a la juventud. Y si ella no puede saciar en forma integral su instinto de alegría en lo religioso y lo moral, ¿cuál será el efecto? Buscará directamente y con gran avidez lo sensual y las alegrías mundanas saldrán vencedoras.

No es mi tarea dar un curso litúrgico pero, con todo, me permito hacerles aquí y allá alguna referencia, porque hoy en día debemos incorporar muchas veces nuestra auto-educación en el marco de la educación de los otros y de la educación parroquial. Cuanto más sana sea la atmósfera que nos rodea, tanto más seremos captados nosotros mismos por ella. Por eso, la reflexión pastoral es un medio para la auto formación y auto educación personales.

1.4. La alegría litúrgica y el pueblo

Avancemos. También nuestro pueblo como conjunto es un gran niño, razón por la cual se le aplica doble y triplemente la afirmación de que no puede existir sin alegría. Una vez más: ¿qué hemos de darle al pueblo si nosotros mismos no podemos acercarnos a él como podíamos hacerlo hasta ahora, si queremos agruparlo en torno al altar? Ya con el solo fin de popularizar la liturgia y el movimiento litúrgico deberíamos esforzarnos por *hacer accesible al pueblo el contenido de alegría de la liturgia*. Si el pueblo se alegra en la iglesia, se apega también al altar. Ustedes deben examinar qué es lo que debe acontecer allí. A mí me importa solamente la actitud fundamental.

Si me preguntan ahora qué puede decirse aquí de la liturgia, de liturgia y alegría, me colocan en un gran aprieto. En efecto: en este punto tenemos ante nosotros un campo tan amplio como para dar un retiro completo. Pero eso es imposible porque, a raíz de la situación del tiempo actual, debemos ocuparnos de muchas otras cosas que nos dan la fuerza para dominar y estructurar la vida durante doce meses. Por eso deben contentarse con que, en la exposición de las relaciones entre liturgia y alegría, les ponga de relieve sólo dos aspectos. Pero estos deberán verse en forma más fundamental y despertar en nosotros más impulsos a fin de que aprendamos y enseñemos cada vez más a alegrarnos de verdad en la liturgia y a través de la liturgia. Creo que estarán satisfechos con que les caracterice, en primer lugar con un poco más de claridad, la alegría litúrgica y, en la medida en que alcance el tiempo, les presente y exponga, en segundo lugar, algunos ejemplos concretos.

2. Caracterización de la alegría litúrgica

Quisiera otorgar la mayor importancia a la *caracterización de la alegría litúrgica*. Permítanme que les recuerde una vez más cuál es la tarea que debe cumplir la educación a la alegría. Se trata siempre de una tarea doble: despertar y entrenar el órgano para la alegría y crear fuentes de alegría. Con esto saben cuáles son los dos puntos de vista desde cuya perspectiva quiero exponerles la alegría litúrgica. Por eso permítanme que les diga, resumiendo: la liturgia es, en primer término, una fuente de alegría y, en segundo término, una escuela de alegría. Una fuente de alegría significa que nos muestra qué características tiene la verdadera alegría; y una escuela de alegría significa que educa nuestro órgano para la alegría a una debida receptividad; nos hace receptivos para el verdadero y auténtico alegrarse. No sé qué aspecto de esos dos pensamientos debo destacar con especial fuerza en correspondencia con sus necesidades.

2.1. La liturgia, fuente inagotable de alegría

Detengámonos en la *liturgia como fuente de alegría.* A fin de hablar en la forma más nítida posible, debo poner claramente de relieve el esquema. La liturgia es una fuente de alegría, o bien, la liturgia es, primero, una fuente inagotable de alegría, segundo, una fuente límpida y probada de alegría y, tercero, una alegría de día festivo que nos une a Cristo y ofrece junto con él el sacrificio.

Permítanme que les exponga rápidamente en forma algo más extensa cada una de esas expresiones.

Digo que la *liturgia es una fuente inagotable de alegría* [125] y fundamento la afirmación con dos razones: una filosófica y la otra, histórica. No esperen, por favor, que me dedique ahora a exponer en forma extensa el sentido de la liturgia. Lo hemos hecho ya muy a menudo a lo largo de los últimos años. Sólo pueden esperar que les presente y organice ideas antiguas desde un punto de vista muy determinado.

2.2. Esencia de la liturgia: el amor recíproco de Dios y del

---

125 Keppler, 57: el sacramento del altar abriga en sí una riqueza infinita de alegrías
    místicas.

hombre

Pregunto, pues: ¿qué entendemos por liturgia, por la *esencia de la liturgia,* aplicada a nuestras circunstancias y necesidades momentáneas?

Será correcto si les digo, como definición meramente descriptiva, que la liturgia es *una obra del hombre y una obra de Dios,*[126] es decir, obra del amor recíprocamente intensificado en Cristo. O bien, más exactamente: aquí hay que tener en cuenta dos círculos: Dios, el Dios grande e infinito, y nosotros, los hombres. Pueden considerarlo de ese modo. ¿Qué hacemos en la liturgia? Trabajamos en común. Pero ¿cómo y en qué sentido? Debemos realizar una obra en común, y este obrar y actuar son expresión de un amor intensificado en Cristo y que está a la vez impulsado por un fuerte amor a Dios. Entregamos al Padre a nuestro Redentor, y el Padre, impulsado por un fuerte amor a nosotros, nos regala de nuevo al Redentor. Por supuesto, debo advertir una vez más por cuánto tiempo debemos realizar nuestro

---

126 En este contexto merece mencionarse la definición esencial de liturgia que describe esta relación entre obra de Dios y obra humana tal como la expuso el P. Kentenich en 1938 en el curso de ejercicios sobre *«Santidad litúrgica de la vida diaria»,* plática tercera: «La liturgia católica es un actuar misterioso y sagrado de Jesucristo, Dios hecho hombre, como Cabeza de su Iglesia, y el co-actuar misterioso de su esposa, la Iglesia, a fin de des diabolizar el mundo, purificarlo, transfigurarlo y glorificar al Padre». Igual interés reviste la coincidencia de esta afirmación con las palabras del Concilio Vaticano II, que constata en el art. 7 de la Constitución *Sacrosanctum Concilium:* «Realmente, en una obra tan grande, por la que Dios es perfectamente glorificado y los hombres santificados, Cristo asocia siempre consigo a la Iglesia, su esposa amadísima, que invoca a su Señor y por él rinde culto al Padre Eterno.– Así pues, con razón se considera la liturgia como el ejercicio de la función sacerdotal de Jesucristo en la que, mediante signos sensibles, se significa y se realiza, según el modo propio de cada uno, la santificación del hombre y, así el Cuerpo místico de Cristo, esto es, la Cabeza y sus miembros, ejerce el culto público.– Por ello, toda celebración litúrgica, como obra de Cristo sacerdote y de su cuerpo, que es la Iglesia, es acción sagrada por excelencia (…)» (DH 4007).

trabajo educativo hasta que nuestro pueblo entienda ideas semejantes. No deben pensar que, con haber enseñado al pueblo una cantidad de formas litúrgicas, ya lo habríamos educado. Puedo enseñar formas. Pero si la educación litúrgica ha de ser profunda, debe penetrar hondamente toda la vida espiritual. Consideren por eso una vez más cuánto trabajo tenemos con nosotros mismos hasta que logremos captar con claridad y hondura que la liturgia es realmente *la obra en común de un amor recíproco en Cristo.*

¿Qué quiero ahora, entonces? Quiero mencionar las fuentes de alegría, quiero demostrar que la liturgia es una fuente inagotable de alegría. ¿Saben ustedes –y lo expondremos *in extenso* más adelante–, que la fuente de la alegría es el amor? *Donde hay amor, hay alegría.* ¿Qué es el amor, en última instancia? O, para preguntar mejor: ¿qué es, en definitiva, la alegría? La alegría es amor que se goza. Si la liturgia es la obra en común de un intensificado amor recíproco, es obvio que, en la medida en que esté actuando el amor, tengamos también una fuente de alegría. Y si ponen de relieve el contenido objetivo de la actitud litúrgica, hallarán que se presupone la actitud de los santos y de la santidad. El santo posee un grado de amor altamente intensificado. Así, encontrarán que la liturgia es una fuente inagotable de alegría porque presupone una fuente inagotable de vida. Su tarea podrá consistir ahora en comprobar estos pensamientos cuando presenten los pasajes o expliquen al pueblo los diferentes textos.

2.3. Momentos propicios de la alegría litúrgica

Sin embargo, no se nos habrá escapado que la alegría litúrgica registra también algunos *momentos propicios* que nos hacen más fácil explicar la afirmación de que la fuente litúrgica es inagotable. Me permito mencionarles dos expresiones: comunidad y ritmo.

- *La comunidad litúrgica*

Toda liturgia es obra en común, posee *comunidad*. Y no me refiero solamente al Padre y a mí y, entre ambos, al Redentor –por Cristo hacia el Padre– sino también a que yo mismo, como miembro de Cristo, tengo asimismo junto a mí a toda una cantidad de otros miembros. ¡Comunidad! En comunidad, en la unión comunitaria, a partir de la realidad comunitaria, ofrecemos al Padre celestial el profundo amor a Dios. Y sabemos por experiencia que la comunidad da alas. Por supuesto, también sabemos que la comunidad puede igualmente envilecer.

Si queremos hacer que broten las fuentes de alegría que se expresan en la comunidad o en lo comunitario, nuestra educación litúrgica del pueblo deberá otorgar importancia a que la santa misa sea experimentada y realizada como una obra de la comunidad, como una verdadera obra de la comunidad. Habrá que educar al pueblo a que concelebre, a que él mismo comparta la vivencia en la interioridad de su alma, a que esté presente, pero también a que la comunidad toda, en cuanto tal, aspire cada vez más a esa vivencia en común. Sabemos por experiencia cuán apropiado es para incrementar nuestra alegría el saber que junto a mí hay tantos otros que piensan y sienten como yo. También aquí debo advertirles que ya será algo si logramos que nuestra comunidad parroquial realice acciones en común, por ejemplo, la procesión de ofrendas en común, el sentarse y arrodillarse en común. Pero ése no es el núcleo de la cosa: hay que alcanzar que ese caminar en común hacia el altar *sea algo interior y personal.* Destaco esto tan fuertemente porque el tiempo actual exige de nosotros que vayamos hasta lo último. ¿No sería acaso lamentable que nos quedáramos a mitad de camino? No podremos alcanzarlo en diez años. Pero la meta debe permanecer siempre a la vista, y la próxima generación retomará mi tarea. Sólo llegará a ser algo verdadero lo que sea fruto de un crecimiento.

- ### *El ritmo litúrgico*

Piensen también en el *ritmo* del canto, de las ceremonias. San Agustín, que elaboró en su interior toda una cantidad de cosas relacionadas con la Iglesia y con Dios, se debate en sus *Confesiones* en una lucha interior. Recuerda el tiempo en que escuchó el canto litúrgico en Milán. Y reflexiona, en su modalidad discursiva: ¡Cuánta alegría me daba ese canto, ese ritmo! ¡Cuánto me tocaba interiormente![127] Pero ¿no eran también los sentidos los que eran tocados? Deben entenderlo al alto nivel que tenía su actitud. ¿No sería acaso mejor que desapareciera el canto litúrgico? ¡Al Dios espiritual nuestro amor espiritual! Agustín sopesa los argumentos a favor y en contra y llega a la siguiente conclusión: debemos utilizar todo a fin de alegrar al pueblo, al católico individual, a fin de vincularlo con alegría al altar y a lo divino.[128]

Pero en este punto, busquen por favor ustedes mismos qué hacer en concreto. ¿No piensan que valdría la pena que congregáramos cada vez más al pueblo en torno al altar? Y si en las asociaciones ya no manan las fuentes de la alegría, ¿no piensan que valdría la pena prestar más atención al canto? El canto alegra el corazón del hombre. El ritmo en la santa Misa, en el canto, en la liturgia y también en las celebraciones devocionales. No opi-

---

127 San Agustín, *Confesiones IX,* 6: «¡Cuánto lloré con los himnos y cánticos, fuertemente conmovido por las voces de tu Iglesia, con su suave canto».

128 A propósito de esta lucha a raíz de las *«voluptates aurium»* (los placeres sensibles del oído) véase también op. cit. X, 33, donde extrae la siguiente consecuencia, aunque no sin restricciones: «…pero me inclino más a aprobar la costumbre del canto en la Iglesia, a fin de que, por el goce de los oídos, un corazón débil pueda elevarse a un afecto de piedad» *(«ut per oblectamenta aurium infirmior animus in affectum pietatis adsurgat»).*

no que todo lo que surgió en la edad media deba ser arrojado al basurero. Debemos captar al pueblo entero y llevar de nuevo a todo el pueblo a que descubra nuevas fuentes de alegría. Ustedes mismos deben saber lo que deben hacer en ese sentido. La liturgia es una fuente inagotable de alegría. Esta demostración es de naturaleza más bien filosófica.

3. La liturgia, fuente de alegría

3.1. Demostración histórica

Pero he anunciado también una *demostración histórica.*

Tal vez tenga poco objeto que, en este contexto, nos detengamos en el cristianismo primitivo. Si pudieran estudiar todo el material al respecto, dirían: el cristianismo primitivo comprendió la liturgia, la misa, como alegría de una manera que a nosotros hoy ya no nos es posible. Pienso en el modo en que el *cristianismo primitivo* esbozaba y trataba de presentar al pueblo las verdades eternas en gran parte por medio de imágenes. Podemos comprenderlo fácilmente. Estaba *del todo impulsado por la parusía* del Dios hecho hombre: ¡Ven, Señor! (véase Ap 22,10). Has ascendido a los cielos. Llegará el tiempo en que nos acercarás a ti y en que las duras persecuciones pasarán. Y por eso la inquietud de captar hasta donde fuese posible las dimensiones del contenido de alegría de la liturgia.

¿No vivimos acaso en tiempos semejantes? ¿No debemos esforzarnos también nosotros por poner de relieve el contenido de alegría del cristianismo con más fuerza que en otras épocas? No queremos reprimir ni callar las verdades serias, pero también en ellas se esconde un contenido de alegría. Sería para nosotros una tarea, para todo un año, sacar siempre a la luz, en nuestros sermones y nuestra catequesis, el contenido de alegría. En medio de las persecuciones, en las dificultades de la vida actual, anunciamos un año cristiano, un *año litúrgico de alegría.*

Quiero recordarles que, como nos lo indican los libros antiguos, antes era algo evidente que, con ocasión de la muerte y de la *sepultura,* se cantara con alegría el *Aleluya.*[129] Ahora podemos entenderlo bien. ¿Qué significa la muerte? No es más que el paso de la persona fallecida a la eternidad, a la unión íntima con Dios. ¿No es eso acaso una fuente de alegría? También puedo ver la muerte desde dos puntos de vista: formalmente, como camino de descomposición y, por eso, como medio para el dolor. Pero también puedo concebir la muerte como un medio que me lleva inmediatamente a la más íntima relación con Dios. ¿No creen ustedes que también nosotros deberíamos pensar de esa manera? La naturaleza podrá morir. Pero basta con que tomen conciencia de lo siguiente: ¿qué se me otorga? Y si vemos la dimensión última, todas estas cosas no pueden estremecernos y asustarnos profundamente, sino que son para nosotros una fuente de alegría.

Si vemos la liturgia tal como la tenemos hoy ante nosotros, es posible que tengan razón los que dicen que, en la actualidad, ya no se caracteriza tanto por una alegría tan extraordinaria como en el cristianismo primitivo pero aun hoy sigue siendo riquísima en alegría, por lo menos para quien no sea un mero espectador sino que esté familiarizado con todo el mundo de ideas y de valores que tenemos ante nosotros en la liturgia, especialmente en la santa misa.

---

129 La intensidad con la que el cristianismo temprano destacaba el contenido de alegría de la liturgia puede verse, por ejemplo, en san Juan Crisóstomo († 407), que dice, en un sermón: «Anteriormente había para los muertos manifestaciones de dolor y grandes ayes. Hoy, son salmos e himnos ... En aquel entonces, la muerte era justamente el fin. Ahora ya no es más de ese modo: se entonan cánticos, oraciones,

3.2. Los sacramentos, fuentes de alegría

Tengan la bondad de abrir los libros litúrgicos, el *Rituale,* y sigan –por mencionar una u otra cosa– el rito bautismal o, también, todos los ritos que aparecen con ocasión de la muerte de una persona. ¡Escuchen los sones de alegría que resuenan también allí! Así es: ¡cuántas veces lo habremos rezado al asistir a un moribundo! Escuchamos cómo se invita a los ángeles diciéndoles *Venite!*[130] ¿No es acaso una referencia a las alegrías que vendrán? Y presten atención al rito bautismal, cómo se recibe con alegría al niño. Por favor, consulten los libros, el *Rituale Pontificum:* allí se encuentran los *sacramentos como fuentes de alegría.* Sería una tarea en sí misma poner al descubierto las fuentes de alegría de los sacramentos y hacer que el pueblo tome conciencia de ellas. Sólo quiero despertar, caracterizar, hacer referencia a una u otra cosa para que, durante el año, tengan oportunidad de realizar un trabajo más profundo.

A. *El sacramento de la confesión*

a. *El sacramento de la confesión, fuente de alegría en el orden objetivo*

En el orden objetivo: No obstante, en la línea de nuestro retiro, podrá ser oportuno que haga referencia a un sacramento en especial como fuente de alegría, porque, más tarde, ya no tendremos oportunidad de hacerlo y es acorde con este contexto: se

---

salmos, y todo ello como signo de que se trata de un acontecimiento alegre» (PG 50, 634).– A través del Concilio Vaticano II se ha acentuado nuevamente en la liturgia de las exequias el Aleluya, fundado en el misterio pascual: «El rito de las exequias debe expresar más claramente el sentido pascual de la muerte cristiana y responder mejor a las circunstancias y tradiciones de cada país, aun en lo referente al color litúrgico» (*Sacrosanctum Concilium* 81).

130 Al entrar a la Iglesia, después de la antífona «*Exsultabunt Domino ossa humiliata*» – «Exulten los huesos que tú machacaste», se canta: «*Subvenite, Sancti Dei, occurrite, Angeli Domini…*» – «Venid, santos de Dios, acudid, Ángeles del Señor…».

trata del sacramento de la Penitencia. La penitencia *como fuente de alegría.*[131] ¿Acaso no es así en el orden objetivo? ¡Sin lugar a dudas! ¿También en el orden subjetivo? ¡He ahí la pregunta!

¿Es la penitencia realmente una fuente de alegría *en el orden objetivo?* En cuanto sacramento pueden contemplarla como medio de gracia, como medio penitencial, como medio educativo. Ahí tienen tres perspectivas. ¡Utilicen más estos pensamientos aplicándolos a su propia vida!

- *La confesión, un medio de gracia*

  En primer lugar, la *confesión como medio de gracia.* En el orden objetivo, Dios está frente a mí como el océano de la bondad, de la misericordia y el perdón. ¿No es acaso una fuente de alegría, si es que puedo decir, cuando el sacerdote pronuncia el «yo te absuelvo», Dios lo pronuncia? ¿No lo es acaso si la bondad de Dios toca tan profundamente mi miseria y la eleva hacia sí?

- *La confesión, un medio de penitencia*

  En segundo lugar, *la confesión como medio de penitencia.* Tal vez, nosotros, hombres de hoy, que ya no podemos realizar obras de penitencia de mayor envergadura porque estamos demasiado cansados e impedidos y somos demasiado débiles y nerviosos, haremos bien en tomar nueva conciencia e incorporar de nuevo con más fuerza el carácter penitencial en nuestra vida. ¿Qué implica esto? Penitencia, ya lo hemos oído el año pasado, es el apartar la voluntad de lo malo o de lo menos bueno con la intención de no hacerlo más. Aparto mi voluntad, hago penitencia. Separo mi voluntad de lo malo o de lo menos bueno

---

131   El Ordo Paenitentiae según el nuevo Ritual Romano muestra el carácter de la Penitencia como fuente de alegría en el vocabulario que elige: no sólo se refiere a ella como «celebración» sino como «celebración de la reconciliación».

y la vinculo de nuevo a Dios.[132] Si de ese modo tienen clara la filosofía y despiertan la actitud de penitencia, ¿no perciben acaso cómo una penitencia concebida de esta manera es una verdadera fuente de alegría? ¿No es acaso una alegría cuando mi vida instintiva es liberada de lo antidivino y vinculada con más fuerza a Dios y a lo divino?

- ***Elementos constitutivos del sacramento de la penitencia***

Si quieren analizar la penitencia en forma algo más profunda, hay que decir que la penitencia implica *tres elementos constitutivos:* un cierto dolor, vergüenza y temor. ¿No son éstos los elementos que, en correcta relación mutua y ordenados en Dios, representan una singular y profunda fuente de alegría?

– Dolor:

Penitencia: he faltado y he pecado. Igualmente ahora, en el retiro: debo tener una vivencia de alegría y quiero tenerla. Alegría que resuena en la penitencia y en la actitud de penitencia. Así, tal vez pueda echar una mirada retrospectiva a mi pasado y ver nuevamente en formación toda la legión de mis pasiones. No para confesar de nuevo todos mis descarríos. ¡En absoluto! Ya han sido confesados varias veces. Sólo hay que tomar concien-

---

132 Véanse a modo de ejemplo las siguientes frases sobre la «fuerza sanadora y santificadora del arrepentimiento»: «He cometido una acción carente de valor, una acción contra el orden moral. Entonces viene el arrepentimiento. ¿Qué efectos tiene para el presente y el futuro? En primer lugar, el efecto negativo: el arrepentimiento separa el alma del apego a la acción carente de valor, de falso valor. Casi diría que arranca el corazón malo de la mala acción. En ello reside la fuerza sanadora del arrepentimiento. En segundo lugar, la fuerza santificadora, el efecto positivo hacia delante: a través del arrepentimiento, la acción adquiere un empuje positivo, es decir, el bien que había sido negado por la mala acción, es afirmado a través del arrepentimiento con toda la fuerza del alma. Deben detenerse en este punto. Por eso, en el arrepentimiento no ver solamente la compunción: debe sumársele un abrazar en forma más fuerte y positiva el bien que antes he negado». (MPLW1933, IV, 1).

cia de la fuerza con la que está presente en mi naturaleza lo turbio, lo doloroso de mi vida. Y si profundizo teniendo en cuenta a Dios, ¿no reside en ello acaso una alegría? Yo, una miserable criatura, una nada, una criatura pecaminosa, ¿cómo estoy frente a Dios, puro y grandioso? Me alegro, oh Dios, Dios Trino, de que seas tan puro, tan límpido, porque justamente a través de mi miseria se expresa en forma tanto más clásica tu grandeza. Pero, desde un punto de vista puramente psicológico, cuando el *dolor* se vive en forma correcta y sana, implica también –podrán confirmármelo los melancólicos– una cierta dicha y alegría: en forma creciente, el recuerdo doloroso es insertado en los grandes contextos de Dios.

– Vergüenza:

Un segundo elemento es la *vergüenza*. Debemos esforzarnos por no perder ese avergonzarnos ante Dios y ante nosotros mismos. Es así: tan pronto como la naturaleza se ha descarriado, un sentimiento de vergüenza estremece todo mi ser.[133] Y una vez más: ¡Cuánta dicha y felicidad se esconde en ese sentimiento de vergüenza si lo profundizo íntegramente teniendo en cuenta a Dios! Pero si aplasto en mí el sentimiento de vergüenza, mi naturaleza retrocederá a un estado salvaje y perderá la verdadera receptividad para la recta alegría de Dios.

– Temor:

Y el tercer elemento que actúa en la penitencia es un cierto *temor*. No tanto el temor ante Dios sino ante mí mismo. Tengo

---

133 La correcta atención dispensada al sentimiento natural de vergüenza desempeña también un papel importante en una psicología nutrida por la experiencia pastoral que haga un seguimiento de las realidades más finas y vulnerables del alma, decisivas para la personalidad interiormente libre y para la nobleza que Dios quiere para ella, y que las aproveche en el sentido de la pedagogía del amor. En la virtud del pudor se acrisola y asegura una función sismográfica en esta línea. Véase RR1968, 77ss.

temor de mí mismo. Lo sé por experiencia: ¡qué es lo que no sería capaz de hacer mi naturaleza si la dejara correr tranquilamente por el rastrojo, si Dios no la atara, si Dios no me diese su gracia! El verdadero y auténtico temor implica en sí el amor a Dios. Temor de nosotros pero amor a Dios y confianza en él. Sabrán ustedes que un temor extraordinario de sí mismo produce enfermedad. Pero –y lo que me importa en esto es que veamos con la mayor claridad posible cómo pueden aprovecharse todas estas cosas de las que nos percatamos en las más duras verdades– si combino el temor con la fuerte confianza en la bondad de Dios, es también una fuente inagotable de alegría. Así debería ser, objetivamente.

Tal vez sería bueno que, mientras menciono estas cosas, echáramos una mirada retrospectiva a la legión de nuestras faltas y descarríos –y no tiene por qué ser algo gravemente pecaminoso: al hombre noble le basta con haberse entregado al espíritu del mundo, con haber cometido imperfecciones morales–, que hiciésemos la prueba de tomar conciencia de estos tres elementos de una sana actitud de penitencia. ¡Veamos si en estos días podemos tener la vivencia interior de la penitencia como fuente de alegría!

No esperarán ustedes muchas explicaciones de mi parte. El tiempo es demasiado corto para ello. Si tuviésemos más tiempo deberíamos entrar a hacer consideraciones en este punto. Pero baste con la referencia. Ya somos suficientemente viejos como para acompañarlo con la oración y experimentar cada vez más que así debería ser, objetivamente. Cómo ha de ser en lo subjetivo deberá ser objeto de la ocupación personal de cada uno. Una vez más: la penitencia, una fuente de alegría.

- *La confesión, un medio de educación*

En tercer lugar, la *confesión es también un medio de educación.* ¡Así, concebir la confesión como un medio de auto educación! ¡Plasmarla de tal manera que nos forme! ¡Por eso, tal como lo hemos aprendido anteriormente, en la acusación ante Dios, entrar en los motivos, asociar más con ella una suerte de rendición de cuenta sobre el examen particular! Si el confesor me responde un poco, si, como suele ser el caso la mayoría de las veces, se preocupa también un poco por mí, ya la sola confesión me urgirá indicándome el sentido en que debo dejarme conducir. Una sana y profunda auto educación quiere ayudarme a que la vida instintiva se ordene bajo el espíritu. ¿Acaso una paz serena no implica al mismo tiempo un profundo reposo? Si hemos colocado la vida instintiva bajo los arreos de la voluntad, ¿no está alegre el alma de talante? ¿No se verifica aquí la esencia de la alegría: reposo de nuestro apetito en la posesión de un bien: de un bien moral, un *bonum honestum;* del bien sobrenatural, la gracia y todo lo demás? Penitencia como fuente de alegría en el orden objetivo.

b. *El sacramento de la confesión, fuente de alegría, en el orden subjetivo*

En el orden subjetivo: ¿Por qué para mí la penitencia es fuente de alegría en medida tan escasa? Por favor, respóndanse la pregunta ustedes mismos.

Ya se ha delineado un camino para responderla: ¿he tenido en cuenta hasta ahora en forma práctica los tres puntos de vista formales en la penitencia? Si no lo han hecho, entiendo también cuán difícilmente pueda ser una fuente de alegría.

O bien, si quieren otro camino, puedo preguntarles: ¿no nos hemos tomado las cosas en forma demasiado fácil, demasiado superficial con la preparación y acción de gracias? ¿No es así que, muchas veces, nuestra confesión es demasiado poco fruto de un espíritu profundamente creyente?

Con la **preparación** solemos tomarnos las cosas en forma demasiado fácil, miramos con insuficiente profundidad los pozos, la realidad de nuestra naturaleza, y damos demasiado poca importancia a un profundo arrepentimiento y atmósfera de penitencia. Si soy consciente de que quien está sentado delante de mí es el reflejo del Padre celestial, el reflejo de Cristo, la misericordia de Dios que está encarnada delante de mí, ¿no debiera ayudarme eso a que la penitencia se convierta en una profunda fuente de alegría?

Y el **actuar posterior**, la robustecida lucha moral, por ser fuertemente dependientes de Dios, su deseo y su ley, ¿no deja por lo general mucho que desear en todos nosotros? O cuando en uno u otro lugar se ha presentado en nuestra vida la *occasio proxima* y no podemos apartarla: ¡intenten, sin embargo, convertirla en *occasio remota*, (ocasión remota)! ¡Qué poco podemos hacerlo! Y como no utilizamos la penitencia de ese modo, no puede convertirse para nosotros en fuente de alegría.

Pregúntense, también: ¿de dónde proviene que, *para nuestro pueblo,* la confesión no sea una fuente de alegría en forma tan fuerte como se afirma en los libros? Observen la vida real: ¡cuántos problemas y dificultades tiene nuestro pueblo frente al confesionario! ¿Acaso no se lo concibe en vastos sectores como un instrumento de tortura? En los libros se dice algo diferente. A partir de mañana, cuando pongamos de relieve el núcleo de los ejercicios, podré dar una respuesta a esta pregunta. Este año queremos prepararnos para una superación del espíritu negativo del tiempo actual. Y como se nos reprocha que el catolicismo hace del hombre alemán, del hombre ario, un esclavo, queremos comprobar si es verdad y en qué medida lo es. Puesto que, si es verdad que la confesión nos hace tan tremendamente temerosos, ¿no será acaso por la idea de que, si he faltado, recibiré algún castigo? ¡Y justamente eso es lo que no se está queriendo decir con la confesión! Pero ¿no es así que el pueblo relaciona con ella un miedo terrible? ¿No tiene más miedo de esto que de otras cosas? ¡Mañana tendremos la respuesta! Aquí sólo quiero advertir que, si queremos que nuestro pueblo reciba una educación a la alegría, deben consideran cómo el sacramento de la Penitencia puede llegar a ser una verdadera fuente de alegría.

Mucho depende de que la educación para el sacrificio de la misa tenga como consecuencia una correspondiente educación para la confesión. Debemos ver siempre las cosas en el organismo. Si sólo quieren una cosa sin tener en cuenta la otra, quedarán rengos. En otra oportunidad se hizo de este modo, en Holanda se aplica esto: ¡yo también lo hago! En Estados Unidos se hace así: ¡yo también lo hago! De ese modo no se está dejando tiempo alguno para que las cosas arraiguen.

Debemos aprender a *pensar orgánicamente, a actuar con mano segura a partir de principios últimos* y a poder esperar diez, veinte años. ¡El tiempo llega! Dios está con nosotros. Si observo leyes de vida y, en la pastoral, estoy al servicio de las mismas, llegaré a la meta. ¡Tener una meta firme ante la mirada, no dejar que las cosas corran por sí solas u oscilen de un extremo a otro! Una meta firme que tengo ante la mirada y a la que aspiro en forma intransigente. Tal vez haya permanecido demasiado en este pensamiento, pero queremos reflexionar cómo, desde un punto de vista puramente histórico, la liturgia es también hoy una verdadera fuente de alegría.

B. *La Eucaristía*

Lo que he dicho acerca de la penitencia pueden reflexionarlo ustedes sobre el santo sacrificio: no como sacramento, sino la *Eucaristía* como alimento para el hambre de alegría, tanto nuestra hambre cuanto la de nuestro pueblo, tan pobre en alegría. ¿Acaso no debe tener también nuestro pueblo fuentes de alegría? ¿Debo empujarlo siempre de nuevo hacia atrás, hablar siempre del dolor y multiplicarlo? Si quieren tener otros puntos de vista, no podremos comentarlos en este par de horas. Pero para el trabajo del año, para que la impresión de que la liturgia es realmente una fuente inagotable de alegría se torne suficientemente profunda, pueden considerarla desde otro punto de vista. Vayan punto por punto: las alegrías navideñas, las alegrías del Adviento, la Cuaresma, o, si quieren, también del Tiempo Pascual y de Pentecostés. ¡Consideren los diferentes textos! Partiendo de los textos litúrgicos sería fácil predicar constantemente sobre la alegría. Valdría la pena que hicieran alguna vez la prueba de colocar la santa misa en el centro.

En estos días, Alphons Maria Rathgeber me ha enviado el libro de su autoría titulado *Das heilige Messopfer* (*El santo sacrificio de la misa*). Es en realidad un escrito noble y popular. Y valdría la pena realizar, de alguna manera en un marco comunitario más amplio, —un decanato, o más amplio todavía— un trabajo en común en esta línea y aprovecharlo. En efecto, nuestro trabajo debe ser sistemático y también consecuente.

O bien, otro punto de vista para ustedes: busquen los momentos de alegría en el Común de vírgenes, en el de mártires, en el de consagración de iglesia. No se imaginan cuánta alegría resuena en todos ellos, ya por el solo texto, sin el contenido. Pero, sintetizando: en la práctica, estos pensamientos son suficientes para convencernos de la autenticidad de la afirmación de que la liturgia es una fuente inagotable de alegría.

4. La liturgia , *fuente límpida y probada de alegría.*

Yo había hecho también una segunda y una tercera afirmación. La segunda decía que la liturgia es también una *fuente límpida y probada de alegría.*

4.1. La liturgia, una *límpida* fuente de alegría

Una *límpida* fuente de alegría. Ya saben por qué. ¿Qué es la alegría? El reposo del apetito, etc. ¿Qué bienes se nos ofrecen en la liturgia? Los bienes supremos. ¡Si nuestra alma pudiese reposar en esos bienes que se nos ofrecen aquí en la liturgia! Cuando hablo de liturgia me refiero en la mayoría de los casos a la santa misa. Sin embargo, lo dicho vale también respecto de toda la universalidad de la liturgia. Si puedo reposar en la liturgia, si puedo reposar dichosamente en los bienes que se me ofrecen, ¡qué alegría tan abundante!

4.2. La liturgia, una *probada* fuente de alegría

Una *probada* fuente de alegría. ¿Por qué? Porque los bienes que se me presentan están asegurados a la luz de la fe. En ella, la luz de la fe me dice: este bien se llama de tal modo y ha de verse y valorarse de tal modo en la jerarquía de valores.

Así es: la liturgia es una fuente límpida y probada de alegría. Sin embargo, aquí debemos *avanzar,* en forma lenta y constante, *de la alegría exterior a la alegría interior.* Ésa es la alegría que experimentamos, por ejemplo, a través de las ceremonias por el hecho de que los acólitos desempeñan su tarea en forma simpática o por la belleza del canto. A través de estas alegrías exteriores debemos conducir al pueblo a la esencia de esos bienes exteriores. Ya nos lo dijo san Agustín: no debemos eliminar estas cosas ni dejar de verlas, sino que las mismas deben ser un medio para adentrarse hasta la alegría última y más profunda en y con Dios. (Véase p.178)

Cuán profundo es esto podrán verlo en la tercera afirmación: La alegría litúrgica es una *alegría de día festivo* que se une a Cristo y ofrece junto con él el sacrificio.

4.3.   La alegría litúrgica, *una alegría de día festivo*

¡Alegría de día festivo! Antes habíamos utilizado la expresión «*alegría dominical*». Ahora digo con toda intención «*alegría de día festivo*». Quisiera elevar todavía un pequeño grado más la alegría dominical. ¿Por qué «*alegría de día festivo*»? [134] ¿Acaso no es cada santa misa un medio de alto grado para un amor recíprocamente intensificado? Así es objetivamente. ¿Debería ser así también en lo subjetivo? ¿Qué se hace y realiza en la santa misa? ¿No es acaso el más alto grado de amor recíproco? ¿Y no debo colaborar yo cuando veo un acto tan intensificado de ferviente amor? Por eso se debe concebir cada santa misa de esta manera.

---

134 Acerca de toda la temática de liturgia y alegría y, en especial, de la alegría festiva, cabe hacer referencia a un tratado filosófico («una teoría de la fiesta») que no sólo presenta en forma convincente las verdades fundamentales de la fiesta sino también la actualidad de una alegría festiva de ese tipo: Josef Pieper, *Una teoría de la fiesta*, Madrid: Rialp, 1974. Por ejemplo, en la pág. 40ss dice: «*Celebrar una fiesta significa celebrar por un motivo especial y de un modo no cotidiano la afirmación del mundo hecha ya una vez y repetida todos los días*». Tras esta definición, habla de que la fiesta es «al menos latentemente, incesante» y advierte al respecto que, «de hecho, la liturgia de la Iglesia no conoce sino festividades». Por último, el autor extrae la siguiente consecuencia en «varios planos»: «*primero:* no puede darse una afirmación del mundo en su conjunto más radical que la glorificación de Dios, que la alabanza del creador de ese mismo mundo … *segundo* … es el acto del culto, la fiesta litúrgica, la forma más festiva de la fiesta … *tercero*… no puede darse en el mundo aniquilación más letal y desesperanzada que la negación de la alabanza cultual; ese «no» extingue incluso la chispa con la que aún podría inflamarse la llama extinguida de la fiesta» (destacados en cursiva del propio autor).

En la santa misa, cada día es domingo y fiesta y, por eso mismo, podemos alegrarnos sinceramente. Las ceremonias, los acólitos, una cierta solemnidad exterior, son necesarios. Pero no hay que olvidar la consecuencia: si es alegría de día festivo, también yo tendría que esforzarme para que en toda mi conducta exterior hubiese una *atmósfera* y una *actitud de fiesta*.

Bien sé que este par de palabras se dicen muy rápidamente. Pero ¿las llevamos a la práctica? Podrá haber mucho trabajo, pero la santa misa —y lo mismo vale para el breviario— debería llenarme de una atmósfera de fiesta. Por eso, vestirse también con ropa y zapatos festivos. Es especialmente necesario que mi conducta exterior, mi vestimenta, corresponda al carácter festivo del acto. ¿No queremos reflexionar un poco al respecto y recordar que se nos ha confiado que la Iglesia, por lo menos en cierta medida, tenga siempre una impronta festiva, que los ornamentos estén aseados, que la iglesia esté limpia y tenga el carácter de un lugar adornado en forma festiva? Ustedes entienden lo que quiero decir. No digo que cada día sea de fiesta. Lo veo desde el aspecto negativo, especialmente en el campo, donde dejamos que todo siga como está y utilizamos la iglesia como bodega, de modo que un sacerdote que viene de fuera tiene sentimientos de rechazo. ¡Tengamos alegría de día festivo!

4.4.   La alegría litúrgica, *una alegría sacrificial*

Pero eso no es aún lo último: *alegría de día festivo que ofrece junto a Cristo el sacrificio*. He ahí el punto culminante de nuestra reflexión. *La alegría litúrgica es, en su núcleo, alegría sacrificial*. ¡Alegría sacrificial de día festivo! Por favor, reflexionen acerca de esto en forma teológica o, mejor, en forma filosófica y psicológica. Consideren qué significa que la verdadera alegría sea expresión de verdadero, profundo amor; alegría, expresión del amor que disfruta, del amor que reposa.

Permítanme que les cite aquella sencilla frase de la Sagrada Escritura que dice: Nadie tiene mayor amor… (Jn 15, 13). ¿Saben lo que significa? ¡Es tan importante que lo entendamos teóricamente! *El mayor amor es el amor sacrificial.* Aquí lo dice. Por eso, la mayor alegría es la alegría sacrificial. ¡Pero no lo escuchen sólo en perspectiva filosófica! ¿Es la alegría sacrificial la mayor alegría? En el orden objetivo es así. Pero en el tiempo actual tenemos que destacar esa alegría en forma especialmente intensa para no debilitarnos y desplomarnos en la lucha por la alegría. ¡No, no: la educación a la alegría presupone una muy honda y profunda educación al sacrificio!

- *La educación a la alegría presupone una profunda educación al sacrificio*

  ¿Qué tenemos en la santa misa? ¡Nadie tiene mayor amor…! ¡Acaso no entrega Cristo su vida, cada vez de nuevo en la santa misa, en forma suprema, al Padre celestial y, de ese modo, también por nosotros? ¿Saben qué es lo supremo? ¡El amor sacrificial! ¿Qué deberé hacer, pues? Debo captar la santa misa como expresión e intensificación de mi fortaleza para el sacrificio. Ciertamente es así que, si hago una revisión de mi vida —cada uno querrá hacerla— encontraré que, *para la criatura que carga con el lastre del pecado original, las alegrías que más placer le producen son las que están relacionadas con un sacrificio.* La naturaleza lo muestra.

¡Alegría de día festivo que se ofrece junto con Cristo! Cristo se ofrece y yo me uno a su ofrenda. Pero también me ofrezco a mí mismo. Ésta es mi alegría de día festivo que ofrece junto con Cristo el sacrificio. Tenemos que permanecer en este punto. Cuando en el tiempo actual se afirma que el movimiento litúrgico

está bien, que podrá ser transitorio, que existe el gran peligro del esteticismo pero que en la santa misa debemos acentuar más lo bello, la variación… ¿por qué no? Pero tenemos que tener presente que se trata siempre de una alegría festiva que ofrece con Cristo el sacrificio, de una celebración sacrificial. Así es: yo me ofrezco a mí mismo tal como soy con Cristo al Padre celestial. O bien, si quieren, de este modo: Cristo se ofrece en mí o yo me ofrezco de nuevo junto con Cristo al Padre celestial.

Ahí tienen la fuente de fortaleza. Y pueden entender cómo el cristianismo primitivo pasaba rápidamente del altar a la arena. ¡Cómo nos suena de familiar y hace surgir acordes en nuestra alma! Vean a san Ignacio de Antioquía. Viene de camino y, ahora, debe ir a la arena. ¡Y cómo resuenan sus palabras: soy semilla, trigo de Dios…![135]

Por favor, no queremos concebir estas cosas como frases hechas sino en forma fundamental y decir, también si mi pobre naturaleza se estremece: ¡soy el verdadero trigo de Dios! Y si es verdad que, a la mañana, durante la santa misa, *no soy solamente sacerdote co-oferente sino también ofrenda co-ofrecida*, eso mismo significa, concretamente, que estoy clavado en la cruz y que cada mañana me dejo clavar con él en la cruz. Y si durante el día se me exige algún sacrificio, aunque sea el más duro, estoy dispuesto a ofrecerlo. Y si me retraigo, ¿no significa eso saltar de la cruz? Todos cometemos alguna vez faltas como ésa, pero, en lo fundamental, debemos reconocer que está contra la ley y el sentimiento naturales sanos y objetivos. Tantas veces cuantas

---

135 Ignacio de Antioquía, Carta a los Romanos 4, 1: «Permitidme ser pasto de las fieras, por las que me es dado alcanzar a Dios. Trigo soy de Dios, y por los dientes de las fieras he de ser molido, a fin de ser presentado como limpio pan de Dios» (según *Padres apostólicos y apologistas griegos* [s. II], introducción, notas y versión española por Daniel Ruiz Bueno, Madrid: BAC [serie Normal, 629], 2002, 401).

comulguen y oficien misa, deben celebrar la muerte del Señor, hasta que él vuelva.[136] Esto mismo puedo hacerlo en nuestro tiempo, en el que tan poco se quiere saber del jefe, de nuestro jefe, de nuestro Dios hecho hombre, que sea alabado eternamente. Se me ha concedido anunciar la muerte del Señor tantas veces cuantas comulgue.

Pero ¿cómo debo anunciar la muerte del Señor?, se preguntan los exégetas. En la santa misa debo hacerme cargo de la muerte del Señor y mostrar asimismo una conducta exteriormente respetuosa, de modo que los de fuera se vean edificados por nuestra actitud y noten, sientan, que se está llevando a cabo una acción sagrada. ¡Anunciar la muerte del Señor! El contenido más importante de esta afirmación es que yo mismo, que celebro y comulgo, debo llevar en mí, en mi alma, las llagas de Cristo. Cada mañana asumo de nuevo el deber de morir hoy con Cristo, las veinticuatro horas. Durante las veinticuatro horas anuncio la muerte de Cristo hasta que él vuelva en la nueva santa misa. Cada día muero. ¿Acaso no podemos comprender también esa expresión en el sentido de la frase que dice: *constantemente muero a mi propio yo?* Si tomo esto mismo como la más profunda fuente de alegría, se construirá e incorporará también en mi vida la alegría sacrificial. ¡Qué fuente de alegría tan inmensamente fecunda pueden ser para mí la educación litúrgica y la alegría litúrgica!

¿No queremos esforzarnos por poner esto en práctica, sobre todo aquellos de nosotros que pertenecen a la generación

---

136 1 Co 11, 26: «Pues cada vez que comen este pan y beben esta copa, anuncian la muerte del Señor, hasta que venga». En la aclamación que, en la liturgia renovada, se reza después de la consagración de las especies, se coloca el «anuncio de la muerte» del Señor en relación con la «proclamación de la Resurrección» en el mismo sentido que aparece en este texto, más abajo, cuando el P. Kentenich acentúa la relación entre vida de sacrificio y transfiguración.

joven, que provienen tal vez, en forma demasiado unilateral, de un movimiento unilateralmente litúrgico? En una época era moda, sobre todo en la generación joven, que muchos fuesen captados por una manía de transfiguración: transfiguraban la liturgia, transfiguraban a Cristo. ¡Sí, pero llevo la transfiguración en el cuerpo mortal, y Cristo no es solamente el transfigurado sino también el moribundo, que muere místicamente en la santa misa! ¡Por eso, conquistar la *transfiguración a través del morir,* a través de una vida de sacrificio! Sin sacrificio no hay transfiguración profunda y global de la naturaleza y del entorno. No quiero entrar a considerar detalles a fin de no extenderme demasiado. Ya me he excedido en el tiempo.

Deben seguir reflexionando: *alegría de día festivo que se une a Cristo y ofrece junto con él el sacrificio.* La expresión «que se une a Cristo» la he formulado yo para expresar con más fuerza la idea del carácter de miembros de Cristo, a pesar de que ya está suficientemente expresada al decir que es una alegría de día festivo, «que ofrece junto con él el sacrificio».

5. La liturgia, *escuela de alegría*

Tal vez me permitan hacerles notar todavía rápidamente un segundo pensamiento: *liturgia,* una fuente de alegría y *una escuela de alegría.* Escuela de alegría. Ya que acabamos de buscar y de ver que aquí se nos alumbran alegrías, queremos recordar ahora que también nosotros recibimos formación, que nuestro órgano es entrenado para aprender a alegrarse rectamente. No es lo mismo ver fuentes de alegría que tener también un órgano entrenado para recibirlas y disfrutarlas realmente.

Dos expresiones nos señalan el camino y la dirección: la liturgia es una escuela de aprendizaje y una escuela de práctica para la alegría.

5.1. La liturgia, *escuela de aprendizaje*

¿Por qué? En ella aprendemos a conocer y a reconocer las más grandes alegrías en cuanto tales. ¿Y cuáles son las alegrías más grandes? Las alegrías sacrificiales. Como la alegría sacrificial se expresa en forma tan extraordinariamente fuerte en la liturgia, necesitamos ese ejemplo que haga referencia constante a ella. Observamos que nuestro entorno ve la alegría en otra parte, que no ve la alegría sacrificial como la más grande. Por cierto que se conoce la expresión del hombre solícito que no quiere nada para sí porque el individuo no es nada y la comunidad lo es todo. Pero a esos hombres no se los encuentra por la calle. Es algo que se dice con facilidad. Pero nosotros, hombres de hoy, que hemos llevado y seguimos llevando aún hoy una vida acomodada, ¡cómo estamos en peligro de trastrocar con facilidad la jerarquía de valores! Necesitamos estas enseñanzas. ¿Cuál es la mayor alegría? ¡La alegría sacrificial! Haremos bien en reflexionar sobre estas ideas y en comprobar –y asimismo en rezar por esta intención– que incorporemos también vigorosamente estos pensamientos en nuestra vida. Hacerlo genera no chapucerías sino un vigoroso proceso de transformación de toda nuestra vida.

Nuevamente: tenemos una escuela de aprendizaje no sólo para la mayor alegría sino también para la *jerarquía de la alegría*. También aquí hay una jerarquía. Es un pensamiento que acabo de subrayar hace un momento: la liturgia quiere indicarnos que lo periférico, lo vinculado a las masas, lo humano de la vida cotidiana no es lo supremo. No digo que no haya que tenerlo en cuenta sino que no es lo principal. Las cosas sólo deben ser medios. ¡El núcleo sigue siendo lo sobrenatural, la alegría sacrificial!

5.2. La liturgia, una *escuela de práctica*

Pero la liturgia es también una *escuela de práctica*. Es decir que, durante la santa misa –y lo mismo vale para la celebración–, durante ese tiempo nos ejercitamos en la recta alegría, en el correcto alegrarse. Y si lo hemos ejercitado durante media hora estando con el fondo del alma en todas esas realidades, ¿no creen que, así, a través de esa media hora, se arranca de la indiferencia todo el tiempo, el día entero? Pero no debemos darnos por satisfechos con educarnos a nosotros y a otros **para** la liturgia sino también **a través** de la liturgia. «Para la liturgia» lo entendemos y debemos entenderlo todos. Mediante la alegría litúrgica, toda la gran obra del día debe convertirse con el tiempo en una única alegría, en una gran alegría. Cuenten dentro de ello el breviario y las celebraciones devocionales populares. Donde se las celebre de este modo, seguir trabajando en forma consecuente durante semanas, meses, a fin de crear un contrapeso contra el mundo actual, carente de alegría. Y si recibimos el apoyo de la gracia, algo deberíamos alcanzar.

Tengo razón, pues, al decir que tenemos aquí una atmósfera de alegría a la que debemos exponernos y en la que tenemos que formarnos. El saber podrá ser importante, pero más valioso aún es llevar ese saber a la práctica, a la vida.

Séptima Plática

FUENTES CRISTIANAS DE ALEGRÍA: LA LITURGIA

(continuación)

1. Momentos de la alegría litúrgica

Me permitirán, tal vez, proseguir al comienzo con lo que no hemos podido terminar de tratar en la plática precedente. Después de haber oído la caracterización de la liturgia y de las alegrías litúrgicas, podrá valer la pena registrar *algunas muestras de la alegría litúrgica.* Se contentarán con un par de frases al respecto. Por supuesto, aquí podemos distinguir entre la liturgia de la palabra y la liturgia sacrificial. Para nosotros, que estamos litúrgicamente formados, la fuente viva y borbotante debe ser la *liturgia sacrificial.* No obstante, en cuanto a la forma, al texto, encontrarán en la *liturgia de la palabra* una fuente casi inagotable de motivos de alegría, de ideas de alegría, sea que se fijen en el *Ordinarium Missae* o en las partes movibles.

2. Signos de alegría en la misa

Si quieren tomar como prueba un ejemplo, lo encontramos enseguida en la oración ante las gradas del altar. Apenas nos hemos puesto en la presencia de Dios y hemos tomado conciencia de nuestra misión en nombre de la Trinidad, viene ya la fuerte referencia a la alegría: «a Dios que alegra mi juventud».[137] Observen cuán frecuente reaparece esta idea: dos o tres veces. Y al final, después de haber rezado el *Misereatur* y todo lo demás, aparece una vez más la referencia a la alegría: «Y tu pueblo se regocijará».[138] Podemos decir como cierto que, en esta referencia a la alegría que encontramos en la oración ante las gradas del altar, tenemos la actitud fundamental de toda la santa misa.

2.1. En el momento inicial

Algunos formularios de misas particulares están determinadas a menudo por el *tenor del Introito*. También aquí podrán comprobar ustedes cuán a menudo resuenan en forma directa o indirecta en el *Introito* motivos de alegría.

2.2. En el momento del perdón

No debe confundirnos sino más bien alegrarnos que la *vivencia de alegría esté inserta en el marco de la profunda confesión de culpa*. Ya en la última plática hemos aprendido un poco a realizar en forma práctica esta confesión. Ahora queremos hacerlo tanto más en ocasión del *Confiteor*. Valdría la pena hacer la comprobación de cómo en esta oración eclesiástica de culpabilidad, en la confesión y en el *Misereatur,* resuenan sones muy profundos de alegría. *Confiteor y Misereatur.* En medio de un entorno alegre aparece de pronto la conciencia de culpa, la confesión de culpa. Tal vez pueda pedirles que hagan por sí mismos esta confesión en lo profundo de su interioridad.

---

137 Sal 43 (42), 4: *Introibo ad altare Dei: Ad Deum qui laetificat iuventutem meam.* En la traducción de la Biblia de Jerusalén: «Llegaré al altar de Dios, al Dios de mi alegría».

138 Sal 85 (84), 7: *Deus, tu conversus vivificabis nos. Et plebs tua laetabitur in te.* En la traducción de la Biblia de Jerusalén: «¿No volverás a darnos vida para que tu pueblo en ti se regocije?».

No nos hemos dedicado tanto a tratar acerca de la culpa sino de lo positivo que Dios nos ha regalado y quiere regalarnos todavía. Y eso mismo haremos, con mucho mayor fuerza aún a partir de mañana. Se darán cuenta de que se trata de algo esencial para la actitud fundamental de nuestro retiro. Pero como todo retiro contiene una reforma de nuestra vida espiritual entera, y como también la *conciencia de culpa y la confesión de culpa son una fuente de alegría,* no debemos hacer a un lado la culpa y la expiación. No deben malinterpretar que en esta plática me detenga tanto en ese punto. Hay muchas otras cosas que basta con sólo mencionarlas. Tales referencias tienen después un efecto mucho mayor a partir del organismo en su conjunto, que si las hubiésemos hecho en forma más extensa.

También en forma transitoria por esta noche, puesto que nos preparamos para la confesión del retiro, les pido que consideren la siguiente referencia: está bien que vea mi vida en el organismo pero no me hará mal si me golpeo el pecho y digo: *mea culpa,* etc. Quiero ver mi propia culpa durante el año pasado: *Mea culpa!* He caído en culpa no sólo frente al Dios Trino –«Yo confieso ante Dios…»–. ¡No: por ser miembro de la comunión de los santos –realidad de miembros de Cristo–, también he caído en culpa frente a los ángeles y a los santos, y asimismo frente a mis semejantes! ¡Por eso, *expiación!* Quisiera expiar, ofrecer una sana expiación ante Dios, ante la Santísima Virgen, ante los ángeles y los santos. También quisiera ofrecer una expiación ante mis semejantes. ¡Por eso, *mea culpa!*

En la medida en que lo consideren razonable y se sientan interiormente movidos a hacerlo, deberían echar una mirada retrospectiva al año pasado y contemplar una vez más, con la mirada del espíritu, sus pecados, sus faltas, sus negligencias, sus descarríos. En tal caso valdrá también la pena decir, precisamente en nuestro retiro: los pecados que hemos cometido, en la medida en que realmente contengan un elemento pecaminoso, son el único asesino de la alegría en nuestra vida. Pero, con buena razón, sólo en el momento de pecar. Sólo en ese momento el pecado es asesino de la alegría. Permítanme advertirles que, cuando el pecado ha despertado mis inclinaciones y pasiones, asesina la tranquilidad y la alegría que, por ejemplo, se encontraba hasta ese momento en la armonía de mis pasiones. O bien, pienso en la inquietud que genera en mi conciencia. ¡Asesino de la alegría! Es el tormento de mi conciencia. Es asesino. O bien, si me coloco en perspectiva psicológica: al disfrutar del fruto prohibido, he sorbido placenteramente agua azucarada. Pero también he bebido arsénico. Mi naturaleza se ha enfermado. El pecado es un asesino de la alegría en la medida en que contiene algo pecaminoso. Sé también —me refiero al pecado mortal— que, si sigo en él hasta el momento de cerrar mis ojos para siempre, hallará su retribución y su castigo en el infierno, con lo cual el pecado se me presenta en forma totalmente manifiesta como asesino.

No obstante, ya con el sólo objeto de seguir siendo claro y objetivo, debo destacar lo siguiente: cuando pecamos, cuando el pecado ya se ha cometido y lo utilizamos en forma correcta, *el pecado,* y muchas veces precisamente el pecado grave, es *una fuente de alegría que mana desde una gran profundidad.* Más adelante hablaremos extensamente sobre el tema. Aquí debo procurar traerlo a la memoria. Piensen en la maldad de la culpa. *O felix culpa Adae!* (¡Feliz culpa de Adán!) Piensen en las consecuencias positivas que debemos extraer después de haber cometido un pecado. ¿Qué quiere Dios cuando hemos cometido un pecado y regresamos nuevamente? ¿Qué bienes quiere regalarnos en esa ocasión? ¡Bienes excelentes! Y a través del pecado se nos regalarán en forma totalmente segura los milagros de humildad, de confianza, de paciencia y de amor, que llegarán a ser nuestros.[139] ¿No son éstos acaso grandes valores? Y si el pecado nos regala todos esos valores con una cierta seguridad, en la medida en que nos arrojamos a los pies de Dios entonces podemos y debemos decir que, una vez que el pecado ha ocurrido, y aunque fuese el peor de los males, nuestra tarea consiste en hacer que, del pecado, de ese mal, surja algo sumamente grande y convertirlo en fuente de alegría. No esperen aquí que les presente esto en todos sus aspectos dogmático-filosóficos. Al no dar yo esa explicación, quien no me conoce a través de otras pláticas, podría decir: como el pecado es una fuente de alegría, peco. Eso sería erróneo. Por el contrario: *a fin* de que el pecado pueda llegar a ser una fuente de alegría, debemos procurar por todos los medios evitar el pecado y experimentar así también profundamente la maldad del pecado. De este modo, hablo también en interés de ustedes si doy por terminado este primer gran desarrollo de ideas.

3. Filosofía de la alegría

¿Qué es lo que queremos? Queremos esforzarnos por degustar primeramente un poco la alegría en forma vivencial. No puedo decir en qué medida lo hemos logrado. De todos modos, quien haya seguido en cierto modo los pensamientos y los haya acompañado con la oración y con una cierta honestidad, podrá tener por lo menos un hambre intensa, podrá tener la siguiente

---

139 En el retiro del año anterior, después de tratar la vivencia de la fuerza curativa y santificadora de la culpa y del arrepentimiento (véase al respecto la nota 130 de la plática precedente), se extraen bajo el título de «Vive el arte de sacar provecho de tus faltas» dos consecuencias: lo que no hemos de hacer (no admirarnos; no desanimarnos; no instalarnos) y lo que hemos de hacer (llegar a ser un milagro de humildad, un milagro de confianza, un milagro de paciencia, de dulzura y de bondad). (MPLW1933, IV, 1).

conciencia: ya sé cómo puedo adquirir durante el año una formación en la alegría y dónde manan para mí las fuentes de la alegría.

Pero habría una segunda cosa para reflexionar. Echen una mirada retrospectiva: si me permiten expresarlo en forma científica, hemos de decir que nos hemos elaborado una psicología y teología de la alegría, teología bíblica y litúrgica. ¿Qué nos falta todavía? Una filosofía y una pedagogía de la alegría. Por supuesto, lo que reviste más importancia para nosotros debe designarse ciertamente como pedagogía de la alegría. Por favor, no perdamos de vista lo siguiente: *la alegría presupone todo un árbol, es un fruto delicioso.* ¿Cómo se llaman las raíces de ese árbol? La raíz, por la que debemos esforzarnos de manera especial, es el amor. Pedagogía de la alegría es pedagogía del amor. Ése es el punto culminante de nuestro retiro. Lo que hemos comentado hasta el momento podrá considerarse y contemplarse como una primera parte, así como también como una preparación apropiada a la segunda parte. Queremos luchar por elaborar una *filosofía de la alegría,* elaborarnos una definición esencial de la alegría.

Este quehacer se adecua, en principio, muy poco para la meditación, por lo menos para el tipo de personas que no saben muy bien qué hacer con pensamientos abstractos. Pero existen también tipos de personas para las que los pensamientos abstractos son los preferidos. A fin de que también los otros tengan el debido provecho, quiero presentar hacia el final la filosofía en forma más ilustrativa sirviéndome en forma esquemática de las ocho bienaventuranzas. Pero antes me permitirán que me detenga en la sobria y despojada filosofía de la alegría. Todo aquello que hemos dicho hasta ahora en forma dispersa, lo que hemos presupuesto, lo que hemos tocado, debe ser refundido ahora en un sistema.

Si queremos tener un concepto filosóficamente claro de la esencia de la alegría, debemos recordar que no hablamos sólo de la alegría sino de la perfecta alegría sacerdotal de vivir. Con ello tienen ya la subdivisión. Preguntaré, en primer lugar, por la esencia de la alegría en general y, en segundo lugar, por la esencia de la perfecta alegría sacerdotal de vivir.

3.1. Esencia de la alegría

• *Definiciones*

Doy una definición y la analizo. Esencia de la alegría. Nos basaremos en la definición utilizada constantemente hasta ahora y procuraremos complementarla y fundamentarla científicamente. ¿Qué es la alegría? El reposo del apetito en la posesión de un bien conveniente. Mentes filosóficas opinan que se debe agregar otra palabra para que la definición sea íntegra, plenamente válida. Ellas dicen: *la alegría es el reposo del apetito en la expectativa segura o en la posesión de un bien conveniente.*[140] Es correcto. En la esperanza también hay alegría. Por tanto, cuando pienso en la *visio beata* o en qué gran bendición podrá brotar de mi dolor, estoy esperando esa bendición. Como ven, mi apetito puede reposar no sólo en la posesión sino también en la expectativa de un bien conveniente. Pero debemos agregar de inmediato lo siguiente: en tal caso, ese bien no se ve tanto como un bien lejano sino como un bien que, en la expectativa, ya está presente. Por eso decimos, asimismo: reposo del apetito en la esperanza segura. Tengo la segura esperanza –algo presente– de que el bien se me dará en el futuro con seguridad.

---

140 Tomás de Aquino agrega a la «expectativa segura» y la «posesión real» el «recuerdo»: «*Ex hoc enim aliquis delectatur, quia habet bonum aliquod sibi conveniens vel in re, vel in spe, vel saltem in memoria*» (STh I-II, 2, 6).

Ustedes podrán considerar otras definiciones que se integran más en la estructura total del retiro: *alegría es amor que reposa.* Comprueben en qué medida es acertada. Mi apetito tiene su *obiectum proprium.*[141] Y la relación del apetito con su *obiectum proprium* significa una satisfacción del instinto amoroso. Algo urge a poseer el bien. Y cuando lo poseo, ¿qué tengo? Amor que disfruta, que reposa en la posesión de un bien. Y eso es alegría. El amor, en cuanto posee y disfruta del objeto, es alegría. La alegría es amor que reposa, que disfruta. Por tanto, cuando, en la parte central y esencial de nuestros ejercicios, nos enfrentemos con toda la economía del amor, cuando luchemos por un amor divino que lo abarque todo, debemos decirnos siempre que el reposo en ese amor es alegría. Más adelante ya no destacaré más este aspecto.[142]

Procuro ahora *analizar* un poco la definición. Se trata más bien de un procedimiento desmembrador. Me detengo en la definición dada hasta ahora a fin de no hacer demasiado complicadas las cosas: la alegría es el reposo del apetito en la posesión de un bien conveniente. ¿Qué tienen ahí? Los dos pilares de la definición. La misma se agrupa en torno a *dos momentos:* «reposo del apetito», es decir, puedo concebir la alegría *sub ratione subiecti,* (desde el punto de vista del sujeto) y considero entonces el sujeto de la misma. Pero si la concibo «en la posesión de un bien», la perspectiva es *ratione obiecti* (referido al objeto en sí mismo). También puedo convertir el objeto de la alegría en el punto de partida de mi análisis. Pueden ustedes hacer ambas cosas.

---

141 Su objeto propio (correspondiente al apetito).

142 A pesar de que en la idea directriz del retiro sólo se tematiza la alegría, en la segunda parte, que es la principal y a la que se caracteriza como «pedagogía de la alegría», sólo se habla del amor. El P. Kentenich da con estas palabras la evidente fundamentación de su proceder.

— *Desde el punto de vista del sujeto de la alegría (ratione subiecti)*

Veo el *sujeto de la alegría,* el apetito. Me permitirán que recuerde, en la línea del retiro del año pasado, que podemos distinguir en el hombre tres estratos de vida y de ser, tres apetitos.[143] El estrato más bajo: el hombre del instinto; el segundo estrato: el hombre del espíritu; el estrato superior: el hombre de Dios. O bien, para utilizar expresiones corrientes: el estrato inferior: el *animal* en el hombre; el segundo estrato: el hombre del espíritu, el *ángel* en el hombre; el tercer estrato: el hombre de Dios, el *hijo de Dios.*

Cada estrato tiene también *un apetito independiente y original:*[144] el estrato más bajo, el hombre del instinto, el *appetitus sensitivus;* el segundo estrato, el *appetitus intellectivus;* el tercer estrato, *el appetitus divinus,*[145] en lugar de lo cual decimos la virtud infusa del amor.

Escuchen una vez más la definición: reposo del apetito. ¿Qué apetito es el que puede reposar? Los tres.

Puede reposar el *appetitus sensitivus* en la posesión de su bien. ¿Qué nombre damos a esa alegría? Desde un punto de vista estrictamente filosófico, deberíamos decir *amor late sensibilis* (amor sensible en sentido amplio). Las expresiones «amor sensual» o «bien sensual» tienen una connotación negativa. Por eso, a fin

---

[143] Bajo el título de «Sentido e importancia de la vida enaltecida», el P. Kentenich habla en el mencionado retiro acerca de «tres estratos de ser en el hombre». Los dos primeros, los del «animal» y del «ángel», deben llegar a «rotar» en torno al tercer estrato, el del «hijo de Dios» (MPLW1933, I, 3).

[144] Estas extensas explicaciones en el sentido de la teoría de los estratos sirven solamente para superar una comprensión y aplicación errónea, mecanicista, de la misma. En nuestro caso, ellas sirven para preparar la recta comprensión de la «alegría orgánica» (véase pág. 206).

[145] Apetito sensible, intelectual y divino.

de evitar toda confusión tanto nuestra cuanto de otros, decimos amor de los sentimientos, *alegría de los sentimientos* o, profundizando más, –aquí resuena todo el organismo– *del corazón*. Bajo la expresión «sensible en sentido estricto», entendemos lo que solemos denominar sensible o sentimental. Por la enseñanza de la moral sabemos que el *amor sensitivus* (amor sensible) puede caer en el *amor sensibilis* (amor sensual) e, incluso más bajo, en el *amor sexualis* (amor sexual).

¿Qué otro apetito puede reposar en la posesión de un bien? El *appetitus intellectivus*. En ese caso hablamos de *alegría espiritual-natural;* en el primer caso, de alegría sensible (= alegría de los sentimientos); en el segundo, de alegría espiritual-natural. Por tanto, la voluntad reposa en la posesión de un bien conveniente.

También el apetito amoroso sobrenatural, la virtud infusa del amor, puede reposar. Entonces, hablamos de la *alegría espiritual-sobrenatural.* He ahí los tres tipos, según cual sea el sujeto: alegría de los sentimientos, alegría espiritual-natural y alegría espiritual-sobrenatural.

Como más tarde nos hará falta, quiero recordar al mismo tiempo que *el appetitus es una capacidad ciega* y que, por esa razón, necesitamos una luz que nos indique la calidad de los diferentes bienes. El *appetitus sensitivus* necesita una luz: la capacidad de percepción sensible, tanto la interior cuanto la exterior. Pueden observarlo en el animal o en el niño pequeño. El *appetitus intellectivus* necesita una luz en la cual percibir el bien, las cualidades del bien. ¿De qué luz se trata? De la inteligencia espiritual, la capacidad de percepción espiritual. El *appetitus divinus* necesita una luz: la luz de la fe.

– *Desde el punto de vista del objeto de la alegría (ratione obiecti)*

Sólo estoy explicando la definición. También aquí hay tres estratos de ser y de vida, *tres tipos de bienes*. El bien conveniente al hombre del instinto lo denominamos bien sensible, sensiblemente perceptible: una manzana, o lo que fuese. Para el segundo estrato de ser, el hombre del espíritu, hay un bien conveniente: los bienes espirituales. ¿De qué bienes podrá tratarse? Verdad, justicia, fidelidad, etc. Para el estrato más alto de ser y para la vida de ser más alta, hay también un bien conveniente: un bien sobrenatural.

Ahora escuchen lo siguiente: puedo hablar de una alegría espiritual-natural, de una alegría sensible o de los sentimientos y de una alegría espiritual-sobrenatural. Si examinan esto con más detalle, dirán lo siguiente: es muy *posible que se dé una alegría que, desde el punto de vista del sujeto, sea sensible en sentido amplio*[146] *pero que, desde el punto de vista del objeto en sí mismo, sea sobrenatural.* Deben jugar un poco con las ideas, no para hacer filosofía sino para poder manejar estas cosas en la vida práctica con mano segura.

Por ejemplo, un *bonum supernaturale* (bien sobrenatural). ¿Qué bien puede ser? La Trinidad. Dicho sea de paso: no Dios, así sin más, sino el Dios Trino. Nuestros adversarios exigen que coloquemos a Dios en el centro de nuestra vida. Pero, aunque ellos no acepten Dios alguno, nosotros no debemos contentarnos por ello con mostrar solamente a Dios sin más, sino al Dios Trino. ¡Ustedes siguen la literatura de nuestros días![147] Cuando

---

146 Sensible en sentido amplio, es decir, de los sentimientos.

147 Véase por ejemplo Bernhard Bartmann, «Positives Christentum in katholischer Wesensschau», en: *Akademische Bonifatius-Korrespondenz* 49, n.3 (15 de noviembre de 1934), 100-132, especialmente 103-108.

hoy se menciona a Dios, debo decirlo abiertamente: lucho por la revelación de Dios, del Dios Trino; y no querer ocultar ni desvalorizar el misterio. ¡No presentar a Dios como el Dios natural sino como el Dios Trino! Estoy apegado al Hijo, lo amo. ¿Qué podrá ser esto? *Desde el púnto de vista del objeto en sí,* una alegría espiritual-sobrenatural. El objeto es espiritual-sobrenatural. *Desde el púnto de vista del sujeto,* puede ser y debería ser un *amor sensible en sentido amplio,* una alegría de los sentimientos. Tal vez será bueno que coloque una vez más los pensamientos en forma esquemática uno junto al otro.

Desde el punto de vista del sujeto, puedo distinguir entre una alegría espiritual-natural, espiritual-sobrenatural y de los sentimientos. En cuanto al objeto, puedo hacer lo mismo: distinguir entre alegría sensible, espiritual-natural y espiritual-sobrenatural. Si establezco ahora una relación entre ambas perspectivas, es muy fácilmente posible que los bienes sobrenaturales puedan captarse no sólo con la voluntad, con la voluntad sobrenatural, sino también con el *appetitus sensitivus* (apetito sensible). ¡Esto es incluso lo ideal! Corresponde a la totalidad del hombre. Tal vez, lo dicho baste para analizar un poco el concepto de alegría.

4. La perfecta alegría

En forma más profunda debe interesarnos la pregunta por el sentido de la perfecta alegría sacerdotal de vivir. Tal vez pueda verter también aquí los pensamientos en la forma de la cual partimos. *La perfecta alegría sacerdotal de vivir es un alto grado de alegría espiritual-sobrenatural orgánica.* Deben sopesar con frecuencia esta expresión: alto grado de alegría espiritual-sobrenatural orgánica.

4.1. Una alegría espiritual-sobrenatural orgánica

Debe ser una alegría perfecta. ¿En qué sentido? En primer lugar, *según el grado;* en segundo lugar, *según el contenido;* y, en tercer lugar, *según la amplitud.*

Alegría perfecta:

- **Según** *el grado:* un alto grado.

- **Según el** *contenido:* la alegría espiritual-sobrenatural tiene por objeto el bien sobrenatural y es así, como se ve, la alegría más elevada. Es Dios, el Dios Trino, y todo lo que tiene que ver con él: la gracia y la gloria.

- **Según la** *amplitud:* por eso la expresión *alegría espiritual-sobrenatural orgánica.* En este punto deben detenerse por más tiempo.

Como ustedes saben, aquí, lo *original* de nuestra ascética es siempre *lo orgánico.* Así, también en este punto tenemos lo orgánico: la alegría espiritual-sobrenatural orgánica se contrapone a la alegría espiritual-sobrenatural mecánica, que consiste en que sólo admito alegría espiritual-sobrenatural y no conozco ni reconozco ninguna otra alegría. Pero si hablo de alegría espiritual-sobrenatural orgánica, hay que ver la alegría tanto *desde el punto de vista del sujeto cuanto ratione obiecti (referida al objeto en sí)* en el organismo de la estructura íntegra de la naturaleza humana. Aquí tienen ustedes la incorporación práctica de la gran ley fundamental que dice: *gratia non destruit, sed perficit et elevat naturam* (la gracia no destruye la naturaleza sino que la perfecciona y eleva).[148] Las alegrías espirituales-sobrenaturales no

---

148 Por «naturaleza» se entiende por tanto el «organismo de la estructura íntegra» de la criatura humana, esto es, una realidad concreta, no una abstracción física.

quieren destruir sino perfeccionar la otras alegrías *consideradas subjetiva y objetivamente.*

Aquí quisiera centrar y hacer girar todo lo concerniente a este punto en torno a la expresión «alegría espiritual-sobrenatural orgánica». Al hablar de ello me refiero obviamente a un alto grado pero no es preciso que lo repita constantemente. Alegría orgánica *desde el punto de vista subjetivo y objetivo.*

En cuanto al objeto: En mi aspiración *no incluiré solamente los bienes espirituales-sobrenaturales sino también los bienes espirituales naturales y los bienes sensibles queridos por Dios.* Como ustedes ven, tengo entonces abierto ante mí el amplio campo de las alegrías sensibles queridas por Dios. Puedo fumar mi cigarro, beber mi vino: todo eso es también una alegría para el hijo de Dios, pero siempre dentro de la *jerarquía de la alegría.* Los bienes espirituales-sobrenaturales son los más elevados; los otros deben verse como valores parciales y buscarse también en cuanto tales en una forma querida por Dios y agradable a Dios. Lo mismo vale también acerca de los bienes espirituales-naturales, de la virtud moral. En un tiempo que piensa en forma tan unilateralmente mecánica, se trata aquí de poner una y otra vez de relieve el organismo, de verlo con claridad para uno mismo y de conducir y guiar en forma clara a nuestro pueblo.

Sigamos: alegría espiritual-sobrenatural orgánica *considerada desde el sujeto.* ¿Cuándo es perfecta, orgánicamente perfecta, mi alegría? Cuando abrazo un objeto *no sólo* con el bien sobrenatural *del amor infuso,* con mi voluntad espiritual-natural, *sino también con mis sentimientos.* Ahí tienen vertido en forma científica lo que les he explicado extensamente ayer por la mañana cuando les advertí acerca de la importancia de la vida de los sentimientos y del corazón.

4.2. Importancia de la alegría espiritual-sobrenatural orgánica

¿Queremos preguntarnos qué *importancia* tiene o puede tener esta perfecta alegría espiritual-sobrenatural *para nosotros?* ¿Qué importancia tiene? Creo que puedo y debo destacarles fuertemente tres razones a fin de que se vean impulsados por ellas a ponerse en búsqueda de esa alegría.

- *La alegría orgánica protege la alegría natural*

En primer lugar, la alegría espiritual-sobrenatural orgánica es *un medio seguro de protección del contenido natural de alegría* que nos está dado y permitido extraer y encontrar en los bienes de este mundo.

¿Será verdad lo que digo? Aquí puedo distinguir una vez más: la alegría *desde el punto de vista del sujeto y del objeto.*

La alegría *desde el punto de vista del sujeto:* Si no estoy vinculado a Dios y a lo divino con mi instinto de alegría –y vean toda la escala–, se presenta el gran peligro de que el *amor sensibilis* (amor sensible) se convierta con gran facilidad en *amor sensualis* o *sexualis* (amor sensual o sexual). Pongan un ejemplo: estoy apegado a una persona. Si no estoy apegado a Dios en esa persona o a través de esa persona, esto es, si mi amor y, con ello, mi alegría, no consiste en un alto grado de alegría espiritual-sobrenatural orgánica, me encontraré con el tiempo en el amor sexual. Sé que es prudente, valioso y apetecible que quiera a una persona también con el corazón y con el sentimiento. Esto es así: quien busca con demasiada fuerza un amor espiritual-sobrenatural –y examinen también la vida práctica, si es que no lo han experimentado–, quien busca *un amor demasiado espiritual-sobrenatural,* se reencontrará en el amor sexual más bajo. Son preguntas serias las que se nos dan aquí como luces y estrellas que señalan el camino.

Quien está apegado a cosas en forma demasiado espiritualizada, se encontrará con gran probabilidad, a cierta altura de su vida, en medio del oleaje sexual y en la alegría sexual. El hombre sano y entero puede amar a un ser humano. ¡Y también a Dios! En efecto, se nos dice: amarás al Señor, tu Dios, con toda tu alma y con todo tu corazón.[149] Por eso, queda claro que puedo querer a una persona con el sentimiento, independientemente del nombre que tenga (sea varón o mujer). Pero si esa alegría no está fuertemente fundada en Dios, el instinto amoroso y, con ello, el instinto de alegría, se desliza hacia lo bajo, cada vez más bajo. Primer escalón: *amor sensualis* (amor sensual). Decimos con ello blandura en la vida sentimental, no ternura. Y sabemos por experiencia que ese *amor sensualis* prepara el *amor sexualis* (amor sexual). Distingo entre personas que tienen otorgado por Dios el derecho de disfrutar también de esas alegrías y nosotros, que no lo tenemos. Si estoy casado, el *amor sexualis* es un alto valor moral. Para nosotros, empero, no entra en consideración. No obstante, *cuando el amor sexualis* no está vinculado a Dios, cuando *no aspira a un elevado amor y alegría espirituales-sobrenaturales,* existe el peligro de que el *amor sexualis* se torne *pasionalmente extremo en forma contraria a Dios.* Las fuentes de alegría se protegen y conservan a través de este elevado amor.

También *desde el punto de vista del objeto:* Puedo facilitarme el trabajo recordando y haciendo que también ustedes recuerden lo dicho el año pasado: *en cada estrato de vida es posible una espiritualización de los valores.* Los objetos están ante nosotros. Hemos hablado del hombre vital, del hombre hedónico y del económico. Son formas de vida arraigadas en la capa de ser y de vida del pueblo. El hombre vital, que hoy ha llegado al poder, quisiera que se comprendan como los valores supremos

---

149 Véase Dt 6, 5; Mt 22, 37; Mc 12, 30.

los valores bajos, los sentimientos del cuerpo: sangre y suelo, salud corporal, miembros sanos. Pero ésos no son los valores supremos de la escala. No obstante, hoy se afirma que lo son. Si hablamos de perfecta alegría sacerdotal de vivir, comprenderemos como supremas las alegrías espirituales-sobrenaturales en Dios y lo divino ,y nos diremos todos: el hombre vital ha sido depuesto de su trono. Pero también me está permitido disfrutar de las alegrías vitales. Un sano sentimiento corporal es también apetecible, pero no es lo supremo.

Como verán, pues, la alegría orgánica nos ayuda a plasmar en forma placentera las fuentes naturales de alegría, a preservar las fuentes naturales de alegría del envenenamiento y la infección.

Aquellos que participaron el año pasado del retiro podrán proseguir aquí la reflexión con respecto a los diferentes tipos de hombre: el hombre ético, el lógico y el estético. Todas ellas son absolutizaciones de valores que en el orden objetivo se consideran como valores pero que no deben ser convertidos en ídolos. Ahí tienen el primer efecto.

- *La alegría orgánica abre fuentes de nuevas de alegría*
  Segundo efecto: la alegría orgánica de alto grado nos abre también una amplia y borbotante *fuente de nuevas alegrías.*

¿Saben qué significa esto? La alegría orgánica de alto grado y la alegría espiritual-sobrenatural viven de la luz de la fe. Por eso, esa alegría nos descubrirá y revelará también nuevas relaciones fundamentales, *nuevos valores en las fuentes naturales de alegría.* Pensamos en aquello de que tan a menudo hemos hablado desde hace muchos años: el hacer transparente lo creado a la luz de la fe. Si lucho con seriedad por la alegría, por el amor a partir de la fe, veré en las criaturas las huellas de Dios, el reflejo de la gloria de Dios. De esa manera, lo naturalmente alegre se hará aun más alegre porque experimentará un nuevo incremento de valores. Hacer transparente lo creado, hacer transparente lo sexual, hacer transparente también lo pecaminoso. Iluminados a la luz de la fe, todos estos objetos adquieren una nueva luz, un nuevo valor.

Pero una nueva e inagotable fuente de alegría se nos alumbra *también en el mundo de los valores sobrenaturales.* Ahí tienen ustedes el segundo significado. Permítanme que les recuerde las alegrías del Sacramento del Altar, las alegrías de la piedad mariana, las alegrías en Cristo, en la Santísima Trinidad. Por favor, reflexionen sobre todas ellas.

• ***La alegría orgánica transforma los males en fuente de amor***
Tercer significado. Con esto nos acercamos de nuevo al punto de vista más importante para nosotros en estos días: la alegría espiritual-sobrenatural orgánica, aspirada en alto grado, pone también en nuestras manos la *vara mágica para hacer de todos los males que experimentamos una fuente de amor.*

¿Qué entiendo por esto? Desde un punto de vista puramente filosófico, lo consideramos algo evidente: el dolor, el mal, visto en sí mismo, no pueden ser fuente de alegría. El dolor y el mal sólo pueden ser fuente de alegría si logramos descubrir *también en el mal un bien.*

¿Cómo lo logro? Tomen en consideración un mal sensible, un mal espiritual-natural y un mal sobrenatural.

Un *mal sensible,* un mal manifiesto: enfermedad, enfermedad corporal, enfermedad pulmonar, dolores de cabeza, etc. ¿Qué debo hacer si quiero poseer la alegría constante? Debo lograr *ver ese mal desde el punto de vista del bien.* Debo educarme a mí mismo de esa manera.

Segunda posibilidad. Me enfrasco en el siguiente pensamiento: ¡Qué pobre eres! Los demás lo pueden todo. Pero tú, ¿qué logras tú con tus talentos? ¿Cuál es la consecuencia de estos pensamientos? Dejo caer las alas. ¡Pero como hombre moralmente libre puedo marcarme mi propia dirección! ¿Qué haré? Descubrir el *bien* en ese *mal*. Puedo decirme: si logro alcanzar algo a pesar de este cuerpo débil, ¡cuánto crece entonces la fuerza de mi carácter! Si logro darme por satisfecho, ¡cuánto crece entonces la riqueza de mi corazón! Es la seria aspiración por descubrir en el mal un bien y hacer así que se haga verdad la palabra del Apóstol que dice: alegraos!, *gaudete!* (Flp 4, 4). Ésta es la obra maestra: que *practiquemos la alegría en el dolor.*

Pero puedo indicarles también otro medio que transforma con mucho mayor facilidad y rapidez todo *mal* en un *bien:* un alto grado de amor sobrenatural a Dios. Si poseo un alto grado de amor a Dios, experimento lo que dice la frase: Dios es Padre, Dios es bueno, bueno es todo lo que él hace. *Experimento que también la cruz y el dolor más pesados son expresión* de la complacencia divina, *del amor divino.* No me apego al dolor en cuanto dolor sino en cuanto expresión de la complacencia divina, y a la complacencia en cuanto tal. Todos los enigmas de la vida se solucionan en la práctica para aquel que vive y ama de ese modo. ¡Pero todos! Teóricamente podrán ustedes sufrir pero, prácticamente, el hombre que posea un amor a Dios de alto grado soluciona esos enigmas.

Lo mismo vale cuando pienso en otros males, en *males espirituales.* Me han calumniado, o me siento muy terriblemente acosado, dados los talentos que poseo, o he sido retirado injustamente de mi cargo. ¡Vean, por favor, cuánta amargura se esconde hoy en día en nuestros círculos porque dejamos que ese tipo de decepciones se conviertan tanto en fuente de dolor y de tristeza!

He sido puesto en prisión preventiva. La policía no se esforzó demasiado pero afirma que, sin embargo, lo merecía. ¿Qué debo hacer? Una y otra vez la pieza maestra: hacer que todo *mal* llegue a ser un *bien*. De otro modo, no traeremos a nuestra vida una alegría permanente. ¿Cuáles son los medios? Los más diversos.

Los medios naturales: quiero llegar a ser independiente del favor humano, tener una posición firme, ser una personalidad consistente. Éste es un bien ético y, según sea el modo de ser de cada uno, una actitud semejante puede ayudar fácilmente a salir de la tristeza.

Pero, también en este caso, el núcleo es siempre el mismo: ¡qué simple sería la alegría constante y permanente si nos hubiésemos educado a un amor constante a Dios! La vara mágica: el amor profundo y cordial a Dios. Es la misma idea: también esos dolores son expresión de la complacencia divina. Lo que sufro me duele pero no fijo la mirada en eso. No lo lograré del todo pero dirigiré una y otra vez la mirada hacia la complacencia de Dios. Dios es Padre, Dios es bueno, bueno es todo lo que él hace.

Cuando Dios envía un sufrimiento tiene siempre una intención. También en el caso del *sufrimiento espiritual-sobrenatural,* incluso en el pecado grave. También aquí, una vez más: todos los enigmas de la vida se resuelven prácticamente en este amor a Dios elevado pero simple, sencillo. Lo mismo vale cuando somos nosotros los que hemos cometido pecados. Es siempre lo mismo.

¿Qué debo hacer, pues, cuando se ha cometido el pecado? ¡No ver el pecado en forma muy prolongada, unilateral y permanente como un *mal* sino también como un *bien!* Casi todos los años hemos hablado de estas cosas. Pero a fin de que aquellos de ustedes que están aquí por primera vez no lo sientan demasiado extraño, lo digo también con san Bernardo: el abono es descomposición. Pero ¿qué hacemos en la agricultura sin descomposición?[150] Es así como, en el *mal* del pecado, se esconde un *bien* muy fuerte. Sólo debemos poner de relieve la cara positiva del *mysterium iniquitatis* (misterio de iniquidad).

¿Dónde se encuentra, en forma inmediata, *la vara mágica?* Formalmente, es *la luz de la fe.* En efecto: todo *apetito,* también el amor natural, depende de una correspondiente luz. Sin la luz de la fe no descubriremos el *bien* en el *mal.* Pero todos lo sabemos por experiencia: la luz no basta. La fórmula de la vara mágica es *el amor a Dios.* ¡Cuán frecuentemente sabemos que lo que nos sucede debería interpretarse de tal modo! Cuando me enfrento con asuntos teológicos puedo decir a otro: así y así son las cosas. ¡Pero, a mí mismo, el *mal* no se me ha convertido en *bien!* Por eso: poseo el conocimiento, puedo convencer a otros del mismo pero me falta el amor, la profunda vinculación a Dios. El saber solo no lo alcanza. Debe agregársele la vinculación amorosa a la voluntad de Dios.

Sin embargo, a través de ello esperamos otra gran ventaja. En parte lo sabemos por experiencia, en parte nos lo dice la psicología de los santos. San Pablo tiene la expresión *«in caritate radicati et fundati»* («arraigados y cimentados en el amor»: Ef 3, 17). Si estoy arraigado y cimentado en el amor, es evidente que reconozca con facilidad la longitud, anchura y profundidad del amor: *amor como medio de fomento del conocimiento.* Cuanto más hago y veo todo en el amor y por amor, en esa misma medida, <u>crece también</u> el conocimiento más profundo.

150 Véase WH1937, 124, donde el campesino constata, según el tema del capítulo, intitulado «Vinculación profética a las cosas»: «El abono es descomposición. ¡Qué haríamos en la agricultura sin esa descomposición! Del mismo modo ve Dios mis imperfecciones, faltas y tonterías como abono a fin de que, de ellas, pueda crecer la verdadera humildad».

Resumiendo: con lo dicho nos encontramos ante las puertas de la *pedagogía de la alegría.* ¿En qué estriba lo más importante en la educación a la alegría? En la seria situación actual no tenemos ciertamente tiempo para ocuparnos de cosas periféricas. La pedagogía de la alegría es el *camino hacia el amor constante.* Pedagogía de la alegría es pedagogía del amor.

5. El amor, raíz de la alegría

Con ello nos encontramos ante la *importante segunda parte de nuestro retiro.* Hemos saboreado la alegría, el fruto, y ahora debemos esforzarnos por la fuente, por la raíz de la alegría. ¿Cuál es la raíz de este magnífico, hermoso árbol de la alegría? Es el amor. Por eso, mañana hemos de comenzar con gran seriedad y serenidad. Y podremos hacerlo con doble y triple facilidad después de la confesión, a fin de esforzarnos por el conocimiento y la comprensión, por el crecimiento de un amor a Dios profundo y sobrenatural. Ésta es la exposición sobria, más sistemática, del sentido de la perfecta alegría sacerdotal de vivir.

Tal vez valga la pena comprobar lo dicho en la Sagrada Escritura. Háganlo sobre la base de las *ocho bienaventuranzas* (Mt 5, 3-12). Estudien cómo, cuándo y en qué contexto se nos promete la alegría. *Ahí tienen la perfecta alegría sacerdotal de vivir.* Revísenlo: Bienaventurados … bienaventurados … bienaventurados… ¿Cómo llegaré a ser bienaventurado? ¿Cómo llegará mi naturaleza toda a estremecerse interiormente de alegría? Jesús nos lo dice. Presten atención a lo siguiente: aquí se nos indican bienes objetivos que, según el sentir puramente natural, se consideran en la mayoría de los casos como un *mal:* pobreza, paciencia, mansedumbre, persecución. Sin embargo, aquí se dice, en todos los casos: ¡si quieren ser felices, intenten, a la luz de la fe e impulsados por el amor, hacer de todos estos males objeto de alegría! Si quieren trabajar sobre estos pensamientos, pueden encontrar en cualquier libro de meditación una presentación y subdivisión, la mayoría de las veces en tres partes.

Lo que a mí me importa es que tengamos un concepto claro de la alegría, que veamos ante nosotros la alegría como llena de gozo, que hayamos saboreado tal vez un poco la alegría a fin de que se despierte en nosotros el impulso: quiero hacerlo todo para *plasmar mi vida como expresión de una única gran alegría.* ¿Y qué he de hacer? ¡Luchar por una alegría profunda, interior, divina!

Octava Plática

EL AMOR,
LEY FUNDAMENTAL DEL MUNDO

1. El amor, fuente de la alegría

Hasta el momento hemos intentado adentrarnos vivencial y cognitivamente en forma algo más profunda en el reino de la perfecta alegría sacerdotal de vivir. A pesar de la firme actitud positiva que nos ha acompañado durante estos días, tal vez nos hayamos internado al mismo tiempo en forma profunda en la seriedad, en la contundencia de nuestra vocación de redentor. No debemos perderlo de vista: se nos da y se nos permite participar en la vocación de Redentor y de Mesías del Dios hecho hombre. Así comprendemos también cómo es que él puede decirnos, haciendo referencia a su propio ejemplo y a su propia vida: «Nadie tiene mayor amor que el que da su vida por sus amigos». (Jn 15, 13)

Aun sin tener en cuenta la propia experiencia y observación de vida que tengamos, de lo dicho se sigue para nosotros que la alegría suprema es siempre la alegría sacrificial, así como también que la *fuente de la alegría sacrificial es el amor sacrificial*. Con ello nos encontramos ante la pedagogía de la alegría.

Hasta ahora nos hemos elaborado una psicología, una teología –una teología bíblico-litúrgica– y una filosofía de la alegría.

De esa manera hemos dispuesto en mayor medida nuestra mente y nuestro corazón; los hemos dispuesto con anhelo frente al fruto de la alegría. Así, ahora estaremos tanto más dispuestos y preparados para la pregunta de cómo llegamos a la educación a la alegría, de *cómo* podemos ser *maestros de alegría,* modelos de alegría, más aún: apóstoles de la alegría. En realidad, el contexto orgánico psicológico se ve fácilmente: debe manar en nuestra alma la fuente de la alegría. Si quiero llegar a ser un maestro de la alegría, un apóstol de la alegría, un artista de la alegría, debo ser entonces un artista, un apóstol, *un maestro de un amor a Dios de hondo cimiento y elevada aspiración.*

A partir de ahora, y en forma semejante a como lo hemos hecho hasta aquí, queremos luchar de manera más profunda, interior y sincera, por un alto grado de amor a Dios. Al mismo tiempo, sin embargo, en esta época tan fuertemente agitada por las ideas, vemos nuestra tarea en generar claridad conceptual y de pensamientos acerca de todas las preguntas que revisten actualidad y cuya respuesta es de gran importancia para nuestro trabajo apostólico y pastoral así como también para nuestro trabajo propio, para el trabajo en nuestro propio corazón. Por esa razón, me permitirán realizar lo que creo constituye un servicio de mi parte para ustedes: mostrarles en un contexto totalmente moderno la fuente de la alegría, *el sublime amor de Dios,* presentarles el amor de Dios como la *formidable, grandiosa ley fundamental del mundo.*[151]

---

[151] La expresión según la cual el amor es la «ley fundamental del mundo» proviene probablemente de Michael Müller (op. cit., 44). La misma desempeña un papel clave en la terminología del P. Kentenich. Él atribuye siempre tanto la expresión cuanto el contenido a Francisco de Sales. He aquí un texto, en representación de muchos otros: en un trabajo redactado en 1961 (ST1961), el P. Kentenich habla de las «bases del sistema schoenstattiano de educación» y remite, en tercer lugar, a Francisco de Sales: «Él habla del amor como ley fundamental del mundo

2. El amor de Dios, ley fundamental del mundo

Nosotros, que conocemos la vida y que –ora con éxito, ora sin él– nos hemos esforzado por tomar posición frente a las complejidades y los problemas de la actualidad, ya con sólo oír la expresión, sospechamos que nos encontramos aquí ante una afirmación de profunda importancia práctica y teórica. Si realmente me coloco sobre el terreno de la ley fundamental del mundo, todas las preguntas, todos los difíciles, dificilísimos problemas que remueven hoy los corazones y las mentes de los hombres, deberían parecernos solucionados, como veremos más tarde, en forma fácil y segura.

Me limito a referirme, por mencionar algunas cosas, a la seria y desorientadora pregunta acerca de la razón por la cual los malos y mentirosos triunfan y los veraces, sencillos y fieles a Dios sucumben. ¿De dónde proviene eso? ¿Dónde está la respuesta última? ¿Cómo es que tenemos que soportar una cantidad tan gigantesca de duros y difíciles golpes del destino, tantos mazazos? ¿Acaso lo hemos merecido? ¿Cómo lo hemos merecido? ¿Qué quiere Dios con todas estas cosas? ¿Cuál es la respuesta? Podremos darla con facilidad si con toda el alma captamos lo que queremos expresar con la afirmación de que el amor de Dios es la ley fundamental del mundo.

---

y extrae de allí la consecuencia de que el amor debe llegar a ser la ley fundamental de nuestra vida y educación». Véase también WH1937, 180; J. Kentenich, LGS1952-II, 32ss. Hasta donde hemos podido saber, en Francisco de Sales no se encuentra ni el concepto de «ley fundamental del mundo» ni tampoco la sucinta determinación de su contenido con la frase «todo por amor, mediante el amor, para el amor». No obstante, existen numerosas formulaciones que demuestran que esa frase es doctrina auténticamente salesiana, por ejemplo, en el *Tratado del Amor de Dios,* Prólogo (p. 38; véase nota 166, p. 249 de este libro [atención: en original: 18!]), o bien, cuando Francisco escribe que «Dios, habiendo creado al hombre a su imagen y semejanza, quiere que, como en él, todo sea ordenado en el alma por el amor y para el amor»: *Tratado del Amor de Dios I,* 6, p. 76.

Avancemos aún más: esta ley no tiene solamente importancia teórica sino también una profunda importancia práctica. También vislumbrarán esto. Quien se coloca realmente con toda el alma sobre el terreno de esta ley, se encuentra a sí mismo no sólo ante un pilar fundamental, sino ante *el* pilar fundamental de toda la plasmación, concepción y formación de su vida. Y es posible que, al final de este retiro, tengamos la sensación y la conciencia de que algo está en proceso de transformación en nuestra alma.

Ésta es para mí una de las metas más hermosas del retiro de este año: que partan de aquí no solamente con una cantidad de pensamientos claros y de nuevo colorido sino con el inicio de la *transformación de su sentimiento de vida.*[152] ¡Nuestro sentimiento de vida debe experimentar una transformación! Me dirijo con ello en especial a aquellos que han venido hasta aquí, año a año, pero que no han logrado generar un giro en el alma. ¿Lograremos tal vez este año transformar fuertemente nuestro sentimiento de vida en el sentido de Dios y del tiempo actual?

Tal vez comprendamos de ese modo el hecho de que nos esforcemos en presentar esta ley fundamental del mundo en foma tal que, objetivamente, sea lo más exacta posible pero que, desde el punto de vista del método, vayamos ascendiendo en forma gradual.

A fin de hablar de la forma más clara posible, les indico enseguida el esquema. Seguiremos fieles a las líneas del comienzo y nos esforzaremos por dos cosas: en primer lugar, por alcanzar una captación intuitiva general de esta ley fundamental del mundo. Cuando este acercamiento intuitivo ya se haya producido

---

152 En efecto, Schoenstatt no quiere ser en primer término movimiento de ideas sino movimiento de vida.

en medida suficiente, comenzaremos, en segundo lugar, a adentrarnos en la ley fundamental del mundo con el pensamiento y con la fe. Son las mismas líneas que en la primera parte, sólo que con un pequeño cambio de posición. Si en la primera parte hemos atribuido fuerte importancia a la intuición, a lo vivencial, y hemos reunido lo intelectual en una sola plática, ahora queremos contentarnos con una plática que nos introduzca en forma general, y utilizar los demás días para pensar con mayor profundidad lo dicho a la luz de la fe y de la gracia.

2.1. Sentido e importancia de esta ley fundamental

Quiero confrontar en líneas generales la captación intuitiva general por la que hemos de luchar con el sentido y la importancia de la ley fundamental del mundo. ¡Sentido e importancia de la ley fundamental del mundo! Les ruego que no pierdan de vista lo siguiente: no se trata aquí de dar las razones de la ley fundamental del mundo sino solamente de aclararla y explicarla y, por tanto, de *preparar el terreno del alma* para la introducción general.

Por el momento, escuchen lo siguiente. ¿Qué significa la pregunta acerca de qué es la ley fundamental del mundo? ¿La ley fundamental del mundo? ¡Lo sabemos! Dios tiene un motivo para todo lo que hace. Buscamos, entonces, el motivo que pueda haberlo impulsado a crear, gobernar, conducir y salvar el mundo. Tantas preguntas hechas hoy en día en forma tan concreta y práctica a nuestra medida, preguntas que pueden traernos tantas dificultades y crisis —no sólo al pueblo, sino incluso a nosotros— hay que tocarlas y examinarlas aquí, hay que reducirlas al motivo que ha movido a Dios a actuar de esta o de aquella manera. ¿Por qué ha creado el mundo o por qué permite esto o aquello?

Pero no preguntamos solamente por el motivo de carácter secundario sino por la ley fundamental del mundo, por el fundamento primordial, por el fundamento último de todas estas leyes. En mayor o menor medida podemos indicar con relativa facilidad un fundamento para todas las cosas que acontecen en el mundo. ¿De dónde viene, por ejemplo, el cambio de las estaciones del año? ¿Cuál es el fundamento? O bien, podemos decir, fácilmente: Dios ha enviado los golpes del destino. ¿Por qué? Lo percibo a partir de la vida de mi familia: éste o aquél puede haber sido el motivo por el que Dios lo ha querido en forma directa. No preguntamos por motivos penúltimos o antepenúltimos. Preguntamos por la ley fundamental del mundo, por el fundamento, por el fundamento último, el *fundamento primordial de todos los fundamentos en Dios,* el que lo ha movido a actuar de esta o aquella manera, a no actuar de esta o aquella manera.

¡Ley fundamental del mundo! ¿En qué estriba la motivación, la última motivación que pone en movimiento en Dios todo lo demás, todo lo que él hace o deja de hacer? ¿Dónde se encuentra la cualidad que me explique todo lo que sé o no sé? ¿Dónde está en Dios el punto que hace posible, en última instancia, una teodicea?[153] Desde nuestro punto de vista, la teodicea no es más que una justificación de Dios. ¿Dónde está el punto desde el cual nos resulte fácil justificar a Dios? ¡Hablo desde la perspectiva humana! ¿Por qué ha hecho esto? ¿Por qué las grandes crisis entre los pueblos y naciones? ¿De dónde viene el peligro bolchevique en el mundo entero? Ésta es la pregunta por la ley fundamental del mundo.

Y la respuesta que podemos formular es la siguiente: la ley fundamental del mundo es el amor.

---

153 Teodicea es la explicación de Dios y sus atributos vistos solamente desde el punto de vista filosófico, racional y natural. Se la denomina también «teología racional».

Debo recordarles una vez más que no esperen de mí que lo demuestre en este momento. Lo haré más adelante. Ahora sólo aclaro y explico. La ley fundamental del mundo es el amor de Dios. Consideren qué significa esto en sus detalles. *Amor de Dios.* ¡Sopesen la expresión! La misma puede significar, en primer lugar, *amor de Dios por mí* y, en segundo lugar, *mi amor por Dios.*

2.2. Las dos dimensiones de la ley fundamental del amor

Ahí tenemos ya los dos aspectos esenciales de la ley fundamental del mundo. La ley fundamental del mundo tiene una dimensión divina y una dimensión humana. Y tanto uno como el otro, tanto lo divino cuanto lo humano, están dirigidos *por tres estrellas:* todo *por* amor, todo *mediante* el amor, todo *para* el amor.

A. *La dimensión divina de la ley del amor*

* *Dios hace todo por amor, todo mediante el amor y todo para el amor*

¿Por qué ha hecho Dios todo? Aplíquenlo enseguida al más insignificante trabajo del día: todo por amor, todo mediante el amor, todo para el amor. ¿Qué se sigue de ello para la dimensión humana de la ley fundamental del mundo? ¿Qué se sigue para mí, para la educación de mí mismo y de los demás? Lo mismo: todo por amor, todo mediante el amor, todo para el amor.

¡Vean este misterioso y maravilloso ciclo cerrado, el *torrente del amor* que corre y fluye más y más por el cielo, por los hombres y por el mundo! Casi querría hacer referencia al agua que, una vez que ha corrido hasta el mar, se evapora, asciende a las nubes y cae nuevamente a la tierra como lluvia. He ahí el grande y formidable torrente de agua que atraviesa el mundo. Así podemos hablar también de un formidable torrente de vida y de amor que une y mantiene siempre unidos a Dios, a los hombres y el mundo.

Así vemos el *«por amor»,* la dimensión divina. Considerémoslo primeramente en forma fugaz y, después, en la medida en que alcance el tiempo, acerquémonos intuitivamente en forma general a la dimensión humana de la ley fundamental del mundo. La dimensión divina. ¿Qué tenemos aquí? ¿Cuál es la ley fundamental del mundo? Respuesta: es el amor de Dios. ¿Quieren colocar de inmediato esta idea en un contexto mayor? Antes que nada, quisiera utilizar para el amor de Dios otra expresión más fácilmente comprensible diciéndoles que es *la voluntad de donación de Dios,* la voluntad de comunicación de Dios. ¿Saben lo que quiero decir con esto? Con toda intención evito decir instinto de donación, instinto de comunicación. En este caso resuena o resonaría demasiado fuerte la dependencia de Dios. No es un instinto. En Dios, todo es voluntad consciente, un querer claro, independiente, interior y libre. Por eso, también aquí, el amor de Dios como voluntad de comunicación, como voluntad de donación. ¿Qué podrán extraer ustedes como conclusión?

Dicho sea de paso: en general haremos bien en ocuparnos hoy en día de las preguntas de la *teodicea.* No en forma teórica sino más bien como una ansiada respuesta a tantas preguntas de nuestro tiempo. Por eso, también Leibniz está equivocado con su *actio optima* (la mejor acción). No es así que Dios sea totalmente dependiente de sus últimos pensamientos, de sus *pensées éternelles.* Si Dios fuese tan dependiente, en su voluntad de donación debería haber creado el mejor de los mundos[154] y, enton-

---

154 Esto es lo que afirma Leibniz con la *actio optima* (la mejor acción [creadora]). En la presente argumentación, con la que el P. Kentenich se coloca del lado de los críticos tradicionales de Leibniz, se abre también el acceso filosófico a su imagen de Dios en el sentido del *«Deus caritas est».* Véase, además, Francisco de Sales, *Tratado del Amor de Dios II,* 5, p. 134s.

ces, no podríamos hablar de una libertad, de una plena libertad. Por eso es que elijo con tanta fuerza la expresión: voluntad de donación, voluntad de comunicación. O bien, si escuchamos a Scheeben,[155] nos advierte que, en Dios, el instinto de donación es tan elemental, que él ya no puede ofrecer resistencia. Aquí tenemos una verdad, pero llevada al extremo. No debo asumir tal cosa porque, de ese modo, Dios perdería su soberana libertad.

Sostenemos, pues, lo siguiente: la ley fundamental del mundo es la voluntad de comunicación de Dios. Querrán ustedes reflexionar tal vez un poco sobre estas palabras cuando hagan algo de *oración* sobre todas estas cosas. En efecto, es mejor someter también a revisión las expresiones que escuchamos y preguntarnos: ¿qué quiere decir esto? De otro modo, las expresiones se desgastan y ya no tienen incidencia con su contenido en la vida de nuestra alma. De ese modo comprenderán también mejor qué es lo que quiero decir con la dimensión divina y la dimensión humana. Dimensión divina: todo por amor quiere decir todo por la voluntad de comunicación, por la voluntad de donación; todo por amor, todo para el amor, todo mediante el amor.

a. *Todo por amor*

Como un servicio para ustedes abundaré ahora *acerca de las diferentes partes* de esta frase tanto cuanto sea necesario para

---

155 En realidad, Scheeben defiende en forma constante la absoluta libertad de Dios en su querer. Véase su obra *Handbuch der katholischen Dogmatik,* t. I, Friburgo de Brisgovia 1933, 720: «En cambio, esta infinitud (de la liberalidad y la misericordia de Dios) no trae en ningún caso como consecuencia que también *la actuación real* de la bondad y de la misericordia *con y en las criaturas individuales* esté limitada por cualesquiera barreras como si él actuase con cada criatura haciendo uso de toda la bondad y misericordia que pudiese o incluso, como si debiese actuar de ese modo para seguir siendo misericordioso. Antes bien, la amplitud de las obras de la misericordia está determinada esencialmente por el sabio designio de la libertad divina».

que tengamos una intuición general de este mundo de ideas y de valores.

¿Qué quiere decir *«todo por amor»?* Quiero utilizar ahora la expresión «amor» para que lleguemos más rápido a la meta. La *causa motiva efficiens* (causa eficiente) de todo aquello que Dios hace es su amor. Creo que tendré que decirlo ahora en forma más clara: el motivo principal, la ley fundamental del mundo, el motivo principal en todo el acontecer del mundo –en la creación del mundo, en la salvación del mundo, en el gobierno del mundo, y como quiera se denominen todos los demás aspectos– es el amor de Dios. Esto no inhibe los motivos secundarios. Hay también motivos secundarios que lo mueven y acompañan: podemos llamarlos motivos concomitantes. Ellos son su justicia y su omnipotencia, en lugar de lo cual nosotros decimos: su voluntad de plasmación creadora y su sentido de justicia. Haremos bien, en general, en modificar alguna vez aquí y allá las expresiones antiguas. Permítanme que proclame, pues, una vez más: cuando digo que «ley fundamental del mundo» significa, desde la perspectiva de Dios, «todo por amor», quiere decir que el móvil principal, el móvil central es el amor. Pueden haber otros móviles de carácter secundario: la voluntad de plasmación creadora. ¿Qué tenemos aquí? La omnipotencia de Dios. O la justicia de Dios: el sentido de justicia de Dios.

• *Motivaciones del actuar de Dios*

Si se han dedicado un poco a considerar las modernas corrientes religioso-culturales, habrán hallado que *Kierkegaard,*[156] en las investigaciones que realizó en su tiempo, ha encontrado otras expresiones para designar lo que acabo de formular en forma

---

156 Véanse sus obras *Temor y Temblor y Enten-Eller* (O bien o bien).

sencilla. En Dios hay diferentes motivaciones para su actuar. Son tres: motivación estética, motivación ética y motivación religiosa.

– *Motivación estética*

¿De qué se trata? Aquí actúa la voluntad de plasmación creadora. Más adelante lo explicaré un poco. Como ustedes saben, el artista tiene –o bien, si es que yo mismo pinto o recito, diremos: yo tengo– una fuerte voluntad de plasmación. La motivación estética en Dios es la voluntad de plasmación. La motivación ética es su sentido de justicia. La motivación religiosa es el amor, el amor de Dios.

Observen, por favor, cómo estas consideraciones traen a la memoria una investigación realizada por san Bernardo. Según él, la meditación tiene tres grados: primero, *admiratio divinae maiestatis* (admiración de la majestad divina) –la omnipotencia, el Dios todopoderoso, su voluntad de plasmación creadora–. Segundo tipo de meditación: meditar los beneficios de Dios, el amor de Dios. Tercero, *admiratio iustitiae divinae* (admiración de la justicia divina). ¿Qué tenemos aquí? El sentido de justicia de Dios.

¿Nos habremos adentrado ya con nuestra intuición en este complejo de ideas, en este círculo de problemas? Nuestra tarea es, por lo menos, escuchar y tantear con mayor profundidad qué quiere decir todo esto. Podré decir, pues, invirtiendo las ideas: está claro que Dios, en todo lo que hace, tiene también como motivos secundarios lo estético y lo ético. Pero se trata de lo siguiente: estos motivos no deben comprenderse como el motivo principal, como la ley fundamental del mundo.

¡Examinen un poco estos pensamientos! Piensen en la *motivación estética,* en la voluntad de plasmación creadora de Dios. ¿Acaso no es evidente para quien contemple, sólo un poco, el mundo con los ojos abiertos, que tenga un poco de apertura para las maravillosas manifestaciones de la naturaleza, para el orden que Dios ha introducido en su creación –da lo mismo que tenga frente a mí la totalidad o a los miembros individuales, al ser humano–, que vea cómo él ha creado todo, cuánta belleza ha derramado Dios? ¿No es evidente que esa persona llegue a la conclusión de que, quien hace eso, debe tener sin duda una voluntad de plasmación extraordinariamente fuerte, creadoramente fuerte, debe ser un gran artista, debe tener una voluntad de belleza extraordinariamente fuerte?

Piensen en la expresión que dice: Zeus juega.[157] Es el instinto lúdico, el instinto de plasmación de Dios. Y como Dios juega, lanza al universo las maravillas. Lean el libro de la Sabiduría: antes de que el mundo fuese, ya jugaba en la presencia de Dios. Los hombres jugaban en la presencia de Dios antes de que las cosas existiesen (véase Prov 8, 22-31).

Por tanto, es evidente, hay que suponer, por cierto –y está tan claro que ni siquiera tenemos que enfrentarnos al respecto– que, en la actividad de plasmación creadora de Dios, tiene que haber participado también su voluntad estética, digamos, el artista que hay en él. Pero el motivo estético no puede ser ley fundamental del mundo. ¿Por qué? ¿Cómo podrían explicarse ustedes entonces la cruz, el dolor y la injusticia? A no ser que afirmaran que Dios haya jugado simplemente sin ningún tipo de conciencia de responsabilidad, que haya dejado que su voluntad de plasmación creadora se desplegara simplemente sin tener en cuenta el efecto, el *terminus*.[158] Asumir tal cosa contradice mi

---

157 Véase al respecto (según Hugo Rahner, *Der spielende Mensch,* Einsiedeln ⁴1957, 20), el mito del joven Zeus, «a quien la matrona Adrastea confecciona la esfera, con la que el niño juega en la gruta de Ida».

158 El objetivo.

propio sentimiento personal. ¡Quién de nosotros supondría que un hombre actuaría de ese modo, sin tener en consideración lo que se admite! ¡Cuánto menos debemos suponerlo en Dios! El motivo estético es motivo secundario, concomitante, pero no motivo central.

– *Motivación ética – sentido de justicia*

Tomen el sentido de justicia de Dios, *el motivo ético*. Dios es el Justo, sin duda alguna. Lo vemos muy fácilmente en todos los acontecimientos del mundo, sobre todo en aquellos en los que Dios interviene en el acontecimiento con su castigo. Castigo, culpa, expiación, todas estas cosas podríamos explicárnoslas aquí fácilmente si reconociésemos como ley fundamental del mundo la justicia, el sentido de justicia de Dios. Por lo menos puedo declarar, entonces, que, sin duda, el sentido de justicia es un motivo concomitante que interviene también en el gobierno del mundo, en la salvación del mundo. Pero ¿hemos de comprender la justicia como ley fundamental del mundo, como el motivo último en todo actuar, pensar y querer de Dios? Permítanme que dé tres respuestas.

- • ***Razones para no entender la justicia como la ley fundamental del actuar de Dios***

  Primero, *eso no sería digno de Dios.* Por supuesto, para explicar la expresión, para llenarla de valor, debería recurrir directamente a Kant,[159] quien sostiene en forma tan enérgica esa

---

159 Por ejemplo, en *La metafísica de las costumbres VI,* 488s:

«No podemos pensar otro fin divino con respecto al género humano (con respecto a su creación y dirección) más que un fin por *amor,* es decir, que sea la *felicidad* del hombre. Pero el principio de la voluntad de Dios con respecto al *respeto* debido (la veneración), que limita los efectos del primero, es decir, el principio del derecho divino, no puede ser más que el de la *justicia.* Podríamos expresarnos también así (al modo humano): Dios ha creado seres dotados de razón –por así decirlo– por la necesidad de tener fuera de sí algo que él pueda amar, o también

visión. ¡Pero eso no sería digno de Dios! ¿Cómo deberíamos imaginarnos a Dios en caso de que se sostenga en forma extrema esta interpretación? En ella, tenemos ante nosotros a Dios pensando constantemente en su honra. Ése es su último objetivo: dicta leyes y está celosamente preocupado de que no se transgreda ni la más pequeña de las mismas. Está siempre con cara de educador, con el látigo en la mano. Si la justicia fuese la ley fundamental del mundo, deberíamos compartir por cierto esta comprensión kantiana, y esto es indigno de Dios. No quiero demostrarlo sino sólo aclararlo y explicarlo.

Segundo, *las cosas perderían su propia ley.* Vean la naturaleza, los árboles, las plantas, los animales y los hombres. Todas esas cosas perderían su propia ley si la justicia fuese hasta el extremo la ley fundamental del mundo.

Tercero, me permito advertir acerca del gran peligro en el que ha caído la humanidad ya desde hace siglos. Está bien que Dios esté ahí y quiera educar al ser humano a la autonomía moral, educarme, a fin de que tenga un modo de ser sano, una personalidad profunda y madura. Pero si esto se lleva al extremo tal como ha sucedido en la literatura, *existe el gran peligro de que se prohíba a Dios intervenir con su gobierno en el mundo*[160] y que se lo relegue a un rincón. ¡Quédate ahí, que nosotros tenemos nuestras propias leyes y quisiéramos plasmarlas por nuestra propia cuenta! Por eso queremos sostener firmemente el amor.

Sé que sólo he tocado estos problemas pero no necesito más. ¿Qué es el amor? ¡La ley fundamental del mundo! Lo último no es la justicia, la voluntad de plasmación de Dios; lo

---

por lo que él sea amado. Pero la exigencia que la *justicia* divina nos plantea en el juicio de nuestra propia razón, y precisamente como justicia *punitiva,* no es sólo tan grande, sino todavía mayor (porque el principio es restrictivo).

160 Deísmo.

último y más profundo para todo acontecer del mundo, para toda redención, gobierno y plasmación del mundo es el amor de Dios, es el amor. El amor inspira la justicia, inspira la voluntad de plasmación.

¿Saben por qué debemos prestar tanta atención a estas cosas? Más adelante podrán reconocerlo a partir de lo dicho: éstos son los problemas del tiempo actual.[161] Más tarde podremos dejar de lado la voluntad de plasmación. No es ése el objetivo de nuestra lucha. El problema del tiempo actual es el siguiente: ¿es Dios primariamente el Dios justo o el Dios bondadoso? Por favor, hoy tenemos que inmunizar a nuestro pueblo contra las corrientes del tiempo, contra las corrientes enfermas del tiempo. ¡Por eso, para todas las cuestiones buscar el fundamento en la teología dogmática y en la filosofía! *¡Generar un movimiento opuesto!* No responder a movimiento de masas con movimiento de masas sino generar corrientes espirituales. Pero para eso tenemos que reorientarnos nosotros mismos, conquistarnos un nuevo sentimiento de vida, luchar por otras formas.

Así tengo ante mí lo último y más profundo desde la perspectiva de Dios, la ley fundamental del mundo. En todo lo que Dios hace –guerra, revolución, todo lo que sabemos– en lo último está su amor. Pienso en mí mismo. ¿Dónde está el sufrimiento que quiere aplastarme? ¿De dónde provienen en última instancia los golpes del destino? No debemos pretender llegar a cosas prácticas. Ahora sólo se trata de convencerse de que así es: el amor divino es realmente la ley fundamental del mundo. ¿Qué efectos tiene esto? Si estoy convencido, tengo la solución a todos los enigmas. Si sólo lo poseo en las ideas, mi vida inte-

---

161 Esta frase ha sido dicha probablemente sobre el trasfondo de la cruel arbitrariedad de los regímenes totalitarios. Véase la dimensión humana de «todo por amor», p. 239 ss.

rior no vibra en forma simultánea. Ahí tienen la primera parte: todo por amor.

b. *Todo para el amor*

Segunda parte: *todo para el amor -causa finalis* (causa última). ¿Qué objetivo persigue Dios con todo lo que hace y permite, con la forma en la que ha creado el mundo, con la modalidad de su gobierno? ¡Todo para la unión de amor con él! Ahora notarán que la concepción por la que luchamos es totalmente unitaria. Otra manera de decirlo es: para la glorificación.[162] Aquí tienen esculpidas líneas del todo claras: el amor es el comienzo, el amor es el centro, el amor es el fin. La *meta: ¡unión de amor con nosotros!* Eso es lo que él quiere. Se ama a sí mismo y quiere saberse unido en amor con nosotros. ¿Qué podrá significar esto? Si estoy unido de esta manera con Dios en el amor, ésa es para él la mayor gloria y para mí la mayor dicha. Con esto hemos incorporado argumentos antiguos y habituales. Debemos pensarlo todo desde el punto de vista del amor. Todo para el amor, para la honda y profunda unión de amor con él, para su unión de amor con nosotros.

c. *Todo mediante el amor*

Tercera parte: *todo mediante el amor.* ¿Cómo quiere llevarnos Dios a esa profunda unión de amor con él? ¿Mediante qué? Mediante *muestras de amor.* Mediante visibles, tangibles, grandes, gigantescas *muestras de amor.* A partir de lo dicho deben escuchar que la palabra «amor», cada vez que se la utiliza, adquiere un contenido con un acento algo diferente. Más adelante les mostraré en qué se basa esto, de dónde viene. ¿Sentimos ya ahora un poquito el contenido? La dimensión divina de la

---

162 Véase el lema benedictino: *«Ut in omnibus glorificetur Deus»,* «Para que Dios sea glorificado en todas las cosas» (véase 1 Pe 4, 11), así como el lema jesuita: *«Omnia ad maiorem Dei gloriam»,* «Todo para la mayor gloria de Dios».

ley fundamental del mundo: todo por amor, todo para el amor, todo mediante el amor. *Ordo essendi!* (*El orden de ser*). Vemos el gran torrente de amor, ese inmenso acontecer.

B. La dimensión humana de la ley del amor

Ahora veamos también en común la *dimensión humana* de la ley fundamental del mundo. Si la ley fundamental del mundo es determinante para Dios, debe serlo también para mí. ¿Cómo debo seguir trazando el círculo, cómo debo pensar y amar yo? También en mi vida deben estar ante mí, en forma clara y radiante, tres estrellas: todo por amor, todo mediante el amor, todo para el amor.

a. Hacer todo por amor

Creo que ahora podemos entender mejor qué es lo que se quiere decir con esto. Quiere decir que la motivación principal de todo mi actuar es el amor de Dios. ¡El motivo principal! Sin embargo, esto no excluye en absoluto que puedan resonar y vibrar al mismo tiempo otros motivos. Puede vibrar también el temor frente a Dios: Dios es el Justo. La gratitud ante Dios: Dios es el gran Dios creador, que me ha colmado de beneficios. Pero consideren lo siguiente: si es verdad todo lo que he expresado en la fórmula de la «ley fundamental del mundo», no sólo debo realizarla en mi vida en forma teórica sino también práctica. El motivo central debe ser un real *amor de Dios.* Ésta es *la dominante.* Todo lo demás debe pasar más o menos al segundo plano. Puede estar presente pero no debe ser el motivo central.

¿No querrán mirar al interior de su propia vida y hacerse esta pregunta? Ustedes conocen a muchas personas, se conocen a sí mismos. Y si se conocen, pregúntense, comprueben: ¿Cuál de esas personas puede decirles –y decirse también ustedes a sí mismos–: en mi vida es así; en mi vida, Dios y el amor de Dios son realmente el motivo principal de todas mis acciones? Y aunque lo dijeran, yo les daré como terminante respuesta: no les creo que descubran a muchos que puedan decirlo, que conozcan a muchas personas fervorosas que digan con determinación: en mi vida, el amor es el motivo central.

- ***El temor, la ley fundamental del mundo actual***

Me permitirán un par de expresiones muy terminantes, y creo que deberían permitírmelas porque lo que me importa es transformar, con el tiempo, todo nuestro sentimiento de vida. ¿Qué soy yo en mi relación con Dios? Soy una criatura de Dios, un hijo de Dios, un esclavo de Dios –y no me tomen a mal si, para intensificar el grado, utilizo una expresión aun más brusca–, soy un perro de Dios.[163] ¿Cuál es la actitud del cristiano de hoy frente a Dios? ¿Acaso una enorme cantidad de cristianos, también de los fervorosos –y tal vez tampoco podamos exceptuarnos nosotros mismos– no vive como si la ley fundamental del mundo fuese la justicia? ¡Deben detenerse por más tiempo en este punto, y no decir sencillamente sí o no! Deben preguntar a todo su círculo de conocidos. ¿No viven todos ellos, aunque hablen de manera distinta, como si la ley fundamental del mundo fuese la justicia? *¿Es también en mi vida el temor frente a Dios* la ley fundamental del mundo? Escuchen la escala de las expresiones: hijos de Dios, criatura de Dios, esclavo de Dios, perro de Dios. ¡Cuántos hay hoy en día que se sienten tratados por Dios como un perro apaleado o al que hay que apalear! ¡Intérnense en las filas de nuestros feligreses! ¿Me permiten darles un par de referencias para su reflexión, para su comprobación?

---

163 Presumiblemente, esta «expresión brusca» está inspirada también por M. Müller, que (en la pág. 67), siguiendo a determinados autores, designa la relación entre Dios y hombre como oposición entre amo y perro.

Observen la vida de nuestros niños. ¿De dónde viene que tantísimos *educadores,*[164] cuando ya no avanzan, cuando se encuentran desvalidos frente a los niños, no encuentren mejor recurso que presentar al buen Dios como el castigador, como el apaleador de perros? ¿Acaso no es así la vida práctica donde todavía se educa en forma religiosa? En muchas regiones y familias ya no se da más la educación religiosa; pero donde la misma tiene lugar, ¡cuántas veces los padres, cuando ya no llegan por sí mismos a la meta, amenazan con el gran Dios que ladra! Dios es el gran guau-guau, él debe hacerlo. ¿De dónde vendrá esto? Deben reflexionar serenamente sobre estas cosas, porque no se trata solamente de experimentar la propia transformación interior sino que deben ver también ante ustedes la gran tarea de crear un estado ideal según las palabras de san Agustín: *Utamur haereticis...* (véase p.36). ¿Qué quiere Dios de nosotros? ¡Inmunizarnos contra los errores de la época!

¿Dónde reside la razón de estas manifestaciones? Les menciono una razón psicológica y una teológica.

– *Razón psicológica*

Tal vez, todos hemos caído en el error –aunque no sé si debo llamarlo error–, de suponer que *el instinto primordial*

---

164 El P. Kentenich toca aquí una vez más una de sus inquietudes centrales, que caracteriza asimismo la misión de Schoenstatt. En correspondencia (orgánica) con la experiencia del Dios del amor, el educador debe dar, en su ser, en su anuncio y en su actuación, testimonio de Dios, Padre amoroso. Tanto en virtud de su propia experiencia dolorosa de niñez y juventud cuanto por su propia actividad pedagógica (como maestro y director espiritual), superadora de errores y formas equívocas, el P. Kentenich reconoció y venció esta «corriente de la época», sobre todo a través de su pedagogía original orientada según el orden del ser: la educación al ideal, en la que, en lugar de la pedagogía de leyes y de prácticas, tiene el primado la pedagogía de la confianza y de las convicciones. Por tanto, aquí y en lo que sigue se plantea la misión divina de fundador, aspecto que debe tenerse en cuenta como trasfondo. (Véase p. 224, nota 151).

esencial de la naturaleza humana sea el temor. ¿Entienden lo que quiero decir? Yo opongo a ello —y se trata de una consecuencia y conclusión esencial de la ley fundamental del mundo— que el instinto primordial esencial de la naturaleza humana no es el temor sino el amor. Si digo: estoy convencido de que, si he captado el temor en el ser humano, tengo al ser humano, ¡es un error! ¡El instinto primordial es el amor! Y porque nos nutrimos de la idea de que, si las personas tienen miedo, las tengo en mi poder, es que obramos en consecuencia. ¡El instinto primordial no es el temor sino el amor!

¿Dónde reside la *razón psicológica* de que tantos padres traten de ese modo a sus hijos? Porque tienen un concepto erróneo de padre, un *concepto erróneo de Dios.* ¿En qué estriba lo erróneo? Según su visión, la ley fundamental del mundo es la justicia, no el amor.

¿Se dan cuenta de la importancia de nuestras reflexiones? No se las puede desestimar. No decir: queremos amar un poco a Dios. No: tenemos que transformar nuestro sentimiento de vida y, a partir de allí, ayudar a nuestro pueblo a que, en muchas cosas, adquiera una concepción distinta, que lo haga capaz de superar la vida, de superar desde dentro los errores del tiempo actual.

Un par de otras advertencias que ustedes mismos podrán multiplicar con facilidad. Permítanme pensar en ustedes, o en mí, o en todos nosotros. ¿Acaso no hemos tenido en muchas épocas de nuestra vida —y quizá hasta la tenga en gran parte todavía hoy— la siguiente postura: si Dios me envía un sufrimiento, del tipo que sea, la primera pregunta que se me plantea, en la medida en que no esté insensibilizado, es la siguiente: *qué he hecho para merecer esto?* ¿Qué resuena en esta pregunta? Que la ley fundamental del mundo es la justicia. Allá está él, en lo alto:

el Dios justo. Ahora me tiene nuevamente en sus manos y puede flagelarme cuanto quiera. Tienen que escuchar cómo la línea va en esa dirección. Puede ser que, en lo individual, no se pueda separar en forma tan precisa pero la dirección es ésa.

O bien, cuando tenemos la *conciencia delicada* de haber faltado y pecado: ¿de dónde viene que, en personas de naturaleza fervorosa, el colapso que se produce después de faltas y pecados dure ¡sabe Dios cuánto tiempo!, meses y años? Estoy tirado en un rincón y no recobro el aliento. ¿De dónde viene eso? ¡Cuánto hay de esa concepción en nuestros sentimientos! Transitoriamente, es sano pero, si se prolonga demasiado, es que vitalmente estamos en la postura –consciente o no, da lo mismo– de que la ley fundamental del mundo, vista desde Dios, es la justicia, y vista desde nosotros, es el temor frente a Dios. Ya no podemos ascender hacia lo alto, nos quedamos.

Y ahora, si echamos una mirada retrospectiva a la primera parte, ya saben que, quien se entrega en forma tan prolongada a un temor tembloroso y canino ante Dios, procurará de alguna manera *confirmar la voluntad de éxito a través de logros*. Me parece que, a través de la herejía actual, Dios quiere ayudarnos en la teología a adquirir nuevamente un concepto claro y puro de Dios. Ahora se trata de ver rápidamente la voluntad de Dios. Protestar no soluciona los problemas. Nos está permitido hacerlo, pero cuando estamos solos. Más allá de ello, la consigna es realizar un trabajo en común, sobre todo en las reuniones. ¿Qué podemos hacer? No estamos desvalidos frente al mundo. Sólo debemos escuchar qué quiere Dios: quiere que lo concibamos en forma más espiritual, que todos, como conjunto, nos adentremos más en la gran ley fundamental del mundo, el amor de Dios.

Y cuando nos *confesamos,* ¿cuántas veces no nos asalta el pensamiento: estarán realmente perdonados estos pecados? ¿Lo estarán? ¿De dónde viene eso? Podrá ser que aparezca en forma transitoria pero, si una persona de naturaleza religiosa no lo supera, si se reitera constantemente, ¿no será que se ha hecho carne vivencialmente la convicción de que la dimensión divina de la ley fundamental del mundo es la justicia y, desde mi dimensión, el temor? ¿De dónde proviene esto? ¿Buscan ustedes las razones profundas?

¿La razón psicológica? Puede ser que se trate de una *disposición natural* propia en ese sentido. Tal como hemos insinuado ya en la segunda plática (p.79), la razón psicológica nos advierte también acerca de que, en la mayoría de los casos, esa disposición ha sido fortalecida en forma extraordinaria por una *vivencia unilateral de padre.* Me permito pedirles realmente que revisen su propia experiencia cuando dictan conferencias, cuando están en el confesionario o tienen que predicar retiros o misiones y tienen ante ustedes a los hombres que no logran ir más allá de Dios como un juez severo, cuando tienen frente a ustedes a personas que no saben qué hacer con el concepto de Dios Padre.

Retengan firmemente lo siguiente, por favor: las dificultades del tiempo actual radican en la mayoría de los casos en los sentimientos, no en la inteligencia. Los hombres tienen un concepto, no, una vivencia errónea, unilateral de padre. ¿Qué quiere decir esto? La joven criatura humana es un ser tierno y, cuando en el campo de los sentimientos la vivencia paterna está teñida por un tratamiento demasiado duro por parte del padre, resulta difícil —sólo se logra en pocos casos si es que no disponemos conscientemente toda nuestra educación popular en ese sentido— hacer que la vivencia paterna con esa coloración negra pase a ser más tarde nuevamente un poco blanca, cambiar la imagen del padre justo como imagen primaria por la imagen del padre bondadoso.

– *Razón teológica*

¿Y la razón teológica? El concepto unilateral de padre. ¡Qué trabajo tan inmenso tendremos, ya con nosotros mismos, y cuánto más con el pueblo, hasta que lo hayamos dispuesto nuevamente para la conciencia de que la ley fundamental del mundo es el amor! No tengan temor de que, con ello, se esté favoreciendo un concepto blando de Dios. Ya se lo he dicho anteriormente: aun cuando el motivo central sea el amor, siempre resuena, al mismo tiempo, que puedo tener temor ante Dios, pero no debe ser un temor perruno.

Permítanme que resuma. Quiero extremar intencionalmente las afirmaciones en forma algo ruda. ¿Cómo es muchas veces nuestro concepto de Dios? Dios se yergue ante nosotros como el *Deus tremendae maiestatis,* (el Dios de tremenda majestad) como el Dios tremendo, que resopla de ira en Sión en medio de truenos y relámpagos, que tiene como único empeño dictar leyes y vigilar que las cumplamos hasta en el más pequeño detalle. ¡Ay si no se las cumple hasta el menor detalle! Entonces, nos vuelve fríamente la espalda, arroja de sí a su pueblo. Así es. Piensen solamente en cómo vivimos muchas veces. La más pequeña falta, y ya tenemos de nuevo la conciencia de que Dios ya no me quiere. ¡Y tanto más los religiosos! ¡Ellos lo tienen tanto más difícil con nuestro Señor! En su caso, Dios no se contenta con las leyes usuales sino que ha ideado además todo un mundo de pequeñas y pequeñísimas leyes, y ¡ay si no logran cumplirlas, lo que les sucederá! ¡Y si se le escabullen aquí en la tierra, los apresará en la eternidad, sea en el purgatorio o en el infierno! ¡Pero si podemos confesarnos! Aunque, ¿será cierto?

Por eso, confesarse una y otra vez. Esto es absurdo pero, ¿acaso nuestro sentimiento de vida no está dispuesto en esa dirección?

¿No tenemos en esto una gran tarea? Así debemos ver la tarea de la época, así es la transformación que debe concedérsenos. ¡No sólo hacer política y protestar! ¡Demos a nuestro pueblo un concepto de Dios tal como él lo ha consignado en la Sagrada Escritura y como lo exige en las circunstancias del tiempo actual! Ahí tenemos la primera parte, la dimensión humana: todo por amor.

b. Hacer todo para el amor

Segundo, *todo para el amor*. Debo hacerlo y omitirlo todo a fin de alcanzar una profunda y entrañable unión de amor con Dios, aquí en la tierra y, finalmente, arriba en la *visio beata*.

c. Hacer todo mediante el amor

Tercero, *todo mediante el amor*. ¿Cómo quiero alcanzarlo? Mediante un *fuerte movimiento de amor*. ¿Cómo quiero adentrarme más profundamente en la unión entrañable con Dios, de modo que todo mi actuar esté impulsado constantemente por el amor, y no tanto por la justicia? Vean a las personas que se han dado leyes o que las han recibido y están en una comunidad religiosa. ¿Acaso no conocen personas semejantes –si me permiten que lo exprese torpemente– que tienen como única tarea de vida cumplir reglas, que cumplen reglas todo el día? Hacerlo tiene por cierto un sentido profundo. Pero, en nuestro contexto: ¡hay algo más que la justicia, que sólo nos dice lo que está prescrito! ¡Todo debe tener como trasfondo el motivo central del amor! El amor quiere ayudar a que los diferentes puntos que me están prescritos sean cumplidos a partir del motivo del amor. No quiero decir «amo» y, después, tirar todo por tierra. El amor urge e inspira en mí *la justicia, el temor*, la dependencia. Notarán ustedes lo que queremos decir: ¡ley fundamental del mundo!

He aquí ante nosotros en esta preparación general la ley fundamental del mundo. Escúchenla. La dimensión divina: ¡todo por amor, todo mediante el amor, todo para el amor! La dimensión humana: ¡todo por amor, todo mediante el amor, todo para el amor!

Tal vez me contesten –en particular los que, después, ya como sacerdotes, se han ocupado más largamente de preguntas teológicas–: ¿no hay teólogos que conciben la *sabiduría* en Dios como la ley fundamental del mundo? En ese caso, no han leído correctamente. Ciertamente hay teólogos que atribuyen una importancia muy especial a la sabiduría en Dios. Pero eso quiere decir que la sabiduría es la *expresión* adecuada, esto es, la expresión propia para designar *la vida entera de Dios.* Es una expresión adecuada. Pero en ello no se ha tomado posición acerca de cuál es el motivo último en la vida de Dios. Son preguntas que no van unidas.

- *Todo mediante el amor: profundización a través de algunas expresiones*
  - *Caritas urget*

Para concluir: lo importante es que sepamos hacia dónde queremos ir. Hagan la comprobación. Háganlo haciendo uso de otras expresiones. Primero la sustancia, el núcleo. Y entonces, ¿cuál es? Ahora juego con las expresiones: *caritas urget* (el amor nos apremia).[165] Procuren agrupar todo lo dicho y deténganse a considerarlo. Acerca de la dimensión divina dice Dios: *caritas urget me principaliter et non omnipotentia et iustitia;* (el amor me

---

165 El amor (de Cristo nos) apremia (2 Co 5, 14). Esta frase es el lema de la Sociedad del Apostolado Católico, la comunidad de los Pallottinos y, por esa misma razón, también de la Federación Apostólica, la «obra externa» fundada en 1919 en Hörde, cerca de Dortmund, para anexarse a la Congregación Mariana de Schoenstatt del seminario de los Palotinos.

apremia en forma prioncipal, y no la omnipotencia y la justicia); los demás motivos podrán intervenir también. ¿Y qué digo yo? ¿Qué me apremia en forma sobresaliente? El amor. *Caritas* me apremia, y no *timor* o *tremor* (amor…, no temor o temblor). ¡Deben tenerlo claro! Muchos de nosotros tienen que retener con especial fuerza que Dios es el *fascinosum y augustum* (el fascinante, el majestuoso). Pero eso no impide amarlo. Todo esto debe verse como organismo.

– *Dios es Padre, Dios es bueno; bueno es todo lo que él hace*

Otras expresiones que vierten en forma más popular la dimensión divina: *Dios es Padre, Dios es bueno; bueno es todo lo que él hace.* ¿Qué es esto? La ley fundamental del mundo desde la dimensión divina. Por eso les pido, una vez más: con tal que logremos como único resultado convencer a nuestro pueblo y convencernos a nosotros mismos de esta verdad, podrán caer sobre nosotros uno tras otro los golpes del destino, porque estaremos inmunizados. Dios es Padre, Dios es bueno; bueno es todo lo que él hace.

– *En todas las cosas interviene Dios para bien de los que le aman*

¿Y la dimensión humana? Para colocar una expresión paulina, que no es popular pero puede interpretarse de esa forma: «*En todas las cosas interviene Dios para bien de los que le aman*» (Rm 8, 28). ¿Qué quiere decir esta frase? Si lo que dice es correcto, sólo tengo que hacer una única cosa en este serio tiempo actual: querer a Dios. En todas las cosas… ¿Qué vendrá después de la votación en el Sarre? Respuesta: En todas las cosas… ¿Qué podría suceder si se desata una persecución? No tengo nada que temer. Ya sé que lo que venga es expresión de la complacencia divina. Esto es a prueba de bombas, más seguro que si tuviese un amigo en el gobierno o que si tuviésemos todavía nuestros partidos políticos.

¡Sólo hemos de tomar en serio esa verdad! Por eso: en todas las cosas interviene Dios para bien de los que le aman. Sólo tengo que hacer una cosa: querer a Dios. Otras veces se dice también: «Buscad primero el Reino de Dios», etc. (Mt 6, 33). ¿Por qué? «En todas las cosas...». Experimenten, por favor, cómo me ayuda la ley fundamental del mundo a resolver los problemas, cómo me da fuerza a pesar de mi nerviosismo, a pesar de los más duros golpes del destino, a pesar de la más pesada responsabilidad, para recorrer silencioso y sereno mi camino como si nada sucediera. Esto puede verse con facilidad. Pero ¿no quiere Dios que procuremos realizar todos los objetivos? «En todas las cosas interviene Dios para bien de los que le aman».

– *En la Iglesia acontece todo por amor*

Tomen otras expresiones. Hay una de san Francisco de Sales. En una oportunidad, el santo dijo lo siguiente: *en la Iglesia acontece todo por amor, todo mediante el amor, todo para el amor.*[166]

– *Como el cuerpo para el alma, así es el alma para el amor*

O bien, en otra forma, más desde la dimensión humana, del mundo. Es también un pensamiento que debemos someter a comprobación. Dice de nuevo san Francisco de Sales: *Como el cuerpo para el alma, así es el alma para el amor.*[167] ¿Saben lo que eso significa? El instinto primordial de mi alma es el amor. ¿Cuál

---

166 «Todo en la Iglesia es amor; todo vive en el amor, para el amor y del amor»: *Tratado del Amor de Dios,* Prólogo (p. 38).

167 Véase *Tratado del Amor de Dios II,* 22 (pág. 195): «Así como nuestras almas, que dan vida a nuestros cuerpos, no tienen su origen en éstos, sino que son infundidas en ellos por la providencia natural de Dios, la caridad, que da vida a nuestros corazones, no procede de éstos sino que en ellos es vertida como un celestial licor

es el centro de gravedad, el centro de gravedad de mi alma? El amor.[168] Ésta es la dimensión mundana, humana. Y si ya tienen clara la idea de que el instinto primordial no es el temor sino el amor, les garantizo que se revolucionaría toda nuestra pastoral. Siempre estamos en la posición de que la ley fundamental del mundo es el temor.

En una oportunidad tuvo lugar una reunión de clérigos. El tema era: ¿cómo presentamos hoy a Dios? Se habló sobre esto y aquello y, en medio de la conversación, apareció siempre de nuevo la advertencia: «¡Pero en modo alguno olvidar el *timor Domini!* (¡el temor de Dios!) No hace falta que lo olvidemos. No es que no forme parte del todo, no me malinterpreten. También en las misiones populares hay que traer las serias verdades del infierno y del juicio, etc. Pero es algo diferente cómo se aplican las ideas. ¿Es la intención inculcar el temor en el pueblo o sólo ha de tratarse de un móvil secundario? ¡Conducirlo todo hacia el amor!

Lo dicho ha de ser suficiente. Con ello nos hemos introducido a grandes rasgos en la ley fundamental del mundo, el amor de Dios. Pero, por favor, no olviden orar para ver claramente estas cosas. Pero también *orar para que nuestro sentimiento de vida se transforme en alguna medida* pues, más de lo que lo sabemos, todos estamos captados hoy por una forma de vida diferente. Pero, cuando nuestro sentimiento de vida haya sido transformado, nos resultará fácil anunciar mejor la Buena Nueva de Dios como a él le agrada y le complace.

---

por la providencia sobrenatural de su Majestad Divina». Y más abajo, ibídem: «Si el alma con el cuerpo es un pequeño mundo, la caridad es el sol que todo lo embellece, calienta y vivifica». Véase también p. 308.

168 San Agustín, *Confessiones* XIII, 9 (PL 32, 848): *pondus meum amor meus* –mi peso es mi amor.

Novena Plática

LA LEY FUNDAMENTAL DEL AMOR Y LA DIVINA PROVIDENCIA

1. El amor de Dios resuelve el problema de la Providencia

La ley fundamental del mundo es el misterio divino del amor, del amor de Dios. Después de haber presentado, a grandes rasgos, ese misterio a fin de adentrarnos en él en forma lenta y orgánica con nuestros sentimientos y nuestra vida, debemos intentar ahora investigarlo con mayor profundidad.

Sospechamos, por cierto, que estamos tocando un problema cuya solución nos pone en condiciones de superar las mayores dificultades pastorales del tiempo actual. ¿Cuál es el problema que nos preocupa tanto hoy en la pastoral? ¿Estarán de acuerdo si les digo que se trata del *problema de la Providencia?* ¿Problema de la Providencia? Recordamos que Dios ha previsto desde toda la eternidad lo que sucede en el tiempo y lo ha integrado en sus grandes planes, en sus planes de redención del mundo. Y, ahora, nosotros decimos que todo lo que Dios ha ordenado de ese modo lo ha hecho por amor.

Amor de Dios. En efecto, como ley fundamental del mundo, el amor de Dios nos resuelve el profundo problema de la

Providencia. Si nuestro pueblo, si nosotros mismos estuviésemos captados, de nuevo y en forma muy profunda, por la Providencia divina, por la entrega en el espíritu de infancia, por la *entrega sin reservas a la Providencia divina en el espíritu de infancia,* nada en absoluto podría desarmarnos en la profundidad de nuestra interioridad; recorreríamos con gran serenidad nuestro camino, no permitiríamos que nuestros nervios se irritaran en forma innecesaria; nuestra energía no estaría paralizada, no seríamos pesimistas. Es más: podría decir que, cuanto más se agita el oleaje en torno nuestro, con tanto mayor fuerza nos sentimos cobijados en el seno de Dios. Misterio del amor divino.

Tal vez hagamos bien en echar a veces un vistazo a las revistas y los diarios a fin de leer qué tipo de conferencias se dan en la mayoría de los casos aquí y allá. Vean el contenido de la Jornada de Académicos de los últimos días.[169] ¿Acaso no ha sido el amor de Dios la actitud fundamental del hombre católico durante el año pasado? ¿Perciben dónde desemboca esto? Si hacen la comprobación en el periódico, encontrarán que se trata de la misma problemática con la cual debemos enfrentarnos también nosotros.

Pero hay un segundo problema que se nos plantea aquí en forma particularmente fuerte para que le encontremos solución. Ustedes están al tanto de la corriente adversaria y saben que Rosenberg y todos sus repetidores y seguidores consideran como el mayor crimen del cristianismo el haber proclamado la consigna del amor. Si yo quisiera hablar en el sentido de Rosenberg,

---

169 Por ejemplo, la revista *Akademische Bonifatius-Korrespondenz* vol. 49, n. 3 (15-11-1934) informa en la página 152 acerca de los actos organizados por la Asociación Académica San Bonifacio en el año 1934, mencionando también como lugar de realización de los actos la cercana ciudad de Coblenza.

haciendo uso de nuestras expresiones, debería decir que *la ley fundamental del mundo es el honor, el honor natural-instintivo.*[170]

Escuchen lo que pretendo, una y otra vez: las verdades que tanto destacamos están orientadas a inmunizar a nuestro pueblo contra los errores del tiempo actual. Cuanto más hagamos tomar conciencia al pueblo de que experimente la ley fundamental del mundo, tanto más lo haremos inmune a los errores, a las herejías, a formas de otro tipo. Por eso, es valioso que el sacerdote tenga siempre presente en su actividad este gran contexto. Entonces nunca estaremos solos, nunca nos cansaremos, siempre tendremos perspectivas en medio de las dificultades de la época. ¡No dejemos que las dificultades de la época crezcan por encima de nosotros, de modo que nos desplomemos ante ellas! No: cada uno puede ayudar en su propio círculo a superar el mundo, a superar la época. Sólo es preciso que tengamos una percepción, una seguridad instintiva para todo lo que ronda por la época.

Sería un tema muy valioso para un retiro espiritual ayudar a superar en forma positiva *el libro de Rosenberg,* es decir, prácticamente, presentar al hombre redimido. Ustedes saben de qué se trata aquí en última instancia: con seguridad, el hombre debe redimirse, pero debe hacerlo él mismo. No existe una hetero-redención sino sólo una auto redención. ¿En qué reside nuestra redención? En que permanezcamos racialmente puros.[171]

---

170 El libro de Alfred Rosenberg intitulado *Der Mythus des 20. Jahrhunderts* (*[El mito del siglo XX]*, Múnich 1939) –tomado, al decir de Karl Barth, del «cubo de la basura del siglo XIX»– se vuelve expresamente contra el amor (y la compasión), en el que, según afirma, no hay «ningún elemento realmente fuerte para la constitución de nación y de estado» (150) y predica: «la idea del honor –del honor nacional– se convertirá para nosotros en el principio y fin de todo nuestro pensar y actuar. La misma no tolera ningún otro polo de fuerza equivalente, con independencia del tipo que sea: ni el amor cristiano…» (514).

171 Véase Rosenberg, op. cit., 697: «El alma del pueblo, vinculada a la raza, es la medida de todos nuestros pensamientos, de todo el anhelo de nuestra voluntad y de todas nuestras acciones, el parámetro último de nuestros valores».

El sacramento es la pureza de la sangre. Si la tenemos, estamos redimidos. Si sé estas cosas, mis pláticas y sermones sonarán en este mismo sentido. Lo que digo sobre la redención está inserto en el espíritu y en la sangre del tiempo actual. ¿No será que debemos hacer algo más: liberarnos de textos aprobados, a fin de inculcar profundamente las verdades últimas en el corazón de nuestras comunidades y de nuestros seguidores? ¿Queremos ver con cuánto fervor se realiza la formación[172] en el campo adversario? ¡Cómo debería ser, frente a eso, nuestra predicación y nuestra catequesis! Entonces, nuestra comunidad saldría fuera con la conciencia de saber lo que quiere, de tener una respuesta.

2. Dejarse captar profundamente por el amor

Por supuesto, sólo captaremos en forma tan amplia y profunda la ley fundamental del mundo como *solución* de este y de muchos otros problemas –y no deben sorprenderse por esta alineación aparentemente contradictoria de nuestros pensamientos– *en la medida* en que signifiquen una solución para mí mismo, en la medida *en que yo mismo esté captado ya profundamente por el amor.* De otro modo, todo lo que escuchan acerca de la ley fundamental del mundo es algo para la inteligencia pero no para la voluntad y el corazón. En efecto, esto es lo que debemos hacer: no basta con que salgamos de aquí con conceptos nuevos y claros. Esta vez debemos abrirnos tan profundamente a los pensamientos del retiro y acompañarlos tanto con nuestra oración de modo que se dé realmente el comienzo de una transformación de nuestro sentimiento de vida. El que vive en el amor captará la ley fundamental del mundo en forma mucho más clara y más

---

172 Véase a propósito de este tema el artículo «Nationalsozialismus» en la enciclopedia *Der grosse Herder,* t. 8, ⁴1934, en especial las columnas XI-XVI (insertadas entre las columnas 984 y 985).

profunda y tomará conciencia de ella como un problema real, no sólo en forma conceptual sino también vital.

Pablo nos lo ha dicho tan hermosamente: quien está cimentado y arraigado en el amor, reconocerá con facilidad toda la altura, amplitud y profundidad del amor de Dios en Cristo (véase Ef 3, 17ss). Es otra manera de decir la célebre frase: «el que obra la verdad va a la luz» (Jn 3, 21). La luz —en nuestro caso, la luz como fuente de conocimiento— es la fuente de solución para toda una cantidad de problemas en una época que, partiendo del individualismo unilateral, ha encontrado la senda que conduce al extremo opuesto, a lo total.[173] En un tiempo semejante debemos acentuar algo más el amor y reconocerlo en forma suficiente. Pero no por eso decir: yo debería transformar mi actitud fundamental. Puedo seguir siendo lo que era, con tal de que sea sano. ¡Pero cambiar de postura!

3. La dimensión divina de la ley fundamental del mundo

Por tanto, queremos hacer el intento de entrar en forma inmediata en el problema y procurar investigar en forma más profunda *la dimensión divina* de la ley fundamental del mundo. La dimensión divina: Dios ha hecho todo por amor; en todo lo que hace, Dios quiere una profunda unión de amor con su criatura, y busca ese objetivo a través de fuertes y ostensibles muestras de amor.

---

173 Véase, por ejemplo, la reveladora máxima que dice: «El movimiento nacionalsocialista no aspira a una totalidad del estado sino a la totalidad de la cosmovisión nacionalsocialista en todos los campos» (A. Rosenberg, *Gestaltung der Idee*, Múnich 1938, 230).– Acerca del colectivismo (en la cosmovisión) véase esta programática manifestación de Hitler: «A la doctrina cristiana de la infinita importancia del alma humana individual y de la responsabilidad personal yo opongo con fría claridad la redentora doctrina de la nulidad e insignificancia del hombre individual...» (H. Rauschning, *Gespräche mit Hitler*, Zúrich s. a., 212).

3.1. Todo por amor

Comenzamos de inmediato con la primera parte: *todo por amor*. Dios ha hecho todo por amor. Entramos aquí enseguida en los problemas ascéticos y podremos decir, al ver el material de valores y de ideas en su conjunto, que hay aquí tres cosas que nos interesan: el hecho, la amplitud y los efectos de la ley fundamental del mundo.

- *El hecho*

Primer pensamiento: *el hecho*. ¿Qué quiero decir con esto? Debo demostrarles que Dios hace y omite realmente todo por amor. Éste es el primer conjunto de ideas. Con él queremos enfrentarnos en esta plática. Afinando con mayor exactitud: «todo por amor» significa entonces que el motivo principal que impulsa a Dios en la creación del mundo y en el gobierno del mundo es su amor. Junto a él actúan también dos motivos secundarios. ¿Cuáles? Ya lo hemos oído esta mañana: la voluntad de plasmación creadora y el sentido de justicia.

¿Qué es, pues, lo que podré presentarles? Primer pensamiento: que el amor es realmente el motivo central en Dios. Segundo pensamiento: que participan también motivos secundarios, pero impulsados por el amor. Tercer pensamiento: la armonía entre amor y motivo secundario.

Al hablar de motivos secundarios queremos dejar de lado la voluntad de plasmación creadora. En efecto, este retiro quiere tener una actitud práctica. Para nuestro pensamiento actual, para nuestra vida católica actual en medio del caos de la época, el problema de la relación entre el Dios que se regala y el Dios que castiga es el problema de la tensión entre el amor de Dios y la justicia de Dios. Por eso, en nuestras consideraciones, queremos dejar de lado la voluntad de plasmación creadora y v*er como mo-*

tivo secundario solamente su justicia. Así, veremos primeramente el motivo central, su amor; en segundo lugar, su justicia como motivo secundario y, en tercer lugar, la armonía entre ambos.

En principio no deben esperar ahora muchas aplicaciones prácticas puesto que ése es el gran peligro. Me permito pedirles, sobre todo a aquellos que han estado todavía poco tiempo aquí, que refrenen su impulso de formular de inmediato propósitos prácticos. Tal cosa impide que el retiro fructifique. *Primero la actitud,* y no preguntarse de inmediato cómo lo he hecho, pues, de ese modo, el alma concentra su fuerza en los propósitos y no en la actitud. Al final del retiro, los propósitos prácticos vienen por sí solos. Entonces podré prestarles ayuda para que ese proceso vaya más rápido, pero puedo imaginarme que esta elaboración de una actitud produce una cierta distensión. ¡Pero no perderse en pequeñeces: antes bien, esperar! De otro modo, nos ponemos fácilmente en la postura que dice: todo eso ya lo sé. ¡Y no queremos saber cosas sino estar convencidos! Quisiéramos recibir en nuestra alma estas cosas esenciales de forma totalmente nueva para que nuestro interior sea transformado, para que todo nuestro sentimiento de vida sea transformado interiormente.

4. El amor, motivo central del actuar de Dios

4.1. En el Antiguo Testamento

Primer pensamiento, pues: *el motivo central* en todo lo que Dios hace es su amor. Debo demostrarlo rápidamente. ¿De dónde tomaré la demostración? Por supuesto, de la revelación. Permanezco en la Sagrada Escritura. Lo resumo en una tesis, pero estoyconsciente de que sólo se trata de un gran esquema. Por eso les pido que estos pensamientos, que ahora reciben en forma yuxtapuesta, los lleven consigo como gran esbozo global pero que, más adelante, durante el año, hagan de cada elemento el objeto de su oración, preferiblemente predicando sobre ellos. Así es, en efecto: dar uno mismo una plática vale más que escuchar veinte. Cuando tengo que aplicar por mí mismo los pensamientos a la vida, crece mi propia fuerza, mi amor, la transformación de mi propia alma.

En resumen puedo decirles, entonces: *el contenido original del Nuevo Testamento* es **la Buena Nueva del pronunciadísimo amor paterno de Dios.** Hablo del contenido original del Nuevo Testamento. Al oír la expresión Nuevo Testamento resonará de inmediato en su alma como eco el Antiguo Testamento. ¿Hay acaso una diferencia entre el contenido del Nuevo Testamento y del Antiguo Testamento? Sí, ciertamente hay una diferencia pero no una oposición. No puede haber oposición porque la fuente de ambos es el mismo Espíritu de Dios. ¿En qué estriba la diferencia entre el contenido del Nuevo Testamento y el del Antiguo Testamento?

Pienso que debo mostrarles primero *el Antiguo Testamento* para que, después, tengamos, en forma tanto más clara ante nosotros, lo original del Nuevo Testamento. ¡Antiguo Testamento! Dos etapas: un amplio tiempo pre cristiano y el tiempo cristiano, es decir, el judaísmo en tiempos de Cristo.

Si contemplamos el *tiempo pre cristiano,* por ejemplo, el tiempo del florecimiento clásico de la fe en el Mesías, deberíamos constatar que, a pesar de todo, no hay entre el contenido de la Sagrada Escritura del Antiguo Testamento y la del Nuevo Testamento tantas diferencias como solemos presentar comúnmente. También en el Antiguo Testamento se expresa en forma muy marcada el amor paterno de Dios. Por supuesto, la *dominante* es la *justicia de Dios.* Y puede ser que nos interese leer en forma atenta y meditativa, a partir de este contexto, toda una cantidad de pasajes del Antiguo Testamento. Son pasajes clásicos. Pero no deben perder de vista que, también en ese entonces, se sentía a Dios como el Dios de la misericordia y del amor. Estudien los correspondientes pasajes del Antiguo Testamento, considérenlos detenidamente. Sólo hallarán la siguiente diferencia: lo que predomina es el Dios justo y todopoderoso mientras que el Dios misericordioso y bondadoso es secundario. ¿Y cómo se revela? En lo esencial, frente a la masa del pueblo; el individuo no está. Por eso, Yahveh está ahí de la siguiente manera: el pueblo es *la esposa del gran Esposo*. Pensamos en Oseas, en el salmo 44, en el Cantar de los Cantares.[174] Ahí tenemos el tiempo clásico de la religiosidad daniélica.

4.2. En el Nuevo Testamento

Y ahora, la época de la decadencia, en tiempos de Cristo, *el tiempo cristiano,* el Antiguo Testamento cristiano. ¿Qué queremos decir con ello? La religión estaba en fuerte decadencia. Israel esperaba, sí, a un salvador, pero a un salvador de la esclavitud política. Nosotros, hombres de nuestro tiempo, podemos colocarnos mentalmente en la situación de entonces. Un salvador de la esclavitud política. Y ahora, el pueblo veía lo contrario. La esclavitud política se hacía cada vez más grande. Y en forma correspondiente se hacía más fuerte la conciencia de que el Mesías no quería servirse de la presente generación para liberar a su pueblo. El Mesías ve a esta generación pero no se preocupa por ella. Muy a menudo se confinó al Mesías al cielo, considerando que dejaba a los hombres librados a la extinción, a la ruina. En medio de esa situación llega entonces Jesucristo con su Buena

---

174 Müller 63.— Os 14, 5: «Yo sanaré su infidelidad, los amaré graciosamente; … seré como rocío para Israel: él florecerá como el lirio; Sal 45 (44), 12: «y el rey se prendará de su belleza. Él es tu Señor, ¡póstrate ante él!». Véase p. 78.

Nueva. Así, podremos entender cómo justamente los apóstoles, que estaban arraigados en el Antiguo Testamento, captaron de la mejor manera lo original del Nuevo Testamento. Escuchemos cómo proclama el apóstol Pablo: no hemos recibido el espíritu de esclavos sino el espíritu de hijos que nos hace exclamar –y cuán profundo suena en su lengua materna–: ¡Abbá, Padre! (véase Rom 8, 15).

Comprobemos ahora sobre este trasfondo el contenido original del Nuevo Testamento. Ya se lo ha insinuado en lo esencial. Pero para poder captarlo con más precisión y profundidad debemos comprobar y examinar, primero, *la doctrina y la vida de Cristo* y, segundo, la doctrina y la vida de los apóstoles. Queremos contentarnos con estos dos aspectos y esforzarnos por sacar a relucir vigorosamente, por captar y elaborar con verdadera profundidad interior el mundo de ideas que reluce aquí ante nosotros.

A. *En el Nuevo Testamento, Dios aparece como Padre y nosotros, como sus hijos*

¿Qué encuentro cuando pienso *en la doctrina de Cristo?* En forma muy marcada: ¡Dios es Padre! ¿Qué significa «Dios es Padre»? Dos cosas.

a. *Actitud paterna de Dios*

Dios tiene una *actitud paterna* sumamente profunda, no sólo frente a la masa del pueblo sino también frente a los individuos. Pero esto tampoco es suficiente, sino que tiene una actitud paterna también frente a las cosas más insignificantes de cada individuo. ¡Escuchen la contraposición! ¡Qué efectos debe haber tenido en aquel tiempo, sobre el oscuro trasfondo de aquella época! Véanlo, por favor, en el Nuevo Testamento: ¡cuánto se esfuerza Jesús por llenar el concepto de padre con todo lo que puede contener! ¡Con cuánto amor, misericordia, fidelidad! Su palabra tiene siempre una sonoridad tan plena cuando habla de Dios Padre y de su actitud paterna, que no hay ninguna paternidad humana que pudiese compararse con la paternidad divina. ¡Si ustedes, seres humanos que se denominan padres, son buenos con sus hijos, cuánto más su Padre celestial! (véase Lc 11, 13).

¡Y cuánto empeño pone Jesús en destacar, en todas partes y en forma fortísima, ese amor paterno de Dios, ese cuidado paterno frente a cada persona individual en las cosas más insignificantes! A veces pareciera como si quisiese violentar la justicia con tal de destacar en forma especial la misericordia del Padre. Basta con que pensemos en los obreros de la viña (Mt 10, 1-6). Los últimos obreros reciben el mismo jornal que los primeros. ¿No es aparentemente una injusticia? ¿Qué quiere indicar? La bondad y misericordia de Dios. Pensamos en todas las otras parábolas. ¿Qué hace el Señor? Deja las noventa y nueve ovejas para ir en busca de una sola (Mt 18, 12s). Y además, ¡cuánto se esfuerza Jesús en presentar, una vez más, que el Padre hace brillar el sol en todas partes! (véase Mt 5, 45). Y cuando se pone a describir el cuidado del Padre por el individuo con sus pequeños problemas y preocupaciones, utiliza las imágenes más poéticas, las palabras de mayor riqueza. Es una de las páginas más clásicas de la literatura universal. Habla de las aves del cielo, de los lirios del campo, que no siegan ni cosechan… ¡Cuánto más se ocupa de ustedes! (véase Mt 6, 25ss). ¡Escúchenlo: se trata de un mensaje nuevo también para el tiempo actual! Así se encuentra ante nosotros esculpido en forma clarísima la actitud paterna del Padre. Pero esto todavía no es suficiente.

- *La paternidad divina, raíz de la actitud paterna de Dios*
¿Cuál es la raíz de esa actitud? ¡Qué claro nos lo presenta la Sagrada Escritura! Es la *paternidad real.* Dios es realmente

nuestro Padre, nosotros somos realmente sus hijos. Aquí valdría la pena elaborarse de nuevo retiros anteriores[175] o bien estar en vías de hacerlo. ¡La conciencia de que Dios es realmente nuestro Padre y, nosotros, realmente sus hijos! *Videte, videte!* (¡ved, ved!) qué amor nos ha tenido el Padre, que nos llamamos y somos sus hijos (véase 1 Jn 3, 1). Somos realmente hijos de Dios, por supuesto no sus hijos congénitos. Somos hijos de Dios: en efecto, tal como hemos expuesto extensamente en su momento, no hay en el orden natural ninguna realidad análoga que nos presente todo el sentido y contenido de esta condición de hijos sino que decimos paternidad adoptiva y filiación adoptiva.[176] No obstante, esta expresión no acierta el núcleo porque el padre adoptivo sólo puede dar a su hijo algo exterior: su nombre y su patrimonio, pero nada de su naturaleza. En cambio, en nuestro caso, la filiación divina significa participación, comunicación de la vida divina por inhabitación. Participamos misteriosamente de la vida de Dios, de la vida del Padre.

No es mi tarea ofrecer aquí una prueba de todas estas realidades, tan necesarias para nuestro tiempo. Permítaseme sólo recordarlas a fin de pedirles que conquisten este mundo cuando prediquen, cuando hagan lectura espiritual. Ahí tienen nuestro tiempo. Jesús enseña con gran claridad que Dios es realmente nuestro Padre y que nosotros somos realmente sus hijos; y, en segundo lugar, que el Padre nos ama con un amor sumamente tierno y paternal.

---

175 En la década de 1930, el P. Kentenich dictó varias veces retiros espirituales sobre el tema de la infancia espiritual, por ejemplo, ya en 1932 (del 1 al 7 de agosto, sobre la filiación divina).

176 Véase WH1937, 29s. El P. Kentenich remite reiteradamente en esta enseñanza a M. J. Scheeben, que ya en su obra *Natur und Gnade* (nueva edición Múnich 1922, 129-160) trata detalladamente sobre el tema, partiendo también de 1 Jn 3, 1.

- *Nuestra actitud filial*

¿Qué consecuencias extrae el Señor de esta doble verdad? ¿Qué exige el Padre de nosotros? Por una parte, *actitud filial,* que resiste las cargas más difíciles que traen consigo los golpes más profundos y duros del destino. Ello exige de nosotros esta actitud de niños. En efecto, Jesús puede llegar a actuar en una u otra situación como un bromista. ¿Acaso nos sorprende? Conocemos la situación. ¡No os preocupéis en forma desordenada! ¿Quién de ustedes podrá agregar con su preocupación –se refiere a la preocupación desordenada, intempestiva– un solo codo a la medida de su cuerpo? (Mt 6, 27) ¿Acaso no le va bien esa advertencia al tiempo actual? ¿Por qué matarse de pena y de preocupación? Si hacemos lo que nos cabe, asunto concluido. ¿Dónde está el que hace por nosotros todo lo demás? Es el Padre. Sólo tengo que esforzarme con sencillez. Lo demás lo alcanzaré, en lo que a mí me corresponde, si con actitud filial atraigo sobre mí la bondad paternal de Dios. Por eso, el Señor nos aconseja una y otra vez el pedir. Busquen y encontrarán. Golpeen y se les abrirá (véase Mt 7, 7; Lc 11, 9s). Es más: incluso cuando parece que el Padre no quiere saber nada de nosotros, clamar una y otra vez, trabajar siempre de nuevo. Finalmente, el Padre vendrá a nosotros y nos justificará de alguna manera.

- *El Padrenuestro, la oración filial*

Por eso también *la sencilla oración del niño, el Padrenuestro* (Mt 6, 9-13; Lc 11, 2-4). Así deben orar: Padre nuestro. ¡Qué sencilla y tierna suena la expresión! Y ahora se van desgranando las diferentes peticiones. Aquí se revela la actitud fundamental esencial. Pío X dijo en una oportunidad: mi política es el Padrenuestro. ¿Puedo decir también yo que mi preocupación política es el Padrenuestro? ¡Vean cuántas preocupaciones resuenan en el Padrenuestro! ¡En efecto, contiene hasta una jerarquía de preocupaciones! Por favor, récenlo lentamente y pregúntense: ¿son éstas realmente mis preocupaciones? ¡Santificado sea tu nombre! El hijo se preocupa por el Padre a fin de que sea reconocido. Padre-nuestro: ésa es mi política en el difícil tiempo actual. Está relampagueando, un tiempo nuevo está naciendo. ¿Y mi preocupación? ¿No es acaso en forma demasiado fuerte y unilateral una petición de pan? También debemos presentar esa petición, en particular aquellos que tienen la responsabilidad económica. Pero el Señor quiere decirnos, asimismo: ¡No esa preocupación intempestiva! ¿Acaso pueden agregar un solo codo a su cuerpo? ¿No sería mejor hacer que mi política fuese el Padrenuestro, hacer que todos los valores y realidades que nos salen aquí al encuentro fuesen también los míos, en entrega y actitud de niños? Ésta es, a grandes rasgos, la enseñanza del Señor.

b. En la vida de Jesús

¿Y su vida? Observen la *vida de Jesús*. Si quieren, podrán diferenciar los tres elementos constitutivos esenciales de su vida que también nosotros podemos reeditar en nuestra vida. Pienso en su trabajo, en su oración y en su sufrimiento. Examinen, por favor, estos tres elementos constitutivos de su vida.

• En su trabajo

¿Cuál era su actitud fundamental en todo lo que hacía? El apóstol nos lo ha dicho cuando pronuncia para nosotros las palabras de la oración matutina de Cristo: sacrificio y oblación no quisiste pero me has formado un cuerpo. He aquí que vengo para hacer tu voluntad.[177] ¿Qué significa esto? ¿Qué actitud fundamental es ésta? Hacer tu voluntad. Es la delicada actitud de niño frente al Padre. Y las primeras palabras de labios del Señor

---

177 Véase Hb 10, 5-7. La expresión «oración de la mañana» hace alusión metafórica al comienzo de la trayectoria de Cristo en este mundo, según Hb 10, 5: «Por eso, al entrar en este mundo, dice: sacrificio y oblación no quisiste…».

acerca de las cuales nos informa la Sagrada Escritura son: «estar en las cosas de mi Padre» (Lc 2, 49).

¿No intuimos acaso que el fondo del alma de Cristo se ocupó constantemente con el Padre, estuvo constantemente junto al Padre? Y después, es como si rodeara toda su vida con un círculo de oro: Yo hago siempre lo que agrada al Padre (véase Jn 8, 29). Lo que agrada al Padre, no sólo lo que él ordena y quiere. Y nuevamente, en otra oportunidad: «Mi alimento es hacer la voluntad del que me ha enviado» (Jn 4, 34). Y cuando Pedro pronuncia, por primera vez, una confesión fuerte y sincera de fe en su divinidad, en nombre del resto de los apóstoles, ¡cómo exulta de alegría su alma! Pero, una vez más, todo lo grande es puesto en relación con el Padre: «no te ha revelado esto ni la carne ni la sangre, sino mi Padre que está en los cielos» (Mt 16, 17). Cuando se le informa: allá fuera están tu madre y tus hermanos, ¿cuál es su respuesta? ¿Quién es mi madre? ¿Quiénes son mis hermanos? El que hace la voluntad de mi Padre es mi madre, mi hermano y mi hermana (véase Mt 12, 46-50).

- *En su oración*

   Algo semejante vemos en su *vida de oración*. Sabemos cómo en su oración se dirigía siempre al Padre. A los pequeños se lo revelas y a los orgullosos se lo has ocultado (véase Mt 11, 25; Lc 10, 21). Por eso también su última palabra: «En tus manos pongo mi espíritu» (Lc 23, 46). Si quieren arrojar una mirada más honda a su vida de oración, a su actitud ante Dios Padre, estudien por favor la oración sacerdotal (Jn 17).

- *En su sufrimiento*

   ¡Y cuánto más en *su sufrimiento!* ¡Cuánto debe haberle pesado, sobre todo cuando estuvo en el Monte de los Olivos! Y allí, ¡qué actitud de niño!: ¡Padre, aparta de mí este cáliz! (véase Lc

22, 42). No obstante, de inmediato la gran entrega: «Pero no se haga mi voluntad, sino la tuya» (ibídem).

¿Qué tenemos aquí ante nosotros? La vida y la enseñanza del Redentor. En ella se nos coloca en el centro, en forma muy marcada, como hijos de Dios.

- ***En la enseñanza de los apóstoles***

¿Queremos avanzar una estación y preguntar también a los apóstoles? A fin de conservar la unidad y la simpleza nos quedamos en la enseñanza del apóstol Pablo. Lo que hemos elaborado hasta ahora será complementado aquí por dos profundas verdades. No es que el Señor no nos las hubiese enseñado. Pero los apóstoles las retomaron en forma especialmente intensa, continuaron su plasmación, las inspiraron en el Espíritu Santo y las promovieron con gran fervor.

c. *Enseñanza del apóstol san Pablo*
- ***Soy hijo de Dios, miembro de Cristo***

El apóstol Pablo nos da la respuesta a la pregunta acerca de cómo llegamos a ser *hijos de Dios*. Y la respuesta dice: por el hecho de que llegamos a ser *miembros de Cristo.*[178] He aquí su idea –es más, puedo decir: *la* idea, su ideal personal–[179] la condición de miembros de Cristo, ser miembro de Cristo. Y porque

---

[178]   Véase Rm 12; 1 Co 12; Ef 5, 30.

[179]   A raíz de la eminente importancia que reviste el ideal personal en la pedagogía schoenstattiana (particularmente en la pedagogía de ideales), el P. Kentenich utiliza aquí esta abreviatura conocida por todos para referirse al yo esencial de la persona tal como lo quiere Dios. En una jornada del año 1927 (AP1927, capítulo 3), el P. Kentenich define el Ideal Personal desde una perspectiva teológica, filosófica y psicológica: «Según la definición teológica, el Ideal Personal es una imitación original de las perfecciones de Dios y del Dios hecho hombre ... Y hay una definición filosófica. Según ella, el Ideal Personal es la idea exemplaris in mente divina praeexistens (idea ejemplar preexistente en la mente divina)... La definición psicológica quiere mostrarnos la forma y figura enteras del alma bajo la influencia del Ideal Personal. Por eso dice: el Ideal Personal es la tendencia

llegamos a ser miembros de Cristo, llegamos a ser hijos del Padre de misericordia, hermanos del Unigénito. Pero, tal como hemos podido rezarlo extensamente antes, esta condición de miembros de Cristo transforma nuestra alma en esposa de Dios.

- *Soy esposa de Dios*

Ahí tenemos el segundo título de honor. El primero era Hijo de Dios y, el segundo, mi alma, *esposa de Dios,*[180] y en un sentido mucho más profundo del que suele manifestarse habitualmente en la predicación. Esposa de Dios. Pablo está tan lleno de este contenido que casi deja fuera de consideración la idea que el Señor y Juan acentúan tan fuertemente, la idea del Reino de Dios en la tierra; está totalmente colmado por la idea de la condición de miembros de Cristo.

- *Soy amigo de Dios*

Y un tercer aspecto, que no sólo presenta Pablo sino también los otros. Los apóstoles predican con gran calidez y fervor lo que el Señor ha demostrado, su divinidad. ¡Cristo, de quien nos transformamos en miembros, es al mismo tiempo Dios! Y Cristo, *en su condición de Dios, nos ha elegido como sus amigos:* ya no os llamo siervos sino amigos míos.[181] Por eso el título de

fundamental y la disposición fundamental queridas por Dios del alma en gracia, tendencia y disposición que, sostenidas con fidelidad, maduran en un desarrollo orgánico y abundante en gracia hacia la plena libertad de los hijos de Dios».

180 La expresión «mi alma, esposa de Dios» está pensada y fundada en la condición de miembros de Cristo, pero no ha sido explicitada de esa manera ni por Pablo ni por la Sagrada Escritura en general. Sólo en la tradición —en particular en los Santos Padres— se interpretan y aplican de ese modo los respectivos textos de la Biblia, sobre todo del Cantar de los Cantares. Aquí, tanto la expresión «esposa de Dios» cuanto también «amigo de Dios», como expresiones gráficas para designar la esencia del alma, están tomadas seguramente de Müller, 69.

181 Véase Jn 15, 15. Respecto de la condición de amigos de Dios, vale lo mismo que respecto de la idea de esponsalidad (véase la nota precedente). Como la forma de trato elegida por Jesús en el discurso de despedida no era probablemente un privilegio de los Doce, puede suponerse que ellos lo anunciaron también «con gran

honor que tiene para nosotros una base del todo real: somos también amigos de Dios.

Henos aquí –y aquí debemos detenernos– en profundo respeto ante nosotros mismos: hijo de Dios, esposa de Dios, amigo de Dios. ¿Qué quiere decir todo esto? ¿No está aquí ante mí, de manera muy evidente, Dios en su amor y misericordia, siendo así que me ha elevado tan alto, por encima de mi pobre naturaleza y me ha hecho su hijo, me ha llevado a la esponsalidad divina, me ha convertido en amigo de Dios? ¡Sí! ¡Con cuánta gratitud y amor debo corresponder a todas esas grandes cosas!

Si les viene bien, si no los cansa demasiado o si quieren prepararse un poco para los pensamientos que serán objeto de nuestra oración, pueden hacer una meditación silenciosa y personal sobre estas expresiones; no sé si sobre hijo de Dios, esposa de Dios o amigo de Dios. Les propongo que nos detengamosen la última expresión: *amigo de Dios.* ¡Mediten lo que significa! ¿Qué debemos hacer si queremos resolver el pensamiento en sus componentes? ¿Qué elementos lo componen? Dios, amistad, amistad con Dios.

d. Meditar en Dios

¡Si nosotros, hombres modernos, a quienes tantas cosas se nos arrebatan de las manos, lográramos girar con todos nuestros pensamientos, deseos y sentimientos más en torno a Dios! ¿Y quién es Dios? ¿No creen acaso que debiéramos dirigir nuevamente nuestras meditaciones más hacia lo divino, elegir los contenidos de la teología,[182] concretamente, meditar de nuevo

---

calidez y fervor». Pero nada dicen de ello sus escritos. Véase también WH1937, 31s. En Müller, 127, dice: «Santo Tomás reconoció la esencia del amor de Dios en la amistad entre hombre y Dios» (STh I-II, 28, 2).

182 Al parecer, el P. Kentenich se refiere a la teología en sentido estricto: la doctrina de Dios en cuanto Dios.

más sobre las cualidades de Dios? En la meditación o, si ustedes quieren, en los tiempos de una entrega concentrada a Dios, puedo aprender a captar las cualidades divinas en toda la plenitud del valor que tienen para mí. Pero también, y seguramente muchos de nosotros ya lo hacen, puedo adentrarme más profundamente en Dios fuera del tiempo prescrito de la meditación. Piensen, por ejemplo: *durante el día* veo algo que, de alguna manera, reviste magnitud, algo hermoso en una persona, algo valioso. Estoy apegado a una persona. Me atrae su amabilidad, su ingenio, etc. Estoy vinculado a personas y a cosas. ¿Qué quiero hacer, entonces? No sólo con las ideas sino también con los sentimientos, luchar para hacerlo vida y llegar a la conclusión siguiente: ¡Qué es todo eso frente a la gloria de Dios! Esforzarme, entonces, con fervor por llegar, a través del vínculo afectivo a las cosas, a una vinculación afectiva más íntima a Dios. ¿Quién es Dios? Debo querer a Dios no sólo con mis pensamientos sino también con los afectos de mi corazón; estar vinculado a Dios con mi vida instintiva, con mi interioridad profunda.

e. La amistad con Dios

¿Y qué es *amistad*? Aquí nos acercamos a la psicología del amor, que trataremos extensamente mañana: amistad es *el estar interiormente uno en el otro, dos seres de igual tipo*. El amigo es un *alter ego* (un segundo yo). El que no sepa acerca de esto, el que no haya experimentado de pronto el amor personal, podrá considerar como una exageración lo que ya dijo en su tiempo el viejo Aristóteles: todos los bienes de este mundo podrán ser valiosos, pero el más valioso es una amistad fiel.[183] No es un estar uno al lado del otro o contra el otro; amistad significa un estar uno en el otro interiormente, con el alma; una armonía de los

---

183 Ética a Nicómaco 9, 4.

corazones, de los sentimientos. Hasta la Sagrada Escritura sabe entonar la alabanza de un amigo fiel (Si 6).

- *Qué significa ser amigo de Dios*

Y ahora puedo decir lo siguiente: también yo soy *amigo de Dios*. ¿Quieren investigar y reflexionar de nuevo con mayor profundidad lo que quiere decir ser amigo de Dios? Amistad significa igualdad de naturaleza, igualdad de cualidades e igualdad de bienes. Tal vez, estos pensamientos estén expresados en forma demasiado abstracta como para que podamos hacerlos ahora mismo objeto de nuestra oración. A pesar de ello, quiero presentarlos de esta manera.

– *Tener igualdad de naturaleza*

¿Tenemos esta igualdad? ¿Hay semejanza de naturaleza entre mí y Dios y el Dios hecho hombre, participación en la naturaleza divina?

– *Tener igualdad en cualidades*

¿Igualdad también en las cualidades? ¿Acaso Dios, como amigo fiel, no quiere regalarnos todas sus cualidades? ¿No quiere darme y regalarme un poco de su sabiduría, de su amor, de su justicia? Es así que, si soy miembro suyo, si soy amigo suyo, en definitiva no puede ser de otra manera: por el trato con él debo recibir participación en todas sus cualidades.

– *Tener participación en sus bienes*

¡Cuántas cosas quiere ofrecerme Dios! Me regala su naturaleza, su vida, su amor [184]. «¡Nadie tiene mayor amor…!» (Jn 15, 13). Ustedes no quieren escuchar tanto sobre cada una de estas cosas sino, a partir del conocimiento de las mismas, avanzar hacia la

---

184 Este tema está desarrollado en la «Contemplación para alcanzar el amor», de los Ejercicios de san Ignacio, que el P. Kentenich nunca omite en sus retiros de corte ignaciano.

actitud vigorosa y saturada de valor que dice: soy amigo de Dios. ¡Qué grandeza, qué ideal! ¡Es una pena que penetremos tan poco en estos mundos, que los pensemos tan poco, que los vivamos y experimentemos tan poco en nuestro interior! ¡Sabemos tantas otras cosas, tantas que tienen lugar en nuestra inteligencia! ¡Puede ser que muchas cosas tengan cabida en nuestra inteligencia, pero, en nuestra vida, no son la rueda motriz que deberían ser!

Dios me da su vida, me regala *su misión,* me regala su presencia. «Como el Padre me envió, también yo os envío» (Jn 20, 21; véase 17, 18). Yo participo de su misión. Él me regala *su presencia,* me regala a *su Madre.* Por favor, vean a la Santísima Virgen como regalo de amistad del Señor. ¿Acaso no es así también en la vida real, en la vida cotidiana? Dos amigos que están entrañablemente unidos comparten también en forma instintiva a la madre.

Así se encuentra frente a mí la *amistad de Dios.* Valdría la pena hacer que, durante el año, estos pensamientos más bien abstractos cobraran también vida. Si es que tengo alguna vivencia de amistad, debería esforzarme asimismo en sentir que se me permite amar y que soy amado. Entonces, no debería madurar sólo con el pensamiento sino también con la vida hacia el siguiente pensamiento: ¡Qué es esto, Señor, frente a tu amor! ¿Cómo puedo corresponderte? Aquí debemos incorporar nuestro amor de amistad, nuestro propio ser. De otro modo, no lograremos un nuevo sentimiento de vida, no superaremos el tiempo actual. Debemos hacer que nuestra vida y nuestro pensamiento se basen en las verdades dogmáticas.

O bien, si veo cuán poco corresponden los hombres al amor de Dios, no debo verlo sin más sino lamentarlo también a través de afectos interiores: admirar a Dios que soporta todo eso. Pero también esforzarme por no hacer ni lo más mínimo que me haga faltar en ese sentido. Debiera esforzarme cuidadosamente en darle alegría en pequeñas cosas. Así debemos incorporar, de nuevo vivamente, esta gran verdad en nuestra vida cotidiana. ¿No es esto materia más que abundante para nuestro trabajo a lo largo del año, para nuestros sermones y meditaciones?

B. En el Nuevo Testamento, Dios aparece también como el Dios justo, que exige

Por tanto, debe ser correcto lo que afirmé al comienzo, a saber, que el motivo central de Dios es el amor. ¿Y el motivo secundario? Debemos cuidar de no exagerar ahora en forma unilateral con el objeto de acudir en ayuda de las necesidades del tiempo. Dios no es solamente el Dios del amor, *no es sólo el que da,* el que se regala, sino *también el que exige.* Por eso, en nuestra imagen de Dios debemos dar espacio a la justicia. El Dios justo: ¿acaso no describió Cristo al Padre celestial también como Dios justo? ¿Acaso no está él mismo ante nosotros como el Justo, según la Sagrada Escritura y según él mismo se ha descrito? Él nos señala que Dios exige algo. Exige que quien haya recibido dos talentos gane otros dos; y que quien haya recibido cinco gane otros cinco (véase Mt 25, 14ss). Él exige algo.

Creo que ahora no valdría la pena –ni sería tampoco el problema a tratar– que esbozáramos este año la *imagen del Dios justo.* De otro modo, debería hacer referencia a la historia universal como juicio universal; debería hacer referencia al purgatorio, al infierno. Estas también son verdades, verdades que existen en el orden objetivo y que quieren tener también espacio en nuestra vida y formar nuestra vida. En nuestra alma debe permanecer vivo asimismo *un temor real.* Pero ese temor frente al Dios justo, la entrega al Dios justo, no debe ser a la larga la dominante en la vida de nuestra alma. Podrá serlo en forma transitoria pero la actitud fundamental es el amor, porque Dios hace todo, en forma central, inmediata y formal, por amor. Podrá ser cosa de ustedes si les viene bien dedicar aquí más atención a la justicia de Dios. Querrán ustedes dispensarme de hacerlo. Pero no piensen que, porque hablo poco de ello, no otorgo importancia a estas verdades. Estamos muy llenos de ellas, pero debemos acentuar el amor porque es lo primario, la ley fundamental del mundo.

5. Relación armónica entre justicia y amor

El tercer pensamiento: *relación armónica entre justicia y amor.* Hoy, cuando el alma está tan disgregada, debemos esforzarnos por volver en lo posible a una idea unitaria y simple.[185] Así es en general para el hombre que piensa, y especialmente para el sacerdote: para él debe constituir un valor el ver siempre su concepción de la vida y del mundo en la forma más simple posible, y hacer que esa concepción se base en principios últimos. ¿No tiene acaso que causar una perturbación el ver yuxtapuestos al Dios justo y al Dios misericordioso? Considero que lo correcto para los sentimientos sería mantener como concepto de valor central a Dios Padre. Pero, entonces, el concepto debe ser más abarcador.

Dios Padre y el concepto de padre no son blandos. Dios Padre puede también causar dolor. Él es puro amor pero también es derecho y justicia. Cuando en algún punto se ha infringido la

---

185 En esta exposición puede ponerse claramente de relieve una vez más qué es lo que ha de alcanzar un pensamiento orgánico: ver tanto en el pensamiento cuanto en la experiencia la concreta relación recíproca entre justicia y amor como una unidad en una dimensión última. En la orientación pedagógica del P. Kentenich, siempre presente en su pensamiento, esta relación recíproca impulsa hacia el simple complejo de valores en el que todo se entiende y se vive desde y hacia Dios Padre, a quien, en el predominio del amor —en el contexto vivo del ideal del amor a la cruz en el seguimiento de Cristo— se ve cada vez más como el Padre del amor misericordioso.

ley, el Padre sabe también hacer sufrir. Pero *hace sufrir por amor.* Ésa es su obra maestra. Nosotros conocemos esto demasiado poco en la vida práctica. Experimentamos al Padre y al ser humano y experimentamos en él al Dios justo pero separamos demasiado la justicia del amor. Por eso –y lo reitero una vez más porque hay tanta disgregación en nuestro modo de pensar– estas cosas revisten gran importancia. Por la misma razón utilizar también las mismas palabras, la misma idea central. El pueblo no puede tolerar que yo tenga una idea central y que la cambie siempre de nuevo. ¡Por eso, *unidad en el pensar, vivir y sentir!* Y hay que mostrar al tiempo actual que colocamos siempre en el centro a Dios Padre. Pero dar a Dios Padre los rasgos con los que también la Sagrada Escritura lo retrata, los rasgos del amor y de la justicia. El Padre es estricto pero estricto por amor; él es bueno pero su bondad dirige también su justicia.[186]

Con ello les he presentado de una manera por cierto muy abstracta, casi demasiado abstracta para el retiro, un gran esquema de razonamientos. Bastaría con que, a partir de él, adquiriésemos la impresión de que Dios es realmente amor. Así es: la ley fundamental del mundo es y sigue siendo el amor. Todo por amor. Él debe hacerlo por amor.

Ahora procuren moverse un poco en el marco de esta idea. Pero les reitero mi pedido: ¡no busquen ninguna aplicación práctica! Si concentran ahora sus fuerzas en la aplicación práctica de los propósitos, queman la fuerza que sería necesaria para *crear una actitud.* ¡Hagan de lo que hemos dicho objeto de

---

186 La separación demasiado tajante de justicia y amor en Dios, el no poder ver en unidad lo que forma una unidad, es expresión de una crisis de gran trascendencia histórica que el P. Kentenich ha caracterizado siempre haciendo referencia al modo de pensar y de vivir mecanicista en el que se presenta este tipo de «disgregación». Ese modo de pensar y de vivir se supera a través del verdadero pensar católico.

su oración! Aprendan a creerlo y pidan la gracia de captar más profundamente la ley fundamental del mundo: «Nada sucede por azar, todo viene de la bondad de Dios»; «Es voluntad de Dios: por eso, silencio»; «Dios es Padre, Dios es bueno; bueno es todo lo que él hace». Y si es que aún no puedo reconocerlo en mi propia vida, haz que lo reconozca, a fin de aplicar después todo en mi vida y en la de los demás.

Décima Plática

AMPLITUD DE LA LEY FUNDAMENTAL DEL MUNDO

1. El amor y la voluntad de comunicación de Dios

A fin de que toda nuestra concepción, nuestro sentimiento de vida se vaya transformando lentamente en el sentido de la ley fundamental del mundo, haremos bien en no permitir que todos los pensamientos y el mundo de valores que estamos absorbiendo sean perturbados tan fácilmente por otras influencias. En la última plática hemos intentado demostrar el hecho de que Dios tiene realmente como motivo principal de todas sus acciones el amor, el amor paterno.

En esta plática queremos reflexionar un poco sobre el segundo y tercero de los pensamientos anunciados. Después de haber investigado en cierta medida el hecho, nuestro pensamiento filosófico sereno y serio debe plantearse asimismo la pregunta por la amplitud del mismo y por sus efectos en la vida práctica.

2. La voluntad de donación de Dios

2.1. Cuatro fases de la voluntad divina de comunicación

La voluntad de comunicación de Dios, *la voluntad de donación de Dios se realiza en una sucesión de varias fases.*[187] En

---

187 Müller, 41; Francisco de Sales, *Tratado del amor de Dios II,* 4 (págs. 131-134).

efecto: estamos buscando una concepción homogénea, unitaria del mundo. Procuren hacer de todo esto objeto de su reflexión hasta que redunde realmente en su pensar y sentir como una unidad consistente.

- *En el seno del Dios Trino*

   Si queremos conocer la primera fase de la voluntad de comunicación divina, debemos comenzar *en el seno del Dios Trino*. El Padre comunica al Hijo su naturaleza por medio de la generación, y el Espíritu Santo recibe de ambos la misma naturaleza. Por tanto, la voluntad de comunicación de Dios es también el fundamento de la Trinidad en la unidad.

- *En la creación del Dios-hecho-hombre*

   Pero esto no basta para la voluntad de comunicación de Dios. Él es la personificación perfecta, la voluntad de comunicación perfecta personificada. Si bien esta voluntad es siempre libre, quiere y desea salir de los bordes del Dios Trino creando un nuevo término, un nuevo órgano para su voluntad de comunicación. ¿Qué hace, entonces? Crea *la naturaleza humana del Dios hecho hombre* y relaciona esa naturaleza humana con la persona del Hijo de Dios formando una unidad, la *unio hypostatica*. El fundamento profundo de este hecho es la voluntad de comunicación de Dios. El Dios Trino quiere hacer que una naturaleza creada participe de toda la gloria y magnificencia del Eterno e Increado.

- *En la creación de los ángeles y los hombres*

   Pero tampoco esto es suficiente. La voluntad de comunicación de Dios no se da aún por satisfecha. Crea *ángeles y hombres*. ¿Para qué? Para darles participación, en forma misteriosa, en la gracia y la gloria, en la gloria del Unigénito.

- *En la creación del mundo*

Y, para los seres humanos, su voluntad de comunicación avanza todavía una fase más. Para los hombres crea por el mismo motivo el mundo, las plantas, los animales, el mundo orgánico, a fin de mostrar a los hombres su voluntad de comunicación y darles así la oportunidad de que, por libre voluntad y elección, mediante el *goce* de esas cosas o de la *renuncia* a ellas, asciendan, regresen, se remonten hacia la comunicación de Dios, hacia el amor de Dios.

Permítanme decirles que esta categórica presentación de fases encadenadas es la obra maestrade san Francisco de Sales. Aquí tienen ustedes las líneas fundamentales de la concepción salesiana del mundo.[188] Si consideran una vez más las cuatro partes, verán que lo original en ellas es el amor: el atribuir en forma terminante, casi unilateral, el mundo entero y el acontecer universal a la voluntad de comunicación de Dios. Es obvio que lo que les he presentado en cuatro pensamientos no está clarificado en la vivencia ni pensado con las ideas. Debiéramos tener cuatro semanas para adentrarnos en este mundo, de tal modo que nuestro sentimiento se viese transformado. Pero me permito pedirles que comprendan estos pensamientos como una directiva para el trabajo del año.

2.2. El centro de la voluntad de donación de Dios: la encarnación

- *El Dios-hecho-hombre*

Si quieren examinar las cuatro fases lean sus obras, porque nos elevan hacia el cielo. Nosotros, sin embargo, estamos hablando de la ley fundamental del mundo. En la interpreta-

---

188 Michael Müller (41) explica con relación a 1 Jn 4, 8. 16 y Col 1, 15ss: «Estos dos pensamientos constituyen los pilares fundamentales de la cosmovisión salesiana». En lo que sigue, el P. Kentenich acentúa este cristocentrismo.

ción de la voluntad comunicativa de Dios aquí en la tierra, en la interpretación de la ley fundamental del mundo, buscamos ahora *lo central,* el centro de su voluntad de comunicación. Nos resultará fácil ver la respuesta: se trata de *la persona del Dios-he-cho- hombre.* A ella debemos ser incorporados. El Padre busca el pléroma *Christoû,* la plenitud del cuerpo de Cristo.[189] El Padre quiere que sean en lo posible muchos los hombres que encarnen al Unigénito en un rostro humano y que sean incorporados a él, que seamos presentados en él hasta que, al fin de los tiempos, todo sea uno en uno y uno en todo.

Como saben, si damos una mirada retrospectiva a las controversias que se desarrollan en el campo de nuestros teólogos, vemos que en este punto se inicia una discusión. Hay dos corrientes. Es posible que conozcan la pregunta que aquí nos interesa. La misma reza: ¿se habría hecho hombre el Unigénito si Adán y Eva no hubiesen pecado?[190] Cristo es el centro, es el Dios-hombre, que ha unido hipostáticamente la naturaleza humana con la divinidad. ¿Se habría realizado, en este sentido, la voluntad de comunicación de Dios si Adán y Eva no hubiesen pecado? Tal vez, la primera objeción que me hagan sea: ¡qué va, todo esto es un juego! ¡No queremos dedicarnos a esto! Pero yo quiero decir un par de palabras al respecto a fin de que adquieran una percepción de la consistencia de una concepción.

Es verdad, la Sagrada Escritura no nos dice nada certero ni seguro en este sentido, no se dedica a especulaciones. Sólo nos muestra el *ordo essendi* (el orden de ser). Y ya lo sabemos: Adán

---

189 Véase Ef 3, 19: «…y conocer el amor de Cristo, que excede a todo conocimiento, para que os vayáis llenando hasta la total Plenitud de Dios». Véase Col 2, 9.

190 Müller, 39ss; 141ss. Según el autor, en este punto se enfrentan sobre todo el «sistema tomista» y el «escotista». Tomás: el objetivo de la encarnación es la salvación; Escoto: la encarnación es el centro del plan divino para con el mundo.

y Eva pecaron, y el pecado tuvo un efecto en la encarnación. En qué consiste en detalle este efecto, podrán investigarlo en forma discursiva el teólogo y el dogmático. Pero ese efecto incide en la vida práctica cotidiana. Y aquí tienen resonancia ambas concepciones. ¿Cuáles?

Si me coloco sobre el terreno de la visión comúnmente aceptada, puedo decir que Dios, el *Verbum divinum,* (Verbo de Dios) no habría asumido la naturaleza humana si Adán y Eva no hubiesen pecado.[191] ¿Qué resuena aquí? *El Dios justo. Él exige expiación.* Entonces viene el Unigénito y dice: quiero hacer expiación. Ahí tenemos en el centro y con mucha fuerza la justicia de Dios. ¿No será que muchas concepciones teológicas están inspiradas en esta concepción central de la justicia de Dios?

Tomen la otra concepción. Dicho sea de paso, no es solamente la salesiana. Es interesante estudiar cómo Francisco de Sales tuvo que luchar en este punto, al igual que los franciscanos. Aquí encontramos en su forma genuina, como *misterio central, el amor:* por amor, por voluntad de comunicación. Nada más habría cooperado en este caso, sólo el amor, la voluntad de comunicación. Se trata solamente de un estado construido en forma artificial: el amor ha impulsado al Padre y ha hecho que el Unigénito asumiese la naturaleza humana.

- *Fundamentación de esta donación*
  – Razón bíblica

Permítanme que lo exponga sólo en forma rápida. Con un par de trazos tendremos la *fundamentación* de esta visión. Primero queremos escuchar una *ratio biblica* (fundamentación bíblica), a continuación una *ratio theologica* (fundamentación

---

191 Esta tradición se registra a partir de san Agustín (Sermo 215, 4 [PL 38, 1074]) (en especial Anselmo de Canterbury).

teológica) y después, rápidamente, las dificultades. Quiero hacerlo en forma (de razonamiento filosófico) a fin de que lleguemos hasta el final.

En la *Sagrada Escritura* podríamos fundamentar de esta manera la concepción. Pasajes de la Sagrada Escritura: Dios es amor (1 Jn 4, 8. 16). Otros pasajes: encontramos cómo Pablo presenta con tanta fuerza que Cristo, el Unigénito, existe antes de toda creación (Col 1, 18); escuchémoslo: «Todo es de ustedes; y ustedes, de Cristo y Cristo de Dios» (1 Co 3, 22s). *Atqui* (Pero): podía calcularse que pasajes como éstos sólo adquieren su sentido pleno si asumo la visión salesiana o, si quieren, la franciscana. *Ergo* (Por lo tanto).[192] Pero no es una prueba plenamente válida.

– *Razón teológica*

Más fuerte podría resultar la *ratio theologica* (fundamentación teológica). Considérenla: si digo que Adán y Eva han pecado y que, si no lo hubiesen hecho, la segunda persona no habría asumido la naturaleza humana, la encarnación es una consecuencia del pecado. En tal caso, lo peor que existe sería la causa de lo más elevado y perfecto. ¿Acaso la encarnación del Dios-hecho-hombre no es la clave, la perfección y coronación para la naturaleza humana entera? Pero si el pecado ha tenido una influencia tan fuerte en algo tan grandioso, yo debiera contradecir en cierto sentido al teólogo. Aunque, tal vez, ustedes puedan decir que esto siempre seguirá siendo dudoso.

Las *dificultades. O felix culpa Adae!* [193] ¿Por qué es dichosa esta culpa? Porque el pecado de Adán y Eva ha hecho que la naturaleza humana del Dios-hecho-hombre fuese capaz de su-

---

192 *Atqui - Ergo:* «Pero - por tanto». Partículas que introducen los pasos argumentales de una demostración filosófica.

193 ¡Oh, feliz culpa, la de Adán! (del *Exsultet,* pregón de la Vigilia de Pascua). Véase *Tratado del amor de Dios II,* 5, p. 136.

frir. Aquí, pues, en cuanto el Dios-hecho-hombre sufre, veo en forma ilustrativa y gigantesca todo su amor y su misericordia. *O felix culpa Adae!* Si quiero seguir la exégesis de san Francisco de Sales, puedo incorporar un segundo momento apoyándome en los razonamientos de san Pablo: donde sobreabundó el pecado, sobreabundó también la gracia.[194] Y san Francisco de Sales hace la siguiente exégesis: ahora, en el estado en que nos encontramos en este momento, la gracia actual es más abundante de lo que hubiese sido en el estado previo al pecado original.[195] *O felix culpa!* A pesar de todo, pues, la culpa de Adán tiene una influencia muy fuerte en la modalidad de la encarnación. Como quiera que sea, lo que a mí me importa es escuchar los razonamientos puesto que, en el caos del tiempo actual, luchamos por tener una comprensión del mundo, lo más consistente posible.

Esto basta para tratar el segundo pensamiento en el marco de nuestro breve retiro. Con ello tenemos la amplitud de esta ley fundamental del mundo, la amplitud de la voluntad de comunicación divina en cuatro fases sucesivas.

2.3. Efectos de la voluntad de donación divina

La última pregunta incide algo más en la vida práctica cotidiana. ¿Qué *efectos* hemos de esperar de *este hecho* en la ampli-

---

194 San Francisco de Sales se extiende en esta típica argumentación: «…la misericordia fue más saludable para rescatar a la especie humana que dañina la culpa de Adán para perderla. Tan lejos estuvo el pecado de Adán de superar a la Bondad divina, que más bien sirvió para excitarla y promoverla; de modo que, por una suave y amorosísima reacción y contienda, se vigorizó a la vista del adversario y, como recogiendo todas las fuerzas para vencer, *hizo sobreabundar la gracia donde había abundado la iniquidad* (Rm 5, 20)»: *Tratado del amor de Dios II,* 5 (Pág. 136).

195 Posiblemente se reproduce aquí un pensamiento de Francisco de Sales referido al estado previo al pecado original: «Es decir, nuestra pérdida se ha trocado en ganancia, pues la naturaleza humana recibió más favores mediante la redención de su Salvador de los que habría recibido por la inocencia de Adán si hubiera perseverado en ella» (ibídem).

tud en la que lo hemos descrito? Permítanme que les pida una vez más que vean lo siguiente: ¿les diré que, en base a esta gran realidad, debemos rezar en el futuro de esta o de aquella manera, debemos disponer la meditación de este o de aquel modo? No, no quiero decirlo. ¿Qué es lo importante, ante todo? La *transformación de nuestro pensar y sentir.* Por eso pueden esperar de mí que, a partir de este gran hecho, les dé orientaciones para la plasmación de una nueva actitud fundamental de nuestra vida. Pero, ¡por favor, no formulen propósitos en particular! ¡Sólo después! Si concentran su fuerza anímica en propósitos, todo ayudará demasiado poco para plasmar la vida. Es preferible soportar un poco la tensión.

Puedo decirles que la consecuencia de este hecho para nosotros es una cuádruple actitud fundamental, una cuádruple postura fundamental.

- ***Frente a Dios:***
  – Una concepción unitaria de la vida y del mundo

En primer lugar, ¿no nos brinda acaso el hecho que hemos descrito, una maravillosa concepción *unitaria* del mundo y una *concepción de vida y del mundo* sumamente *adecuada a nuestro tiempo?* Maravillosamente unitaria. Pienso que acabo de presentarles en forma suficiente el carácter unitario de esta concepción totalmente consistente.

Lo que reviste especial importancia para nosotros es el hecho de que tenemos una concepción de vida adecuada a nuestro tiempo, es decir, una concepción de la vida y del mundo que responde en forma totalmente clara a especiales necesidades actuales. En efecto, hoy hablamos tanto del renacimiento de la naturaleza. Debemos repetir la expresión que habla de un *endiosamiento de la naturaleza.* El hombre actual, tal como se está desarrollando y como en parte ya ha llegado a ser, es un enemigo de todo dualismo: quisiera unidad. Este afán de totalidad es tan intenso en el hombre que hace descender muy fuertemente lo divino a lo humano y, de ese modo, expulsa lo divino del mundo. No hay más dualismo sino unidad, igualdad entre Dios, el hombre y la criatura: un *endiosamiento* de la naturaleza. La naturaleza en cuanto tal es unidad.

Frente a ello no debemos acentuar en principio tanto la trascendencia sino la *inmanencia de Dios,* si bien debemos cuidar de no tornarnos demasiado unilaterales. Sé que Dios no sólo es trascendente sino también inmanente. En efecto, ésa es la urgencia del hombre religioso: no quisiera ver ni experimentar a Dios tan retirado en el sagrario, sino que tiene también el intenso afán de ver a Dios encarnado en el hombre, de ver a Dios en el hombre. «He visto a Dios en el hombre».[196] El hombre quisiera saber que lo divino aún penetra hoy en el mundo.

¿Acaso no está expresado esto en forma sumamente vigorosa en la consistente concepción que hemos expuesto anteriormente? ¡Qué fuerte es el reflejo de la voluntad de comunicación divina en la naturaleza! Me está permitido disfrutar de las cosas. Dios me las ha dado por amor y, en respuesta de amor, las utilizo o renuncio a ellas. En este punto pueden recordar que, hoy en día, luchan realmente fuerzas diabólicas con fuerzas divinas. No encuadramos correctamente el acontecer del mundo, no ejercemos correctamente nuestra influencia sobre él si sólo ponemos en la balanza fuerzas humanas siendo que, del otro lado, están operando fuerzas diabólicas tan fuertes.

---

196 Expresión de un académico parisino al referirse al santo cura de Ars. Véase p. 42; WH, 14. Véanse también, por ejemplo, los informes que trae la biografía del cura de Ars escrita por Henri Ghéon: *Der heilige Pfarrer von Ars,* Einsiedeln 1930, capítulo 4, especialmente 92-102.

¡Repasen una vez más estos pensamientos! Se trata de hacer que la encarnación de lo divino en lo humano se haga cada vez más realidad. Puedo imaginarme que en el campo católico se insiste: ¡Cuidado! ¡No inmanencia, sino trascendencia! Pero para el pedagogo, así como para el pastor, se trata de la pregunta ¿qué hay que acentuar? De ese modo, es importante que experimentemos en qué medida la actitud de hacer transparente lo creado, a la luz de la fe, nos está respaldando como una realidad. En principio, si queremos reorganizar nuestra pastoral, debemos esforzarnos seriamente por aspirar a esa realidad, por educar al pueblo en ese sentido.

¿He de advertir nuevamente cómo en el campo adversario se dictan cursos de formación, con cuánto entusiasmo se procura conquistar a los participantes para la nueva creencia? ¿Cómo es entre nosotros? ¿Cuántos apóstoles educamos hoy, a través de nuestros sermones, que salgan después a proclamar las verdades que Dios quiere hoy de nosotros?

Aquí tienen la primera consecuencia: una concepción de vida consistente, unitaria, adecuada al tiempo.

– *Un sentimiento y una seguridad de vida divinos*
Segunda consecuencia. Ya que hemos hablado primero de la concepción de vida, quisiera interpretar la palabra vida de una manera algo diferente. Hablo de un *sentimiento de vida semejante al de Dios y de una seguridad de vida semejante a la de Dios.*

¿Perciben una vez más el intento de incidir medio a medio en la vida actual? ¡Sentimiento de vida semejante al de Dios! Si tienen presentes los límites dogmáticos, pueden decir tranquilamente, en lugar de ello, sentimiento de vida divino y seguridad de vida divina.

– *Sentimiento divino de vida*

Sentimiento de vida divino.[197] Acabo de delinear las bases hace un momento. ¿Qué soy yo? ¿Qué me indica la Sagrada Escritura? ¿Qué es lo que forma más mi saber, mi dogmática? ¿Qué soy yo? Hijo de Dios; mi alma, esposa de Dios. ¿Qué soy yo? Amigo de Dios. ¿Qué soy, por tanto? ¿No tengo acaso algo divino, algo semejante a Dios en mí? ¿Qué debería hacer mi educación? ¿Cómo debería estar yo frente a Dios? ¡Debemos sentirnos realmente como hijo de Dios, como amigo de Dios, como esposa de Dios, también en forma vital, según nuestro sentimiento de vida! Permítanme que les recuerde de nuevo el trasfondo que hemos señalado esta mañana. Pero ¡cuántos de nosotros se sienten como siervo de Dios, como criatura de Dios, como esclavo de Dios, como perro de Dios!

¡Sentimiento de vida! ¡Sentimiento de vida divino, semejante al de Dios! ¡Hoy en día lo necesitamos! Si tienen clara la situación del tiempo actual, si sienten claridad hacia dónde se dirige, encontrarán que, actualmente, el hombre no sólo se transforma en una bestia sino, cada vez más, en una pequeña pieza de una máquina. ¡Debo saberlo para poseer la doctrina católica! *Utamur haereticis!* (¡Utilicemos a los herejes!) ¿Qué debo destacar del seno de las verdades católicas? ¡Aquellas verdades que otorgan al hombre un fuerte sentimiento de sí mismo, un sentimiento de vida semejante al de Dios! Por un lado, tenemos, en última instancia, la estructura del hombre masa, una pieza de una máquina. No se dejen engañar diciéndose: ¡qué va! ¡La maestría es-

---

197 Véase MPLW1933, II, 1: «Quien vive la vida enaltecida debe poseer un sentimiento de vida divino. Si lo tuviésemos, ¡qué tranquilos andaríamos por esta vida! El mismo implica una conciencia de estado extraordinariamente grande: conciencia de estado de hijo de Dios. Debo ofrecer constantemente el culto en mi interior … Pienso que, de esa manera, crezco poco a poco hacia una perspectiva divina, hacia dimensiones divinas. Veo la vida desde Dios y la domino desde Dios».

triba justamente en que son miembros de una comunidad! Pero hay diferentes tipos de masificación. La tendencia de la herejía antropológica se dirige a desvalorizar al individuo hasta el extremo, de otro modo, no tendríamos masa. ¿Qué puedo hacer yo? Destacar todo lo que sirva para que el hombre vuelva a ser grande. ¡Sentimiento de vida semejante al de Dios!

Si veo correctamente las cosas, hasta creo poder decir que hay que invertir la frase «el pequeño hombre frente a la vida todo-poderosa». Ahora debe decir: *«el pequeño universo frente al hombre».* No la soberbia del hombre, la grandeza del hombre, no: el universo es pequeño frente al poderoso ser humano porque el hombre posee la participación en la vida divina: hijo de Dios, esposa de Dios, amigo de Dios. ¡Qué pocos de nosotros toman en serio esta expresión: transformación del sentimiento de vida! Debiera apropiarme cada vez más de un sentimiento de vida divino. Entonces me erguiré *libre frente a los Césares,* me erguiré libre frente al mundo. ¡No orgulloso, pero sí libre en Dios! El universo se presenta pequeño frente a mí. ¡Sentimiento de vida divino! ¿Cómo es mi actitud frente a mi propio cuerpo, frente al otro sexo? Esto es lo que debemos acentuar con mucho más fuerza en la educación: ¡sentimiento de vida semejante al de Dios!

Si quieren tener un ejemplo clásico, de una aplicación práctica consecuente de este tipo de raciocinios, estudien a Francisco de Sales. Él reflexiona sobre estos pensamientos como sus ideas predilectas.[198] Esclavo, siervo –¿cómo concibe él, el alma, si es cierto todo lo que les he dicho? ¡Hijo de Dios, esposa de Dios, amigo de Dios! En su visión, el alma humana es una reina, la reina junto al Rey. «Ya en una carta del año 1604, él consuela a una señora enferma diciéndole: «Cuando Cristo pendía de la

---

198 Müller, 66ss.

cruz, fue proclamado rey incluso por sus enemigos. Las almas que sufren bajo el peso de una cruz son las reinas proclamadas»».[199] Estudien, por favor, cuán en serio toma Francisco de Sales estos pensamientos. El libro ha sido editado hoy:[200] *Frohe Gottesliebe. Das religiössittliche Ideal des heiligen Franz von Sales,* de Michael Müller, publicado por la editorial Herder. Es más bien una metafísica de la ascética salesiana. Sobre todo si han participado de este retiro, lean el libro todo de una vez. Encontrarán en él un complemento de lo que les he dicho. He extraído de él algunas ideas particulares que arrojan mucha luz sobre su sistema. Ustedes podrán estudiar otros pensamientos suyos por su cuenta. El libro dice, por ejemplo, cómo concibe san Francisco de Sales el alma[201] –por supuesto, son formulaciones que no nos agradan, pero eso no importa; podemos extraer las ideas centrales–: cuando el Señor pendía de la cruz, fue proclamado rey. Más tarde, en otra oportunidad, habla de la «joven princesa, amada … por su esposo».

Él expone la idea de «reina del alma» o «princesa del alma» en una parábola propia: «Cierto rey grande y valiente se casó con una joven princesa muy amable, a quien un día condujo hasta una pieza muy retirada para entretenerse con ella más a su gusto. Después de algunas palabras, la vio caer desvanecida delante de él por cierto accidente inesperado. El rey se asustó sobremanera y él también estuvo a punto de caer al suelo sin conocimiento,

---

199 Müller, 67, citando una carta a la abadesa Rose Bourgeois, fechada el 22-11-1604 (*Deutsche Ausgabe VII*, 267).

200 Evidentemente, la expresión «hoy» no está pensada en sentido literal sino en el de «últimamente»: la primera edición alemana del libro de Müller apareció en 1933. Nuestras citas están tomadas de la segunda, de 1968. Existe edición en español: «*La alegría en el amor de Dios*», Ed. Poblet. Buenos Aires, 1943.

201 Müller, 67: «En la Introducción describe al alma sirviéndose de la imagen de «una joven princesa, extremadamente amada por su esposo»» (referencia a *Introducción a la vida devota IV*, 3 [Obras selectas I, 228]).

pues la amaba más que a su propia vida; pero ese mismo amor que le produjo esa pena tan intensa le dio fuerzas suficientes para resistir, moviéndole a remediar, con indecible rapidez, el daño sucedido a la compañera de su vida. Abriendo con presteza un armario, tomó un agua muy eficaz, separó a viva fuerza los labios y los dientes apretados de su amada princesa; después, soplando, llenó su boca con el preciado licor, haciéndolo pasar de su propia boca a la de su pobre princesa desvanecida, y rociando el rostro, las sienes y el lado del corazón, consiguió que volviera en sí y recobrase el sentido; luego la alzó dulcemente y, a fuerza de remedios, la vigorizó y reanimó de tal suerte que ella comenzó a andar por sus propios pies y a pasear lentamente con él, que la iba sosteniendo del brazo, hasta que, finalmente ... , sintiéndose ya completamente restablecida, siguió caminando sola sin necesidad de que su amado esposo la sostuviera; sólo tomaba delicadamente su mano derecha, mientras que su brazo descansaba dulcemente sobre el pecho».[202]

««El alma justa» –declara Francisco[203]– «es la esposa del Señor» ... «Cuando el alma comete un pecado, cae víctima de debilidad espiritual». El Dios-hecho-hombre «se estremeció tanto ante tamaña desgracia, que expiró en la cruz por redimir-

---

202 *Tratado del amor de Dios III*, 3 (pág. 206) (el P. Kentenich cita según Müller, 68s. Para esta traducción hemos tomado el texto directamente de la versión española del *Tratado* que utilizamos. N. del T.).

203 El P. Kentenich cita una vez más a partir de Müller, 69s. Como el texto contiene algunas diferencias con el original, consignamos a continuación el texto literal del *Tratado del amor de Dios* (III, 3 [págs. 207s]) tal como aparece en la versión en español que utilizamos: «El alma justa es esposa del Señor, y, como no puede ser justa si no posee la virtud de la caridad, no será esposa hasta no verse introducida *en la sala de los suaves perfumes* de que habla el Cantar de los Cantares (Ct 1, 3). Ahora bien, cuando el alma que recibe este honor comete el pecado, cae víctima de espiritual debilidad, accidente inesperado; pues ¿quién había de pensar que una criatura abandone a su Creador y soberano bien por las cosas perecederas de este

nos». Pero ahora ya no es necesario que nos manifieste su amor muriendo por nosotros; no obstante «acude en ayuda del alma». Con misericordia incomparable abre las puertas de su corazón, mediante inquietudes y remordimientos de conciencia ... y como aguas perfumadas y vivificantes, hace volver en sí al alma ... Si el alma responde dispuesta a las insinuaciones de la gracia ... Dios la conducirá «con movimientos de fe, esperanza y penitencia, hasta que recobre por completo la salud espiritual, a la caridad». Entonces, el alma «puede ya caminar sola gracias a

---

mundo, como son los incentivos del pecado? Ciertamente que el cielo se estremece (Jr 2, 12) y, si Dios estuviese sujeto a pasiones, sentiría vacilar su corazón ante tamaña desgracia, como cuando expiró en la cruz por redimirnos. Mas no siendo ya necesario que manifieste su amor muriendo por nosotros, cuando ve a uno precipitarse en la iniquidad acude ordinariamente en su ayuda, y con misericordia incomparable entreabre las puertas de su corazón, mediante inquietudes y remordimientos de conciencia procedentes de luces y temores que proyecta en el interior de los espíritus y mediante movimientos saludables que, como aguas olorosas y vitales, hacen volver en sí al alma y le inspiran sentimientos nobles. Todo esto, Teótimo, Dios lo realiza «en nosotros sin nosotros», por su amable bondad, que nos previene con dulzura (Sal 21[20], 4), porque, al modo que la esposa de nuestro relato hubiese quedado muerta sin el auxilio del rey, el alma permanecería eternamente perdida en su pecado si Dios no acudiera con su gracia previamente. Si el alma así excitada ajusta su consentimiento al sentir de la gracia, secundando la inspiración que la ha prevenido y recibiendo los auxilios y socorros que Dios le ha preparado, él la vigorizará y la conducirá con movimientos de fe, esperanza y penitencia, hasta que recobre por completo la salud espiritual, no otra cosa que el estado de caridad. Y mientras la hace pasar por las virtudes que la dispongan al amor divino (Sal 84 [83], 6-7), no sólo la conduce sino que la sostiene, de tal manera que, marchando ella según se lo permiten sus fuerzas, él por su parte la acompaña y sirve; de forma que no se sabría decir claramente si ella camina o es llevada, porque no la llevan hasta el punto de no andar, y marcha de suerte que, si no la llevan, nada podría adelantar; así que con palabras del Apóstol debe decir: *Yo camino, mas no sola; va la gracia de Dios conmigo* (1 Co 15, 10).

El alma, recobrada completamente la salud por el remedio eficaz de la caridad que el Espíritu Santo le aplicó, puede ya caminar suelta merced a esa misma salud y al estímulo del divino amor, por el cual, aunque avance por su pie, debe toda la gloria a Dios, que le ha dotado de vigor y resistencia». (Las cursivas están en el texto original. La forma de remitir a los Salmos corresponde a la utilizada en esta edición del retiro del P. Kentenich) (N. del T.)

esa misma salud y al estímulo del divino amor, que el Espíritu Santo ha colocado en su corazón»».

He ahí el sentimiento de vida divino. Y no se confundan si, en un tiempo previsible, llegan corrientes que dicen: «¡Como católicos debemos cuidarnos de no adherir al panteísmo!». ¡Eso no tiene nada que ver con esto! Es una gran negligencia de nuestra parte que enseguida volvamos a tener temor de que pudiésemos ir demasiado lejos. Por eso, dicho estrictamente, sentimiento de vida semejante al de Dios. Pero podemos decir sentimiento de vida divino, en la medida en que participamos de la vida divina.

– Seguridad divina de vida

He agregado lo siguiente: no sólo sentimiento divino de vida sino también una *divina seguridad de vida*. ¿Quieren otra expresión? Es conocida: *conciencia de cobijamiento en Dios*. ¿Por qué? Se trata de tomar en serio esta gran verdad de la seguridad de vida, de la seguridad de vida semejante a la de Dios. Estoy seguro acerca del sentido y del objetivo de mi vida. Estoy cobijado, pase lo que pase. Me siento más cobijado que si yo mismo me sostuviera, puesto que tantas y tantas legiones de ángeles están a mi disposición. El sentido profundo de esta seguridad radica en la ley fundamental del mundo. Dios es Padre, Dios es bueno; bueno es todo lo que él hace. Por consiguiente, si Dios ha previsto algo, si me hiere un golpe del destino, ¿cuál debería ser mi primera respuesta? Dios lo ha preparado para mí. ¡Qué seguro estoy de que todo es por amor, de que es para mi bien! ¿Y qué quiero yo, entonces? No puedo hacer sino lo mejor de mi parte. ¿Y quién procura mi bien en forma más íntima, esclarecida y vigorosa que Dios Padre? «Dios es Padre, Dios es bueno; bueno es todo lo que él hace».

¡Pero no sólo esto, no sólo frente a los golpes de la vida debo sentir este profundísimo cobijamiento sino, con especial fuerza y profundidad, frente a la cruz y al sufrimiento! En este punto, san Francisco de Sales ha pintado un cuadro hermosísimo.[204] Está tomado con delicada sensibilidad del sentir de un alma sencilla. El santo señala que nos imaginemos a un niño sencillo que está enfermo. El padre es médico, y dice al hijo: estás enfermo, hay que operarte. El niño sabe que, si el padre opera, está bien. Lo hace el padre. Por supuesto, la operación le depara grandes y profundos dolores. Pero ¿qué exclama el niño durante la operación? ¡Padre, cuánto me quieres! ¿Se dan cuenta ustedes con cuánta profundidad es tomado esto por las almas fervorosas?

---

204 El P. Kentenich reiteró innumerables veces esta alegoría en sus pláticas cuando quería hacer entender, aceptar y hasta anhelar la cruz y el sufrimiento desde la perspectiva del amor divino. Y como podría revestir interés para todos los lectores, consignamos a continuación el texto literal de esta parábola tomado de *Tratado del amor de Dios IX,* 15 (pág. 550s): «La hija de un excelente cirujano, que padecía fiebre continua y sabía que su padre la amaba por encima de todo, decía a una de sus amigas: «Me encuentro muy mal, pero no pienso en los remedios, pues no sé cuáles servirían a mi curación; podría desear una cosa y acaso necesitar otra; ¿no hago mejor dejando este cuidado a mi padre, que sabe y desea para mí todo cuanto mi salud requiere? Haría mal en preocuparme, pues él se preocupará por mí; haría mal en querer algo, pues él querrá cuanto me resulte provechoso; esperaré a que quiera lo que estime pertinente y no me entretendré más que en mirarle cuando esté cerca de mí, en testimoniarle mi amor filial y en demostrarle mi absoluta confianza». Dichas estas palabras se durmió, mientras su padre, juzgando necesario practicarle una sangría, dispuso llevarla a cabo; en cuanto la enferma despertó, tras de haberle interrogado cómo se encontraba después del sueño, le dijo si deseaba que la sangrase para sanar pronto. «Padre mío, respondió ella, tuya soy, yo no sé lo que debo querer para curarme; a ti te corresponde querer y hacer por mí cuanto te parezca adecuado; en cuanto a mí, me basta con amarte y honrarte de todo corazón, como lo hago». Entonces le vendan el brazo, el padre mismo esgrime la lanceta y abre la vena; mientras dura la operación y corre la sangre, ni una sola vez miró la amable hija su brazo herido ni su sangre escapándose de la vena, sino que, los ojos puestos en el rostro de su padre, no decía otra cosa, a veces suavemente, que: «Mi padre me ama mucho y soy toda suya». Cuando todo acabó, no le dio las gracias, sino que repitió una vez más las mismas palabras de afecto y confianza filiales».

Si poseo esta actitud, es que estoy realmente captado por la ley fundamental del mundo. El Padre limpia el sarmiento para que dé más fruto (véase Jn 15, 2). Pase lo que pase, y aunque Dios me quite lo que más quiero, puede aceptarlo, aun cuando con eso quede destruida la felicidad de mi vida. ¡Qué cobijado está el niño que posee una seguridad de vida! Del mismo modo, también nosotros debemos estar sostenidos por una *seguridad divina*. Y nuestro afecto fundamental debe ser, asimismo: ¡Padre, cuánto me quieres! Que esto puede doler, ya lo sabemos: de otro modo, yo no sería un ser humano. Pero la dominante debe ser: ¡qué expresión de amor divino es ésta, y qué objeto excepcional de la preocupación divina debo ser yo! Esto mismo nos da seguridad de vida en las dificultades y preocupaciones económicas. Pienso que, en el sentido del mundo actual, esto significa realizar la voluntad de Dios –tal como la misma está documentada asimismo a través de las circunstancias del tiempo actual– en especial en la transformación de todo nuestro pensar y querer. ¿Qué nos ha hecho decir el Señor? «En todas las cosas interviene Dios para bien de los que le aman» (Rm 8, 28). Nada puede afectarme la dificultad económica. He aplicado la preocupación necesaria pero no esa inquietud temblorosa, ese precipitarse y agitarse.[205] Sólo tengo que amar a Dios. Busquen primero el Reino de Dios… (véase Mt 6, 33). Cuando los envié, ¿les faltó algo? (véase Lc 22, 35). Muchos sucumben. Pero debemos adquirir la actitud nuevamente.

Ahora no debemos formular propósitos sino rezar por esta *actitud* y escuchar cuando se nos dice qué es la actitud *netamente cristiana, católica*. ¿Qué quiere Dios cuando deja que tantas cosas sean destruidas? *¡Fuera con lo penúltimo!* ¡Vayamos a lo último de

---

205 Literalmente: «precipitarse y ayunar» («Hasten und Fasten», presumiblemente por asimilación homofónica) (N. del T.).

lo último![206] Él quiere hacer de nosotros verdaderos, señalados hijos de Dios; quiere asemejarnos cada vez más a la imagen de su Hijo (Rm 8, 29). Pensemos en estas palabras del Unigénito, en cómo él mismo, como hombre, se encontró aquí en la tierra en una situación semejante. Ésta era la segunda actitud.

– *Conciencia de hogar y de añoranza*

La tercera: una *conciencia de hogar y de añoranza* que nos anima con enorme fuerza, una vigorosa *conciencia de peregrinos* y una victoriosa *conciencia de testimonio*. Puede ser que las expresiones suenen al comienzo algo extrañas, pero están tomadas de la Sagrada Escritura y de un sano pensamiento psicológico.

Conciencia de hogar y de añoranza. ¿Qué nos dice Cristo antes de su regreso a la casa del Padre? Voy al Padre. Y debo hacerlo, pues, de lo contrario, no vendrá el Paráclito.[207] Humanamente hablando, debemos lamentar que los apóstoles hayan estado tan agobiados por el dolor de la separación. Sólo se entregaron a ese dolor, no quisieron escuchar nada acerca del Padre. Voy al Padre; he salido del Padre.[208] Ahí tienen ustedes el ciclo que se dirige hacia el Padre. ¿Dónde está mi Padre, dónde está mi hogar? Una vigorosa, animadora conciencia de hogar y de añoranza. Es más: quisiera que mi añoranza por el Padre fuese especialmente profunda. Esa añoranza nos es innata. Nuestra alma no descansa hasta que esté en casa. *Nostra conversatio in caelis* –nuestro andar es en el cielo,[209] no tanto aquí en la tierra. Ése es mi hogar primordial: el seno del Dios Trino.

---

206 Véanse las consideraciones del P. Kentenich en la primera plática de este retiro, p. 42.

207 Jn 16, 7: «Os conviene que yo me vaya; porque si no me voy, no vendrá a vosotros el Paráclito; pero si me voy, os lo enviaré».

208 Jn 16, 28: «Salí del Padre y he venido al mundo. Ahora dejo otra vez el mundo y voy al Padre».

209 Flp 3, 20, según la Vulgata. En base al texto griego: «somos ciudadanos del cielo».

Cuanto más logre estar allí en casa, tanto más superaré el mundo, tanto más seré capaz de ofrecer un hogar a otras personas. Y el hombre actual, que se ha vuelto tan desarraigado y sin hogar, necesita personas que le ofrezcan un hogar. ¡Créanme: no serán los sociables y divertidos! No: yo me siento en casa donde me encuentro ante una persona a la que siento *cimentada en Dios.* Cuanto más esté yo mismo en casa en Dios, tanto más mi personalidad toda podrá *llegar a ser hogar* para innumerables personas: para el moderno hombre bolchevique, carente de raíces, para todos mis seguidores. ¿Se preguntarán ustedes, con razón y seriedad, cuán importante es una actitud semejante? Procuren realizar en su vida esta típica actitud. Hacerlo produce toda una transformación.

– Conciencia de peregrinos

Junto a ella marcha al mismo paso la vigorosa conciencia de peregrinos. Mi hogar no es éste, sino que está en el cielo. ¡Conciencia de peregrinos! ¡Somos peregrinos! Y, como nos lo dice tan a menudo el Antiguo Testamento, por muchos y numerosos que sean nuestros años, buenos y malos, sabemos que nuestro hogar no está aquí, sino que está en el seno de Dios.[210] ¿Qué significa conciencia de peregrinos? Ella cuida de que no nos esclavicemos a las cosas de este mundo, nos da empuje para adentrarnos en lo divino, en nuestro hogar primordial, en Dios. Esto ya lo habían reconocido con claridad los pueblos antiguos, que no caminaban a la luz de la fe. Se cuenta de un gran sabio que preguntó al oráculo cómo se liberaría de su sensualidad. La respuesta del oráculo fue: ¡ve y pregúntale a los muertos bajo sus tumbas! Es decir, piensa en la caducidad. *Vanitas vanitatum!*[211] Ve y pregúntales a los muertos.

---

210   Véase Sal 84 (83), 6s; 31 (30), 11; 90 (89), 10; 102(101), 25-29; Si 18, 8ss; Sb 4, 7s.

211   Qo 1, 2: «¡Vanidad de vanidades! –dice Cohélet–, ¡vanidad de vanidades, todo vanidad!».

Si vivo bajo la impresión de la caducidad, si vivo a partir de la conciencia de peregrino, ¡cuántas inclinaciones y pasiones quedan sofocadas en mí en su mismo origen, cuántas son rechazadas antes de que puedan causar daños! Conciencia de peregrinos. Cuando leemos acerca de reyes y vencedores los antiguos pueblos, vemos cuántos de ellos, al regresar coronados de gloria a su tierra, se hacían traer en un recipiente las cenizas de los muertos. ¿Por qué razón? Para no enorgullecerse. Nosotros decimos: para conservar la conciencia de peregrinos. No raras veces leemos en los libros antiguos cosas semejantes: reuniones importantes se realizaban de la misma manera. ¿Por qué? A partir de la misma idea: *Vanitas vanitatum* (Qo 1, 2).

Y el Apóstol nos advierte que somos peregrinos y que, por esa razón, no debiéramos perseguir los placeres de la carne, las alegrías del mundo.[212]

Aquel de nosotros que tenga la fuerte necesidad de hacer un seguimiento un poco mayor de estas serias y eternas verdades tiene aquí la oportunidad de hacerlo. Y yo creo que, en realidad, todos nosotros tenemos la necesidad de exponernos en forma algo más intensa al *resplandor de la caducidad de todo lo mundano y creado.* ¡Qué bien hace al alma cuando, habiendo tomado vuelo hacia Dios, ve desde el monte santo todas las cosas tan por debajo de sí misma. ¡Todo es perecedero! Las obras de mis manos serán destrozadas mañana o pasado mañana. ¿Cuál ha de ser mi respuesta? ¿Protestar contra Dios? ¿Disputar? ¡No! Dios quiere darme conciencia de añoranza: justamente, todas esas cosas no son Dios. ¡Cuán agradecidos debemos estarle por vivir en el tiempo actual! ¡Cómo nos decepcionaremos en general res-

---

212 Véase 1 Pe 2, 11:«Queridos, os exhorto a que, como extranjeros y forasteros, os abstengáis de las apetencias carnales que combaten contra el alma».

pecto de todas las cosas que no son Dios![213] *Deo gratias!* No por ello seguir la melancolía cósmica, no. Pero sí *pesar las cosas en la balanza de Dios:* sólo valorarlas como Dios lo hace. Entonces soy un hombre más libre, más feliz y, junto con Dios, enfrento todo el universo de nuestros adversarios con mirada libre, con una actitud corporalmente libre. Entonces estamos cimentados en Dios, vemos y valoramos el mundo tal cual es.

– Conciencia de testimonio

Y he agregado otra expresión: una *victoriosa conciencia de testimonio.*

¿Qué dijo Cristo a los apóstoles? Que debían ir a Jerusalén, permanecer en el Cenáculo hasta que viniese el Espíritu Santo y, después, salir a dar testimonio de él.[214] En este contexto quiero decir lo siguiente: no sólo tenemos que pensar en el cielo sino que también, como católicos, tenemos el deber de procurar que la tierra llegue a ser *un pedazo de cielo.*[215] ¡Aquí no debemos tener melancolía cósmica sino nostalgia del cielo! Nuestra tarea ha de ser procurar que la tierra llegue a ser un pedazo de cielo. No lo alcanzaremos, pero es tarea de cada uno. Por eso, ¡fuera con el

---

213 En el contexto de la vía negativa de la fe en la Divina Providencia, el P. Kentenich habla incluso de una *función* de desengaño de todas las cosas creadas.

214 Lc 24, 46ss: «Así está escrito que el Cristo padeciera y resucitara de entre los muertos al tercer día y se predicara en su nombre la conversión para perdón de los pecados a todas las naciones, empezando desde Jerusalén. Ustedes son testigos de estas cosas. Miren, yo voy a enviar sobre ustedes la Promesa del Padre. Por su parte permanezcan en la ciudad hasta que sean revestidos de poder desde lo alto». Véase Hch 1, 8.

215 Aquí se expresa una vez más la representación ideal del P. Kentenich acerca de su fundación como un «estado ideal» por construir en la actualidad (véase p. 45). «Un pedazo de cielo»: por esa razón, Schoenstatt se denomina también «Ciudad de Sión». En los últimos años de su actividad, tras los catorce años de exilio que le impusiera la autoridad eclesiástica, el P. Kentenich solía hablar preferentemente de «colonia del cielo».

cansancio, con el pesimismo! No esperar hasta que se libre una batalla. Todavía tengo mi reino: mi comunidad parroquial, mi familia parroquial, mi confesionario. ¿Para qué trabajo? ¡Para que *surja aquí un paraíso,* un Reino de Dios! O bien, dirán ustedes: ¡utopía! ¡Es imposible! Pero nuestra dicha consiste en esforzarnos seriamente por crear el paraíso. Y toda aspiración seria crea el paraíso. De ese modo trabajaremos y nos esforzaremos por crear familia. La verdadera felicidad –en la medida en que podemos disfrutarla– consiste en procurar y seguir procurando siempre crear un cielo, un paraíso en la tierra, una familia de Dios, una Ciudad de Dios. ¿Notarán tal vez que se trata aquí de un sentimiento de vida realmente transformado? Eso siempre que logremos grabar muy profundamente en nosotros esta verdad.

3. El amor paternal, fuerza creadora del amor

Hay todavía una cuarta actitud acerca de la que debo hablar. Es nuestra *actitud fundamental en la educación,* en la pastoral, que se determina esencialmente por la ley fundamental del mundo.

¿Cómo debe ser esa actitud? Toda nuestra actividad educativa no debe ser otra cosa más que la reproducción, la continuación de la ley fundamental del mundo, la continuación de la actividad creadora de Dios, de la actividad educadora y redentora de Dios. ¿Cuál es la actitud fundamental de Dios? La fuerza creadora del amor. Ésa debe ser la actitud fundamental también de mi parte: *la fuerza creadora del amor.* Antes hemos dicho, en lugar de ello, paternidad, paternidad sacerdotal.[216] Estudien, por favor, una vez más: ¿en qué medida es el amor una fuerza crea-

---

216 Cabe hacer referencia aquí a las jornadas para sacerdotes y educadores dictadas por el P. Kentenich en las décadas de 1920 y 1930. Véase, por ejemplo, la jornada pedagógica de 1931: EI1931, 168.

dora en Dios? ¿No ha creado, formado y configurado el amor también su voluntad de plasmación, su justicia? Piensen en las cuatro fases de la voluntad de comunicación de Dios. ¡Pero la fuerza creadora del amor debe estar también en la educación! Mañana queremos retornar una vez más a los principios. Aquí se trata sólo de crear una actitud, de una reflexión permanente, fundamental.

Permítanme que haga referencia al ejemplo, a la actitud, al temperamento de Don Bosco, podemos decir, de san[217] *Don Bosco*. Vale la pena, para nuestra pastoral, que examinemos el sistema educativo de Don Bosco. Sin lugar a dudas, es un genio. ¿Cuál era su secreto? Dos frases: su educación era *educación a la alegría* y de la alegría, y *educación al amor* y del amor. Si investigan acerca de él, encontrarán que prohibía a los suyos que trataran a los jóvenes con castigos corporales. Y no se trataba en este caso de jóvenes nobles sino de vagabundos y ladrones callejeros. Pero ¿cuál era para él el mayor castigo, y sólo lo entenderá el que conozca la psicología del amor? Que, a la noche, debiese negarle el saludo de las buenas noches a algún joven. ¡Qué delicada relación presupone que un joven vea un castigo en que no se le dé la mano, en que no se le diga buenas noches! Ésta es una típica pedagogía del amor. ¿Qué significa esto? Escuchen su testamento: si quieren que sus jóvenes sean virtuosos, educarlos a la obediencia, les aconsejo que procuren que la juventud los quiera, que les tenga cariño. Y háganlo de la siguiente manera: primero deben querer ustedes mismos a sus jóvenes. Pero no sólo quererlos: también deben sentir que ustedes los quieren.

---

217 San Juan Bosco fue canonizado ya a fines de ese mismo año de 1934.

¿Y cómo harán que ellos sientan que los quieren? Eso debe indicárselo el sano instinto.[218]

A partir de lo que hemos dicho pueden entenderlo. El principio educativo esencial es la paternidad, la fuerza creadora del amor. ¿Cuál es el fundamento profundo de este hecho? Que el instinto primordial del hombre es el amor. Si he llegado a descubrir y a captar el instinto de amor del ser humano, podré arrastrar fácilmente a toda la persona hacia lo alto.

Por supuesto —y aquí me permito hablar como pedagogo— este amor tiene también *sanos límites*. ¿He de mencionarles dos límites? Los mismos están contenidos ya germinalmente en el amor: tensión entre amor y respeto, tensión entre amor y fuerza. ¿No hemos tomado ya posición en forma fundamental al respecto en el curso pedagógico general de hace un tiempo?[219]

3.1. Amor y respeto

Amor y respeto. ¿Qué es el amor? Una línea que va, que impulsa hacia el otro ser humano. Respeto es una línea que vuelve. Amor sin respeto no es nada, no es amor. Todo amor —así quisiera decirlo como psicólogo— tiene como componente esencial el respeto. Por eso, no interpretar en forma equivocada la expresión paternidad: ¡no es «abuelidad»! La paternidad conlleva un sabio respeto, no es una constante confesión y declaración de amor. No es así como entendemos amor y respeto. Por eso, en virtud del respeto, la paternidad implica siempre también una actitud de adecuada distancia exterior, hecho al que damos un peso tan enorme en nuestro moderno sistema de educación.

---

218 Véase Nikolaus Endres SDB, *Die psychologische Begründung der Erziehungsmethode Don Boscos als Ursache seiner pädagogischen Erfolge*, tesis doctoral, impresa como manuscrito, Múnich 1951, 31 y 93.
219 Referencia a la jornada pedagógica de 1931: EI1931, 233ss.

3.2.   La fuerza, complemento del amor

El amor implica la fuerza. El *complemento del amor es la fuerza*. En sí, el amor ya es fuerza. Pero lo digo de nuevo para que no piensen que el amor es algo blando. El amar implica fuerza en sí, sabe que el joven debe ser captado también en su voluntad de servicio. Estas cosas no constituyen una oposición. Sé que el amor debe inspirar todo lo demás. Pero para nosotros, hombres mesurados que provenimos de la era del individualismo y del intelectualismo, reviste particular interés la idea de que el educando debe sentir también mi comunión: sentir que lo queremos. No digan que esto no nos hace falta en nuestras comunidades parroquiales. Hoy en día debemos primero «organismar» y sólo después organizar. Primero crear un centro en la comunidad; ése debe ser el punto de cristalización. La comunidad debe sentir que la queremos. Si cada domingo echo pestes a más no poder, si echo rayos y centellas, podrá suceder por amor, pero no debe expresar una ausencia constante de auto control. El amor contiene también un poquito de paciencia. Al pueblo le agrada que lo tratemos con rigor pero tiene que poder oír siempre en lo que se le dice que, detrás de todo, hay amor.

¿Cómo pueden y quieren aprovechar *prácticamente* para ustedes mismos la actitud del amor como aplicación de la ley fundamental del mundo? Ustedes mismos deben saberlo. Pienso en las visitas a las familias y a las casas. Ustedes mismos deben saber en qué medida tienen sentido. Pero, en caso de hacerlas, a todos los lugares donde vayan debe acompañarlos la actitud de la fuerza creadora del amor, una *paternidad sana, profunda, que lo abarque todo.*

Creo que ahora hemos comentado ya en medida suficiente la primera parte de la ley fundamental del mundo desde la dimensión divina: todo por amor. Mañana queremos avanzar tal vez aun más hacia lo hondo para la vida práctica y considerar qué significa «todo para el amor y todo a través del amor».

Undécima Plática
TODO MEDIANTE EL AMOR

1. Todo mediante el amor, la gran ley pedagógica divina

A fin de contribuir a superar, en el seno de nuestro círculo de trabajo, las corrientes anti-divinas del espíritu del tiempo actual haremos bien en procurar representar primeramente nosotros mismos algo del ideal del hombre redimido moderno. Es decir, debemos superar esa corriente del tiempo sobre todo en nosotros mismos, y procurar representar *lo completamente contrario al moderno hombre bolchevique*. Podremos hacerlo de la mejor manera disponiéndonos con cuerpo y alma para la ley fundamental del mundo. En la medida en que lo logremos, recibiremos y nos desarrollaremos un verdadero sentimiento de vida nueva, de tipo nuevo.

Hemos interpretado la ley fundamental del mundo desde la dimensión divina: Dios ha creado todo por amor. Será bueno que, durante el año, permanezcamos largamente en esta perspectiva de consideración. Es algo semejante a lo que ocurre en toda ciencia: si durante un tiempo relativamente prolongado se procura captar los principios fundamentales de la misma, después, la aplicación es fácil. Pero si se pretende la maestría inmediata en la aplicación de los principios, es posible que uno siga siendo por mucho tiempo un charlatán. Por esa razón, si queremos transformar nuestro sentimiento de vida, si queremos representar un poco del ideal del hombre redimido moderno, será importante que, durante el año, nos sumerjamos muy a menudo en *las inmensas demostraciones de amor de la Providencia divina*. También lo que diremos en esta plática y en la siguiente quiere reforzar en nosotros esa orientación. Nos encontramos aún en la dimensión divina de la ley fundamental del mundo, en la primera parte: todo por amor.

Ahora viene la segunda parte: *todo mediante el amor*. Mediante el amor: si me permiten que lo exprese en forma más clara, debo decir: mediante grandes, ostensibles, fascinantes, tangibles muestras de amor. En este punto, el *creador* y educador de la naturaleza humana se muestra en forma singular como *el pedagogo*. Es una acción magistral de pedagogía que él quiera llevarnos a una profunda unión de amor a través de estas ostensibles y palpables muestras de amor. Tres son las preguntas que aquí nos interesan, particularmente como educadores, como pastores. Debemos preguntarnos, primero, por el sentido; segundo, por la causa y, tercero, por los efectos de esta gran ley pedagógica.

2. Sentido de esta ley pedagógica divina

Pregunta por el *sentido de esta ley*. «Todo mediante muestras de amor» significa que Dios quiere conducirnos a una profunda unión de amor consigo, y que quiere hacerlo regalándonos a lo largo de toda nuestra vida una multitud innumerable de grandes, ostensibles muestras de amor. ¿Cuál es la razón profunda de este actuar? Enseguida la oiremos: es la peculiar estructura del alma humana, la peculiar estructura de la naturaleza humana. Tienen un ejemplo, un bello trasunto de esta magistral acción pedagógica en lo que les he dicho ayer acerca de Don Bosco, que sabía atraer realmente hacia sí los corazones de los hombres, ganarse los corazones de los hombres mediante el amor, pero *mediante un amor ostensible, palpable.*

Hay una gran diferencia en lo siguiente: puedo ser duro en forma extraordinariamente brusca pero tener detrás, en mi interior, el motivo del amor. Puedo decir que no me importa, que exijo justicia y docilidad pero, en el fondo, exijo legalidad por amor. Sin embargo, en tal caso tenemos sólo la primera parte de la ley fundamental del mundo –«todo por amor»– pero no la segunda: «mediante el amor», mediante muestras tangibles de amor. Debo contradecir aquí el sentimiento de rechazo que dice: ¿pero acaso debemos ser blandos, ver nuestra pedagogía en hacer constantes declaraciones de amor? No es eso lo que quiero decir. Sólo se trata de superar lo que hemos traído de nuestra antigua educación a una época nueva. ¿Acaso no tenemos una postura *demasiado conceptual?* Puedo causar dolor pero, a pesar de ello, se siente el amor. Debo disponerme como lo hace Dios, conducir a la unión de amor con Dios a través de fascinantes, ostensibles, palpables muestras de amor.

Pero no se hace aquí referencia solamente a estas grandes y ostensibles muestras de amor; no: también hemos de decirnos que Dios es un maestro en el punto que estamos tratando, a saber, que entiende y quiere entender todo, pero radicalmente todo, como expresión de su amor. Y también lo más importante: *cruz y sufrimiento y persecución,* y todo lo demás, como quiera que se denomine. Vemos aquí la mayor acción magistral de la educación de nosotros mismos y de los demás. Si realmente lográramos ver también en la cruz y el sufrimiento la expresión del amor divino –tal como es objetivamente–, deberían ver ustedes cómo quedarían resueltos todos los problemas de la época. He aquí el problema más difícil de nuestra educación. Sólo logrará ver en la cruz, la persecución, la penuria económica, la desocupación, la falta de hogar, etc., una prueba extraordinaria del amor divino quien tenga en sí una refulgente *luz de la fe* y un amor divino, quien vea, bajo la radiante luz de la fe todas esas cruces, como quiera que se llamen, teniendo el siguiente pensamiento: para mí son piedras preciosas, expresan en forma extraordinaria el amor divino.[220] Pero nada de esto lo alcanza. Pero *mi instinto amoroso* debe estar ya fuertemente *vinculado a Dios* pues, de otro modo, la escisión interior será insuperable, tanto más insuperable cuanto mayores sean las dificultades de la vida.

Creo que tengo el deber de advertirles lo siguiente: para nosotros, sacerdotes, lo que estamos comentando en común podrá ser, en cierta medida, posible y alcanzable también en la práctica porque el sufrimiento con el cual cargamos no cae a cántaros sobre nosotros. Pero ¡contemplen a *nuestro pueblo,* con la terrible desocupación y falta de vivienda, con la tremenda penuria, y todo eso con una débil luz de la fe! ¡No deben perder de vista esto! ¿Lograré, sin embargo, demostrar y hacer notar vitalmente

---

220 El P. Kentenich procuró resolver este difícil problema en su pedagogía de la libertad conduciendo, en su quehacer pedagógico, hacia la disposición y el amor al sufrimiento. De ese modo, en la aspiración a la perfección de estado como meta educativa obligatoria de las comunidades de la Obra de Schoenstatt, se cuenta, entre los actos y actitudes más elevados de la madurez interior, el pedir a Dios como expresión de entrega total toda cruz que él haya previsto para la propia vida. En el lenguaje schoenstattiano, esa entrega total se denomina *Inscriptio,* término que designa la esencia del amor: se trata de la frase *inscriptio cordis in cor* (inscripción de un corazón en el otro), del acervo espiritual agustiniano. El doloroso punto culminante de la historia de Schoenstatt lleva la impronta de este espíritu. Encarcelado por la Gestapo en 1941 y habiendo pasado un tiempo encerrado en un calabozo, el P. Kentenich escribía en una carta a sus seguidores que, realmente, todo ese tormento no lo había afectado, y fundamentaba su afirmación de la siguiente manera: «Eso se debió a que, durante mucho, mucho tiempo, dejé que las alas del anhelo me transportaran hacia esas vivencias y hacia otras mucho peores. Por tanto, me sentí como un caminante que, tras larga espera, llega por fin a la tierra de su anhelo y de sus callados sueños. Este es, en efecto, el sentido de la *Inscriptio*» (Año nuevo de 1942).

a nuestro pueblo que también ese sufrimiento es expresión del amor divino, del cuidado y la Providencia de Dios? No es mi tarea dictar un curso pedagógico-pastoral, pero pienso que, *ceteris paribus* (en forma general), llegaremos antes a la meta si proclamamos, una y otra vez, las grandes verdades que comentamos y vivenciamos en estos días, mucho más que si trabajamos, como muchas veces lo hacemos, centrándonos en lo que dice la moral respecto de los instintos desordenados de nuestra vida. De una día para otro, no podemos crear ningún paraíso, no podemos cambiar el estado de cosas. Y si no podemos hacerlo, Dios tampoco nos lo exige. Sólo debo saber cómo es el *ordo essendi* (el orden de ser). Allí es donde debo intervenir. Todo lo demás debe hacerlo Dios. Por eso distinguimos dos aspectos: la aplicación a nosotros y la aplicación al pueblo. Los principios a los que me refiero son los correctos. Las líneas fundamentales son las correctas. Primeramente debemos conocer y reconocer las líneas y, después, procurar continuarlas en nuestra vida y en la vida de quienes nos han sido confiados. Ahí tienen el sentido de la ley.

3. Causa de esta ley divina

3.1.   Profundo conocimiento de Dios de la naturaleza

¿Y la *causa*? ¿Por qué aplica Dios, como ingenioso pedagogo, esta ley pedagógica fundamental en su educación? Una respuesta general: por su *muy profundo conocimiento de la naturaleza humana*. Él ha creado la naturaleza humana, la conoce hasta en sus mínimos detalles y sabe por eso adaptarse a ella de la forma más perfecta.

En este punto queremos detenernos de nuevo por un instante y agudizar el oído. ¿Acaso no es así que, en este tiempo en que nuestro pueblo percibe que tantas fuerzas centrífugas operan en él, y en que se nos arrebatan tantos medios pastorales que antes teníamos en nuestras manos, dependemos, mucho más que hasta ahora, de un conocimiento sumamente fino y esclarecido de la naturaleza humana, de su estructura y de sus leyes constructivas? Todos lo percibimos: si capto en forma correcta la naturaleza humana en correspondencia con sus leyes, si la tomo de la punta correcta, alcanzaré con prontitud y facilidad y con pocos medios algo grande. Y en ello reside nuestra tarea actual en la pastoral. Una vez que se nos arrebatan más y más recursos últimos, debemos *recurrir a lo último de lo último.* ¿Dónde residen las leyes primordiales y fundamentales, tanto de la naturaleza cuanto de la dimensión sobrenatural del hombre?[221] Ésta será la tarea de los siglos venideros, que deberán crear una vez más formas nuevas. En efecto, a la larga, sin formas es imposible. *Hoy* debemos reducir nuevamente todo a principios últimos partiendo de los principios claramente reconocidos; debemos configurar una forma nueva, crear formas de pastoral de nueva hechura.

Por eso es que estamos doblemente interesados en la pregunta acerca de por qué el pedagogo magistral, el gran Dios Trino, se ha acercado de este modo a los seres humanos, y de por qué sigue haciéndolo aún hoy de este modo. La respuesta es la

---

221 Siguiendo el principio de que el orden del actuar debe guiarse por el orden del ser, el P. Kentenich se esforzó siempre en primer término en su doctrina pedagógica por una captación del verdadero ser, de la auténtica esencia de todas las cosas, ante todo del ser humano. Entregado al servicio de la Santísima Virgen y de su Reino, se preocupó por el «universalismo de los órdenes, de los tipos y de las obligaciones del ser», tal como lo formuló en 1946 (KM1946, 122s). En ese contexto otorgaba especial importancia al reconocimiento del ideal de varón y de mujer según corresponde a la creación, ideal que pudo detectar a lo largo de décadas en su abundante experiencia de vida y trabajo pedagógico.– Por supuesto, en el sentido del segundo principio de su educación, según el cual «la gracia presupone la naturaleza, no la destruye sino que la eleva y perfecciona», no se trata solamente de las «leyes primordiales y fundamentales de la naturaleza humana» sino también de las que rigen en la dimensión sobrenatural del ser humano.

siguiente: por su magistral conocimiento y forma de tratamiento de la naturaleza humana.

3.2. Causa final: unión de amor de Dios con nosotros

Escuchen ahora en detalle qué quiero decirles con esto. ¿Cuál es la tarea que debe cumplir Dios en nosotros? Conocemos esa tarea. La *causa finalis* (causa final) es la unión de amor con nosotros. Él quiere unirse en el amor con nosotros y nosotros debemos unirnos en el amor con él. Y, si él quiere tal cosa, debe guiarse tanto de un lado como del otro por leyes fundamentales. Él conoce la estructura del alma humana. Sabe que el instinto primordial del alma humana, que la fuerza primordial del alma humana es el instinto de amor. Y justamente ésa es su tarea: *debe procurar que ese instinto de amor se una voluntariamente a él.*

Esto es muy importante, sobre todo para los que, por su función, desarrollan su actividad en la educación. Ellos no deben aflojar hasta haber reconocido esta verdad, a saber, que el instinto amoroso es realmente el instinto primordial de la naturaleza humana. Si he captado esto, poseo al hombre entero.

Escuchen a san Agustín: el hombre es lo que ama.[222] ¿Acaso no es ésta una forma diferente de expresar lo mismo que ha dicho la filosofía: el hombre es lo que come? El amor es el centro de gravedad del hombre (véase p. 250, nota 168). Si el hombre se ama muchísimo a sí mismo, anda según las leyes de la gravedad. Del mismo modo hay una gravedad del alma humana: el instinto de amor, el amor. O bien, cuando san Francisco de Sales vierte esto

---

222 Epistola 155, 13 (PL 33, 672): *«Mores … nostri, non ex eo quod quisque novit, sed ex eo quod diligit, diiudicari solent: nec faciunt bonos vel malos mores, nisi boni vel mali amores»*: «Nuestras costumbres no han de ser juzgadas en virtud de lo que uno sabe sino de lo que ama. Sólo el amor del bien o del mal hace que nuestras costumbres sean buenas o malas».

mismo a su manera dice: como el cuerpo para el alma, así es el alma para el amor (véase p. 249). ¿No es acaso lo mismo? Háganlo en interés propio: verifiquen en su propia vida si la historia de su vida no es realmente la historia de su instinto de amor. Sólo para que nos convenzamos de cuánta importancia reviste la captación del instinto de amor. Ésta es una de las leyes.

4. Cómo se despierta el instinto del amor

Pero Dios conoce también una segunda ley: *sabe cómo se gana y vincula* de la forma más rápida y segura ese amor. La respuesta: ¡véanla en su propia vida! Reoriéntense un poco dedicándose no sólo a leer libros sino, en una época en que todo tambalea, observando la vida en su inmediatez y mirando desde allí hacia el interior de la misma con mirada clara.

4.1. Posibilitando que el hombre se vea, se crea y se sienta amado

¿Cómo se despierta y vincula de la forma más rápida y segura el instinto de amor? ¿Me darán la razón si les digo: haciendo que el *hombre se vea amado, se crea amado y se sienta amado?*

Aquí tienen un descubrimiento de gran importancia. ¡Observen la vida! ¡Contémplense a sí mismos! ¿No es acaso así que, cuando se ven, se creen y, sobre todo, se sienten amados por una persona, ella puede hacer de todo con ustedes? Se ha despertado el instinto de amor, y eso es mucho más valioso que si estuviesen frente al ser humano con el látigo en la mano y dijesen: «¡según el párrafo tal y tal, las cosas han de ser de esta manera!». Así podrán mantener a raya al ser humano pero no arrastrarlo hacia lo alto. La justicia también es necesaria, por cierto, pero aquí se trata de cómo puedo arrastrar al ser humano hacia lo alto, de cómo puedo conquistar la fuerza fundamental del ser humano.

Ahí tienen al gran maestro de la pedagogía. Él conoce las fuerzas fundamentales y también la ley según la cual esas fuerzas pueden entrar en acción y movilizarse. Escuchen lo que decían los antiguos romanos: *si vis amari, ama! (¡Si quieres ser amado, ama!).*[223] Verifiquen qué significa esto. ¿No es acaso lo mismo que decía Don Bosco?: si quieren que sus educandos sean obedientes y cumplan todas las otras virtudes morales, deben procurar ser amados por ellos. Y serán amados cuando ustedes los amen. Ellos deben sentir ese amor. *Si vis amari, ama!* Ahí tienen la gran ley fundamental que nos explica todo el mundo, la economía entera del amor.

Un ejemplo. Francisco Solano –o no sé quien–[224] era capellán de la cárcel. Habría allí un criminal que estaba amargado hasta el extremo. Debía reconciliarlo con Dios antes de que subiera al cadalso. Francisco podía decirle lo que quisiera, pero todo le resbalaba. El hombre era insensible a todo lo que se le dijese. Pero de pronto, tal como suceden las cosas, el santo fue a verlo, extrajo su cruz del bolsillo, se la puso delante de los ojos y dijo sólo la siguiente frase: él te ama. De pronto, la figura del delincuente cobró vida. ¿Ama? ¿Qué? ¿Que él me ama? Y entonces, Francisco pudo comenzar a mostrarle cómo el Dios hecho hombre le muestra todo su amor y a ilustrar también sus muestras personales de amor.

- *Conciencia de autoestima*

Permítanme recordarles que, en una era de la máquina, en un tiempo del mecanismo, en el cual cada ser humano es denigrado y reducido con demasiada facilidad a la pieza de una máquina, en un tiempo semejante, difícilmente podrán dar algo mejor

---

223 Séneca, *Ad Lucilium epistola 9*, 6.
224 Se trataba de Francisco Regis SJ. Véase Koch III, 588, 7, 4.

al ser humano que una aplicación clara de esta ley. El hombre de hoy debe adquirir nuevamente *conciencia de autoestima.* ¿Y cómo habrá de adquirirla? Debe *sentirse amado.* Quien se siente amado se siente apreciado, y crece en él una sana conciencia de autoestima. Y puedo decirles que, allí donde esta conciencia está en desarrollo, el terreno está preparado para la superación de las más grandes dificultades psicológicas, tentaciones y pecados. Por eso: a un ser humano que haya caído grave y profundamente, demuéstrenle que lo quieren. ¡Pero no sólo mediante declaraciones de amor sino también mediante hechos! Eso tiene más efecto que muchas pláticas. Mucho depende de eso. ¡Todo! Así es: Dios también quiere llevarnos a la unión de amor consigo mediante ostensibles pruebas de amor.

¿Habrá todavía algún sentimiento de rechazo que yo pueda y deba eliminar? Si me pongo claramente en la postura de que Dios lo exige, de que él quiere despertar el instinto de amor a través de grandes, gigantescas muestras de amor, mi respuesta debe ser, entonces: tengo que trabajar con todos los medios para verme, creerme y, en lo posible, sentirme sumamente amado por Dios. Eso es lo importante: que me crea y me sienta amado por Dios.

4.2. Reconociendo los beneficios de Dios con una humildad sana y vigorosa

Me dirán, tal vez: ¿dónde ha quedado la *humildad?* Ése es un concepto equivocado de humildad. Dios no nos quiere humildes sino que quiere nuestro instinto de amor. Debo verme rodeado de todos los beneficios de Dios: no imaginarme beneficios sino verlos realmente con una alegría radiante, con ojos despiertos y hacer así que todo mi corazón se apegue mucho más a esos beneficios que a todas mis miserias. Hoy en día experimentamos en forma sobreabundante nuestras miserias pero todos estamos demasiado poco educados para ver los beneficios de Dios, para reconocerlos con gratitud y recordarlos. ¡No tengan temor alguno por la humildad! Puedo decirles, apoyándome en los conocimientos que yo mismo he adquirido en la pastoral, que, si todos nos esforzamos en ver más los beneficios, tendrán ustedes un camino mucho más seguro hacia la sana humildad. Humildad es verdad: reconozco con alegría los beneficios. «Porque ha hecho en mi favor maravillas el Poderoso» (Lc 1, 49). Humildad no es andar hurgando en la propia debilidad, viendo todas mis faltas. Cuanto más reconozca los beneficios de Dios, tanto más sana será la conciencia de miseria pero también el impulso a la magnanimidad. Entonces, mi alma adquiere energía y dinamismo.

¿Acaso no lo necesitamos hoy en día? ¿Hemos de adquirir más dinamismo cultivando el instinto de la naturaleza, mordiéndonos unos a otros y despertando los instintos guerreros? Podrá ser que lo haga la juventud. Nosotros no queremos un cultivo excesivo de nuestros instintos naturales primarios: ésa no es nuestra labor. Si libramos una batalla, lo hacemos porque estamos *impulsados por Dios,* no porque queramos despertar en nosotros instintos negativos, enfermizos. Dios exige algo de mí. Él me utiliza, utiliza mis logros y demuestra frente a mí que es el Poderoso. Me da tareas, me considera capaz de cumplir tareas y está detrás de mí. Dios me impulsa.

Les digo una vez más: no crean, por Dios, que esta actitud es la tumba de la humildad. ¡Es un medio para hacer crecer en nosotros una *humildad sana, vigorosa!* Si queremos inmunizarnos contra el espíritu del tiempo, si queremos crear al hombre moderno en contra del hombre bolchevique, debemos procurar eliminar los afectos enfermizos de humildad pues se nos hacen reproches por ellos. ¡No es una acción magistral de verdadera humildad golpear siempre en el mismo punto y decir: abajo la cabeza! A la larga, un ser humano no puede crecer de ese modo, el instinto de amor no puede desplegarse en forma suficiente. Les he explicado cómo lo interpreto yo.

4.3. Reviviendo todos los beneficios recibidos de Dios

Ahora viene la tercera idea. En efecto, queremos ver, primero, el sentido; segundo, la causa y, tercero, los *efectos*. ¿Qué ha hecho Dios para tratarnos de este modo en virtud de su profundo conocimiento de la naturaleza humana? Sabemos la respuesta: *nos ha colmado de beneficios* en forma exuberante.

Nuestra tarea es, entonces, comprobar, revivir todos los beneficios de Dios que hemos recibido ya en nuestra vida. ¿Podré pedirles de nuevo que, en el futuro, den más peso a este punto en el examen de conciencia vespertino? No sólo debo examinarme acerca de mis faltas y pecados sino preguntarme también: ¿he conocido y reconocido los beneficios de Dios como tales? ¿He agradecido por ellos? ¿Qué beneficios? Creo que al caer la tarde no llegaríamos a un final enumerando los beneficios de la Providencia y del amor de Dios. Por eso, como consigna –tan esencial para superar el espíritu del tiempo, para crear un hombre redimido–: *¡fuera con la obviedad!* No considerar que todo es obvio. Considero evidente lo bueno: que nos vaya bien, que estemos sanos, que no nos volvamos locos, que no hayamos sufrido ya un colapso nervioso. ¿Y qué es lo que no consideramos como evidente? Que Dios nos envíe sufrimiento. Pero a la luz de la insondable misericordia de Dios, el sufrimiento y la muerte tienen un aspecto totalmente distinto. Sólo entonces notaremos que san Francisco de Sales tiene razón: no tengo cruz ninguna. Lo que Dios me ha enviado es su misericordia.

Revisemos esto y llevémoslo con nosotros a nuestra vida cotidiana: para todo un año, y tanto para nosotros cuanto para nuestro pueblo. Debemos crearnos de nuevo un órgano para captar realmente los beneficios de Dios, aunque sean pequeñeces y beneficios mínimos. Ha de ser una *educación sistemática*. Pero no lo lograremos de hoy para mañana.

4.4.　Tres tipos de beneficios de Dios

Puedo mencionar en particular tres tipos de dones y beneficios: primero, los beneficios especialísimos de Dios; segundo, los beneficios comunes de Dios; tercero, los beneficios generales de Dios.

- *Beneficios especialísimos de Dios*

Primero, *los beneficios especialísimos*. Si verifican las leyes subyacentes encontrarán que el hombre siente que, en algún caso particular, Dios le ha otorgado beneficios especialísimos que otras personas no han sentido para nada o no en esa medida. Y quien preste atención en forma vivencial a estos beneficios, notará con cuánta fuerza se despierta y vincula su instinto de amor.

¿Saben qué significa esto? Pareciera como si se tratara de un giro completo respecto de la práctica habitual: significa tomar conciencia en forma cuidadosa de la forma en que Dios me otorga beneficios. Si reconozco que Dios me ha dado una inteligencia clara, ¿por qué me quedo tan pegado a la pobreza de mis sentimientos, por qué tengo sentimientos tan complicados, en lugar de dirigir mucho más la mirada a la clara inteligencia? Vean: ésa es su tarea, yo no puedo cumplirla. ¡Inténtenlo un poco en estos días! Desde la niñez conozco los actos especiales de la Divina Providencia. ¡Misericordia de Dios! Keppler dijo en su tiempo, en una oportunidad al dirigirse a sus clérigos al final de la celebración de su jubileo episcopal: «Si echo una mirada retrospectiva a mi vida, es *una gran carrera entre la misericordia divina y la miseria humana».*[225]

Carrera con la misericordia divina. Tómense el tiempo para crearse una letanía de la misericordia, si me permiten expresarlo de ese modo. ¡Una letanía de la misericordia, y no una letanía de pobre pecador! Ya veré cómo la letanía de misericordia se convertirá en una letanía de pobre pecador: te agradezco por esto y por esto y por esto. Pero no debemos hacerlo en forma fugaz, mecánica, sino adentrarnos en ello con el sentimiento, con la vida, para que nuestro sentimiento de vida sea transformado, para que adquiramos con fuerza la *conciencia de que soy la pupila de los ojos de Dios.* ¡No me contesten que eso me hace orgulloso! ¡Eso me hace humilde! ¡Verán qué fuerzas se despiertan en ustedes, fuerzas sanas! Así es: hoy todo pugna por el renacimiento de la naturaleza. Pero también mi naturaleza debe renacer en Dios. Y si Dios como pedagogo magistral ha formado y plasmado de esta manera las cosas y se orienta según ello, ¿qué significa que, de pronto, yo desbarate la sabiduría pedagógica de Dios y vea siempre de nuevo lo malo?

Según dice san Agustín, Dios ha creado el mundo entero sin mí pero no quiere redimirlo sin mí.[226] ¡Por eso, tengamos un oído claro! ¿Qué quiere Dios? Debo ver los beneficios, en particular los beneficios individuales que me ha dado en forma especial.

---

225 Véase Adolf Donders, *Paul Wilhelm von Keppler,* Friburgo de Brisgovia 1935, 198s.

226 Agustín, *Sermones de Scripturis 169,* 11 (PL 38, 923): *«Qui ergo fecit te sine te, non te iustificat sine te»:* «El que te ha hecho sin ti no te justifica sin ti». Esta frase de Agustín puede verse en unidad con otra que aparece en el sermón sobre el Símbolo de la fe (PL 40, 1192) y que se refiere a la colaboración de María en la Salvación: *«Deus ... qui potuit omnia de nihilo facere, noluit ea violata sine Maria reficere»:* «Dios, que pudo hacer todas las cosas de la nada, no quiso rehacerlas, una vez violadas, sin María».

Piensen en los dones pero también en las tareas. Verdaderamente, ¿acaso no puedo recordar, mirando hacia el pasado, todo lo que Dios ha obrado en mí y a través mío? ¿Ha sido todo un engaño, todo en vano? ¡Si yo no existiera, círculos enteros, caudales de bendición no estarían en el mundo! ¡Veamos también estas cosas! Creo que, si viéramos todas las cosas a la luz de la misericordia de Dios, nos apegaríamos con gran gratitud y amor también a los *puntos negros de nuestra vida. Mysterium iniquitatis!* (¡Misterio de la iniquidad!) Si tengo presente esto en forma vivencial, la consecuencia será una gran humildad. Y en especial si me digo: veo allí un pecado grave y no lo he aprovechado correctamente. ¡Qué habría sido de mí si así no fuese!

Éstos son los pensamientos que nos dan el sentimiento de vida que necesitamos para crear la imagen contraria al enfermizo hombre actual. Me permito aconsejarles que no sólo elaboren una letanía de la misericordia sino que se reserven por principio un lugarcito en el examen de conciencia vespertino para preguntarse: ¿por qué debo agradecer hoy? ¿Y cómo puedo recuperar lo que he descuidado el día de hoy? Ahí tienen la modalidad especialísima de la misericordia divina, de los beneficios especialísimos.

- *Beneficios comunes de Dios*

Permítanme avanzar un poco más. Ustedes mismos deberán hacer de los beneficios especiales objeto de su oración y trabajo. Pero cuando hablamos de *los beneficios comunes* y generales, me refiero y entiendo por beneficios comunes aquellos *que tenemos en común con nuestros compañeros de estado.* ¿Qué podré enumerar aquí? Justamente hoy, cuando es tan difícil ser sacerdote, cuando sentimos que los adversarios dirigen especialmente su atención hacia el «engendro negro», es muy importante que tengamos mucho más presentes también las fuerzas de bendición del sacerdocio.

No quisiera hacer referencia al hecho de que se nos ha concedido ser sacerdotes precisamente en el tiempo actual. No decir: ¡oh, si hubiese sido ordenado antes! *Deo gratias* que se me permite ser sacerdote hoy porque nos encontramos en un tiempo en el cual, relativamente, el sacerdocio está a una altura religiosa y moral relativamente muy elevada. Nuestro sacerdocio actual en Alemania tiene una altura muy especial. Queremos estar agradecidos por ello. Así es: dependemos de nuestro entorno. Ésa es también la intención de Dios.

Y debemos estar especialmente agradecidos de que se nos haya concedido actuar en un tiempo tan tremendamente revuelto. ¡No ver el caos sino lo que Dios quiere a través de él! ¡Cuántos impulsos formidables recibimos a través del tiempo! Considérenlo: ¡qué viejos y débiles nos habríamos vuelto ya si la vida, si los tormentosos vientos de la vida no nos hubiesen mantenido vivos una y otra vez! ¡Agradezcamos esto de corazón!

Un par de frases más. Quisiera recordarles, primero, la *bendición* que nos ha traído el sacerdocio y, segundo, la *superación de los peligros* que en sí están asociados con el sacerdocio. No queremos perder de vista ninguna de las dos cosas: ni las bendiciones ni los peligros del sacerdote. Hablo ahora en general y dejo de lado las dificultades individuales.

Las *bendiciones del sacerdocio.* Crisóstomo, y otros junto a él, subrayan que el sacerdocio es demasiado pesado para las espaldas de los ángeles.[227] Podrá ser cierto que no debo ser sacerdote para servir solamente a mi propia salvación. En consecuencia, será necesario que en mi vocación sacerdotal se hayan depositado gracias para servir a los demás. Está bien. Pero tampoco

---

227 Véase Juan Crisóstomo, *De sacerdotio III,* 5 (PG 48, 643): «Recibieron una potestad que Dios no concedió ni a los ángeles ni a los arcángeles».

debemos perder de vista que el sacerdocio encierra asimismo toda una cantidad de fuentes de bendición que manan en forma abundante y fecundan nuestra propia vida.

¿Me permiten recordarles *la posición metafísica del sacerdote en el corpus Christi mysticum?* Al hablar de la misión, cuando predicamos el retiro sobre la misión,[228] hemos procurado delimitar estrictamente la posición del sacerdote. Puede concebirse al sacerdote como una parte de la Cabeza vicaria de Cristo. El sacerdocio común es participación en el Cuerpo vicario de Cristo. ¿Qué significa esto? La tarea de la Cabeza frente al Cuerpo es también mi tarea frente al Cuerpo. Las fuertes olas de bendición que parten de la Cabeza hacia todo el Cuerpo son un símbolo de la fuerte ola de bendición que se me otorga a través de la ordenación. Creo que no será bueno que me detenga por más tiempo en este punto pues, de otro modo, me dispersaré demasiado. Quienes hayan hecho antes retiro con nosotros deben refrescar la memoria. ¡Cuánta bendición se ha derramado en toda nuestra vida a través de la ordenación sacerdotal!

Permítanme que les recuerde la bendición asociada con todas las *funciones sacerdotales,* con nuestra tarea. ¿En qué pensaré? ¡En el altar! ¡Piensen, por favor, cuánta bendición entra del altar a mi alma, a mi vida! Piénsenlo ustedes mismos. ¿Les recordaré el confesionario? Él también puede llegar a ser una fuerte oleada y fuente de bendición para nosotros. En él conocemos los abismos de la maldad humana, el *mysterium iniquitatis* y el misterio de la gracia. Y cuando nos sentimos tocados en forma tan inmediata por la vida, recuerden cuántas muestras de gracia implica eso. Cuando veo frente a mí a seres humanos en los

---

228 Por ejemplo, del 6 al 12 de septiembre y del 11 al 18 de octubre de 1931, así como del 17 al 22 de abril de 1932. Este retiro no ha sido publicado.

abismos de la culpa, ¿no pienso acaso agradecer a Dios que él me haya atraído hacia sí, en decirme: sé tú mismo cuidadoso para que la naturaleza no se deslice hacia abajo? Cuando veo frente a mí a hombres nobles que, por medio de una fuerte lucha, se han elevado hacia la pureza moral, sé qué puede lograr la gracia en las almas sencillas. Por eso, también yo debo exponerme a la gracia.

¡Agradezcamos por las fuertes oleadas de gracia que parten de nuestro trabajo pastoral! Piensen en nuestra posición frente a los niños, a los jóvenes, junto al lecho de los enfermos. Fuertes olas de gracia deben entrar en nuestra vida.

¿Me permiten que, para terminar, les recuerde que incluso nuestro hábito talar es una protección para nosotros? Los que tenemos una fuerte propensión al apasionamiento, los que hemos estado de vacaciones en las grandes ciudades, ¡cuán a menudo habremos sido preservados de muchas cosas a través de nuestro hábito, de nuestra vestidura sacerdotal! Entenderán a qué quiero referirme. A pesar de que tenemos tantas otras cosas que considerar, me tomo con toda intención el tiempo para recordarles nuevamente estas cosas a fin de que, durante el año, conserven la orientación: ¡fuera con la obviedad!

¿He de recordarles asimismo que el sacerdocio, tal como está ante nosotros, encierra en sí también *muchos peligros?* ¿Podré decirme que he superado esos peligros? ¿Por qué peligros he de comenzar?

Permítanme que comente el primer peligro que Dios ha pensado para nosotros como una vigorosa fuente de bendición: el *celibato.* ¿Acaso no se ha convertido en un gran peligro para muchos sacerdotes modernos? ¿No se ha convertido en un peligro también para nosotros? Tomen el alma de hoy, muchas veces tan cansada, asqueada de la condición humana. Me encuentro con un vínculo: el celibato. Ese vínculo puede haber sido una gran fuente de bendición para muchos de nosotros. Pero ¿no puede convertirse ese vínculo también en algo rígido, en un gran peligro? En efecto: yo era joven cuando contraje el vínculo. Ahora soy viejo. Nuevos ideales, nuevos problemas se han despertado. Ahora comienza la gran lucha entre ideal y realidad. Antes no conocía la naturaleza propia de esas cosas y el goce sensual; podía pasar por encima de ello. Pero ahora noto que esas cosas tienen un dinámica propia, que aportan un goce propio. ¡Y cómo me impulsa todo a modificar mi ideal! No puedo y no debo hacerlo. ¿Pueden comprender cuántos peligros pueden estar relacionados con esto? ¿Puedo decirme que no he caído en esos peligros? ¿Los he superado? ¡Por favor, ésta es mi bendición! ¡Fuera con la obviedad!

Sabemos también por experiencia que, en nuestro estado de vida, las cosas no me son tan fáciles como en otros estados. Por eso, quisiera ser algo distinto: como actividad principal quiero ser maestro, etcétera. Pero, normalmente, nuestra vocación exige toda nuestra fuerza, toda nuestra alma, de modo que no podemos convertir una actividad secundaria en la principal y viceversa.

Puedo decirles que todo lo que mencionamos como fuente de bendición se encuentra con el tiempo en peligro, puede tornarse en una zona de peligro, incluso el trato constante con la Eucaristía. ¡Pero no debe llegar a convertirse en un peligro! Decimos: *por lo común, lo cotidiano pasa a ser también algo cotidiano:* tira hacia abajo, ya no causa impresión. Se pierde el respeto y, una vez que lo hemos perdido, nos deslizamos por el plano inclinado según la filosofía de la ley de gravedad. He superado en lo esencial esos peligros. ¿Por qué? Porque me he mantenido siempre en la atmósfera de la pureza. Por eso he logrado dejarme impulsar por la atmósfera sobrenatural. Pero eso no me es posible sin un gigantesco espíritu de sacrificio. Por eso: *Deo gratias!* Beneficios de Dios: no he caído en esos peligros.

Piensen en los peligros del confesionario, del trato pastoral íntimo con nuestros seguidores. ¡Piensen cuántos hombres, cohermanos nuestros, han caído en esos peligros! También el confesionario tiene grandes peligros. Piensen —y debemos verlo también en forma humana— que en esa circunstancia no se nos puede controlar en absoluto. ¿No puede ser eso un peligro? Piénsenlo: descender siempre y constantemente a los abismos de la naturaleza humana ¿no puede acaso acostumbrarme al pecado? Pierdo la conciencia de lo imposible, de que algo semejante no existe. Veo constantemente los abismos del pecado y de la culpa. Uno se acostumbra a la idea y nuestra naturaleza se ve asaltada por un impulso, sobre todo cuando hemos visto en los propios cohermanos cómo han caído en los peligros y tienen que vérselas con impulsos. ¡Qué grande es el peligro de que, un día, uno capitule también cobardemente! No quiero decir todo lo que cabe decir en este contexto sino sólo recordar cuanto sea necesario para que tengamos ante nosotros la dirección a seguir. Debemos *llegar a ser un «hermano Deo gratias»*, decir siempre de nuevo *Deo gratias,* vernos una y otra vez amados por Dios a raíz de sus pequeños y grandes beneficios.

No me tomarán a mal que pensemos hoy también cuántas cosas sexualmente enfermizas hay en nuestros círculos. ¡Qué cosas no ha tenido que soportar el hombre moderno! Piensen, por favor: guerra, revolución, inflación, nueva revolución. No importa que tengan nervios como cuerdas; es normal que tengamos que sufrir. Nuestra alma, nuestra sangre, nuestros nervios se ven afectados, y sólo quien esté cimentado en Dios podrá soportar esos duros golpes del destino. Tantas cosas sexualmente enfermizas hay actualmente en nuestros círculos –y, debo decirme, también en mí mismo– y, sin embargo, no he caído víctima de las mismas en el trato con la juventud, con las chicas. ¡Puedo estar agradecido por eso! Reflexionen sobre todo esto. Encontrarán que sería erróneo o, por lo menos, que no sería ideal que pasáramos por alto cómo lo hemos hecho hasta ahora.

Y también si hemos cometido pecados, con tanta mayor razón debemos verlo como expresión de la complacencia divina. Piensen en la frase de san Bernardo acerca del abono (véase p.219, nota 152). Queremos mantener vivo en nosotros todo eso a fin de que toda nuestra vida sea un único *Deo gratias*. Les aseguro que, el que tiene pasiones fuertes, el que ha caído en forma grave y profunda y no puede levantarse –estúdienlo– en él, la caída está precedida casi siempre por depresión tras depresión, en todo caso como manifestación concomitante. Debemos evitarlo. ¿Cómo? ¡Verse siempre como la pupila de los ojos de Dios!

En los efectos veremos *cómo el alma se torna más pura, más madura, más seria, más fuerte y dinámica*. Y cómo, eso que es algo realmente vigoroso para el Reino de Dios, puedo utilizarlo. No esperar hasta que venga alguien y cambie las circunstancias: ése no es nuestro asunto. No creo que Dios vaya a modificar *las circunstancias actuales* antes de haber alcanzado sus objetivos. Dios nos golpea con la férula de la disciplina hasta alcanzar sus objetivos en el sentido de indicar a la Iglesia nuevos caminos hacia el nuevo tiempo, de modo que el hombre llegue a ser hoy de manera nueva un hombre redimido, que se genere un hombre nuevo, redimido, y una humanidad nueva, redimida. Hacia esa meta debemos trabajar en nosotros y en los demás. ¡En lo pequeño ver siempre las grandes tareas! ¿Quién soporta estar detenido y marcar el paso? ¡O hacia delante o hacia atrás! ¡Esto vale especialmente para nuestra juventud!

¿Quieren conocer otros aspectos? Los peligros en nuestros Institutos: peligros contra la pureza y contra la humildad. ¡Cuántos peligros para mi pureza! ¡Piensen en la humildad! ¿Los he superado? ¿No puedo acaso agradecer a Dios por ello? Hagan la comprobación, por favor: ¿qué edad tienen? Normalmente sabemos de retiros anteriores que podemos distinguir dos crisis del sacerdote. La primera, cinco a seis años después de la ordenación, el tiempo de transición:[229] eclosión de las dificultades sexuales. Pero eso es normal. ¿Las he superado indemne? O, si he tenido heridas, ¿acaso no he podido dejar que cicatricen? La segunda crisis, en la cuarta y quinta década de vida: el naturalismo hasta el extremo. ¿Lo he superado? ¡Cuántos sacerdotes han dejado entrar el naturalismo en su alma y se han quedado sin ideales; ya no tienen más la actitud sobrenatural, se dejan llevar y empujar sin más por la corriente!

O bien, cuando noto cuán pocas cabezas vigorosas hay en el tiempo actual. Observemos nuestras propias filas; cómo son relativamente pocas las personalidades líderes vigorosas que hay. ¿No somos mayoritariamente demasiado flojos? Venimos de circunstancias sociales vinculadas a la tradición, no tenemos oportunidad de formarnos de manera independiente. Pero ustedes pueden observar aquí y allá, que no terminaremos de contar todos los grandes dones y ventajas que Dios nos ha regalado. Y por eso quiero hacer todo lo que esté de mi parte para sentirme como la pupila de los ojos de Dios. Es la misericordia de Dios

---

229 El P. Kentenich utiliza la expresión alemana *Muluszeit,* que se traduce literalmente como «tiempo del mulo» y se refiere a la época en que un adolescente acaba de terminar sus estudios secundarios pero todavía no ha ingresado a la universidad, es decir, un tiempo de transición en el que se disfruta de gran libertad y que está al mismo tiempo asociado a las dificultades propias de la adolescencia. El P. Kentenich lo aplica en forma análoga al tiempo de transición del sacerdote de sus primeros años de ministerio a un período de responsabilidades mayores (N del T.).

y, por eso, el *Magníficat*. «Porque ha hecho en mí maravillas el Poderoso, Santo es su nombre» (Lc 1, 49).

Ahora debo terminar. No me importa expresar ideas nuevas, pero será bueno que aprovechemos ahora la oportunidad para hacer que estas cosas vayan calando gota a gota en nuestro interior, a fin de que ya desde ahora hagamos lo que esté de nuestra parte para la transformación de nuestro sentimiento de vida.

- *Beneficios generales de Dios*

Ahora viene un tercer conjunto de beneficios. Denominémoslos beneficios generales, es decir, los *beneficios que tenemos en común con la humanidad entera*. No puedo enumerarlos todos. Pero esta tarde quisiera detenerme en dos a fin de tirar las líneas hacia la vida, para que superemos mentalmente las corrientes con las que nos encontramos hoy. Esas líneas son el Señor y su Madre. Queremos treparnos de nuevo a estos dos beneficios, imaginarnos de nuevo en forma breve y rápida qué significa que el Padre nos haya regalado a su Hijo, que el Padre nos haya regalado una Madre.

Duodécima Plática

CRISTO, EL DIOS-HECHO-HOMBRE, Y EL AMOR PATERNAL DE DIOS

El gran Dios Trino sabe tratar en forma magistral la naturaleza del hombre. Por eso dice la gran ley fundamental del mundo desde la dimensión divina: no sólo todo por amor, sino también todo mediante el amor, mediante muestras y pruebas de amor, mediante evidentes, grandes, gigantescas muestras de amor.

Hemos procurado conocer el sentido y la lógica profunda de esta ley pedagógica y hemos pasado ya a tratar sus efectos. De aquí que debe constituir para nosotros una confirmación el adentrarnos vitalmente, siempre de nuevo y en forma cada vez más profunda, en los innumerables beneficios que nos ha dado el gran Dios, trátese de beneficios que cada uno haya recibido en forma personal y exclusiva de parte de Dios o de beneficios comunes o generales. Nos hemos quedado en los beneficios generales. También aquí: ¡cuánto tiempo necesitaríamos para tratarlos y considerarlos detenidamente en el gran contexto!

Me permitirán que, a modo de esquema, trate con más detalle dos de esos beneficios. Me refiero al Señor, al Dios-hecho-hombre y a su bendita Madre. Para nosotros debe llegar a ser una ley firmemente arraigada que ambos no deben ser separados jamás uno del otro. Cuando pronuncio la palabra «Cristo» debe resonar también su Madre y, cuando pienso en su Madre, debe resonar también el Señor. Ambos están frente a nosotros como en el Avemaría, el árbol con el fruto, el fruto con el árbol: «Y bendito es el fruto de tu vientre, Jesús». Si los pensamientos que les diré son de su agrado, cuando los hagan objeto de su oración podrán atenerse tal vez a esta disposición, a esta ilación de ideas.

Me detengo por unos instantes ante la *persona del Dios-hecho-hombre* para estudiar en ella el amor paterno de Dios. Lo notarán, por cierto: **este retiro está inspirado esencialmente en la idea del amor del Padre** y del amor de Dios. Por eso encontramos lo mismo también aquí, en Cristo.

1. Relación de Cristo con el amor paternal de Dios

¿Qué veo cuando contemplo las relaciones de Cristo con el amor paterno de Dios? Tres cosas:

Primero,   *Cristo es una intensa, gigantesca clase ilustrada del amor paternal de Dios.*

Segundo,   *Cristo es un estímulo para amar a Dios*

Tercero,   *Cristo es un fuerte ejemplo de la correspondiente respuesta de amor.*

1.1. Cristo, *clase ilustrada del amor paternal de Dios*

«Tanto amó Dios al mundo…para que todo el que crea en él…».[230] Pero Dios no habla solamente por medio de palabras sino también por medio de obras. Por eso, si quiero luchar seriamente durante el año por un amor filial al Padre celestial, debo acostumbrarme, dondequiera que encuentre a Cristo, sea que perciba su presencia en la cruz o en el sagrario, a verlo como

---

[230] Jn 3, 16: «Porque tanto amó Dios al mundo que dio a su Hijo único, para que todo el que crea en él no perezca, sino que tenga vida eterna».

la *gran clase ilustrada del amor paterno de Dios.* Cada vez que lo encuentre debo pensar: tanto amó Dios al mundo que entregó a su Hijo de esta manera gigantesca, ostensible, a fin de que yo pueda ascender, a través de su Hijo, hacia él.

Con esto llego ya a la segunda idea: El Dios-hecho-hombre es estímulo para mí, para mi respuesta de amor.

1.2. Cristo, *estímulo para amar a Dios*

Permítanme que les haga notar aquí una inmensa ley de vida y de educación de la sabiduría eterna. Deben preguntarse lo siguiente: ¿qué sentido tienen las cosas creadas en la intención de Dios? Un sentido doble: *deben vincularnos y conducirnos orgánicamente al más allá.*

Las cosas deben vincularnos. En efecto: si se me permite utilizar una imagen banal, hemos de imaginarnos que Dios deja caer cuerdas. Nosotros debemos sujetarnos a esas cuerdas; después, él las levanta para que lleguemos con tanto mayor seguridad al corazón del Dios Trino. De esa manera podrán ver todas las cosas: la naturaleza exterior, la comida, la bebida, todo lo que vemos ante nosotros como criaturas. Todas las cosas creadas tienen un sentido doble: vincularnos orgánicamente a sí mismas y conducirnos orgánicamente al más allá. ¿Puedo por tanto querer las cosas? ¡Sin lugar a dudas! Es un vincularse pero, después, es también un ser conducido hacia lo alto, un ser arrastrado hacia arriba, al seno del Padre.

Esto vale también respecto a la persona del Dios-hecho-hombre. También él tiene una doble tarea. Por consiguiente, podemos comprenderlo de la siguiente manera: el Padre ha hecho descender al Hijo como lazo, como cuerda. Con cuerdas humanas os he atraído hacia mí, dice la Sagrada Escritura.[231] En consecuencia, puedo y debo vincularme a él. Pero ¿por qué a él? ¿He de quedarme en Cristo Jesús? ¡No! A través de él debo ir hacia el Padre en el Espíritu Santo: *per Christum ad Patrem in Spiritu Sancto.* Con esa cuerda debo ser conducido al más allá, debo ser elevado hacia el seno del Padre. El Padre es siempre lo último. Ésa es la razón por la cual, para mí, hay que ver tan intensamente el amor del Padre en todos sus efectos y aspirar a él.

Estudien ahora en forma detallada cómo esto ha llegado a hacerse realidad. ¿Quiere Cristo que nos vinculemos a él? ¡Seguramente! Él lo ha expresado con palabras y con hechos. Debo vincularme a él. Como el Padre me ama, yo también los amo a ustedes; permanezcan en mi amor (véase Jn 15, 9). Él dice realmente que nos ama. ¿Por qué? Hemos de *permanecer en su amor.* No quisiera recitar un sinnúmero de pasajes. Lo que me interesa es mostrar claramente las líneas para que salgamos de aquí con una visión firme de la vida, como contrapeso para el tiempo actual.

1.3. Cristo, *ejemplo de la respuesta de amor a Dios*

Cristo habla claramente a través de su vida y de sus hechos. ¿Quieren ver con claridad las ostensibles pruebas de amor del Dios-hecho-hombre para con nosotros? Aténganse, tal vez, a la conocida subdivisión: pesebre, cruz y altar. ¿Qué quiere Cristo

---

231 Os 11, 4: «Con cuerdas humanas los atraía, con lazos de amor». Véase *Tratado del amor de Dios II,* 12 (pág. 158s): «¿Cuáles son los recursos habituales que usa la divina Providencia para atraer nuestros corazones a su amor? Ella misma los señala cuando describe los medios que empleó para sacar de Egipto al pueblo de Israel y conducirlo desde el desierto hasta la tierra prometida: Yo los atraje —dice por Oseas— *con vínculos de hombres, con lazos de caridad y de amistad* (Os 11,4). Naturalmente, Teótimo, Dios no nos atrae nunca con cadenas de hierro, como a toros y búfalos, sino con suaves y deleitables inspiraciones, que son, a fin de cuentas, los lazos de Adán y la humanidad, propios del libre corazón humano».

en el *pesebre?* ¿Por qué abre sus brazos? ¿Por qué tiene la forma de un niño encantador? ¿Qué quiere? ¡Hijo, dame tu corazón! Quiere poseer mi corazón. Debo vincularme a su persona. Pesebre. Deténganse ahora junto al *altar.* Reflexionen acerca de todo lo que han predicado tantas veces desde el punto de vista de esta única pregunta: ¿para qué todo eso? Él quiere vincularme a todo lo que realiza en la santa misa.

- ● *En su camino de la cruz*

   Pero deténganse más extensamente –una vez más en el sentido de la problemática actual– junto a la *cruz.* ¿Para qué la cruz? No lo pierdan de vista: es sobre todo un medio de vinculación. El Señor quiere vincularme a sí mismo. En este punto deben detenerse porque hoy tenemos que hablar a menudo de la cruz. En efecto: en el bando contrario no quieren saber nada de ella.

   «Mi política es la cruz», dice Pío X. Ya hemos oído una vez: «Mi política es el Padrenuestro» (véase p. 263). Ahora oyen ustedes la segunda expresión: «Mi política es la cruz». ¿Qué querrá decir esto? Es la misma cruz que *hoy* tanto se aborrece como símbolo de bajeza, de actitud servil. Eso no debe sorprendernos. En todas las épocas, los hombres han tenido sentimientos de rechazo frente a la cruz. Deténganse junto a los apóstoles, junto a los primeros cristianos; o tal vez quieran escuchar la gritería y la pose del nuevo Movimiento Alemán de Fe.[232] Encontrarán la misma línea, sólo que algo reforzada.

232 Las organizaciones y agrupaciones más importantes del así llamado «Movimiento Creyente Alemán» (corrientes y círculos que rechazaban el cristianismo como ajeno al alma alemana) se unieron el 30-7-1933 en Eisenach para formar la «Comunidad de Trabajo del Movimiento Alemán de Fe», que asumió en 1934 el nombre de «Movimiento Alemán de Fe» (*Deutsche Glaubensbewegung*). «Bajo la consigna «Dios en nosotros – la ley en nosotros – la autorredención», (este movimiento) rechaza las doctrinas cristianas de Dios y creación, pecado y culpa,

¡Cuánto tardaron los *apóstoles* hasta que comprendieron la sabiduría de la cruz! Cristo les dice: debo ser elevado en la cruz. ¿Y su respuesta? ¡Eso no debe ser! ¡Cómo es posible! Ya habían visto y oído cómo eran las cosas cuando hombres, criminales, pendían de la cruz. Y ahora tenían la gran esperanza de que el Mesías liberara a su pueblo. No era culpa de ellos que tuviesen una esperanza mesiánica política. Por eso se explica también su respuesta: ¡No debe ser, no debes ir a la cruz! Y ya sabemos con cuánta dureza rechazó Cristo a Pedro: ¡Satanás![233] ¿Qué quiere decir Jesús con eso? El espíritu de Satanás se revela en ti de esta manera, si es que estás en contra de la cruz. Satanás, espíritu de Satanás. Escuchamos, pues, cómo estos sentimientos de rechazo y la incomprensión frente a la cruz eran ya una realidad en los apóstoles.

Y en los primeros cristianos. ¡Escuchen al gran *Pablo!* ¡Cómo sabe dar una respuesta a los problemas del tiempo actual! Me parece tan valioso que hoy se lea más que antes la Sagrada Escritura porque en ella se da respuesta a muchas preguntas, muchas más de las que sospechamos. Pablo ha presentado en un

salvación y penitencia, gracia y justificación, reemplazando las doctrinas de la muerte sacrificial de Cristo, del Reino de Dios por él fundado y del Juicio venidero por un proceso de evolución cósmica cuya meta final es un reino terreno perfecto impulsado por hombres de fe alemana» (K. Algermissen, en: LThK² III, 305). El Movimiento Alemán de Fe sucumbió por su propia disgregación y no pudo ser tampoco un instrumento del nacionalsocialismo. El Partido Nacionalsocialista fundó en 1936 un movimiento de fe alemana con el nombre de «Creencia en Dios» (*Gottgläubigkeit*) que contenía muchas costumbres pseudo religiosas. El mismo fue prohibido en 1945 por el Tribunal Internacional de Nüremberg.

233 Mt 16, 21-23: «Desde entonces comenzó Jesús a manifestar a sus discípulos que él debía ir a Jerusalén y sufrir mucho de parte de los ancianos, los sumos sacerdotes y los escribas, y ser matado y resucitar al tercer día. Tomándole aparte Pedro, se puso a reprenderle diciendo: «¡Lejos de ti, Señor! ¡De ningún modo te sucederá eso!». Pero él, volviéndose, dijo a Pedro: «¡Quítate de mi vista, Satanás! ¡Escándalo eres para mí, porque tus pensamientos no son los de Dios, sino los de los hombres!»».

gran planteamiento global su posición ante la cruz: yo predico a Cristo crucificado. ¿Qué es esta predicación? Para los paganos, una necedad; para los judíos, un escándalo pero, para nosotros, sabiduría y fuerza de Dios (véase 1 Co 1, 23ss). ¿Cómo fue comprendida la cruz entre los judíos y entre los paganos?

Entre los *judíos,* como un escándalo. ¿Por qué? ¿Qué quieren los judíos? ¡El Mesías debe ser un salvador político! La cruz es un escándalo. Un hombre en la cruz que quiera ser el Salvador es un escándalo. ¿Qué dice el Apóstol frente a ello? ¿Qué es la cruz? La cruz es fuerza de Dios. ¿Qué significa fuerza? Después de lo que hemos hablado hasta ahora, lo comprenderán. ¿Qué quiere el Señor? No quiere en primer término *conquistar ningún reino: quiere conquistar los corazones.* ¿Y cómo conquisto yo los corazones? Revelando de manera grandiosa mi amor. ¿Podía realizarlo Cristo de una manera más grandiosa que como lo hizo, entregando todo por inmenso amor? ¡La cruz, una muestra de fuerza divina! ¿Es así también en mí? ¿Me dejo encender por la cruz para dar una respuesta de amor intenso y verdadero?

La cruz entre los *paganos:* necedad. Pero para nosotros, los elegidos, es la muestra de la sabiduría divina. ¿No es acaso un signo de sabiduría extraordinaria que Cristo sepa alcanzar éxitos tan grandes a través de un medio tan pequeño? La cruz es el gran medio para atraer hacia sí, de una manera profunda y permanente, los corazones de los hombres. Debemos examinar con frecuencia a san Pablo, escucharlo y prestarle atención en forma más esclarecida. Un mundo totalmente nuevo despunta ante nosotros y se aclaran muchos problemas del tiempo actual.

De ese modo entendemos también mejor cómo es que, aunque suene en forma tan dura, proclame con tanta ternura:

¡Él me amó y se entregó por mí![234] Ésta tiene que haber sido por cierto una de sus ideas predilectas. Siempre el mismo pensamiento —escúchenlo en el contexto del retiro—: ¡él me amó! Si ésta es para mí una expresión arraigada, me sentiré siempre rodeado de amor. Pablo había sido arrebatado al séptimo cielo, se había dejado educar por la pedagogía de Dios o, mejor dicho, Dios lo había educado según sus leyes. ¡Él me amó! Así, en sus labios, suena familiar cuando utiliza expresiones como: no me avergüenzo de no saber sino una única cosa: Cristo, el Crucificado.[235]

Me permito hacer aquí un comentario marginal como una pequeña defensa frente a ciertas tendencias intelectuales que, hoy en día, asumiendo una cierta actitud extrema, sólo quieren aceptar una piedad crística y rechazan la devoción a Jesús. Me refiero a aquellos que no quieren saber nada de la imagen *franciscana* —por decirlo de este modo— de Cristo y sólo quieren aceptar la imagen de Cristo de los benedictinos, o la imagen *benedictina* de Cristo. Esas tendencias olvidan que el Padre nos ha bajado cuerdas: la imagen de Cristo *niño* y de Cristo *crucificado*. Debiéramos vincularnos a ellas para así ser vinculados en forma más profunda al Padre.

Creo que pocos de nosotros destacarán en forma tan excesiva la imagen benedictina de Cristo, porque ya ha pasado el tiempo en que los extremos se acentuaban con tanto énfasis. De otro modo, me permitiría lanzarles una pregunta a su honor y su conciencia. No obstante quiero preguntarles, a ellos: ¿en esa extremada orientación hacia la condición de miembros de Cristo, no reside acaso, para nosotros como varones, un ador-

---

[234] Ga 2, 19s: «En efecto, yo por la ley he muerto a la ley, a fin de vivir para Dios: con Cristo estoy crucificado: y no vivo yo sino que es Cristo quien vive en mí; la vida que vivo al presente en la carne, la vivo en la fe del Hijo de Dios que me amó y se entregó a sí mismo por mí».

[235] 1 Co 2, 2: «No quise saber entre ustedes sino a Jesucristo, y éste crucificado».

no oculto, una debilidad de nuestra naturaleza? ¡Condición de miembros de Cristo! Como varones tenemos por naturaleza una orientación *demasiado conceptual;* conocemos casi siempre sólo la entrega a la idea, a la condición de miembros de Cristo. Pero estoy convencido: si, para nosotros, como varones, la condición de miembros de Cristo, el Cristo místico, no llega a ser con el tiempo el Cristo histórico, si no nos esforzamos por querer personalmente a Cristo, no creo que veamos ni aprovechemos con profundidad los planes de Dios. Debemos querer también a Cristo como Dios-hecho-hombre, al Crucificado, tal como nos lo describen los evangelios.

¿No es acaso un gran perjuicio para nuestro pueblo si apartamos tanto la imagen de Cristo crucificado del centro del pensamiento y del sentimiento, del centro de la Iglesia? Recordarán cuáles son los sermones de cuaresma que más efectos tienen: ¿no son acaso los que se refieren al sufrimiento de Cristo? ¡Por eso hay que conservar la *sana posición media,* no quedarse solamente en Cristo! No es eso lo que quiere el Padre. Él ha pensado a Cristo como una cuerda que debe conducir al Padre. Aliciente –he aquí la expresión correcta– aliciente para nuestra profunda respuesta de amor. Permítanme pedirles que, justamente en el tiempo actual, prediquen más a menudo sobre la cruz pero la integren también más profundamente en la propia vida: ¡mi cruz!

Philipp Benitius, general de los Servitas, estaba a punto de morir. Movía los dedos. Se le escuchó susurrar: «¡Mi libro!». Se pensó en las Constituciones, en la Sagrada Escritura. Pero él hizo un gesto negativo. Por fin, en la confusión, y queriendo prestarle ayuda, se echó mano en forma instintiva a su cruz. ¡Ése era su libro![236] *¡Mi cruz, mi libro!* Hay que incorporar esto

---

236 Koch IV, 824, 7, 4.

con mucho más profundidad en nuestra vida como expresión del amor de Dios. Algo semejante se relata de santo Tomás y san Buenaventura. Ambos se visitaban. Tomás quería echar un vistazo a la rica biblioteca de Buenaventura. Éste le señala su cruz y su reclinatorio y le dice: «Mi libro, mi biblioteca».[237]

Creo que todos nosotros estudiamos demasiado poco ese libro y esa biblioteca, y por eso valoramos tan poco el camino regio de la cruz. Por esa razón suceden dos cosas: en primer lugar, *entendemos demasiado poco el amor paterno* de Dios en la gran clase ilustrada de Cristo Jesús y, en segundo lugar, entendemos demasiado poco *el camino regio de la cruz,* por el que el Padre nos quiere conducir según el modelo de Cristo, del Dios-Rey.

Mi cruz debe encender con más fuerza mi amor por el Padre. Mi cruz, el amor tierno a mi cruz, a mi Crucifijo, debe indicarme, a la luz de la Providencia divina, mi propio amor, la propia cruz que debo llevar. Y debo ver mi cruz en forma muy profunda y seria. Así como puedo mirar el sagrario y decir: aquí está el Señor en cada partícula y en cada una de las formas, así puedo decir, igualmente: ¡mi cruz! Él vivió todo su sufrimiento por mí y se ofreció también por esa intención. Les pido que tomen estos pensamientos como objeto de su oración personal. Yo debo contentarme solamente con haberlos tocado.

Así está ante nosotros el Señor como la clase ilustrada del amor del Padre, como el gran aliciente y el gran *ejemplo.* ¿Qué quiere decir esto? Él nos muestra en su vida y en su enseñanza cómo debemos querer al Padre. Aquí debo remitir a aquello que hemos dicho ya en otras oportunidades.

---

237 Koch II, 326, 7, 2.

2. Relación de María con el amor paternal de Dios

En forma semejante, debo mostrar y delinear también *la imagen de la Santísima Virgen*. No lo olvidamos: también ella tiene, como toda criatura, la tarea ideal de vincularme y de conducirme más hacia lo alto.

Vean también aquí la imagen de la Santísima Virgen primero como *la gran clase ilustrada del amor paterno de Dios,* segundo, como un *probado estímulo* y, tercero, como *un gran ejemplo.*

2.1. María, *clase ilustrada del amor paternal de Dios*

Primero, como la *gran clase ilustrada* del amor paterno de Dios. Pueden elaborar toda la mariología desde este punto de vista. ¿Qué encontrarán? Casi diría que Dios Padre ha trabajado aquí con intuición artística. El Padre celestial estuvo como en un éxtasis de amor, en un éxtasis de su poder y de su sabiduría al crear a la Santísima Virgen. De ese modo, ella está ante nosotros como la gran *imagen magistral y modélica de su amor, de su poder y de su misericordia.* ¿No querrán detenerse a considerar la imagen de María desde este punto de vista? Cuando la contemplo, veo lo siguiente: tanto amó Dios al mundo, que ha pintado un cuadro semejante: la Santísima Virgen como nuestra Madre, como modelo del amor paterno de Dios.

2.2. María, *probado aliciente del amor paternal de Dios*

Pero, en segundo lugar, también *aliciente.* Aquí deben detenerse en forma más prolongada si es que, en su pensar mecanicista, no encuentran todavía la unidad orgánica en la cultura religiosa actual. ¡El gran aliciente! También aquí tenemos la doble función: con cuerdas humanas los he atraído hacia mí (véase p. 332). Ella debe vincularme a sí. Pero no para que yo permanezca en ella, exteriormente en ella. Una vez que la *ley de la vinculación* se ha hecho realidad, más aún, *en forma simultánea* mientras se hace realidad, debe funcionar también la *ley de conducción orgánica.* ¡Qué cosas no hace el cielo, qué cosas no hace la Santísima Virgen para vincular nuestro corazón en el amor a ella, a la Bendita entre las mujeres! Piénsenlo: Dios la ha hecho mi Madre, le ha dado un corazón de madre, derechos de madre, poder de madre. ¿Por qué todo eso? Admiremos los planes de la sabiduría de Dios: Dios quiere que yo me vincule a su Madre y mi Madre. Me ha hecho al mismo tiempo hijo de María. ¿Qué me ha regalado, por tanto? Un singular y *señalado órgano para su amor materno.* De ese modo, él quiere vincularme a la Bendita entre las mujeres. Si hicieran alguna vez una verificación de esos lazos, de esos instintos de niño que se esconden en mi naturaleza y tienden hacia ella, encontrarían toda una legión.

El instinto del pueblo, a quien tanto le gusta ver los procesos vitales primitivos en forma transfigurada, lo impulsa hacia la Bendita entre las mujeres. Son todos pequeños lazos que Dios ha creado dentro del corazón de los seres humanos a fin de que tengan el impulso hacia la Bendita entre las mujeres. Procesos vitales primitivos —me refiero a los procesos del *nacimiento* y del *engendramiento*–: un motivo por el cual nuestras comunidades tienen un impulso tan instintivo hacia la Santísima Virgen.[238]

Existe asimismo el impulso del pueblo común de ver de manera transfigurada su propia tierra, su *terruño.*[239] Aquí tienen el fundamento claro del fuerte instinto que tiene el pueblo en el sentido de relacionar siempre a la Santísima Virgen con su terruño. ¡Vean el movimiento de peregrinación! Son siempre lazos que vinculan al pueblo con su Madre.

---

238 Véase ME1934, 71.

239 Op. cit., 72s.

Continuemos: piensen en el impulso, en la característica que tiene el pueblo de ver siempre las grandes verdades en forma ilustrada. ¿Hacia dónde lleva esa tendencia? ¡Hacia la Bendita entre las mujeres! Es un impulso por el cual el pueblo se educa adquiriendo instintos sanos.

De lo dicho podrán concluir cuán erróneo es que nuestro movimiento litúrgico, cuando quiere tornarse en movimiento popular, elimine el movimiento mariano. **No puedo imaginarme ningún movimiento profundo de renovación católica sin un carácter mariano.** Con lo dicho acabo de insinuar las profundas razones psicológicas que esto tiene.

Así, la Santísima Virgen se encuentra ante mí como el gran aliciente. Y, si me lo permiten, quisiera destacar también que la Santísima Virgen, como mujer, tiene para mí, como sacerdote, un sano atractivo muy determinado, en cuanto representa en forma transfigurada la imagen de la mujer –imagen que inevitablemente debo ver con gran frecuencia– a fin de que, por el otro lado, toda mi vida instintiva vea sobre la frente de cada mujer una corona, una secreta corona de María.

No quiero desarrollar toda la psicología y teología de la piedad mariana. Basta con que vean nuevamente con claridad a la Santísima Virgen como el estímulo para mi amor. Pero no debo quedarme detenido en ella sino vincularme a ella y, con eso, poner enseguida en vigencia también toda la ley de conducción orgánica, para que el amor ascienda hacia el Señor y hacia un profundo amor a Dios Padre y a la Santísima Trinidad.[240]

---

240 «Quedarse detenido en María» es, por tanto, un signo de que no se tiene un afecto correcto a su persona. Sólo la vinculación a María en la realidad de su personalidad y de su tarea, la «Alianza de Amor», conduce al despliegue orgánico de esa vinculación de amor en la conducción hacia el Dios Trino. Véase ME1934, 96s.

¡No construyamos oposiciones donde no las hay![241] ¡Veamos siempre, con sencilla simpleza, la totalidad e introduzcámonos vitalmente en ella!

2.3. María, *ejemplo de la respuesta al amor paternal de Dios*

Al igual que en el caso del Señor, vale también aquí el tercer pensamiento: la Santísima Virgen es asimismo el gran *ejemplo* para nuestra respuesta de amor. Si reflexionan en forma personal los pensamientos de este contexto o si quieren aprovecharlos más adelante en la predicación, pueden distinguir entre el comienzo, el crecimiento y la plenitud de su amor a Dios.

- ### *El comienzo de su amor a Dios*

Ciertamente, debe haber sido inmensamente grande. Los teólogos no tienen reparos en afirmar que, tanto al comienzo de su vida cuanto a lo largo de la misma, el amor de María fue tanto o incluso más grande que el amor del más elevado de los serafines en la perfección. El fundamento dogmático que se señala para ello es la medida suprema o, mejor dicho, la elevada medida de vida divina en la Santísima Virgen.

¿Qué significa esto? Los teólogos calculan que, cuanto más cerca está alguien de la fuente, cuanto más cerca está alguien de Dios, tanto mayor es su participación en la gracia. *Atqui. Ergo* (Pero… Por tanto).[242] La Santísima Virgen está sumamente

---

241 Tales oposiciones irían en contra del orden del ser –véase ME1934, 91: «Con tal que no construyan una oposición, puesto que va contra el orden del ser»– y contra el pensar y vivir orgánicos: «Porque conocemos tan poco lo orgánico se da esta oposición. Nos quedamos detenidos en un punto y no lo trascendemos para construir y encontrar vitalmente una imagen de conjunto: por eso la falta de integridad orgánica» (op. cit., 96).

242 Este tipo de raciocinio es utilizado por los teólogos escolásticos, por ejemplo, Tomás de Aquino, que argumenta aproximadamente de la siguiente manera: cuanto más grande es el poder de la Santísima Virgen, tanto más grande es su dignidad».

cerca de Cristo; por esa razón posee la elevada medida de gracia santificante que implica al mismo tiempo un grado correspondiente de amor a Dios.

- ***El crecimiento de su amor a Dios en su vida***
  – Cuatro parámetros

  ¿Quieren tener los parámetros? *Puedo mencionarles cuatro.* Reflexiónenlo ustedes en forma personal, pónganse de rodillas frente a nuestra imagen de María y examínenlo, hasta que estos pensamientos se les hayan hecho carne y sangre.

  – Modo y frecuencia de su trato con Dios

  El primer parámetro del amor a Dios se habrá de tomar del *modo y la frecuencia del trato con Dios.* ¡Piensen cuán a menudo trató ella con Dios, con el Señor! ¡Qué grande tiene que ser su amor! Yo señalo solamente el *terminus medius.*

  – Superación del amor terrenal

  Segundo parámetro: el amor a Dios será tanto más fuerte *cuanto mayor sea la fuerza con la que se haya superado el amor al mundo. Atqui. Ergo.* (Pero. Por tanto.) La Santísima Virgen no conoce pasiones ni inclinaciones desordenadas. ¡Cuán grande es por eso su amor a Dios!

  – Magnitud de los beneficios recibidos

  El tercer parámetro es aquel que hemos estado considerando todo este tiempo: el parámetro de mi amor a Dios es *la magnitud de los beneficios* que he recibido. ¡Estudien la magnitud de los beneficios en la vida de la Santísima Virgen! Aquí pueden desarrollar toda la teología dogmática. Los cuatro dogmas: ella es Madre de Dios, concebida sin pecado, no cometió pecado y ha permanecido siempre virgen. Intérnense profundamente en las honduras de todas estas realidades e intuyan cómo debe haber reconocido la Santísima Virgen, en el amor, todo lo grande y cómo debe haber dado una respuesta entrañable y cautivada de amor. «Porque ha hecho en mi favor maravillas el Poderoso» (Lc 1, 49).

— Crecimiento de las buenas obras

Y, finalmente, el cuarto parámetro: el crecimiento del amor a Dios en nosotros está condicionado por el *crecimiento de las buenas obras* que realizamos. Comprueben qué valor tuvieron las buenas obras que realizó la Santísima Virgen, pero interpreten, al mismo tiempo, cuán fuerte fue el crecimiento del amor a Dios en ella.

Así, ella se presenta ante mí como el trasunto de Cristo, como la imagen del amor filial frente al Padre. ¿Y la *plenitud* de ese amor? La tenemos en el cielo, en la *visio beata*.

¿Puedo suponer que, con lo dicho, he preparado suficientemente el material no sólo para ahora sino también, en forma orientadora, para doce meses?

Escuchen una vez más la gran ley fundamental del mundo desde la dimensión divina, desde Dios: todo por amor. El móvil fundamental en todo —en el gobierno, en la creación, en la salvación del mundo— es el amor. Todo por amor; mediante ostensibles, fascinantes muestras de amor, Dios quiere encadenar mi instinto a él para que, en última instancia, pueda yo llegar a una profunda unión de amor con él y de él conmigo, es decir, para el amor.

3. La dimensión humana de la ley fundamental del mundo

Ya va siendo hora de que consideremos también la dimensión humana de la ley fundamental del mundo.

Aquí deben permitirme que, para tener un poco de variación, nos acostumbremos a *un modo de pensar totalmente distinto*.

Si hasta el momento hemos estado muy estrechamente junto a Dios, ahora debemos descender transitoriamente, con igual fuerza, hacia los hombres. Ya sabemos cómo es la ley fundamental del mundo desde la dimensión humana y desde la dimensión divina. Reiterémoslo: todo por amor, todo mediante el amor, todo para el amor. Si no los confunde en su pensar y sentir, me permitirán que presente aquí primeramente una objeción cuya respuesta no es del todo superflua.

Ahora debemos ascender de abajo hacia arriba. Hasta ahora habíamos descendido de arriba hacia abajo, pero ahora debemos *detenernos en forma algo más prolongada en las profundidades de la naturaleza humana.* Debo tomarme la libertad de permanecer aquí por un poco más de tiempo pues, de lo contrario, no alcanzaré mi objetivo, no podré ayudarles a transformar lentamente su forma de pensar personal. Si tuviésemos más tiempo, lo haría aquí en mayor medida. Por eso hemos de esperar que elaboremos mejor los pensamientos a lo largo del año.

3.1. El amor, móvil, meta y medio

Hasta ahora he pospuesto intencionalmente las dificultades introduciendo expresiones siempre diferentes; pero ¿no les llama la atención que se diga: todo por amor, todo mediante el amor, todo para el amor, siempre de nuevo el amor? ¿Qué ha de ser aquí el amor? ¿Ha de ser *el amor el móvil, la meta y el medio?*[243] ¿Es posible que sea siempre lo mismo? Ya lo habrán notado: siempre introduje muy calladamente expresiones diferentes en reemplazo del amor. Aquí hemos de rendir cuentas al respecto. ¿En qué estriba la diferencia entre el primero, el segundo y el

---

243 Véase Müller, 138: «Este desplazamiento del sentido literal así como la justificación de utilizar la palabra en uno y otro significado se nos aclara tan pronto como analizamos el fenómeno del amor en perspectiva psicológica».

tercer caso? Cuando lo tengamos claro, crecerá también nuestro conocimiento y nuestra comprensión de la original ascética salesiana. Y en estos días debemos elaborárnosla para que podamos tomar posición frente a nuestro propio actuar y querer.

Debo responder a la siguiente pregunta de parte de ustedes: ¿qué considera usted acerca de la esencia del amor? Ésa es la objeción que debo plantear y responder a fin de llegar, al final, a poder señalarles qué significa amor en el primero, en el segundo y en el tercer caso: todo por amor, todo mediante el amor, todo para el amor.

3.2.　La esencia del amor – ¿Qué es el amor?

a. *Desde el punto de vista de la vida cotidiana*

La esencia del amor. A partir de ahora nos encontramos en terreno salesiano. Lo que les digo lo encontrarán extensamente en el opúsculo *Frohe Gottesliebe*.[244] Quiero popularizar algunas ideas para que la lectura les resulte algo más agradable, pero les aconsejo que lean el libro para que puedan absorber todo.

Francisco de Sales fue un pensador sumamente original, se desligó de santo Tomás. Era un gran observador de la vida. Observó la vida y la utilizó como fuente de conocimiento, tal vez más de lo que lo hicieron otros en su tiempo. Por eso se diferencia no poco de santo Tomas también en su comprensión de la esencia del amor. En efecto, Tomás tomó su concepción de Aristóteles.[245]

Conocemos la definición descriptiva del amor. La hemos utilizado asimismo cuando les expuse la idea del amor de amistad (véase p.269). Es la igualdad de naturaleza, igualdad de cualidades

---

244 Op. cit., 45ss.
245 Aristóteles, Ética a Nicómaco, VIII, 2, 8; Tomás de Aquino, STh I-II, 27, 3.

e igualdad de bienes. Francisco de Sales no aceptaría esto. Para poner claridad en las oposiciones haremos bien en observar en forma totalmente inmediata la vida y preguntarnos: ¿qué es el amor según se muestra en la vida práctica? Aquí *distinguimos después entre el proceso de desarrollo del amor y la esencia del amor.* Con ello investigamos el amor *in fieri e in facto esse.*[246] Al final llego a la explicación de los conceptos en santo Tomás y en san Francisco. No obstante, estas cosas no son periféricas, aunque suenen algo eruditas.

Tengo derecho a darme a mí mismo la respuesta en cuanto *me interno medio a medio en la vida.* Si sé qué significa amor en medio de la vida cotidiana, sé también qué significa amor de Dios. En esto no deben olvidar la antigua gran ley que dice: *gratia non destruit, sed elevat et perficit naturam* (la gracia no destruye sino que eleva y perfecciona la naturaleza). Las leyes psicológicas no se echan por tierra por el hecho de entrar bajo el régimen de la gracia. Por tanto, lo que vale acerca de la esencia del amor natural vale también acerca de la esencia del amor de Dios. En la fuente deben existir diferencias pero la función será la misma. Por eso me permito pedirles que contemplen sin reparo alguno la vida real.

- ***El amor es una bi-unidad***

¿Qué fuentes quieren escoger? Tomen una pareja de enamorados; observen sin ningún reparo su comportamiento recíproco. Si se nos concede contemplar con mayor profundidad la correspondencia o el corazón de la pareja, ¿qué encontraremos? ¿Qué produce el amor? Éste es el amor práctico, puesto que el hombre del pueblo se responde la pregunta por la esencia del amor preguntándose qué produce el amor. O bien, si se remon-

---

246 En su devenir y en su existencia en acto (N. del T.).

tan con el pensamiento a su propia infancia y juventud y han tenido en ese entonces un verdadero amor filial hacia alguien, si han tenido un verdadero amor de amistad, un verdadero amor paterno cimentado en Dios, ¿qué efectos produce el amor, observado en la vida cotidiana? ¿Qué les responderé? Encontramos una bi-unidad recíproca, una armonía de los corazones, una armonía de la voluntad, de toda la actitud de espíritu. Si formulo la idea de la siguiente manera: «yo en ti y tú en mí y ambos uno en el otro», lo que tenemos, es un *real estar interiormente uno en el otro*. Tómense el trabajo de comprobarlo a fin de que no suceda, como con tanta frecuencia, que retomamos expresiones viejas como meras fórmulas. ¿Qué es el verdadero amor? Amor significa estar uno en el otro, estar interiormente uno en el otro: yo en ti y tú en mí y ambos uno en el otro.

Debemos haber experimentado vivencialmente lo que el amor real tiene como consecuencia a fin de captar toda la grandeza y toda la riqueza del verdadero sentimiento amoroso asociado a él. Éste es tan fuerte que dos personas que se aman mutuamente, con el tiempo, llegan a ser cada vez más *semejantes una a la otra*. Si me permiten ponerme un poco erudito, diré que es, en cierto sentido, una conciencia de identidad, una bi-unidad. Las personalidades llegan a una bi-unidad, a una conciencia de identidad.

Piensen, por favor, en lo siguiente: si traslado estas consideraciones a Dios, si puedo hablar de esta manera acerca del amor de Dios, ¡cómo despunta un nuevo mundo, cómo tendré que esforzarme para captar todo el conjunto de estas realidades! Ésta es en general nuestra flaqueza: la mayoría de las veces estamos vinculados a Dios sólo con las ideas; resuena algo de amor pero no es el sencillo estar de uno en el otro. Nuestro cariño es, en gran parte, un estar mental y espiritual uno al lado del otro. De este modo percibimos asimismo, con un contenido totalmente nuevo, las palabras de san Agustín cuando dice: «Inquieto está nuestro corazón hasta que descansa en ti».[247] ¡Estúdienlo en la vida práctica! ¡No deben interpretarlo en el sentido de la *visio beata,* (visión beatífica), no!

- ***El amor es el derecho a habitar en el corazón del otro***
  Cuando en ambos está presente el impulso, en nuestro caso, el impulso hacia Dios, todo apremia en ese sentido. ¿Por cuánto tiempo? Hasta que el alma tenga la siguiente conciencia: tú en mí y yo en ti y ambos uno en el otro. El alma sólo descansa en la posesión de un ser humano cuando ha adquirido *derecho de habitar en el corazón de un ser humano.*[248] Esto es el amor: poseer derecho de habitar en el corazón, en el interior de un ser humano. ¿No es acaso algo grandioso? Y, dicho sea de paso, ¡qué grande es esto, también humanamente hablando! Se dice que todas las cosas tienen dos caras. En la práctica, sólo tienen una sola cara. Sólo los seres espirituales tienen dos caras. Puedo cerrarme interiormente, puedo mostrar a los hombres sólo mi cara exterior. Pero también puedo dejar entrar a los hombres en mi interior, y a eso se lo denomina amor, se lo denomina comunidad. Lo otro es sociedad. Comunidad es un estar uno en el otro de tipo interior, espiritual. Tal vez sea suficiente esta fugaz referencia a observaciones de la vida.

---

247 Agustín, *Confesiones I,* I, 1 (PL 32,661).

248 La palabra alemana «Heimatrecht» se traduce como término técnico jurídico por «derecho de domicilio» o, también, por «derecho de residencia» y guarda relación con el derecho de ciudadanía. Cabe señalar, sin embargo, que la palabra «Heimat», con su significado de «terruño», «hogar» o «patria», permite asociar a esa expresión contenidos que podrían expresarse como «derecho de hogar», «derecho de terruño» o «derecho de patria» (N. del T.).

b. *Desde un punto de vista filosófico*

El filósofo se esfuerza ahora por registrar estas observaciones de la vida. Lo que acabo de decirles es un resumen de consideraciones de carácter popular. Ahora viene el filósofo, lo analiza y busca una definición del amor. *¿Qué nos dice el filósofo y, después, el teólogo?* ¿Qué es el amor? Ahora sólo puedo traer a colación expresiones más bellas de las que ya he traído antes.

- ### *El amor es una fuerza unitiva y asemejadora*

La filosofía no puede hacer más que eso. ¿Qué quiere la filosofía cuando se trata del proceso psicológico? Sólo puede describir lo que tengo también frente a mí como proceso de vida: el amor es una *fuerza unitiva y asemejadora.*[249]

Aquí deben detenerse por más tiempo. Aquel de nosotros que quiera trabajar para elevarse hacia un verdadero amor de Dios debe observar la vida por más tiempo. Hay una fuerza en mi alma. ¿Qué efectos tiene? ¡Es una fuerza asemejadora! ¿No acabo de hablar de ella? En esto reside el amor: une para estar uno en el otro; es una fuerza que impulsa a estar uno junto al otro. ¿Y qué produce? Un asemejamiento. Es realmente así.

Cuando quiero a un ser humano, es una evidencia banal que me torne semejante a él en el pensar, en el actuar, en el sentir y, muchas veces, también en los gestos exteriores. No es algo artificial sino expresión del estar uno en el otro. No es una burda imitación. Puede ser así pero es algo obvio que se sepa de qué escuela proviene quien ama. Es una unidad del espíritu, del alma. Podrán tener un trato recio en lo exterior pero se siente

---

249 Müller, 127: «Ya en Aristóteles y Platón ... encontramos agudas consideraciones acerca del amor ... como el poder asemejador y unitivo». Según J. Pieper (*El amor,* Madrid: Patmos 1972, 164), la «tendencia de los amantes a la unión» como determinación esencial del amor está documentada por Dionisio el Areopagita, que lo denomina ***vis unitiva et concretiva*** (*De divinis nominibus 15,* 180).

que un alma está dentro de la otra. Ésta es la fuerza unitiva y asemejadora del amor.

- ### *El amor es una fuerza creadora*

De ahí la expresión que dice que el amor es de manera singular *una fuerza creadora.* ¡Una fuerza creadora! Les pregunto: nosotros, que somos educadores talentosos e ingeniosos, ¿por qué tenemos tan poco éxito en la educación? Porque hemos considerado en medida demasiado reducida la fuerza creadora de los hombres en la educación. Pablo supo hacerlo mucho mejor. Él orientó en forma totalmente espontánea su forma de pensar y de actuar a partir del instinto primordial de la naturaleza humana: soy la forma del rebaño, soy la forma de Cristo, y ustedes son mis seguidores.[250] Soy la forma de la grey. Si están vinculados a mi persona, asuman también mi forma. Esto es así puesto que, cuando los seres humanos están vinculados a mí, asumen mi forma, mi modo de pensar. Ésta es la fuerza creadora. Cuando los seres humanos están vinculados a mí, yo soy la forma de la grey. Ellos asumen mi forma, mi modo de pensar. Y el apóstol contó con ello, y no sólo contó con ello sino que lo consideró como algo evidente: estoy en el centro, soy su jefe, pero ustedes son de Cristo. Ahí tienen la gran ley: ustedes se vinculan a mí pero yo los vinculo a Dios. Nosotros, que venimos de escuelas intelectualistas y tenemos una orientación tan fuertemente conceptual, vemos las más de las veces un único camino: allí está el ser humano, allá está Dios, por tanto, ¡directo hacia Dios! En

---

250 Véase 1 Co 4, 16: «Les ruego, pues, que sean mis imitadores». Y 11, 1: «Sean mis imitadores, como yo lo soy de Cristo». Fil 3, 17: «Hermanos, sean imitadores míos, y fíjense en los que viven según el modelo que tienen en nosotros» (Vulgata: *sicut habetis formam nos*). 1 Ts 1, 6: «Por su parte, se hicieron imitadores nuestros y del Señor». 2 Ts 3, 7: «Ya saben ustedes cómo deben imitarnos». Véase también 1 Pe 5, 3: «(sed)…modelos de la grey» (Vulgata: *formae gregis*).

cambio, Pablo dice: aquí estás tú, allá está Dios, y ahora vas *en mí y conmigo hacia Dios*. Éste es el *sentido profundo de la educación*.

No debemos despreciar la fuerza creadora del amor. ¿Acaso no lo hemos hecho demasiado? Por supuesto, no pierdan de vista lo siguiente: si esto es verdad, ¡qué imperativo representa para mí; un imperativo que opera constantemente en mi interior para ponerme las más altas exigencias! Ya tendrán claro –puesto que he hablado de nuevos métodos pastorales–, es decir, sentirán que hay algo original y espontáneo que está palpitando en nuestro tiempo. Ya no existe, entre mí y el pueblo, un eslabón intermedio. Me encuentro con mi personalidad desnuda frente al pueblo desnudo. ¿Qué debo hacer? Conocer y observar las leyes de la naturaleza. ¡Por eso, conectar mucho más intensamente mi educación con la fuerza creadora del amor! ¡Pero, por eso, también aprender uno mismo a servir y a amar en forma más desinteresada! Ya sabemos: el amor sólo se despierta y se eleva a través del verdadero amor: *si vis amari, ama!* (¡si quieres ser amado, ama! (véase p. 313).

- *El amor es el vínculo de la perfección*

Valdría la pena introducir aquí toda una serie de preguntas pedagógicas pero eso no está dentro del interés del retiro. No obstante, quiero mostrarles algunos *flashes*. Escuchen los pensamientos hasta donde sea necesario para captar con claridad la ley del amor. ¿Qué pretende el filósofo con todas estas consideraciones? Escucha la palabra de san Pablo que dice: el *amor es el «vínculo de la perfección»* (Col 3, 14) y sabe arrojar sobre esas palabras nueva luz proveniente de la psicología y de la filosofía. ¿Acaso no me vincula el amor en forma perfecta a Dios y a los hombres? El amor es un vínculo perfecto, un vínculo de perfección, un vínculo en forma perfecta, un vínculo de unos con otros. Tal vez sea suficiente con estas reflexiones.

4. El desarrollo del amor

Pero escuchen lo que sigue. Después de habernos convencido en líneas generales de la esencia del amor –a partir de sus efectos–, será muy importante para nosotros, que queremos educarnos al amor, que comprobemos cómo es el *proceso de desarrollo del amor.* Ésta es la segunda pregunta preliminar que debo plantear para responder después a la pregunta de por qué se trata tres veces del amor y, en cada oportunidad, se relaciona la palabra «amor» con un contenido diferente.

4.1. El árbol del amor

También aquí deben *observar la vida* o bien, si quieren, observarse a sí mismos. Comparen el amor con un árbol.[251] Totalmente en el sentido de la discusión que se desarrolló en tiempos de san Francisco de Sales, hablamos entonces de un árbol del amor. Esto lo encontrarán también en el libro, pero en forma ampliada, de modo que, después, tendremos más claro el contexto.

El *árbol del amor.* Distingo entre la raíz, el pie del tronco, las ramas, los ramos y los frutos, de manera que el árbol del amor comprende cinco partes. ¿Cómo se desarrolla el amor? ¿Cuál es la raíz? Presten atención, por favor: ustedes observan la vida. La *raíz* es la igualdad y desigualdad en el sentido de una capacidad y necesidad de complemento mutuo. Deben grabarse ambas expresiones; enseguida volveré sobre el tema. Ésta es la raíz. ¿Cuál es el *pie?* La simpatía. ¿Cuál es el *tronco* y cuáles las diferentes

---

251 Müller, 139. Este autor atribuye la imagen a Luis de Granada (*Memorial de la vida cristiana* 4, 2, 2; 7, 1, 1.11), a quien Francisco de Sales conocía. Junto a esta subdivisión cuatripartita, la división de la esencia del amor en cinco partes, de Juan Luis Vives (*De anima et vita* 3, 2), tiene una afinidad aún mayor con Francisco de Sales (*Tratado del amor de Dios I,* 7, p. 77.

ramas? El movimiento del amor. ¿Cuál es el *fruto?* La unión de amor. Quiero explicarlo en detalle.

a. La raíz del árbol del amor

• Igualdad de naturaleza

Estudien la *raíz del árbol.* Permítanme preguntarles, una vez más: ¿cuál es? ¿Qué presupone que dos seres humanos se quieran mutuamente? Véanlo y escúchenlo enseguida: la raíz y el pie del tronco no forman parte de la esencia del amor sino que son sólo requisitos previos para el amor, pero que deben estar dados primeramente.[252] Por eso, ¡estudien la vida! Veo a dos personas que se tienen afecto recíproco. ¿Cómo se ha dado? ¿Cómo es posible que dos se tengan afecto mutuo, un joven y una chica? Se han encontrado miles de veces pero, de pronto, se encendió en ellos un fuego. ¿Cómo se dio? ¿Qué requisitos previos son necesarios para ello? Resumo todo pero me dificul-to la labor porque traslado todo a Dios. Y, sin embargo, lo que diga debe ser objetivo.

¿Qué presupone el *amor? Presupone igualdad.* La razón filosófico-psicológica es la siguiente: amor significa un estar uno en el otro. Ahora bien, si poseo otra naturaleza, el otro no puede estar en mí y ni yo en él. Por eso, un gato no puede quererme, no en forma espiritual aunque por cierto sí en el nivel en el que tenemos un grado de ser correspondiente: en el sensitivo. Por eso, para el amor es necesaria la igualdad de naturaleza. Obviamente, hablo ahora en primer término y sobre todo del amor espiritual-sensible. ¡Pero no pasar tan rápido por encima cuando escuchen las expresiones y reflexionen sobre ellas! Sólo que yo debo hablar

---

[252] Müller, 140: «Así, Francisco considera, y con toda razón, el primero y segundo elementos como mero requisito previo intelectual y afectivo, el cuarto paso como efecto y el quinto como meta del amor, cuya esencia reside en el tercer paso, en la aspiración a la posesión del bien amado».

rápido porque el tiempo es demasiado corto. Por eso, reflexionen más tarde de vuelta sobre todo pues, de otro modo, se lo pasa rápidamente por encima. Lo dicho vale también en cuanto a Dios: *igualdad entre Dios y nosotros.* Para tener una meta frente a mí, pregunto: ¿cómo es posible la igualdad entre Dios y yo?[253]

- ***Desigualdad o necesidad y capacidad de complementación***
  Si sólo la igualdad fuese el requisito previo para el amor recíproco, deberíamos querernos inmensamente, puesto que somos iguales en la naturaleza humana. ¡También es necesaria la *desigualdad!* Pero ella tampoco es suficiente: somos desiguales entre nosotros, por lo cual también en este caso debiéramos querernos inmensamente. No, no es así.

¿Cómo debe ser esa desigualdad? *En el sentido de una necesidad y capacidad de complemento mutuo.* Observo la vida. Por ejemplo, el colérico se enciende de afecto frente al melancólico. ¿Por qué? El colérico toma conciencia: esto lo tienes, esto no lo tienes. Por tanto, tiene un cierto complemento y limitación. Encuentra compensación en el otro: capacidad y necesidad de complemento. Así encontrarán que el amor recíproco presupone siempre una capacidad y necesidad de complemento recíproco. No digo que esto sea un ideal sino que hablo sólo del requisito, observo solamente la vida.

¡Por favor, estúdienlo! Estoy vinculado con personas en un amor sano, paternal, no en un amor de abuelo. ¿Qué significa esto ahora? Como educadores deben reflexionar sobre estos pensamientos a fin de que encontremos la base correcta y también una relación correcta. Miren a Don Bosco, uno de los más grandes santos. En él hay una conducción y educación realmen-

---

253 Esta pregunta es respondida en la Decimotercera Plática.

te cordial. Si lo estudian, ¿no encuentran acaso que el educador depende de un niño para que su paternidad pueda desplegarse? Tenemos, por ejemplo, a una joven que va a ser madre. ¿En qué se convertirá la joven? Sólo la necesidad de ayuda que tiene el niño suscita en ella la maternidad. Ahí ven cómo debe entenderse la afirmación de la capacidad y necesidad de complemento por parte del educador. Capacidad de complemento: ¡me está dado ayudar! ¡Cuántas cosas se despiertan en mí por el hecho de poder servir! Capacidad de complemento.

¡Pero también necesidad de complemento! Lo duro que hay en mi ser debe suavizarse a través de mi servicio a los demás. Puesto en el lugar de ustedes, y más aún si hace tiempo que están actuando *ex officio* (por oficio propio) en la educación, yo reflexionaría con más profundidad estos pensamientos. Entonces nos encontraremos a un mismo nivel con nuestros seguidores, tendremos el sentimiento de una relación y dependencia recíprocas. La eternidad mostrará después quién tiene más que agradecer, si mis seguidores o yo. Cuando lleguen a más viejos hallarán, en la mayoría de los casos: ¡cuánto tengo que agradecer a mis seguidores espirituales![254] ¿No he tenido acaso a personas que me han despertado a través de sus necesidades? ¡Cómo habría seguido siendo yo un palo y una piedra de no haber sido por ellos! ¿Qué sería yo? ¿Cómo habría seguido siendo? No lo sé. Deben comprobar cómo se presupone, aquí en la paternidad y en el amor filial, una capacidad y necesidad de complemento recíproco. En qué medida, lo dejo fuera de consideración. Sólo me importa aclarar los conceptos.

---

254 Esta constatación corresponde sobre todo a la experiencia propia del maestro de ejercicios como Fundador de la Familia de Schoenstatt. Él consideró siempre que todo lo que había surgido se debía también a los miembros de su familia espiritual.

b. *El tronco del árbol del amor:*

• *Complacencia mutua: atracción y simpatía*

En consecuencia, donde se encuentra una tal capacidad y necesidad de complemento, surge instintivamente algo así como *simpatía*. Uno se siente atraído. Éste es el segundo requisito: complacencia mutua. Ahí tienen los dos requisitos previos del amor, la raíz y el pie del tronco.

c. *Ramas del árbol del amor:*

• *Movimiento de amor – acciones de amor*

¿Qué surge, entonces? ¡Ustedes ven la vida! Surge *un peculiar movimiento hacia la otra persona:* un movimiento del corazón que impulsa después, con mucha frecuencia, al movimiento del cuerpo, es decir, se quisiera estar junto a la persona también en forma física, no sólo espiritual. Pero el núcleo y la esencia es un movimiento. Ya nos lo dice San Agustín: inquieto está nuestro corazón, hasta que repose (véase p. 349), hasta que tenga la conciencia de que ambos estamos uno en el otro. Igualdad, conciencia de identidad, ése es el objetivo. Francisco de Sales lo llamaría movimiento de amor. Si se encuentra en mí ese movimiento de amor, ese impulso del corazón hacia éste o aquél, hacia esta o aquella persona, ese impulso *apremia* entonces a realizar todo tipo de *acciones:* me gusta pensar en el otro, quisiera estar junto a él, quisiera verlo. Queremos dar a esto el nombre de movimiento de amor y compararlo con *los ramos y las ramas del árbol.*

d. *Las hojas y frutos del árbol del amor:*

• *La unión de amor*

Y ahora vienen las *hojas y los frutos.* ¿Qué son? Como no tengo ni tendré tampoco descanso hasta que tenga la conciencia de que ambos estamos uno en el otro, los denomino *unión de amor.*

Vemos aquí una diferencia entre santo Tomás y san Francisco de Sales. Tomás dice que la esencia del amor es la unión de amor;[255] Francisco de Sales, que está orientado hacia la vida y la educación, dice que la esencia del amor es el movimiento de amor, y que la unión de amor es la coronación.

Y ahora escúchenlo una vez más: todo por amor, todo mediante el amor, todo para el amor. Todo por amor: por la raíz del amor. Todo mediante el amor: mediante el movimiento de amor. Todo para el amor: para la unión de amor.

Ahí tienen, por ejemplo, un movimiento de amor hacia Dios. También podría ser un movimiento de obediencia o de humildad. Pero, en Francisco de Sales, lo original es que él, que se halla tan a gusto en el círculo de observación de la vida, dice: si quieres llegar a la unión de amor, debes tener movimientos de amor. Puede darse junto a ello también un movimiento de obediencia, pero eso no es lo primario. Lo primario sigue siendo siempre el movimiento de amor.

Espero no haberlos confundido. Deben volver a pensar todo lo dicho. Mi tarea consiste en comprobar con ustedes cómo es la ley fundamental del mundo desde la dimensión humana, qué quiere decir: todo por amor, todo mediante el amor, todo para el amor. A partir de la próxima plática podré darles acceso en forma un poco más detallada a este mundo y, si me lo permiten —de lo contrario no llegaré hasta el final de la materia— quisiera darles todavía una pequeña plática, esta noche después de la celebración devocional, a fin de que puedan llevarse a casa algo redondeado.

---

255 En virtud de la semejanza de los amantes (STh I-II, 27, 3).

Decimotercera Plática
TODO POR AMOR

Hemos visto ya la dimensión divina y la dimensión humana de la ley fundamental del mundo en cuanto hemos colocado fugazmente ante la mirada de nuestro espíritu la psicología, el proceso de surgimiento, la esencia, la filosofía y la teología del amor. Desde el centro mismo de la observación de vida, que hemos realizado en la última plática, debe interesarnos ahora con gran fuerza la pregunta acerca de cómo se ve, desde mi perspectiva,[256] la ley fundamental del mundo: todo por amor, todo mediante el amor, todo para el amor.

En realidad, hoy también podríamos facilitarnos el trabajo. Todo por amor: ahora podría darles una plática entusiasta sobre el valor de la intención de amor, sobre el valor de la «recta intención» en nuestras obras.[257] Sin embargo, tal vez sea innecesario después de lo que hemos elaborado durante estos días. No obstante, si sienten el impulso de refrescar aquí estas cosas, tienen abundante bibliografía a mano para hacerlo.

---

256 Por oposición a la perspectiva de Dios, desde la cual se ha considerado hasta aquí la ley fundamental del mundo.

257 Véase WH1937, 118. 119. 121: «Los actos de amor que se asocian con el trabajo y lo ennoblecen suelen denominarse *recta intención* ... Por ser un acto de amor a Dios, todas las buenas obras llegan a ser por ella aun más perfectas... Si queremos tener un *signo confiable* de la autenticidad de nuestro amor o de nuestra intención de amor, basta con preguntarnos cómo se comporta nuestra alma cuando nuestro trabajo ha fracasado».

Pero no: a mí me importa más señalarles los caminos hacia otro ámbito en el sentido de la superación de las corrientes del tiempo actual. Debemos intentarlo todo para llegar de nuestra parte a una gran intimidad con Dios, a un gran fervor por él.

1. Todo por amor

Creo que antes que nada nos interesa por cierto la pregunta por el «todo por amor». La misma implica dos cosas: primero, la posibilidad de ese amor y, segundo, la necesidad de ese amor.

1.1. La posibilidad del amor de Dios

Quiero detenerme un poco más en la *posibilidad del amor de Dios* porque, de ese modo, tendremos la oportunidad de internarnos con fuerza en medio de los problemas que hoy mueven el mundo. Si observan un poco la filosofía y la psicología contemporáneas, si examinan también especialmente los títulos de los libros que se les presentan aquí y allá, encontrarán que actualmente se reconoce cada vez más que, quien quiera ejercer influencia en el mundo, debe tener *una visión clara de la esencia del hombre.* Por eso tenemos también el opúsculo de Theodor Haecker, *¿Qué es el hombre?,*[258] o el de Paul Simon, *El hombre, la historia y la filosofía.*[259] ¿Qué es todo esto? Mi toma de posición respecto del hombre es mi toma de posición respecto de la educación para la plasmación de la vida actual.

---

258 T. Hacker, *¿Qué es el hombre?*, Madrid: Cristiandad, ²1966 (original: *Was ist der Mensch,* Munich 1933) (N. del T.).

259 La indicación del título no corresponde a ninguna obra publicada de Paul Simon. Probablemente, el P. Kentenich se refiere al opúsculo *Die geistigen Wurzeln unserer Weltanschauungskrise (Las raíces intelectuales de nuestra crisis de cosmovisión),* publicado en Stuttgart en 1933. Simon publicó además ese mismo año en Munich el libro *Sein und Wirklichkeit. Grundfragen der Metaphysik (Ser y Realidad. Cuestiones fundamentales de metafísica)* (N. del T.).

Me permitirán que, subrepticiamente, vaya incorporando todas estas cosas de modo que, al final, tengamos ante nuestra mirada una magnífica imagen de conjunto, una concepción consistente que nos haga capaces de inmunizarnos a nosotros mismos e inmunizar a los demás contra las corrientes del tiempo. En ese sentido debemos tener metas claras. **¡Vencer espiritualmente al bolchevismo!** Si veo correctamente las cosas, **ésta es la tarea de la Iglesia para los próximos siglos.** Y el que se sienta impulsado a contribuir con «armas» para esta tarea, debe seguir las insinuaciones interiores en un enfrentamiento espiritual con el bolchevismo y sus aspiraciones.

Pregunto por la posibilidad y la necesidad del amor de Dios. Acerca de la necesidad diré un par de palabras esta noche después de la celebración devocional –como ustedes me han permitido– a fin de llevar a término las líneas y de que mañana lleguemos al final.

Si antes han acompañado la reflexión filosófica, tendrán claro cuándo podemos hablar de la posibilidad del amor de Dios: por una parte, de mi amor a Dios y, por la otra, del amor de Dios para conmigo. Conocen el árbol del amor, la raíz y el pie del tronco.

¿Qué debe darse para que sea posible el amor entre nosotros y Dios? *Igualdad y desigualdad en el sentido de una capacidad y necesidad de complemento mutuo.* Ésta es la raíz del árbol del amor. Y el pie del tronco es la simpatía, la complacencia recíproca, también la complacencia mía en Dios. El segundo punto podemos dejarlo directamente de lado puesto que se trata de psicología natural.

1.2. Igualdad y desigualdad con Dios
- Capacidad de complementación

Por el carácter unitario de la temática es importante investigar cómo son las cosas con la igualdad y desigualdad, con nuestra igualdad y desigualdad con Dios. Éste es por cierto el problema difícil. Con toda intención lo he hecho más denso, obstaculizándome mucho el camino.

¿Qué es igualdad y desigualdad en el sentido de una capacidad y necesidad de complemento mutuo? Estudien lo que en términos fundamentales les he dicho al respecto. Después, y en la medida en que tenga sentido y objetivo, nos dedicaremos a considerar la pregunta por Dios, por su relación con nosotros y por nuestra relación con él. Preguntamos por la igualdad entre nosotros y Dios. Les aconsejaría que se dediquen una vez más a hacer oración sobre todas estas cosas y se indiquen en cada caso las razones que correspondan. ¿Por qué tiene que haber igualdad? Ya se lo he señalado. Por eso pregunto ahora: primero, ¿existe igualdad entre yo y Dios? Segundo, ¿existe desigualdad, a saber, en el sentido de una capacidad y necesidad de complemento mutuo?

Que tengo capacidad y necesidad de ser complementado es algo evidente. Pero, visto desde Dios, ¿puedo hablar también de una capacidad y necesidad de complemento mutuo de Dios en su relación conmigo?

1.3. Igualdad entre nosotros y Dios
– Apropiada semejanza

Nos quedamos en el primer punto. ¿Hay igualdad? ¡Por supuesto: no una igualdad perfecta, está claro! Hay una *igualdad en el sentido de una apropiada semejanza*. Pero necesitamos igualdad. Distinguimos entre una igualdad natural y una igualdad sobrenatural.

A. Una igualdad natural

¿Cómo hemos de ver esa igualdad natural? Primero queremos verla en perspectiva filosófica, segundo, en perspectiva histórica y, tercero, verificarla en perspectiva psicológica y pedagógica. Formulo esto de manera tan fuerte para que los pensamientos se graben en nuestros oídos y puedan ser elaborados después con mayor facilidad.

- ### Desde una perspectiva filosófica

Igualdad natural: he sido creado *a imagen y semejanza de Dios* (véase Gn 1, 26s). La igualdad de mi naturaleza corpórea con la esencia espiritual de Dios: sé que en Dios hay conocimiento y amor. Y como he sido creado a imagen de Dios, hay también en mí conocimiento y amor. Como Dios se conoce y se ama a sí mismo, se da también en mí la posibilidad de conocimiento y de amor frente a Dios; aquí nos interesa principalmente el instinto de amor; por eso se da también en mí el instinto de amor como reflejo del instinto de amor en Dios así como la capacidad de amar a Dios.

Hay teólogos, al igual que santos Padres en la patrística, que quieren ver en forma ampliada el carácter de imagen y semejanza natural de Dios. Ellos parten de la idea de que Cristo es el primogénito del mundo entero (Col 1, 15). Por tanto, Cristo es el prototipo según el cual Dios ha creado el mundo entero. Por eso existe también la semejanza corporal con el Dios hecho hombre.[260] La idea podrá ser correcta pero no nos interesa. Es

---

260 Clemente de Alejandría, Orígenes (véase Müller, 47s). De acuerdo al contexto que sigue, se está afirmando aquí la condición de imagen y semejanza del cuerpo, tal como la sostienen también Ireneo y Tertuliano.

dogmáticamente útil: en efecto, puedo decirme que, en cuanto mi cuerpo ha sido creado según el cuerpo del Dios-hecho-hombre, soy también una imagen de Cristo. Pero nosotros permanecemos en la condición de imagen en el plano espiritual porque queremos hablar del amor y del instinto de amor. Hasta aquí la fugaz consideración filosófica.

- **Desde una perspectiva histórica**

La *consideración histórica.* En este punto debemos distinguir entre un estado previo al pecado original y un estado posterior al mismo.

Obviamente, en la consideración *del estado previo al pecado original* dependemos, según el ejemplo de la teología dogmática y de los teólogos dogmáticos, de una ficción –que no quiero tratar aquí–: *status naturae purae,* etc. Debemos conocer estas cosas. Supongo que, en un estado previo al pecado original, la naturaleza estuviese separada de la gracia y contemplo esa naturaleza en relación con la que poseo actualmente. Y pregunto, entonces: ¿qué tan fuerte era entonces la condición de imagen y semejanza frente a Dios? Desde el punto de vista del grado, no podré dar una respuesta segura sino sólo responder: en ese estado de *natura pura,* el hombre tenía también un muy fuerte instinto natural de amor hacia Dios porque, en ese estado, la naturaleza estaba marcada y plasmada en forma especialmente fuerte como imagen de Dios.

Dirijamos ahora la mirada a nuestro instinto de amor *en el estado posterior al pecado original.* Aquí podemos distinguir entre una posición herética y una ortodoxamente católica. La concepción herética puede agruparse en torno a las posiciones del *pesimismo herético y del optimismo herético.* El pesimismo afirma que la imagen de Dios en nuestra naturaleza ha resultado totalmente destruida[261], mientras que el optimismo no admite que se haya producido modificación alguna de la naturaleza como resultado del pecado.[262] Debemos decir, pues, que, en el primer caso, el hombre ya no tiene en sí posibilidad alguna de vida frente a Dios, que su instinto de amor está completamente ahogado y agotado; y, en el segundo caso, el instinto de Dios como instinto de amor se encuentra todavía presente en la naturaleza humana sin disminución alguna. Pero como aquí se trata de concepciones heréticas, podemos rechazarlas de inmediato puesto que no nos ocupamos ex profeso de la dogmática sino sólo en cuanto nos ofrece una base para la pastoral.

Ahora bien, si queremos quedarnos en las concepciones ortodoxas, podremos ver, examinar y diferenciar dos corrientes: el pesimismo ortodoxo y el optimismo ortodoxo.

Escuchen pues: El *pesimismo ortodoxo* está representado sobre todo por san *Agustín*. Establezcan mentalmente el nexo con todo lo que hemos comentado en la primera plática, en la que he expuesto, en perspectiva histórica, toda la atmósfera sobre la base de la historia y de las corrientes de espíritu en el ámbito religioso. El pesimismo ortodoxo.

Me permito advertirles que, hoy, cuando se trata de crear un mundo nuevo o de dar al mundo nuevas corrientes de espíritu, para que Cristo pueda volver a ser Señor en los nuevos tiempos, es importante saber que, si queremos llegar a ser conductores del espíritu del pueblo, debemos en lo posible *hacernos independien-*

---

261 Protestantismo, jansenismo (véase Müller, 54ss).

262 Pelagianismo. Cabe tener en cuenta asimismo la amplia influencia de la Ilustración. Véase también la actual problemática de la así llamada «educación anti autoritaria».

tes de nuestro propio desarrollo.[263] Esto es difícil. Si investigan la vida de san Agustín, estudien cuán condicionado está él por su propio desarrollo. Por supuesto, tiene derecho a estarlo. Y donde la teología dogmática deja libertad, tengo también el derecho de utilizar las observaciones de vida que hago en mí mismo. Como Agustín sufrió tanto bajo su vida instintiva, entenderán ustedes también su pesimismo ortodoxo. Es decir, en la medida en que es ortodoxo, puedo colocarme también yo sobre su terreno. Y todos nosotros, o la mayoría, la inmensa mayoría, nos encontramos sobre el terreno de este pesimismo ortodoxo, sobre el terreno de la convicción de que nuestra pecaminosa naturaleza ha sufrido fortísimos golpes a causa del pecado original.

En este punto reside también la discusión en torno a la interpretación de la conocida expresión que dice: por el pecado original, el hombre ha quedado *vulneratus in naturalibus et privatus in supernaturalibus* («herido en sus capacidades naturales y privado de las sobrenaturales»).[264] En el último punto reina una coincidencia generalizada: es decir, el hombre está *privatus in supernaturalibus.* Las gracias y dones sobrenaturales han sido eliminados por el pecado original y, de ese modo, también se perdieron los dones y las capacidades preternaturales que todos conocemos: *immunitas a concupiscentia,*[265] etc. Estos dones extraordinarios y los sobrenaturales los hemos perdido por el pecado original.

Pero para nada hay una concepción unitaria acerca del contenido de la expresión *in naturalibus vulneratus.* La concepción más corriente se coloca en la posición de que nos encontra-

---

263 Esta referencia a posiciones determinadas por el propio desarrollo parece estar inspirada por un comentario de Müller (pág. 59), que dice, acerca de san Agustín: «Él se vio inhibido por las tristes experiencias de su vida de juventud...»

264 Expresión técnica de la teología de escuela.

265 Inmunidad a la concupiscencia.

mos aquí ante el hombre que cayó en manos de los ladrones.[266] Le han sido arrebatadas sus ropas. Pero no sólo eso: el hombre en estado de pecado ha sufrido también muy graves heridas y contusiones. Hay también otra concepción. No digo que debamos investigar cómo comprende la misma al ser humano, pero aquí encontramos siempre algo torcido, algo enfermo. Por eso debemos ocuparnos, un poco más que antes ,de la dogmática y la filosofía.

Veamos ahora *el optimismo ortodoxo,* cuyo representante —tal vez, representante principal o extremo— es san *Francisco de Sales.* Pero ya mismo debo admitir lo siguiente: Francisco va tan lejos que yo no tengo el coraje de acompañarlo.[267] No obstante,

---

266 Véase Lc 10, 29ss. También Francisco de Sales utiliza esta imagen para referirse al pecador. Aun cuando por la utilización del mismo no pueda ser tildado de pesimista ortodoxo, el hecho puede constituir una señal de que Francisco no sostiene una tendencia optimista de tenor demasiado importante o extremado. Así, escribe en *Tratado del amor de Dios XI,* I, 4 (pág. 631s): «El pecador no pertenece al estado de los demonios, en quienes la voluntad hállase tan empapada de mal e incorporada a él, que no puede desear bien alguno. No, Teótimo, el pecador en este mundo no es así; está en medio del camino entre Jerusalén y Jericó, herido de muerte, pero no muerto todavía; *medio muerto,* dice el Evangelio, lo que es igual que medio vivo; y como está medio vivo, puede aún hacer obras medio vivas. No andará ni se levantará, ni pedirá auxilio, ni siquiera hablará sino débilmente, por causa de su corazón desfallecido, pero puede abrir los ojos, mover los dedos, suspirar, exhalar algún quejido; acciones débiles, a pesar de las cuales moriría miserablemente sobre su propia sangre si el misericordioso *Samaritano* no le hubiese aplicado su aceite y su vino, llevándole a su morada para curarle y atenderle a costa suya (Lc 10, 30. 33-34)». Müller (55) cita en este contexto a J. Pohle (¡es decir, no a Francisco de Sales!), *Lehrbuch der Dogmatik I,* Paderborn [4]1908, 513, que ilustra la «diferencia entre el estado realmente caído y el teórico estado puramente natural: en la posición más estricta, la diferencia equivale a la que existe «entre un «sano y un enfermo»», mientras que, en la posición de los opositores, equivale a la que se da «entre un hombre «desnudado» (*nudatus*) y un hombre «desnudo» (*nudus*)».

267 El juicio del P. Kentenich acerca del hecho de que san Francisco de Sales va demasiado lejos con su optimismo, parece surgir especialmente del ejemplo citado y comentado por Müller, 59s, al que hacemos referencia más abajo (nota 270).

debemos tener siempre en claro que la teología dogmática y la Iglesia nos dejan libertad en este punto. ¡Aunque debo recordar que Francisco de Sales es también Doctor de la Iglesia! Lo digo para que nos coloquemos con serenidad soberana frente a él: nosotros también tenemos nuestra propia inteligencia, con la que podemos examinar las cosas por nuestra propia cuenta. Es sólo una *cuestión de observación de vida:* ¿en qué medida está infectada interiormente la naturaleza por el pecado original? Francisco se inclina hacia la siguiente postura –y no sólo se inclina sino que lo dice claramente–: la naturaleza humana está herida. Pero ¿en qué medida le han sido quitadas las vestiduras? ¿En qué medida le han sido realmente quitadas? Le han sido quitadas *supernaturaliter y praeternaturaliter.* Con ello, la naturaleza se encuentra ahora demasiado expuesta a las influencias del clima como para poder permanecer siempre de este modo. Por tanto, se ha vuelto débil porque ha estado constantemente expuesta a esta desnudez, a los cambios de tiempo y a las tormentas.

Permítanme decirles que yo nunca me atrevería a ir tan lejos. ¿Por qué? Aquí cada cual debe consultar su propia experiencia y observación de vida. Sí me coloco en la posición de una línea intermedia, y siempre he estado en la misma. Quien haya participado durante años de los retiros y jornadas, sabe que somos representantes de la *pedagogía de la confianza.*[268] ¿Cuál es el fundamento psicológico profundo de la misma? La concepción de la estructura de la naturaleza. La cuestión de cómo ha compartido la naturaleza las fallas, no es asunto de pura especulación, sino que se interna profundamente en medio de la vida. Por esa razón, yo diría que no queremos acentuar tanto las

---

268 Es decir, de una pedagogía que se basa en la relación de confianza entre la autoridad del educador y los educandos, hecho que presupone un núcleo y una simiente sanos en la naturaleza humana y un optimismo del educador.

consecuencias del pecado original en nuestra naturaleza. Buscaría una línea intermedia, diría que la naturaleza humana está herida pero, según mi convicción, no tan herida como la presentamos habitualmente.[269] Por supuesto, no exijo que adhieran a esta concepción. Deben saberlo ustedes mismos. Sólo que ahora deben escoger: ¿quieren el optimismo, el pesimismo o una línea intermedia? En última instancia, es asunto de ustedes. Pero de alguna manera deben tomar posición a fin de tener conceptos claros y de actuar con mano segura en la pastoral.

Yo les indico aquí la *consecuencia pedagógica* tanto de una como de la otra concepción. Me permitirán que mencione ya aquí lo siguiente: si realmente me convenzo de que mi naturaleza no está tan atacada por el pecado original como se lo presenta habitualmente, podría tener por cierto la tendencia y la convicción de que Francisco de Sales no tiene razón en ciertas conclusiones.

Presupongo la línea intermedia. Lo que hay de negativo e instintivo en mí no es mi propio yo. ¿De qué yo se trata? Mi propio yo es lo bueno. ¡Compruébenlo, por favor! Presupongo que esto es así tanto *dogmática* cuanto psicológicamente. Digo, entonces: cuando la vida instintiva está actuando en mí, puedo permanecer tranquilo porque me digo que el yo mejor es mi auténtico yo. Lo otro también está presente pero soy yo quien tiene las riendas en la mano y, de ese modo, asciendo siempre

---

269 Al parecer se está trazando aquí la «línea intermedia» por oposición al pesimismo ortodoxo. También en lo que sigue, este pesimismo u optimismo ortodoxo moderado no será subrayado tanto en contra del optimismo, o sea, de Francisco de Sales, sino del pesimismo —muy virulento en la praxis de la época— y de sus consecuencias pedagógicas. El P. Kentenich no parece diferenciar aquí tanto su posición respecto de la de Francisco de Sales cuanto respecto de otras posiciones mencionadas por Müller (54ss). No queda claro si realmente se distancia del autor del *Tratado del amor de Dios* y, en caso afirmativo, en qué medida lo hace.

hacia lo alto. Si después nos asalta el temor: ¡es mi propia naturaleza!, se presenta la conciencia que nos recuerda: ¡todo saldrá bien a su tiempo; no se trata de mi propio yo!

Lean, por favor, cómo reproduce Francisco de Sales estos pensamientos en su forma tan original. Podrán hacerlo en las páginas 59 y siguiente de esta obra. «En cierto sentido habitan en nosotros dos hombres». En un párrafo de una carta escribe Francisco a una religiosa: «Usted tiene dos mujeres en su interior». En nuestro caso, serían dos hombres en nuestro interior: uno es Cristo y el otro es Adán. En la mujer, una es Eva y la otra es Ave. «Una es «hija de Eva y, en consecuencia, de mal carácter»»: el pecado original, en cuanto estoy infectado por el mismo. «Pero la otra … tiene la mejor voluntad de pertenecer del todo a Dios; … es una hija de la gloriosa Virgen María y, por eso, está llena de buenas aspiraciones. Estas dos hijas de madres tan diferentes luchan entre sí, y la indigna es tan mala que, a veces, la buena debe esforzarse para defenderse de ella». Y ahora viene la advertencia en el sentido de no pensar –lo expongo tal como está aquí– que la «chica mala» en ella, en la religiosa, sea la más fuerte, la primaria. «Esta chica mala no es más fuerte que usted».[270]

---

[270] Müller, 59s (Carta del 28 de octubre de 1614): «Dice usted realmente con razón, mi querida y pobre hija Péronne-Marie, que lleva usted dos personas, dos mujeres en su interior. Una de ellas es una tal Péronne, que –al igual que, en otro tiempo, su patrono san Pedro– es un poco sensible, rencorosa, y suele encenderse de enojo cuando se la ofende. Esta Péronne es una hija de Eva y, en consecuencia, de mal corazón. Pero la otra es una tal Péronne-Marie, llena de la buena voluntad de pertenecer totalmente a Dios, que –para poder pertenecer totalmente a Dios– quiere ser muy sencilla, humilde y dulce con su prójimo. Y esta última quiere imitar a san Pedro, que era tan bueno después que Nuestro Señor lo convirtiera. Esta Péronne-Marie es una hija de la gloriosa Virgen María y, por eso, de buen corazón. Ambas hijas de diferentes Madres se combaten ahora, y la indigna es tan mala, que a veces la buena sólo puede defenderse con esfuerzo; y después, esta pobre buena hija piensa que fue vencida y que la buena es más

Aquí deben hacer una verificación. Si para ustedes es asunto serio superar el bolchevismo, debemos someter a comprobación nuestra visión acerca del ser humano. Tienen ustedes la elección de si quieren colocarse sobre este o sobre aquel terreno. Pero si puedo suponer que por naturaleza anida en mí más lo bueno que lo malo, tendré una serenidad mucho mayor frente a mí mismo.

Y ahora viene la idea predilecta de san Francisco de Sales, idea que él reitera una y otra vez de una forma determinada: ahora he recibido la gracia, he entrado *en la economía de la gracia.*[271] Ya les he expuesto lo que esto significa. Si sobreabunda el pecado, la gracia de Cristo es aún más sobreabundante (véase Ro 5, 20). Esto quiere decir: Cristo en mí. Cristo está en mí y todos nosotros nos encontramos bajo el cetro de la gracia. Verifiquen cómo pueden colocarse a sí mismos y a los demás sobre este te-

---

capaz. Pero no, seguro que no, mi querida pobre Péronne-Marie, la mala no es más capaz que usted pero sí mucho más contumaz, canalla, astuta y obstinada; y si llora usted por eso, ella estará muy contenta porque todo ése es tiempo perdido. Se contenta con hacerle perder el tiempo porque no puede alcanzar que usted pierda la eternidad.» (Deutsche Ausgabe VII, 74s). M. Müller (60) extrae de este pasaje la siguiente conclusión: «Francisco identifica por tanto lo bueno con la personalidad misma y rechaza lo malo como algo ajeno a la esencia del hombre superior». Por supuesto, tal consecuencia es cuestionable y difícilmente hace justicia al sutil lenguaje de san Francisco de Sales. En efecto, para él, «Eva» forma también parte de la personalidad, aun cuando «María» sea «el yo mejor». No ha quedado documentado en este retiro y es, además, difícil de determinar, si este apartamiento del P. Kentenich respecto del optimismo salesiano se ha guiado por esta interpretación tan poco auténtica de la enseñanza de San Francisco de Sales o bien ha seguido sólo una impresión general. De todos modos, en este contexto sólo nos encontramos con la afirmación de que el optimismo de san Francisco de Sales le resulta demasiado extremo, mientras que las consideraciones que siguen permiten inferir más bien una posición todavía más optimista que la del Doctor de la Iglesia.

271 Véase *Tratado del amor de Dios II*, 5ss (pág. 134ss), en especial cap. 7, sobre la «Admirable economía de la divina Providencia en la diversidad de gracias que distribuye entre los hombres».

rreno, en especial cuando sobrevienen grandes sufrimientos. Y tengan en cuenta lo que significa que confiamos en Dios y en la fuerza sana que Dios nos ha dado. ¿Qué significa? Si estoy convencido de ello, recorreré mi camino mucho más sereno y seguro, podré trabajar y rendir mucho más, no hundirme tanto en estados depresivos y no cometer tantos pecados. De otro modo, siempre regresa el mismo pensamiento: si ahora hago esto…, después otra cosa más… ¡y, después, estás perdido!

Permítanme esbozar ahora un poco más detalladamente la comprensión que yo considero correcta. *Nosotros sostenemos un optimismo ortodoxo;* ¡pero no extremo! En ello, san Francisco parece ir un poco demasiado lejos.[272] Nosotros queremos orientarnos hacia el optimismo ortodoxo intermedio. Con igual razón podría decir también *pesimismo más leve.* Queremos conservar la línea intermedia. Eso no impide que, en individuos particulares y de acuerdo con la forma en que se me presenta la vida, el pecado original sobresalga aquí y allá con más intensidad. Pero debemos dejarnos la libertad de elección en aquellas cosas en las que Dios y la Iglesia nos la dejan.

De acuerdo con ello, permítanme preguntar, apoyado en *experiencias de vida,* que ustedes mismos pueden siempre verificar: ¿qué dimensión de mi vida ha recibido un fuerte puñalazo a través del pecado original? ¿Me darán la razón si les digo como respuesta que se trata de la vida instintiva? ¡Sí! La vida instintiva es la que está más afectada por el pecado original. *Vulneratus in naturalibus* (herido en su naturaleza).[273] ¿Qué viene después de

---

272 Véase la nota 15. Müller acentúa al parecer en forma demasiado unilateral lo «optimista» en Francisco de Sales mientras que sólo ilumina brevemente lo «pesimista» en él.

273 Müller cita (56) un pasaje de un sermón del año 1619: «El pecado ha corrompido y herido en tal medida nuestras fuerzas interiores que la parte inferior de nuestra alma tiene la mayoría de las veces más fuerza para arrastrarnos al mal…». Se podría

la vida instintiva? Viene la voluntad y, por último, la inteligencia. Según ello, la inteligencia sería la que menos estaría interiormente afectada por el pecado original. Podría demostrárselo en detalle, a pesar de que éstas son cosas de la experiencia de vida. Deben verificarlas ustedes mismos.

Para hacer referencia a una u otra cosa al respecto: observen cuántas cosas conocemos y reconocemos. Con relativa facilidad podemos conocer grandes verdades pero ¡qué difícil es llevarlas a la práctica! ¿No sentimos acaso cómo la parálisis, el debilitamiento de nuestra voluntad es significativamente más grande que la oscuridad de la inteligencia? Por supuesto, también aquí puedo decir –por observación de la vida–, puedo demostrar cómo las diferentes personas han sido alcanzadas en mayor o menor medida por el pecado original. Pero las líneas son correctas.

Puedo reiterarlo con una imagen: tengo un *pájaro*. En un tiempo, podía volar, ¡y cómo! Pero ahora se le han recortado las alas. ¿Qué es esto? Es mi voluntad y el instinto de amor que hay en mí, el instinto de Dios. Hubo una vez un tiempo, en el estado previo al pecado original, en que se me podía comparar con un águila que asciende en vuelo hacia el sol. Pero ahora estoy totalmente cansado y ese instinto de Dios sólo puede cobrar más o menos vida en mí en forma paulatina. ¿De qué dependo, entonces? El águila divina debe lanzarse, volar hacia abajo, apresar

tender a ver la contraposición entre el P. Kentenich y Francisco de Sales en las experiencias de vida que aquí se mencionan y que, en virtud del conocimiento más profundo de lo humano y demasiado humano, permiten ver y valorar las miserias en la vida instintiva –la «que está más afectada» por el pecado original–, la maldad en el reino del alma, las impresiones negativas no procesadas, y hacen así que el educador no adopte una posición demasiado optimista. Pero también san Francisco de Sales parece encontrarse a la altura de los conocimientos y experiencias que era posible alcanzar en su tiempo y, del mismo modo, su estimación del poder de los «trastornos anímicos» y de las pasiones tiene, por así decirlo, el aura pesimista de un realismo sincero. Véase *Tratado del amor de Dios I*, 3 (p. 63ss).

a su pequeña avecilla y llevarla consigo hacia las alturas del amor de Dios. No deben olvidar la imagen: mañana regresaremos sobre ella. Si esa águila divina no capta mi instinto de amor, si no me lleva consigo hacia lo alto, seguiré siendo un charlatán en el amor de Dios, en la entrega al gran Dios Trino.

O bien, vean otra imagen. Una *palmera*. La misma ha sido trasplantada de su país de origen a nuestras tierras. ¿Cómo crece y prospera aquí y cómo lo hace en su patria originaria? ¡Qué flores y frutos da en su país! Y aquí, ¿qué aspecto tiene? Más o menos enfermizo. Ahí tengo ante mí la imagen de mi naturaleza cargada con el lastre del pecado original.

Ésta es una consideración histórica.

- *Desde una perspectiva psicológica*

Y ahora la *consideración psicológica*. Quiero tentar y comprobar lo siguiente: ¿es verdad que el instinto de Dios sigue estando todavía más o menos entero en mí, a pesar de todo? ¿A qué puedo hacer referencia? Reflexionen: este anhelo infinito, este anhelo de infinitud que hay en mí, ¿no es acaso el instinto que impulsa hacia Dios? ¿No es acaso un disimulado, *escondido impulso instintivo hacia Dios en mí*: un impulso a estar siempre en Dios, siempre junto a Dios? O bien, cuando me sucede en forma repentina una desgracia, ¿cuál será la respuesta? Muchas veces se despierta en forma instintiva en mí el impulso hacia Dios, el pensar en Dios: ¿qué quiere Dios y cómo me las arreglaré con Dios? O bien, si hemos tenido una alegría muy grande y apenas la hemos paladeado: ¡con cuánta facilidad impulsa todo hacia Dios! ¡El instinto de Dios![274]

274 Ésta es la misma experiencia que describió Tertuliano y que lo inspiró al exclamar: «O testimonium animae naturaliter christianae!» (*Apologeticus* 17. 6: PL 1, 375). Cabe advertir que esta sentencia no puede comprenderse sin más en el sentido de la dudosa teoría del así llamado «cristiano anónimo».

Valdría la pena, sobre todo en el tiempo actual, en que tanto se habla de *Nietzsche,* investigar cómo él hizo todo lo posible por ahogar en sí ese instinto de Dios. Yo lo he asesinado, nosotros lo hemos asesinado. Hemos asesinado a Dios.[275] Y si hubiese un Dios, yo no soportaría no serlo.[276] ¡Cuántas cosas hizo para pisotear y erradicar de sí y de sus seguidores el anhelo de Dios! He olvidado traer las citas. Si las tuviese aquí, oirían cómo suspira periódicamente siempre de nuevo exclamando: ¡Es imposible! Una y otra vez lanza su clamor, algo en él lo apremia con enorme fuerza hacia Dios.[277] Es importante saber estas cosas porque hoy en día necesitamos la conciencia de que, en la lucha por Dios, contamos con aliados en la naturaleza del hombre.

275 Friedrich Nietzsche, uno de los ancestros de la ideología y de la imagen de héroe del nacionalsocialismo. Véase *Die Fröhliche Wissenschaft (La gaya ciencia),* n. 283 (Stuttgart 1965, 186): «¡Celebro todos los indicios de que se inicia una era más viril, guerrera, que honrará de nuevo, entre todas las cosas, la valentía! Pues ésta deberá abrir camino a una todavía más elevada y reunir las fuerzas que la misma deberá poseer: esa era que lleva el heroísmo al conocimiento y libra guerras por el pensamiento y sus consecuencias». Y acerca de la pregunta sobre Dios dice en el n. 125 (op. cit., 140): «¿No han oído hablar de aquel loco que, a plena luz de la mañana, encendió una linterna, corrió al mercado y se puso a gritar sin cesar: «¡Busco a Dios!»? Y como justamente en ese momento se habían reunido allí muchos que no creían en Dios, causó una gran hilaridad. ¿Se habrá perdido? –preguntó uno–. ¿Se habrá extraviado como un niño? –dijo otro– ¿O acaso estará escondido? ¿Tendrá miedo de nosotros? ¿Se habrá embarcado? ¿Habrá emigrado? –de ese modo gritaban y reían todos a una–. El loco saltó en medio de ellos y los atravesó con sus miradas. ¿A dónde se ha ido Dios? –gritó–. ¡Yo se los diré! ¡Nosotros lo hemos matado, ustedes y yo! ¡Todos nosotros somos sus asesinos!».

276 F. Nietzsche, *Also sprach Zarathustra (Así habló Zaratustra),* 2ª parte, «Auf den glückseligen Inseln» («En las islas afortunadas») (Stuttgart 1969, 91): «Pero para revelarles del todo mi corazón, amigos míos: ¡si hubiese dioses, cómo soportaría yo no ser un dios! Por tanto, no hay dioses».

277 Un ejemplo entre muchos, el célebre poema titulado: «Al Dios desconocido» (F. Nietzsche, *Götzendämmerung. Der Antichrist. Ecche homo. Gedichte,* Stuttgart 1964, 457s):

　　「Una vez más, antes de proseguir el camino
　　y de lanzar la mirada hacia delante,

Si en la lucha contra el «Movimiento Alemán de Fe»[278] dependiésemos solamente de lo sobrenatural, algunos de nosotros podrían cansarse bastante. Pero ¡cuánto nos ayuda en la lucha la clara conciencia de que también en la naturaleza del hombre se esconde un instinto de Dios, un instinto que impulsa hacia Dios, un impulso natural! Escuchen lo que dice santo Tomás: en el ser humano se esconde un impulso natural hacia Dios, un *desiderium naturale*.[279] Ustedes saben cuánto vigor pone él, quien con tanta seriedad luchó por armonizar naturaleza y gracia, en señalar hacia estas ansias de Dios. Por eso puedo sostener y sostengo con firmeza que también mi naturaleza tiene en sí misma ese fuerte instinto de Dios. ¿Qué consecuencias deberán extraerse de todo lo dicho?

------

    levanto, solitario, mis manos
hacia ti,
hacia quien huyo,
a quien, en lo más hondo del corazón
he consagrado solemnemente altares
a fin de que tu voz me llamase por siempre de nuevo.
En ellos arde, inscrita en lo profundo,
la dedicatoria: al Dios desconocido.
Suyo soy, aunque hasta ahora haya seguido
en la pandilla de los impíos:
suyo soy y, aunque huya,
siento los lazos que descienden
para someterme, no obstante, a su servicio.
Quiero conocerte, ¡oh desconocido!
¡Tú, que aprehendes lo profundo de mi alma,
que pasas cual tormenta por mi vida,
tú, Inasible, afín a mí!
Quiero conocerte, hasta servirte».

[278] Véase p. 333, nota 232.

[279] Véase p. 56, nota 24. Véase también STh I, 12, 1; I, 62, 1 y, en especial, I, 94, 1: «naturaliter enim et ex necessitate homo vult beatitudinem»: «pues el hombre quiere la bienaventuranza en forma natural y por necesidad».

- *Desde una perspectiva pedagógica*

A esta fugaz elucidación psicológica podrá seguir una *consideración pedagógica.* Si se colocan conmigo en el terreno del pesimismo ortodoxo moderado, ya saben qué significa. En ese caso queda asegurada en nuestra pastoral, en nuestra pedagogía, una actitud múltiple. Pienso que, en primer lugar, esta consideración opera despertando e impulsando nuestra actitud pastoral, tanto en general cuanto en particular.

En general. ¿No creen acaso que, si considero que la naturaleza del hombre no está totalmente atacada de enfermedad, si veo y reconozco el ideal, se notará un fuerte *optimismo en mi actividad?* [280] Por supuesto que puede haber una diferenciación hacia uno u otro lado. Pero ¿no consideran que, en la medida en que esté convencido de que todavía hay muchas cosas nobles en la naturaleza, y doble y triplemente donde está presente la gracia, es obvio que me transforme en el representante de la orientación optimista y de una marcada pedagogía de confianza? Aquí tienen ustedes el fundamento profundo de la pedagogía de confianza. No queremos ser utópicos ni decir que el hombre no pueda ya descarriarse y cometer faltas o que no tenga ya pecado original. Pero la fundamentación es la siguiente: el hombre tal como se encuentra ante nosotros y nosotros ante él en el optimismo moderado. Ésa es nuestra línea.

Continuemos: ¿no creen acaso que todo aquel que se coloque sobre el terreno de esta línea moderada trabajará en general mucho más en la pastoral y en la *educación mediante la bondad*

---

280 La concepción pedagógica del P. Kentenich tiene como presupuesto esencial el reconocimiento natural y creyente de la meta de sentido y de misión de la personalidad a partir de su naturaleza y de su historia. En contra de ciertas líneas actuales, la modalidad educativa de Schoenstatt está siempre determinada también por la orientación hacia el ideal querido por Dios.

y el amor que lo que otros lo hacen mediante dureza y estrictez? Sin embargo, debo pedirles una vez más que no interpreten lo dicho como si yo quisiera abogar por un amor y una simpatía blandos. Mucho depende de la profundidad. Puedo llegar a ser firme en mis intervenciones pero sólo *ceteris paribus.* Mi actitud estará determinada por el amor si me encuentro más sobre el terreno del optimismo moderado que sobre el terreno del pesimismo. Por tanto, ¡crear actitud! ¡Tener seguridad! Hoy en día no funciona moverse por carriles gastados. Hoy, cuando se trata de enfrentamientos en el plano del espíritu, hay que tener un fundamento seguro e internarse en la vida práctica.

Una segunda consecuencia pedagógica nos dice lo siguiente: debemos *incorporar* la lucha por el amor de Dios *a toda nuestra aspiración,* también en interés de una marcada cultura de la personalidad. Aquí tenemos una vez más el punto de contacto entre naturaleza y gracia. ¿Qué significa que yo quiera llegar a ser una marcada personalidad? No olvido que esta dimensión pertenece al núcleo ético de la personalidad;[281] no estoy hablando del ámbito sobrenatural. Si quiero llegar a ser una personalidad, no lo lograré si no desarrollo en mí también el instinto de Dios, si no cultivo el instinto de Dios en interés de un auténtico y marcado humanismo, de una humanidad que encarne el ideal de la condición humana. Estas consecuencias revisten importancia en la actualidad. En el campo contrario se habla siempre del renacimiento de la naturaleza. Y cuando la naturaleza adquiere nueva vida, se renueva también el instinto de Dios en nosotros.

---

281 Justamente frente a la fundamental distinción entre orden de la naturaleza y orden de la gracia así como entre sus respectivas leyes de ser y de vida, debe tenerse en cuenta la dimensión religiosa de la naturaleza humana, este *desiderium naturale* (instinto de Dios) que se expresa en el amor natural a Dios y que, por supuesto, sólo puede adquirir consistencia a través de la gracia y sólo en ella alcanza su plenitud.

También él está presente al darse lo otro. Y si quiero superar la época, no debo cultivar un supra-naturalismo unilateral: también lo natural-instintivo debe despertarse en mí pues, de otro modo, lo sobrenatural no tiene demasiado asidero en mi naturaleza y se echan demasiadas cosas por tierra.[282]

Tercera consecuencia pedagógica. Este instinto de Dios alcanza en cada individuo una *individualización* totalmente particular. Por eso, hay que ver y tratar el instinto de Dios en cada individuo de la forma más individual posible. ¿Qué tenemos aquí? Cada ser humano es la encarnación de una idea original de Dios,[283] y de acuerdo con ello, el instinto de Dios está individualizado, particularizado en él. Es lo que debemos destacar hoy como imagen opuesta contra los esfuerzos masivos del bolchevismo: debemos crear núcleos marcadamente personales. No queremos dejarnos arrastrar por la tempestad, no gritar, simplemente: ¡comunidad como masa, y adelante con ello! El ideal debería ser una comunidad perfecta en base a personalidades individuales perfectas. Por eso, en la educación hay que dejar toda la libertad que sea posible. También en la pastoral. Contar con ello como imagen conscientemente opuesta a la masificación. Sin duda, hay ciertas cosas enfermizas que deben cortarse, pero mucho puede permanecer. ¿De qué sirve amaestrar a la gente? Por eso: cada cual lleva en sí una imagen de lo que debe llegar a ser; y, mientras no lo alcance, su aspiración no se cumple.[284]

---

282 En correspondencia con el axioma filosófico-teológico que para el P. Kentenich constituye expresamente un principio educativo: *gratia praesupponit naturam:* la gracia presupone la naturaleza.

283 Véase p.266, nota 179 y p. 377, nota 280.

284 Angelus Silesius: «En cada uno está depositada una imagen de lo que debe llegar a ser; y mientras no lo sea, su paz no será plena».

Cada cual tiene un ideal de su amor de Dios y yo puedo servir a ese ideal. Cada uno tiene también un reflejo determinado del instinto de Dios, y yo puedo servir a ese reflejo.

Para aquellos de entre nosotros que se han ocupado o quieren ocuparse en forma extensa de estas preguntas, me permito abundar haciendo referencia a lo siguiente –aunque sin extenderme, puesto que daría pie a distinciones demasiado especiales y sublimes, a pesar de que nos haría bien tratarlas–: santo Tomás suele hablar también de un *desiderium naturale* orientado no sólo hacia Dios sin más, sino hacia el *Deum trinum*. Según él, la naturaleza humana contiene no sólo una *potentia oboedientialis* sino también una *capacidad de recepción positiva pasiva:* positiva pasiva, no sólo activa.[285]

Estas cosas nos interesarán poco al principio pero, como educadores del pueblo, debemos prestarles oídos. A mí me brinda una gran serenidad el hecho de conocer el *ordo essendi,* porque quien peca contra las leyes del ser debe pagar las consecuencias. No funciona el echar por tierra *las leyes del ser:* no conduce al objetivo.[286] Por eso tiene sentido conocer tales leyes y someterlas a estudio. Y además: si queremos ayudar a superar el bolchevis-

---

285 La capacitación de la criatura para abrirse a la gracia (*potentia oboedientialis*) está dada a la naturaleza humana en forma esencial junto con la libertad, razón por la cual debe denominarse «positiva». Esta apertura positiva para la vida divina, vida que quiere plenificar y perfeccionar al ser humano, es la esencia de su naturaleza espiritual y está relacionada precisamente con la auto comunicación del Dios Trino. Otra pregunta es en qué medida ese *desiderium naturale* (el anhelo natural por la bienaventuranza eterna en Dios) puede orientarse formalmente hacia la Trinidad.

286 Se menciona aquí el tercer principio educativo fundamental del P. Kentenich, que acompaña al amor como ley fundamental del mundo y a la armonía entre naturaleza y gracia: *ordo essendi est ordo agendi.* Véase al respecto, por ejemplo, GNP1950, 81ss; OB1949, 61s y 82; MWF1944, 42ss; H. Schlosser (comp.), *Zentrale Begriffe Schönstatts,* Vallendar-Schoenstatt 1977, 102ss.

mo, el peligro de la Iglesia para los próximos siglos, debemos reorientarnos en la pastoral, debemos encontrar un sistema que se adecue a las necesidades del hombre de hoy. Con gritar no lo haremos. Si he palpado en forma correcta dónde se encuentran esas leyes y si me he educado a mí mismo y a los demás en su cumplimiento, entonces las cosas funcionan.

Me darán, pues, la razón, si digo que existe igualdad entre yo y Dios. Con ello he visto ya de por sí el primer requisito previo para el amor, para el verdadero, ardiente, llameante amor de Dios así como también para la lucha por el amor de Dios. Donde no se ha puesto la base del amor de Dios, tampoco puedo desarrollarlo.[287] Por eso igualdad; aunque ésta es una igualdad y semejanza natural. Pero ésta no es suficiente.

B. *Una igualdad sobrenatural*

Instruidos por la Sagrada Escritura y dispuestos en forma aún más sistemática por la teología dogmática para los grandes contextos, debemos distinguir y prestar oídos a lo siguiente: existe también una *igualdad sobrenatural* en el sentido de una semejanza.

Ahora sería tarea de ustedes traer de nuevo a la memoria lo que hemos dicho ya en retiros anteriores. Si no vivimos permanentemente en este mundo sobrenatural como peces en el agua, no es posible. ¡Debemos hacerlo! Con la misma fuerza con la que educamos personalidades religiosas y las inmunizamos en forma religiosa en virtud de que lo religioso perfecciona la naturaleza, así también debemos ser nosotros mismos hombres

---

287 Si el amor de Dios no ha sido plantado en el ser humano a través del instinto natural de Dios, el amor de Dios no puede desarrollarse, es decir, no se da el requisito para el amor, la voluntad de complemento Dios-hombre con su tendencia a la unión amorosa.

sobrenaturales arraigados en la realidad sobrenatural. No me exijan ahora que me extienda al respecto. No tenemos tiempo para ello. Son consignas que tenemos ya desde hace años: basta con hacer referencia a ellas.

Igualdad. Tengo aquí ante mí todo el mundo de la *filiación divina,* de la condición de miembros de Cristo, de la participación en la vida divina. Permítanme que ponga de relieve solamente un feliz punto de vista. Reflexionen lo siguiente: ¿por qué procura Dios darnos esa igualdad sobrenatural, presuponiendo su voluntad de hacerlo? ¿Qué quiere conmigo, qué se propone conmigo? La respuesta es: la *visio beata.*

- ● ***Llamados a participar en la vida intratrinitaria de Dios***
  Ahora me permito pedirles que desplacen un poco el acento en la concepción tomista y que lo trasladen de *visio a beata.* Aunque también pueden permanecer en la concepción tomista aun dejando de lado la *visio.* ¿Qué habrá en la eternidad? Una *visio beata.* Recurro a la observación de vida que hemos hecho en la plática anterior. ¿Qué significa *estar vinculados en el amor?* ¿Qué hace la mayor felicidad del ser humano, en la amplísima mayoría de los casos ya aquí en la tierra? Habitar interiormente uno en el otro: yo en ti y tú en mí y ambos el uno en el otro. Esto es lo grande, muy grande. Si me permiten decirlo con un par de palabras, diré lo siguiente: quien haya amado aquí en la tierra con el corazón, en forma idealmente pura, sospechará lo que significa que hemos de ser introducidos en el seno del Dios Trino. Estamos llamados a *participar* en cuanto al ser *en la vida familiar intratrinitaria de Dios.*[288]

---

288 El P. Kentenich anunció a lo largo de toda su vida el mensaje de la Alianza de Amor con María (como realización concreta de la alianza bautismal), que debe ampliarse y llegar a ser una alianza de Amor con la Santísima Trinidad. En este contexto habla él algunas veces de la «vida familiar de Dios», a participar de la cual

Por tanto, no se trata sólo de mirar fijamente desde la distancia. No: si quiero de corazón a una persona, vivimos uno con el otro. Y así podré estar arraigado una vez en la vida familiar intratrinitaria de Dios. Ahora comprenderán y sospecharán toda la bienaventuranza que aquí se esconde. Quien lo entiende por primera vez –deben experimentarlo antes– comprenderá qué sentimiento de vida totalmente nuevo se suscita cuando el ser humano se da cuenta del verdadero amor. Así sospechamos la grandeza de la vida familiar intratrinitaria de Dios cuando estemos arraigados en ella: él en nosotros y nosotros en él.

¿Qué es necesario para ello? En general solemos decirlo con el viejo término de la teología dogmática: *se necesitan una* naturaleza semejante a la de Dios y capacidades, *capacidades de vida* semejantes a las de Dios.[289]

- ***Necesidad de una naturaleza y de una capacidad de vivencia semejantes a las de Dios***

  ¿Qué querrá decir esto? No sólo se me dará poseer y tendré que poseer una igualdad en cuanto a la naturaleza semejante a Dios sino que debo poseer también una cierta participación en el modo en que Dios conoce y ama. En lugar de esto solemos mencionar las virtudes infusas: fe, esperanza y amor. Ahora nos importa especialmente el amor. A fin de ir un poco al encuentro de nuestros sentimientos modernos, me permitirán que reemplace

---

estamos llamados a través del bautismo como reales y verdaderos hijos de Dios. Para citar un ejemplo, el Fundador plasmó para la Familia de Schoenstatt de la diócesis de Augsburgo, en Alemania, el siguiente lema: «En santa libertad, a través de una absoluta fidelidad a la Alianza, hacia el Padre eterno, hacia la Familia del eterno Padre Dios». Asimismo, espera para sus seguidores «la gracia del ser hijos y del espíritu de infancia» de modo que «participemos ... en la vida familiar del Padre, en la vida familiar del Padre celestial» (7-9-1966, Memhölz, Alemania).

289 Véase MPLW1933, II, 1.

«capacidad de vida» por otra palabra: «capacidad de vivencia».[290] Pero es la misma cosa. ¿De qué debo poder tener una vivencia? Si un animal, un gato me tuviese que amar espiritualmente, no podría hacerlo. ¿Qué debería recibir? Mi naturaleza y mi capacidad de vivencia. Él debe estar presente en mí y yo en él, pues ése es el sentido del amor.

Así está ante nosotros todo el mundo sobrenatural de la *visio beata* como un estar uno en el otro, como el estar sumergido uno dentro del otro en el seno de la vida intratrinitaria de Dios. Sé también, y ustedes lo lamentarán con dolor, cuán poca percepción tenemos de que, en esto, podría haber dicha, la mayor dicha, la que debe perdurar toda la eternidad. ¡Lamentablemente! Tan capturados estamos en la tierra por los valores desordenados. ¿En qué estriba la dicha del pueblo y mi propia dicha?

Si realmente partiéramos más de este amor sobreabundante, tendríamos una mayor comprensión de lo que significa poder amar a Dios en la eternidad, a cara descubierta: él en mí y yo en él de un modo sumamente profundo. ¿Qué quiero decir con esto? Dios nos ha regalado esa semejanza sobrenatural. ¿Qué quiero demostrar, entonces?

Fíjense en el árbol y la raíz. ¿Qué tenemos? Hay una igualdad, la *igualdad natural y sobrenatural.* Por favor, en la meditación de estas cosas no pasen con demasiada prisa a las

---

290 Como pedagogo competente para la época moderna, el P. Kentenich procuraba, frente a la desaparición de la fe, salvar y despertar la realidad de la vida sobrenatural a través del esfuerzo por tener vivencias religiosas. «Entonces ... se captarán de forma sobresaliente las fuerzas creadoras de la naturaleza humana, se las conducirá hacia lo alto, se las inspirará y se las mantendrá siempre en movimiento» (NMW 1951, 42). En esta jornada pedagógica, dictada en 1951, el P. Kentenich habla extensamente sobre la capacidad de vivencia religiosa, sus presupuestos, condiciones y seguros.

consecuencias,sino que permanezcan por más tiempo en este punto: ¿Qué significa esto? ¿Cómo puedo captar a los creyentes?

- ***Desigualdad en el sentido de una capacidad y necesidad de complemento***

Y ahora, lo segundo: ¿cómo puedo demostrarles que hay también desigualdad? *Hay desigualdad,* ya lo sentimos. Pero ¿desigualdad *en el sentido de una capacidad y necesidad de complemento mutuo?* ¡Oh, si pudiese desvelar, hasta donde me es posible, los núcleos esenciales últimos, los últimos misterios de la actividad, de la pedagogía de Dios!

¡Desigualdad de todas las partes! Sólo es preciso mostrarlo y verlo: *Dios* es el *Infinito.* ¡Siento su amor y mi limitación! Si agrego a ello la carga del pecado original que llevo, ¿no tengo acaso capacidad de ser complementado? ¡Sí! ¿Y tengo necesidad de complemento? ¡Pregúntenselo a sí mismos! A esta insatisfacción, a este anhelar de toda mi naturaleza hacia Dios, ¿qué nombre le hemos dado? Angustia cósmica metafísica y ética. Por tanto, mi naturaleza tiene una fortísima capacidad y necesidad de complemento mutuo.

- ***Voluntad de complementación por parte de Dios***

¿Y de parte de Dios? ¿Cómo está Dios frente a mí? Aquí no puedo hablar de una capacidad y necesidad de complemento. Si quiero ver la economía salvífica de Dios, sólo puedo y debo hablar de una *voluntad de complemento por parte de Dios:* Dios quiere ser complementado. Por supuesto, se trata de una imagen pero tenemos que tomar esa formulación a fin de que, partiendo de la teología del amor y de la filosofía del amor, nos adentremos más profundamente en Dios.

¿Qué significa voluntad de complemento? ¡Escuchen a los santos y sus dichos! En su generosidad y donación, *Dios se hace dependiente de nuestro desvalimiento.* No lo necesita pero lo hace. Aquí tienen ustedes las leyes; ésta es la voluntad de complemento: cuanto más pequeña se presenta la criatura, cuanto más pequeño se siente el ser humano, cuanto más desvalido está frente a Dios, tanto más abundantes fluyen y manan los dones y gracias del seno del gran Dios Trino.[291] Si se me permite hablar humanamente –y ustedes querrán interpretarlo en forma correcta–, debo decir lo siguiente: la pasión de Dios es su voluntad de comunicación, su alegría de dar, pero él hace que eso dependa de la pequeñez del ser humano, del vaso vacío.

¿Se dan cuenta cuán esencial es esto? Ahí tienen una apologética de la *sana humildad.* Más bien para aclarar más las cosas permítanme que les diga ahora que santa Teresita vertió todo esto en pensamientos que están como hechos a la medida de nuestra vida y vivencia actuales: debo sentirme pequeño ante Dios.[292] Dios se ha hecho intencionalmente dependiente. Y si Dios lo ha hecho, ha sido sólo para dar y volver a dar, siempre de nuevo. Él tiene en sí el impulso de regalarse. Si quiero dar una alegría a Dios, ¿con qué podré hacerlo? Dándole oportunidad de dar, puesto que hay más dicha en dar que en recibir (véase Hch 20, 35).

---

291 En WH1937, 31, el P. Kentenich lo expresa de la siguiente manera: «Dios Padre tiene una peculiar «debilidad»: no puede resistirse al desvalimiento conocido y reconocido de su hijo. La infancia espiritual significa la «impotencia» del gran Dios y la «omnipotencia» del pequeño ser humano».

292 Véase, por ejemplo, la carta de Teresa del Niño Jesús a la hermana María del Sagrado Corazón. La destinataria había pedido a Teresa que escribiese su *«pequeña doctrina».* Al final de lo escrito por Teresa se encuentra la siguiente cita: «¡Oh Jesús! Que no pueda yo revelar a todas las *almas pequeñas* cuán inefable es tu condescendencia! ... Siento que si, por un imposible, encontrases a un alma más débil, más pequeña que la mía, te complacerías en colmarla de favores mayores todavía, con tal que ella se abandonara con entera confianza a tu misericordia infinita» (*Obras completas,* 588).

Debo darle la oportunidad de ejercer su acción, de que pueda ejercer su voluntad de complemento a través del hecho de que yo me reconozca pequeño y desvalido ante él, tal como realmente soy. Mi pequeñez se expresa entonces con la siguiente simpleza: Dios requiere sólo niños pequeños. Nada puede hacer con adultos que se coloquen a la par de él. Debe tener niños pequeños. Así entiendo también que, cuando he cometido una tontería, puedo estar totalmente captado por el siguiente pensamiento: ¡gracias a Dios, pues ahora tengo un título que me otorga un derecho especial a la misericordia de Dios! No sólo tengo el motivo profundo para la humildad sino también para la confianza.

Escuchen los pensamientos de santa Teresita, que apuntan en esa dirección. He hablado de esto hace muchos años,[293] cuando hablé sobre el Espíritu Santo, a saber, de la escalinata y del ascensor de la santidad.[294] *Escalinata:* el hombre es el niño pe-

---

293 En la Introducción se ha hecho referencia al retiro sobre la paz, de 1930/1931. En una de las versiones tomadas de las anotaciones estenográficas del mismo dice, en la primera plática del cuarto día, bajo el título «La pequeña santidad»: «Me dirijo a santa Teresita. Ella ha tenido gran influencia en la plasmación de la santidad moderna. No le interesaban demasiado sus propios logros. Eso no quiere decir que no tuviese ningún logro sino que no les prestaba atención. Pueden ver cómo ella comprendía sus decisiones magnánimas como logro del Padre celestial frente a ella como niña. Quería comprender la santidad como logro de Dios, no como logro propio. Por eso las expresiones: ascensor, escala, víctima de misericordia».

294 Santa Teresa del Lisieux, *Obras completas,* 241s: «Sabéis, Madre mía, que siempre he deseado ser santa. Pero, ¡ay!, cuantas veces me he comparado con los santos, siempre he comprobado que entre ellos y yo existe la misma diferencia que entre una montaña cuya cima se pierde en los cielos y el oscuro grano de arena que a su paso pisan los caminantes. Pero en vez de desanimarme, me he dicho a mí misma: Dios no podría inspirar deseos irrealizables; por lo tanto, a pesar de mi pequeñez, puedo aspirar a la santidad. Acrecerme es imposible; he de soportarme a mí misma tal como soy, con todas mis imperfecciones. Pero quiero hallar el modo de ir al cielo por un caminito muy recto, muy corto; por un caminito del todo nuevo. Estamos en el siglo de los inventos. Ahora no hay que tomarse ya el trabajo de subir los peldaños de una escalera; en las casas de los ricos el ascensor la

queño –no deben molestarse por la expresión– y allá arriba está el Padre. ¿Qué debe hacer el niño? Sólo entregarse desvalido al Padre, sentirse pequeño. ¿Y qué hace el Padre? Cuanto más pequeño me siento, tanto más me lleva hacia lo alto. Esto no es falta de actividad propia, esto es entrega plena a Dios. Y el *ascensor de la santidad.* Es una expresión moderna. Entro en él, y va vertiginosamente hacia arriba. Me considero pequeño ante Dios, como vasos vacíos: no soy nada, Él es el Todo, la absoluta plenitud de vida. ¡Qué práctico es esto! ¡Cuán pequeño y desvalido soy ante el Dios infinito!

Y la otra expresión de santa Teresita: soy *víctima de misericordia.*[295] ¡Esto es tan valioso! Hoy lo necesitamos, nosotros, que tantas veces estamos tan solos, que nos vemos tantas veces tironeados por tentaciones y dificultades. ¡Víctima de misericordia! Entendemos lo que es víctima de justicia pues, en ese caso,

---

suple ventajosamente. Pues bien, yo quisiera encontrar también un ascensor para elevarme hasta Jesús, ya que soy demasiado pequeña para subir la ruda escalera de la perfección. Entonces, busqué en los Libros Sagrados la indicación del ascensor, objeto de mi deseo, y hallé estas palabras salidas de la boca de la Sabiduría eterna: si alguno es PEQUEÑITO, que venga a mí. Me acerqué, por lo tanto, adivinando que había encontrado lo que buscaba. Y deseando saber lo que haríais, ¡oh Dios mío!, con el pequeñito que respondiese a vuestra llamada, continué mis pesquisas, y he ahí lo que hallé: –¡Como una madre acaricia a su hijo, así os consolaré yo, os llevaré en mi regazo y os meceré sobre mis rodillas! ¡Ah, nunca palabras más tiernas, más melodiosas, me alegraron el alma! ¡El ascensor que ha de elevarme al cielo son vuestros brazos, oh, Jesús! Por eso, no necesito crecer, al contrario, he de permanecer pequeña, empequeñecerme cada vez más» (los destacados en cursiva y en versalita están en el original).

295 La frase decisiva en su oración de consagración «al amor misericordioso de Dios», del 9 de junio de 1895, reza: «A fin de vivir en un acto de perfecto amor, YO ME OFREZCO COMO VÍCTIMA DE HOLOCAUSTO A VUESTRO AMOR MISERI-CORDIOSO, suplicándoos que me consumáis sin cesar, dejando que se desborden en mi alma las olas de *ternura infinita* que están encerradas en vos, para que así llegue yo a ser *mártir* de vuestro *amor,* ¡oh Dios mío!» (*Obras completas,* 812s; los destacados en cursiva, versalita y mayúsculas están en el original).

el gran Dios resopla de ira. Él necesita una víctima y yo digo: ¡golpéame, Señor! Soy la víctima de justicia. ¿Habla así la santa? ¡No! Ella habla de ser víctima de misericordia. Ofrendo todos los títulos que me otorgan derechos ante la bondad de Dios, lo ofrendo todo al único título de la misericordia de Dios.

El título en el que deposito mi confianza no son mis buenas obras. Las hago en medida abundante, superabundante, pero no coloco mi mano sobre ellas diciendo: ¡tengo un derecho porque tú eres bueno! ¡No! Quiero expresarlo en forma popular. Supongamos que Dios hubiese perdido el Libro de la Vida. Pero no tengo temor puesto que no he depositado en él mi confianza diciéndome que todo está bien consignado en el Libro de la Vida. ¿En qué deposito mi confianza? ¡En la misericordia! Muchas veces no avanzamos en nuestra vida espiritual porque no tenemos el impulso hacia el infinito. Y no lo tenemos porque estamos demasiado llenos de nosotros, esperamos demasiado de nosotros mismos. Dios tiene una debilidad del todo particular: no puede resistirse a la debilidad conocida y reconocida de sus hijos (véase nota 291). Comprueben si con lo dicho acierto en la ley del Reino de Dios. Víctima de misericordia: éste es el primer título.

Pero hay un segundo título: *mi miseria.* He ahí los dos títulos: misericordia de Dios y mi miseria. No teman perder valor: mi miseria queda sumergida de inmediato en la misericordia de Dios. Pero perciban qué alto grado de santidad resuena en esto: vacío de mí mismo, desvinculado del propio yo, vinculado sin reservas a Dios.

Ahora regresen a lo dicho anteriormente: ¿qué hemos dicho de la actitud de infancia frente a Dios? «Dios es Padre, Dios es bueno, bueno es todo lo que él hace». ¿Qué debo hacer yo? ¡Expresar *frente al Padre una actitud de confianza* de niño! Sin duda, estoy acentuando aquí con especial fuerza el amor filial ante el Padre. También podría acentuar de nuevo más fuertemente el amor esponsal y de amistad. ¿Qué pasaría entonces? En ese caso, no se acentuaría tanto la palabra pequeñez –por supuesto, también se la acentuaría– sino que *mi alma* se encuentra ante Dios *como reina*. Esto es igualdad, aunque también una distancia infinita. Me he convertido en reina sólo por la misericordia del Esposo. Él corteja a la esposa. Soy algo grande. Pero es él quien me ha dado lo que él mismo busca. Yo soy la vaciedad infinita para que él pueda dar a mi alma con superabundancia de la infinita riqueza de su vida.

Es posible seguir avanzando en la reflexión sobre estos pensamientos. Desde el punto de vista intelectual, sería valioso saber estas cosas pero ¡también debemos vivirlas! A quien las vive y tiene la vivencia de las mismas se le abre, además, un inmenso conocimiento que llega a gran distancia, una corriente de vida. Dios exige de nosotros, en este tiempo, que lo amemos *mucho más que en otras épocas,* que representemos frente al mundo lo divino en figura humana. Y lo haremos en la medida en que arda en nosotros *un amor a Dios ardiente, abrasador.* Yo siento esto, y ustedes deben sentirlo conmigo: se trata de grandes valores, fuerzas de carácter, pero ¡qué lejos está nuestra vida de lo que conocemos! Ya con que sólo tuviésemos este suspirante anhelo: ¡Señor, vincúlame tú, permíteme multiplicar de esta manera el mar de amor, todo el ardor de mi vida, de mi amor!, verían ustedes cómo se solucionarían los problemas que nos oprimen, nuestros problemas, nuestras pasiones. ¡Un mundo totalmente distinto, un sentimiento de vida totalmente distinto se despertaría en nosotros!

Estas cosas nos son tan desconocidas porque la mayoría de las veces las hemos captado en forma unilateralmente intelectual y demasiado poco vital! Por eso, volvámonos un poco hacia la *Mater pulchrae dilectionis* (Madre del Amor Hermoso).[296] No vean el amor como idea sino como un peculiar habitar de uno en el otro: yo en ti y tú en mí. ¡Habiten de ese modo en la Santísima Virgen, en el Señor, en el gran Dios Trino! De otro modo, lo entenderé mentalmente en forma extraordinaria, sabré cómo debe ser, pero no se convertirá en un habitar.

Contemplen a un santo: ¡Podrá sucumbir el mundo entero *con tal que yo dé alegría al Padre!* Todo lo demás está bien como es, todos los misterios están resueltos. Con tal que sólo dé alegría al Padre, podrá hablarse de mí lo que se quiera. ¡Cuán serenos estamos entonces, como varones[297] que han superado la vida y que ayudan también a otros a superarla! ¡Entonces somos hombres que han obrado cosas magníficas!

---

296 Si 24, 17/18: «Yo soy la madre del amor hermoso, del temor, del conocimiento y de la santa esperanza» (según códices griegos y la Vulgata).

297 En el retiro predicado en 1937 para los Misioneros de Belén, en Suiza, el P. Kentenich habla acerca de la gran importancia que atribuye a la infancia espiritual como raíz o fundamento de la personalidad, en particular de la personalidad masculina. Dice allí: «Hace falta toda la fuerza de la virilidad para conservar la infancia espiritual»: KVG1937, 69.

Decimocuarta Plática
NECESIDAD DEL AMOR DE DIOS

A fin de colocar nuestra vida sobre un fundamento firme y crear un fuerte contrapeso contra las corrientes del espíritu del tiempo actual, procuramos ahondar más y más en la ley fundamental del mundo. Cada vez más vemos que un único gran torrente de amor corre por el mundo, desde Dios a nuestro propio interior y nuevamente de regreso a Dios. Si para Dios vale: todo por amor, todo mediante el amor y todo para el amor, la tónica, el acorde de mi vida debe ser, asimismo: todo por amor, todo mediante el amor. Todo por la motivación del amor. Es decir, que el amor, el amor a Dios, debe ser el móvil principal de mi actuar. Podrán intervenir también móviles secundarios.

Dos eran las preguntas que nos interesaban: la primera, acerca de la posibilidad, y la segunda, acerca de la *necesidad del amor de Dios*. Ya es algo inmensamente grande, que se nos conceda amar a Dios, que podamos amarlo. Pero Dios no se contenta con eso. Lo que se nos inculca en diferentes ocasiones a través de Cristo y de los apóstoles es una *obligación seria* y muy fuerte. Y lo que nos dice en ese sentido la Sagrada Escritura es tan claro e inequívoco que todos los teólogos están de acuerdo. No hay aquí ninguna dificultad, ninguna diferencia en la respuesta a la pregunta por la necesidad del amor de Dios.

1. La ley fundamental del amor en la Sagrada Escritura

1.1. Enseñanza de Cristo a los apóstoles

¿Me permiten que les mencione rápidamente algunos pasajes de la *Sagrada Escritura?* No quisiera, empero, que esto hiciese difusa la impresión de este día. Antes bien, quisiera que partan de aquí arraigados en los pensamientos y en el mundo de valores del amor a fin de comenzar, mañana de nuevo, a ir más a lo profundo.

Escuchen lo que dice el *Señor.* No utiliza la expresión «ley fundamental del mundo» pero tiene otras semejantes: Amarás al Señor tu Dios con todo tu corazón, con toda tu alma, con todas tus fuerzas (Véase Mt 22, 37 par.; Dt 6,5). En una oportunidad anterior había dicho: «He venido a arrojar un fuego sobre la tierra y ¡cuánto desearía que ya estuviera encendido!» (Lc 12, 49), el fuego del amor. Él quiere que ese fuego esté encendido y nos impone asimismo el deber de que ese pequeño fuego llegue a ser en nosotros un incendio.

Examinen un poco, por favor, la frase que nos dice Cristo. ¿Cómo debemos amar a Dios? ¡Con todo el corazón, con toda el alma, con todas las fuerzas! ¿No encuentran aquí una confirmación bíblica de las consideraciones psicológicas que hemos hecho en la primera parte? Es decir, hemos de quererlo no sólo con la voluntad, sino también con el corazón. No sólo en forma efectiva sino también, diríamos nosotros, en forma afectiva y con todo el corazón.[298] Por tanto, sería totalmente contradictorio e insensato que diéramos más o menos nueve décimos de nuestra fuerza de amor a la criatura y el pequeño resto de un décimo a

---

298 Véase *Tratado del amor de Dios VI,* 1 (pág. 335): «Dos son los principales ejercicios de nuestro amor para con Dios; el uno, afectivo; el otro, efectivo o, como dice San Bernardo, activo (Sermón L sobre el Cantar, § 2)».

Dios. ¡No: en última instancia, *toda la fuerza de nuestro amor debe cimentarse en Dios,* debe pertenecer a Dios! Más adelante, mañana, tendré ocasión de indicarles qué relación interna guarda esto con el amor a la criatura. Y dice, además: «¡Amarás!». No es un deseo sino un mandato: ¡debes amar al Señor, tu Dios, con todo tu corazón…!

Y ahora la otra expresión para decir lo que nosotros llamamos ley fundamental del mundo: «Éste es el mayor y el primer mandamiento» (Mt 22, 38 par; véase Dt 6, 6ss), el más importante, del que todo depende. Entenderán, tal vez, con cuánta fuerza y profundidad han especulado nuestros viejos teólogos medievales cuando, partiendo no sólo de una observación de la vida y del análisis de la naturaleza humana sino extrayendo también las conclusiones que se siguen de estas consideraciones bíblicas, declararon que, *en la naturaleza humana, el instinto de Dios tiene que ser más fuerte que el instinto del yo.*[299] Es algo muy importante.

Piensen cuánto consuelo puede regalársenos en el tiempo actual si es verdad –y yo opino que es verdad– que el instinto de Dios es, debe ser más fuerte. Si así no fuese, Dios no podría decir: ¡amarás!, éste es el mayor y el primer mandamiento. El instinto de Dios tiene que ser más fuerte en la naturaleza humana que el instinto del yo. Por eso, tenemos también aliados en la naturaleza humana. Y aunque la naturaleza esté algo enferma, llegará el tiempo en que el instinto de Dios se despliegue de nuevo con más fuerza en nosotros y en la humanidad entera.[300] Éste es el mayor, el primer y el supremo mandamiento.

---

299 Véase STh II-II, 26, 3: Tomás constata que el *amor naturalis* tiene por objeto sobre todo a Dios, más que al hombre mismo (*et plus quam seipsum*). Según él, esto no vale solamente acerca del ser humano sino de toda criatura.

300 Por ejemplo, la corriente de meditación que se extiende en nuestro tiempo por todo el mundo puede designarse como un despertar del instinto de Dios en forma secularizada. El P. Kentenich no llegó a conocer este proceso en las dimensiones

¡Reflexionen un poco sobre estos pensamientos y aplíquenlos a su propia vida! Ahora, el mandamiento supremo es que conozcamos a Dios. O bien, dicho de otro modo: no debemos contentarnos solamente con el conocimiento sino que debe agregarse algo más. Todo lo que hacemos de alguna manera –éste es el sentido de la expresión «ley fundamental del mundo»– debe desembocar aquí y brotar nuevamente desde aquí. El centro debe ser siempre el mar del amor. Debo decírmelo a mí personalmente y decírselo también a ustedes: nosotros, que por naturaleza tenemos una orientación tan enormemente intelectual, que estamos repletos de una singular «intelectualidad», ¿no será que son demasiado pocas las veces que encontramos el camino que va *del conocimiento a la vida? Et daemones sciunt, et trepidant* (También los demonios creen y tiemblan).[301] Podré dedicar ¡sabe Dios cuánto tiempo! a elaborar, día a día de nuevo, estas grandes verdades: nuestro saber está bien. ¡Pero el mayor mandamiento es el amor! *Et daemones sciunt, et trepidant.*

¿No hay acaso eruditos que pueden presentar todas estas cosas en forma más brillante que nosotros, que las saben mejor que nosotros? Y nosotros mismos, con nuestra erudición: ¿acaso no somos muchas veces inmensamente más débiles, pequeños y mezquinos frente a Dios que un sencillo hijo del pueblo que no sabe tanto pero que quiere a Dios? ¡Lo supremo es el amor! Así es: en la Sagrada Escritura encontrarán una y otra vez expresiones nuevas de lo que hemos bautizado como ley funda-

---

que ha llegado a adquirir. Sin embargo, en 1966 habló de un futuro marcado «por una suerte de disposición luminosa», y de que sobrevendría después «un tiempo de la meditación» (Plática para el Seminario internacional de los Padres de Schoenstatt, 17-7-1966).

301 St 2, 19: «Tu credis quoniam unus est Deus? Bene facis; et daemones credunt et contremiscunt!» (Vulgata): «¿Tú crees que hay un solo Dios? Haces bien. También los demonios lo creen y tiemblan».

mental del mundo. ¿O he de compararme con un hombre que ha caminado durante días bajo el ardor abrasador del desierto y ha encontrado por fin un oasis? En verdad, ahora tendría oportunidad de beber y saciarse. Pero no lo hace sino que reflexiona: esto es agua. ¿De qué sustancia se compone el agua?[302] ¿Acaso no estamos constituidos nosotros en forma totalmente similar, con nuestra orientación tan fuerte hacia las ideas? ¿Qué sería lo normal? He ahí el agua: ahora debo beber. En la práctica, esto significa que el saber debe llevar necesariamente al amor. Pero también a la inversa, el amor debe ampliar mi saber, de modo que me torne receptivo para un conocimiento y un saber más profundo y claro.

Pero el amor es lo principal, lo más alto, el mayor y más importante de los mandamientos. ¿O deberé compararme con un hombre que tiene una gran tarea pero se queda detenido siempre en la construcción de los instrumentos para realizarla, o en la meditación de la misma? *Mi tarea de vida*[303] –y creo que todos nosotros, así como todos los teólogos y filósofos de la naturaleza asentiremos a esto– es el amor de Dios. Todo lo demás, también el conocimiento, debe conducir a él. Y si me quedo detenido en

---

302　Véase la «Leyenda del hombre moderno», en: *Das Thema. Arbeitsheft zu aktuellen Themen: Alltag - Spur meines Lebens,* editado por Arbeitsgemeinschaft Frauenseelsorge Bayern [Comunidad de trabajo para la pastoral para mujeres de Baviera], Múnich 1975, 74.

303　El P. Kentenich solía referirse a esta tarea de vida con los conceptos de «mi vocación principal», «mi oración principal». Para el Movimiento de Schoenstatt, el hecho de que el conocimiento se convierta y deba convertirse en amor es el tema general de su apostolado como movimiento de educación porque constituye una inquietud central de la lucha por un pensar, vivir y amar orgánicos. Véase al respecto la siguiente exigencia (planteada en el retiro de 1936/1937 *El hombre heroico,* plática tercera): «Procura que tu saber religioso posea las cualidades que hagan posible un sentir y gustar las cosas del amor. Para que nuestro saber religioso dé este fruto tiene que ser un saber ligado a la experiencia, unido a un correspondiente esfuerzo de la voluntad y a una profunda moción de la gracia» (DHM1936, 113).

el conocimiento y no paso del mismo al amor, se trata de algo a medias, de un contrasentido y un sinsentido.

Así tenemos ante nosotros con total claridad la enseñanza de Cristo. Él nos dice lo mismo que nos hemos dicho nosotros: el amor es la ley fundamental del mundo. Amarás al Señor, tu Dios, con todo tu corazón…

Y porque Cristo habla en forma tan inequívoca entendemos también a los apóstoles y, del modo más profundo y clásico, a san *Pablo*. ¡Cuán frecuentemente habla él de la ley fundamental del mundo! Por supuesto, utiliza también otras formulaciones pero pueden reducirse en general a nuestra expresión «ley fundamental del mundo». Esto es lo último, lo más esencial de todo el orden del mundo, también en nuestra actividad pastoral pedagógica.

¿Dónde comenzaremos? Quiero citar una u otra frase. Revístanse, pues, de misericordia, de amor, … Pero por encima de todo esto tengan el amor, que es el vínculo de la perfección (véase Col 3, 12-14). ¿Qué significa «por encima de todo»? ¿Cuál es nuestro deber? «Por encima de todo»: ¿qué es eso? ¡Ley fundamental del mundo! Por encima de todo esto tengan amor, ¡eso es lo importante!

1.2.   El amor, vínculo de la perfección

¿Y cómo hay que comprender el amor? Como *vínculo de la perfección,* como *el* vínculo de la perfección. Esto es lo más importante: hacer propio este vínculo perfecto. Los exégetas y teólogos dogmáticos interpretan la palabra «vínculo de la perfección» de la misma manera en que lo he insinuado: como vínculo perfecto. El amor une el alma en forma perfecta con Dios, con el prójimo, y une asimismo en el alma las distintas capacidades entre sí. Por eso, el amor es la reina de las virtudes.[304]

¡Y tanto más en el *Himno al amor!*[305] Me permito recomendarles que lo lean antes de irse a dormir. Verán cuántas nuevas lucecitas se les encienden. El apóstol lo entiende muy bien: como el amor es antes que nada la ley fundamental del mundo, pueden hacer lo que quieran –pueden tener una fe que mueva montañas, practicar la pobreza ¡sabe Dios cómo!, entregar su cuerpo a las llamas– pero ¿qué es todo eso si no tienen amor en ustedes? Ustedes ven cuán profundamente lo ha captado: la ley fundamental del mundo es el amor. ¡Qué débil es en verdad nuestra vida! ¡Cuánto hemos luchado ya para acercarnos más a Dios! ¡Qué débil es nuestro amor cuando no lo comprendemos como vinculación personal del Dios personal! El peligro que tenemos nosotros, los sacerdotes, en especial el tipo de personalidad con fuertes rasgos masculinos, consiste en proceder del conocimiento al amor pero quedarse detenidos en el amor como idea y no llegar a la persona. Amor, sin embargo, no es amor a la idea sino a la persona, amor personal del Dios personal. Comprenderemos, pues, cómo todos nosotros podemos examinar el *Himno al amor* en cuanto a su valor positivo.

---

304 Véase *Tratado del amor de Dios I,* 6, p.74: «Todo queda sometido a este celestial amor, que quiere ser siempre o rey o nada, no pudiendo vivir sin reinar ni gobernar sin plena soberanía». Op. cit. III, 2, p. 205: «No es maravilla que la caridad, reina de las virtudes, no tenga nada, pequeño o grande, que no sea estimable…». Véase sobre todo op. cit. XI, p. 627ss.

305 1 Co 13. Véase Tratado del amor de Dios XI, 8, p. 657s.

1.3.   El amor suscita todas las virtudes

Sin amor: ¡nada, absolutamente nada! *Pero si tenemos amor* —y hemos de entenderlo puesto que el amor es la ley fundamental del mundo—, entonces *se dan también todas las otras virtudes.*[306] ¿Qué suscita el amor? Paciencia, mansedumbre, y se enumeran ahora todas las virtudes morales.

Agustín acuñó en su tiempo la fórmula que dice: ama y haz lo que quieras.[307] Y si han entendido ustedes las consideraciones de la filosofía y psicología del amor, entenderán mejor a san Agustín. ¿Acaso no hay que decir, pues: ama y haz lo que quieras? Y si eso es verdad, el amor es entonces la consonancia de la voluntad. Éste es el gran misterio. El amor, la gran ley fundamental del mundo, y el amor como deber: ¡Tengan amor! (véase Col 3, 14) ¿Qué produce el amor? Todas las otras virtudes brotan del amor. Si tengo amor, debo tener también todas las otras virtudes. Lo entenderán mejor si les traigo a la memoria la siguiente sentencia: desde el punto de vista filosófico, *el amor es una fuerza unitiva y asemejadora.* De ese modo pueden comprender también cómo es que el *Himno al amor* concluye con la idea de que el amor es eterno porque es la ley fundamental del mundo.

¿O quieren examinar otra vez a san Pablo? ¡Es tanto lo que dice sobre el amor! Y la palabra que me gusta a mí personalmente —podremos saber mucho pero ¡qué tremendamente difícil puede llegar a ser pasar del saber al amor, en especial cuando se trata del nuevo conocimiento!—: *in caritate radicati et fundati* (arraigados y

---

306   *Tratado del amor de Dios XI*, 8, p. 658s: «Quien posee la caridad ... posee una perfección que contiene la virtud de todas las perfecciones o la perfección de todas las virtudes».

307   Agustín, In I Jo, 7, 8 (PL 35, 2033): *«Semel ergo breve praeceptum tibi praecipitur, dilige, et quod vis fac»:* «Por única vez se te dicta, pues, este breve precepto: ama, y haz lo que quieras».

fundados en el amor) (Ef 3, 14). Si estamos *fuertemente arraigados en el amor,* tendremos la garantía de que nos internaremos en el conocimiento de Dios; por eso, el amor es un medio de conocimiento. Pregunten a la vida práctica si acaso no es verdad que, cuanto más vinculado estoy, con tanto mayor claridad veo todo lo que se expone. Por lo menos debemos esforzarnos lo mejor que podamos, por medio de la oración, de afectos de anhelo por recorrer el camino hacia un sincero amor.

Podrán examinar en forma semejante a san *Juan,* en parte también a san *Pedro.*[308] No quiero leer todas las citas. Esta tarde quiero profundizar solamente la fuerte impresión de que todo depende de que amemos a Dios. «En todas las cosas interviene Dios para bien de los que le aman» (Rm 8, 28). Ahí tienen los efectos. Así es: como hombres de hoy, que sufren bajo las circunstancias de la época, buscamos una respuesta, una solución. Aquí la tenemos. Dios nos la ofrece. Pase lo que pase: en todas las cosas interviene Dios para bien de los que le aman.

He recibido en estos días una carta de un sacerdote que ha hecho ya aquí, año a año, los ejercicios espirituales y se ha adentrado vitalmente en nuestro mundo de ideas y de valores. Cada año, este sacerdote toma la materia del retiro como norma para el *rezo del breviario* y está investigando ahora lo siguiente —sobre todo en el segundo nocturno, pero también en otras horas, cuando tiene tiempo—: ¿cómo se revela la ley fundamental del mundo en el breviario? Y eso le ha dado acceso a nuevos descubrimientos: *en todas partes está el amor.* Así es. Ahí tenemos el gran ciclo del amor, el torrente de amor que pasa por el

---

308 Por ejemplo, 1 Jn 4, 11: «Queridos, si Dios nos amó de esta manera, también nosotros debemos amarnos unos a otros»; y 4, 16: «Dios es amor y quien permanece en el amor permanece en Dios y Dios en él». Y Pe 4, 8: «Ante todo, tened entre vosotros intenso amor, pues el amor cubre multitud de pecados».

mundo y por nuestra alma. O bien, cuando mañana, durante la *santa misa* recen un poco unos por otros, puesto que la gracia de Dios nos ha reunido –y no para tener una pequeña variación: son demasiadas las ideas como para ello; ni tampoco para recibir algún impulso, como en otras circunstancias–, vean también en esto el amor. Vamos a hacer retiro para volver a ser capaces de dominar la vida. Hoy podremos tener la respuesta, el descubrimiento podrá ser claro, pero ¡qué débiles nos sentimos frente a la puesta en práctica de lo que hemos reconocido! Por eso, mañana la pregunta será: ¿cómo llegamos a la psicología del amor, cómo llegamos, en el tiempo actual, con nuestras débiles fuerzas, a un amor al mundo y a Dios y a una unión con Dios lo más profundos y sanos posible?

Decimoquinta Plática
TODO MEDIANTE EL AMOR

Si contemplamos serenamente lo que hemos hecho objeto de nuestra oración hasta este momento, una doble tensión debe haberse instalado lentamente en nuestra alma. Por un lado, la constante acentuación de la actitud interior: posiblemente, eso nos habrá cansado un poco y habrá preparado interiormente el alma para el paso de la *concentración de la actitud a la acción.*[309] La pregunta es, ahora: ¿qué debo hacer para alcanzar esta actitud que se me presenta como tan digna de esfuerzo? Permítanme que les dé dos respuestas.

Primera respuesta: «el amor de Dios ha sido derramado en nuestros corazones por el Espíritu Santo que nos ha sido dado» (Rm 5, 5). En última instancia, esta profunda captación del instinto de Dios en nosotros sólo puede ser resultado de la acción del Espíritu Santo, *de la acción abarcadora del Espíritu de Dios* –lo comprenderán mejor hacia el final de esta plática–. De ahí viene que tengamos la expectativa silenciosa y meditativa de que ese

---

309 De acuerdo con los principios de su sistema educativo, el P. Kentenich otorga un gran valor a la creación de actitudes fundamentales, insistencia no en la pedagogía de prácticas sino en la de convicciones. No obstante, sin acciones, sin comportamiento concreto y formas firmes, el espíritu y la actitud se esfuman. En este retiro aconsejó a menudo no pensar demasiado rápido en propósitos puesto que primero era importante la transformación del sentimiento de vida. Pero ahora ha llegado el momento de considerar y proponerse los pasos necesarios que han de darse para entrar por el camino que se ha abierto.

Espíritu de Dios, el Espíritu Santo, descienda sobre nosotros al finalizar el retiro, esta tarde en la celebración devocional. Ésa es la disposición en la que nos habíamos colocado: el retiro debe y quiere llegar a ser una renovación de la gracia de la ordenación y de Pentecostés.[310]

Lo que hemos comentado y rezado juntos, durante estos días, ha de comprenderse solamente como una preparación, al modo como también los apóstoles estaban reunidos en torno a María en el Cenáculo, hasta que llegara el Espíritu de Dios, tocado, atraído por el intenso y suplicante clamor del anhelo. Creo que, también en nuestro caso, la solución de todas las tensiones que llevamos en el alma debería ser que yo reconozca que así ha de ser, que el alma debe ser captada interiormente por el amor de Dios. Pero ¡qué lejos estoy de eso y cuánto necesitaré hasta percibir en mí un pequeño crecimiento de ese amor de Dios! La respuesta a esta réplica es que esperamos el Espíritu Santo. *Emitte Spiritum tuum!* (¡Envía tu Espíritu!). Él debe venir de nuevo a nosotros y operar en nosotros una fuerte transformación interior en el sentido del ardiente amor de Dios, en el sentido de la *caritas Dei* (el amor de Dios).

¿Qué debemos hacer, además de lo dicho? Ésta es la pregunta que nos quema cada vez más en los labios. Quisiera responderla junto a la primera prosiguiendo el hilo temático del retiro. La ley fundamental del mundo, vista desde la dimensión humana, desde nuestra alma, se apoya sobre tres pilares: todo por amor, todo mediante el amor y todo para el amor. También la meta, el sentido de nuestra vida debe ser una unión lo más íntima posible con Dios. Ya aquí en la tierra pero, sobre todo, en la eternidad, en la *visio beata*.

---

310 El P. Kentenich cierra aquí el círculo temático evocando lo dicho en la plática primera.

Ahora bien, ¿cómo llegamos a esa unión de amor? La respuesta es: *todo mediante el amor,* es decir, todo mediante el amar. Repitan ahora las expresiones, los contenidos de las palabras que hemos dicho y expuesto con respecto a la dimensión divina. Todo mediante el amar quiere decir por medio de muestras de amor. Creo que, en realidad, ahora podemos expresarnos en forma filosófica y psicológicamente más exacta: todo *mediante movimientos de amor.*

En el poco tiempo que tenemos a disposición, queremos hablar en forma más concreta y ocuparnos de dos preguntas y su respuesta. La primera pregunta, que se plantea y responde asimismo en forma rápida, es la del sentido de esta ley pedagógica. Y, en segundo lugar, viene la pregunta por las leyes de crecimiento

1. Todo mediante el amor
- Sentido de esta ley pedagógica

La primera pregunta, *por el sentido:* todo mediante el amor, mediante el amar o mediante el movimiento de amor. Ustedes mismos podrán aclararse el sentido de esta ley si refrescan en su memoria la imagen del árbol del amor. En su parte superior tienen los frutos. ¿Cómo llegamos a los frutos? Debemos tener las ramas y las hojas. Las ramas y hojas están en el árbol. ¿Y cuál es el árbol, el tronco? El movimiento de amor. Mediante el movimiento de amor, es decir: el instinto de amor debe ser puesto en movimiento. ¿Hacia dónde? Hacia la unión de amor. ¿Qué presupone esto? Todavía lo recordamos del día de ayer: simpatía entre nosotros y Dios, entre Dios y nosotros. ¿Y qué presupone la simpatía? Igualdad y desigualdad en el sentido de una necesidad y capacidad de complemento mutuo. Deben refrescarlo en la memoria. Entonces, el razonamiento estará claro de inmediato.

1.1. Leyes de crecimiento del amor

Una vez más, a causa de la brevedad del tiempo disponible, queremos pasar de inmediato al segundo conjunto de ideas, a la *pregunta por las leyes de crecimiento* del movimiento de amor, del instinto de amor.[311] Les indico cuatro leyes pero me esfuerzo por mencionar por lo menos todo lo que forma parte de este contexto llegando incluso hasta los grados más elevados de la vida espiritual. Presentaré las leyes de crecimiento relacionándolas con cada uno de los grados de vida espiritual y destacaré de inmediato aquello que revista importancia para el estado actual de nuestra alma. La mayoría de lo que resumiré ya lo hemos dicho y aplicado a la práctica en forma dispersa aquí y allá durante estos días.

A. *Primera ley de crecimiento del amor: procurar reconocer y valorar al gran Dios como el bien supremo.*

La razón psicológica de esta ley es la siguiente: ¿no es acaso así que la voluntad, como instinto de amor, está orientada hacia el *bonum* (el bien)? ¿Qué condición previa debe darse, pues, para que el movimiento hacia Dios, hacia arriba, se haga fuerte y crezca? Que yo reconozca y valore cada vez más a *Dios* como lo que es: *el valor supremo,* el bien supremo. Aquí debemos indicarnos y dejarnos indicar unos a otros la línea para trabajar durante el año. Me permito pedirles y aconsejarles que, durante el año, hagan a menudo sus meditaciones acerca de los *atributos de Dios.* Lo necesito para mí, para aprender de nuevo a apreciar y a valorar realmente a Dios, pero también, quizá, para mi pue-

---

311 Aquí y en lo que sigue, el P. Kentenich se inspira de nuevo en Müller (132ss) pero, en la concisa determinación del contenido y en la formulación de los diferentes pasos de crecimiento, presenta fundamentalmente su propia experiencia y conocimiento y utiliza su propia nomenclatura, elaborada ya desde hace tiempo.

blo, para poder transmitirle de nuevo, desde mi propio fuego interior, el concepto de Dios con toda su carga de valor. Es que el amor se enciende siempre en el amor. Si yo mismo no estoy apegado a la vida de Dios, ¿cómo podré presentar a nuestro pobre pueblo nuevamente vivo a Dios, a quien tantas veces se siente como muerto? ¿Cómo puedo aprender y enseñar a valorar y a apreciar nuevamente a Dios como el bien supremo?

- *Cómo valorar y enseñar a valorar a Dios*

Dos respuestas que revisten importancia para el estado actual de nuestra alma: primero, puedo hacerlo por el camino de la meditación habitual y, segundo, puedo hacerlo por el camino de la vida.

— Por el camino de la meditación habitual, de los tiempos de entrega concentrada a Dios.

Dicho sea de paso, esos tiempos no necesitan ser valorados en el sentido de una meditación metódica, en el sentido de la visión tradicional de esa meditación. Lo único importante es que, durante un tiempo, me ocupe en forma concentrada de Dios. Durante ese tiempo, me ocuparé fuertemente con Dios como el gran valor, como el valor supremo de mi vida: reflexionar y luchar e invocar sobre todo al Espíritu Santo para que me ayude a contemplar los atributos de Dios y a captarlos y experimentarlos vivencialmente en lo profundo de mi interioridad.

— Por el camino de la vida

Tal vez, esto sea mejor para personalidades de naturaleza activa. Es decir: cuando durante el día veo a personas que representan para mí muchos valores nobles, que me atraen, o cuando descubro en otra cosa de la vida algo valioso, algo que me atrae, debería sentir al mismo tiempo, si es que poseo un marcado amor a Dios, la fuerte tendencia (a pensar): ¡qué es todo esto comparado con Dios!

Percibo no sólo en forma nocional sino también vital que todos esos diferentes grados de valor llevan hacia arriba, hacia el gran Dios. Lucho por apropiarme vitalmente de esto recordando una y otra vez: Señor Dios, ¡qué es esto comparado contigo, tú, el amor de la vida! Para nosotros, hombres actuales, lo más importante –puesto que lo olvidamos– es que con nuestra vida afectiva debemos abrirnos paso, a través de las cosas a las que tenemos apego, a fin de apegarnos a Dios. El tiempo que utilizamos para ello no es tiempo alguno puesto que se hace de paso. Vivo una vida religiosa. Es posible que no tenga muchos ejercicios de piedad anotados en mi horario espiritual, pero ustedes deben distinguir siempre entre vida religiosa y actitud religiosa. La actitud es un medio para la vida y, en última instancia, lo principal es la vida.

B. Segunda ley de crecimiento del amor: creerse entrañablemente amado por Dios

Segunda ley de crecimiento. Ya la hemos comentado a menudo. Dice así: *créete entrañablemente amado por Dios en todas partes y procura corresponderle con el mismo amor entrañable.*

- ***Dos partes de esta ley:***
  La ley tiene dos partes. Ambas nos son bien conocidas.

– Creerse amado por Dios

Debo *creerme amado por Dios en forma sumamente entrañable, lo más entrañable posible.*

Mejor aún sería –pero eso no está en nuestro poder– agregar otra palabra a «creer» y decir: créete y, en lo posible, siéntete amado en todas partes en forma sumamente entrañable por Dios.[312]

En la medida en que ha sido posible, por un par de días, nos hemos esforzado por profundizar en nosotros la convicción *teológica* de que, real y radicalmente, todo lo que Dios hace y permite brota de su extraordinario amor paterno. ¿Qué he de hacer, entonces? ¡Refrescar de nuevo en la memoria los pensamientos que hemos elaborado, sobre todo al comienzo de la segunda parte! Allí tienen ustedes el fundamento teológico.

¿Y el *fundamento psicológico?* Lo conocemos muy bien. Nuestro instinto amoroso se despierta de la forma más rápida cuando se sabe, se siente y se cree amado. Creo que una de las adquisiciones más importantes de todas debería ser que captáramos mejor y más profundamente la estructura esencial interna de nuestra naturaleza y de nuestra alma. En todas partes hemos de creernos y sentirnos amados en forma sumamente entrañable por Dios.

Les recuerdo una vez más todo lo que ya he resumido, la obra maestra de nuestro arte de educación y de vida: debo llegar a que a la luz de la fe, en los momentos en que en mi vida esté relampagueando, me crea, me considere y a veces hasta me sienta

---

312 He aquí una de las inquietudes más importantes para el conocedor del alma moderna, que sufre por la pobreza, por la miseria de haber experimentado muy poco o nada de amor. En el retiro acerca de la infancia espiritual citado en la p. 391, nota 297, el P. Kentenich dice, en tono de exhortación: «Es un sí personal a nuestra persona. Dios me ama personalmente. No creo que ustedes crean esto. No me creo tampoco a mí mismo que yo lo crea, es decir, que lo crea vivamente. Si estuviésemos realmente convencidos de eso, de que Dios como persona nos ama personalmente –Pablo dice: *«dilexit me!»*–, verían qué rápido experimentaría nuestra vida un cambio radical. Del mismo modo en que presuponemos en nosotros un «ello» al orar, así también es respecto a Dios. Pensamos que en Dios se trata de un amor a un «ello» –amor a alguna cosa– pero no de un amor al tú; sigue siéndome ajeno que él me ama como persona (KVG1937, 296).

amado. *El sufrimiento* que él me envía *es expresión de la complacencia divina.* El antiguo poeta romano acuñó ya la expresión *«sunt lacrimae rerum»* (las cosas son lágrimas).[313] las cosas lloran, están asociadas con lágrimas, con sufrimiento. Esto lo sabemos nosotros mejor que ciertos innovadores que piensan que, mediante su trabajo de reforma, podrían transformar la tierra en un paraíso, llevarla a un estado de ausencia de sufrimiento. Eso no es posible. Podemos modificar algo las circunstancias, suavizar algún dolor pero, mortales como hemos nacido, mientras caminemos en un cuerpo mortal, debemos estar preparados para el sufrimiento. Por eso, el arte de la vida consiste en ayudar a sobrellevar el sufrimiento. En la mayoría de los casos no podemos eliminarlo. *Sunt lacrimae rerum:* las cosas están asociadas con sufrimiento, con cruz. Y si, a la luz de la fe –por supuesto, resulta aun más fácil si mi amor se ha hecho más fuerte– lograra comprender todo de esa manera, habría logrado lo mejor. Por eso, debo creerme amado en todas partes, sentirme en lo posible amado, sentirme y creerme tiernamente amado. Pero eso no es suficiente.

– Corresponder al amor de Dios

Mi respuesta quiere y debe ser la siguiente: *debo procurar corresponder al amor de Dios en forma igualmente cordial.*

---

313 Virgilio, *Eneida I,* 462. Theodor Haecker dijo al respecto en su célebre libro *Virgilio, Padre de Occidente:* «Este medio verso es el más intraducible de la *Eneida* ... No dice tan sólo —primera explicación, totalmente banal aún— que ciertas cosas son lloradas por los hombres, sino también que las cosas mismas tienen sus lágrimas, o mejor, que existen cosas que no se contentan con ninguna otra respuesta, sino con lágrimas, que por ningún medio pueden ser realmente conocidas, con ninguna otra cosa compensadas fuera de las lágrimas ... » (146). El libro, publicado por vez primera en 1931 y que el P. Kentenich conocía, tuvo mucho eco tanto ya en ese momento cuanto también más tarde, frente al «ocaso de occidente» con el nacionalsocialismo.

Aquí debemos detenernos un poco y responder todas las preguntas que ustedes han reprimido hasta ahora por consejo mío; y debo darles las gracias si las han reprimido, si no han dispersado sus fuerzas en la búsqueda de propósitos. Dar, pues, una respuesta de amor, una tierna respuesta de amor. Permítanme plantearles dos preguntas parciales. Primero debo decirles por qué y, después, de qué manera.

- ***¿Por qué corresponder al amor?***

La respuesta es evidente, no obstante lo cual, si conocen la historia de las tendencias religiosas, encontrarán que, en este punto, se dividen los espíritus. ¡Corresponder al amor! ¿Cómo se aprende a amar? Éste es, en efecto, el sentido de nuestras consideraciones. Ya conocen la sencilla exigencia de san Francisco de Sales, que dijo en otro lugar: la mejor manera de aprender a amar es amando.[314]

Corresponder al amor es el sentido de mi vida. Debo corresponder al amor de Dios. A través de su fuerza de amor, de sus muestras de amor, se despierta en mí el instinto de amor. Más aún: ese instinto quiere llegar a la unión amorosa con él. ¿Cómo llego a eso? ¡Mediante el amor! Cuán cierto es esto, lo ven en la vida práctica. Contemplen a una pareja de enamorados. ¿Cómo llegan a ser cordialmente buenos uno para con el otro, a quererse con el corazón? ¿Cómo crece la confianza, la relación íntima? Ellos me responderán: ¡nos amamos! La antigua filosofía

---

314 Tomás de Aquino explica (STh I-II, 14, 6) en qué medida «a amar se aprende amando»: por el acto de amor se es llevado más fácilmente a actuar en forma amorosa, de modo que crece la costumbre de amar. Desconozco si Francisco de Sales plantea «esta sencilla exigencia» y dónde lo hace. No recuerdo haberla leído en el *Tratado del amor de Dios*. El P. Kentenich debe de haber extraído esta afirmación de Müller (132), que cita a fray Luis de Granada (*Gebet und Betrachtung*, 20: «Si pintando se llega a ser un buen pintor … así, amando se crece cada vez más en el amor».

dice: *fit habitus per repetitionem actuum* (la repetición de actos crea el hábito) [315]. Así, la unión de amor se produce cuando se acumulan los actos de amor.

Aquí tocamos lo original de la ascética salesiana. Tal vez me permitirán que tome brevemente posición al respecto, a pesar de que, de ese modo, se interrumpe un poco nuestro propio círculo de pensamientos. Habrán notado cómo nos enfrentamos con todas las tendencias religiosas palpables de la cultura actual. Puede ser que hayamos tocado muchas cosas que todavía no tienen actualidad pero la tendrán en un tiempo previsible. Y cuanto mayor sea la claridad con la que nos hayamos insertado en el mundo, tanto mayor será la claridad con la que sentirán ustedes el fundamento rocoso. Aquí está el núcleo de la ascética salesiana.

Francisco dice: aprendo a amar amando. Todos los demás caminos no conducen a la meta. ¿Qué podré decirles yo? De un lado está Francisco y, del otro, los maestros de la vida espiritual,

---

315 A propósito de la pregunta acerca de si esto es realmente lo original de la ascética salesiana, véase nota 6. Müller (131) habla en este contexto de los «méritos imperecederos del gran maestro del humanismo piadoso», hecho que él no relaciona tanto con el aprender a amar amando sino con la importancia del amor como «único camino de la unión con Dios». Dejamos fuera de consideración la pregunta acerca de si, con la máxima de que el hábito resulta de la repetición de actos, se acierta en aquello que constituye lo original e importante para Francisco de Sales, a saber, que «la auténtica esencia del amor» no es ni la complacencia ni la unión sino el movimiento del amor: «el movimiento o derramamiento* del corazón, que sigue inmediatamente a la complacencia y concluye con la unión» (*Tratado del amor de Dios I*, 7, p. 77). Como se pone de manifiesto en las consideraciones que siguen en la plática, lo que importa al P. Kentenich en la acentuación de lo original de la ascética salesiana es solamente la constatación, acentuada también por Müller, de que, para Francisco de Sales, el amor no es sólo la meta de la santidad sino también el camino a ella. ([*] Traducimos aquí la expresión francesa *«écoulement»* por «derramamiento» por considerarla más adecuada que «convulsión», como traduce el P. Francisco de la Hoz, cuya versión estamos utilizando en general. N. del T.).

es decir, otros maestros.[316] Todos dicen, en teoría: *la esencia de la santidad consiste en el amor;* si queremos llegar al amor, debemos amar. Pero ahora viene la diferencia: los últimos otorgan mucho más espacio a la autonomía propia de los otros motivos. Permítanme expresarlo en forma gráfica. San Francisco utilizaría la siguiente *imagen:* una *pantalla* en la que tengo luz. ¿Qué significa la luz? La luz es el amor. La pantalla son los diferentes actos. En la pantalla hay pintadas imágenes de todo tipo. Ahora bien; puedo colocar la luz dentro, es decir, detrás de la pantalla, o delante de la misma. El tipo habitual de ascética, tal como se la conoce y como la hemos aprendido, coloca la luz dentro de la pantalla o detrás de ella a fin de que la luz ilumine las imágenes que se encuentran en la pantalla. Está bien. Pero ¿qué aparece aquí con más fuerza? La luz pasa a un segundo plano, y las imágenes, al primero. Por ejemplo, realizo un acto de adoración a Dios, doblo la rodilla u otra cosa: ¿cuál es el motivo dogmático autónomo, inmediato, de ese acto? Es un acto de justicia frente a Dios. Este acto de justicia debe estar inspirado, en segundo plano, por el amor, por la luz. Aquí tengo, pues, en forma inme-

---

316 Müller (135) advierte acerca de la diferencia que existe entre la enseñanza de san Agustín y la de la escolástica así como también, entre otros aspectos, sobre la disparidad que hay entre Tomás de Aquino y Francisco de Sales en la determinación del contenido de la piedad *(devotio):* para el Aquinate, el punto de partida es la justicia mientras que, para Francisco de Sales, lo es el amor. Müller se sirve asimismo de la imagen de la pantalla como «una comparación»: «Aunque una vela encendida se ve claramente detrás de una pantalla, las imágenes de la pantalla saltan a los ojos en forma más visible que la luz que ilumina. Así también se alaba a veces las valiosísimas acciones de orar, ayunar y dar limosna, del estado de vida consagrada y de sus tres votos, sin dedicar simultáneamente la misma alabanza o una aun mayor, como lo exigen la lógica y la teología, a lo que otorga valor a todo eso, al amor de Dios. La gran importancia de san Francisco de Sales para la teología moral católica y, en especial, para la vida religiosa, reside por eso en que —para permanecer en la imagen— colocó la luz delante de la imagen. Es la misma luz, el mismo cuadro. Sólo la posición es nueva, nueva respecto del tiempo precedente».

diata, la realización de un acto de justicia frente a Dios. ¿Dónde está la luz? Detrás de la pantalla. Francisco de Sales no admitiría esto. Esto no es correcto, así no llego a la meta, diría él. ¿Dónde he de colocar la luz, por tanto? No detrás de la pantalla sino delante de ella, puesto que el acto es primariamente un acto de amor y secundariamente un acto de justicia.

El que quiera considerar estas cosas para objetivos prácticos deberá pensarlas. Con esto he dicho un par de frases para tomar posición respecto del libro. No deben interpretarlo como un asunto de ideas.

- ### *La doctrina del organismo*

A partir de aquí, tenemos también una doctrina, la *doctrina del organismo.*[317] La misma no es ni salesiana, ni benedictina, ni jesuítica. Doctrina del organismo. Escuchen lo siguiente: los maestros de la vida espiritual son, *en sus respectivos sistemas, profundamente dependientes de su propio desarrollo.*

Por ejemplo, el sistema de san Francisco se ve parcialmente, no diré desdeñado, pero sí descartado por parte de los jesuitas, puesto que se afirma que Francisco es maestro de santidad para mujeres, mientras que Ignacio lo es para varones. Eso no es correcto. Y, sin embargo, algo de cierto hay en ello, y queremos reivindicarlo para nosotros. Admito que el modo en que Francisco presenta su ascética está hecho, desde el frente hasta el fondo, del principio al fin, muy a la medida de *personalidades de naturale-*

---

317 En lo que sigue, el P. Kentenich coloca las diferencias entre los maestros espirituales y sus sistemas en un contexto psicológico más amplio, haciendo que gane más relieve el peso propio de las diferentes posiciones y que lo pierda al mismo tiempo su pretensión de exclusividad. Esta comprensión orgánica e integración de los diferentes puntos de vista y de las diferentes corrientes, que pueden por cierto dar una respuesta correcta y en cada caso diferente a preguntas y necesidades de la vida, es al mismo tiempo una seña característica de la originalidad del «sistema» de Schoenstatt, es decir, de su Fundador.

za fuertemente emotiva. Pero esto no lo encontramos sólo en las mujeres sino también en los hombres. Ya antes de san Francisco, hubo personalidades de naturaleza emotiva que aplicaron a sus propias vidas lo que él enseñó tiempo después.

– Amor a la idea y amor a la persona

¿Y qué pasa con las otras personalidades, las que tienen *una naturaleza de orientación fuertemente intelectual y voluntarista?* Permítanme decirles cómo ven ellos las cosas. Ustedes mismos deberán comprobar después si es correcto. Sería erróneo que ellos empezaran a recorrer el camino de san Francisco de Sales. No llegarían a la meta. Estas personas –y tomen a la juventud masculina, aunque lo encontrarían también en la femenina– deben poner especialmente de relieve los motivos originales autónomos. Por ejemplo, si lo aplico a la educación o hago un estudio retrospectivo de mi propia educación y veo que yo mismo estoy orientado en forma más positiva,[318] también en el amor, percibiré más el amor como *amor a la idea,* no a la persona.

Veámoslo ahora en san Francisco de Sales. Él ve el movimiento del amor como amor a la persona, ve más el amor personal. Pero esto no podemos exigirlo de esta manera tan marcada en muchos otros tipos de personalidad. ¡Inténtenlo con la juventud! Voluntad de servicio, respeto, justicia, son ideas; es amor a la idea. Por eso, en realidad tienen aquí –acentuado en algunos casos de forma tal vez demasiado unilateral– el tipo de personalidad de san *Ignacio,* especialmente cuando hay una marcada masculinidad.

Resumiendo, entonces: el amor puede ser amor a la idea y amor a la persona. Las personalidades de naturaleza con orientación emotiva deben ser conducidas constantemente, de

---

318 En el sentido de «racional» (N. del T.).

principio a fin, por el camino del amor inmediato a la persona. Por supuesto, podrá agregarse también con cierta intensidad el amor a la idea. En cambio, a las personalidades de naturaleza marcadamente voluntarista e intelectual no podrán conducirlas fuertemente, de hoy para mañana, al camino del amor a la persona; por eso necesitan *estadios de transición*. En el sentido de san Ignacio, estas personalidades necesitarán largos, largos tramos (para llegar al amor a la persona) puesto que están apegadas al amor a la idea: voluntad de servicio, disciplina, fuerza. Pero, en definitiva, todos llegaremos alguna vez a hacer *desembocar* ese amor a la idea *en un amor a la persona* pues, de otro modo, seguiremos siendo unos chapuceros, nunca llegaremos a ser santos. Porque cuando se dice que el amor a Dios es la medida de la santidad, no se está haciendo referencia al amor a la idea sino al amor a la persona.

Deben introducir estas cosas en su vida personal pues, de otro modo, actuarán en forma errónea. Sobre todo si leen el libro. El mismo rompe lanzas por Francisco y descarta todo lo demás. Eso no debemos aceptarlo. Pero si conozco el contexto, llegaré rápidamente del amor a la idea al amor a la persona. Si soy *emotivo,* adquiriré más rápidamente el amor a la persona. A la mujer habrá que conducirla, en general desde el principio, por esos caminos. El que tenga que ver con religiosas deberá recorrer de principio a fin este camino, tal como lo encuentran en forma aun mucho más fuerte en este libro. En cambio, el que tenga que ver con otro tipo de personalidades, debe recorrer el camino como hasta ahora, pero debe hacerlo en forma muy rápida.[319]

---

319 Justamente como estadio de transición, tal como se constata más arriba. El P. Kentenich se deja guiar a la visión orgánica a través de reconocimientos y necesidades del campo de la pedagogía.

Éste es el camino indicado para todos nosotros en el estadio actual de nuestra alma. Debemos haber llegado a ser así de viejos como para saber por uno mismo cuán doloroso es ser una *personalidad de naturaleza voluntaristaintelectual* y sentir así la gran distancia, sentir que se está aún tan lejos del amor a la persona. Pero todos debemos haber llegado a la situación de poder utilizar lo que Francisco nos enseña de sí mismo: debemos colocar la luz delante de la pantalla, no detrás.

Lo mismo tendrán si comparan *lo que dicen Francisco de Sales y Tomás de Aquino respecto de la piedad.*[320] ¿Qué es la piedad en Tomás? Un acto de justicia frente a Dios. Francisco no se preocupa por ello. Él procede en forma original a partir de la pregunta acerca de qué es la piedad. Observa la vida y toma el conjunto en su totalidad: *piedad* no es otra cosa más que *el punto de máximo ardor del amor de Dios.* Lo que él ve es el motivo original del amor en plenitud. No ve otras cosas; y, si las ve, las coloca en segundo plano. Ése es el modo en que también nosotros debemos ver las cosas más adelante, cuando seamos más maduros.

Lo mismo vale cuando pienso en la Santa Misa. En ella, todo es acto de religión como acto de justicia. Pero cuanto más maduro llego a ser, tanto más habré de coger la luz y colocarla no detrás de la pantalla sino delante, poniendo también más atrás el motivo de la justicia. Entonces, simplemente amo. Por cierto que también quiero celebrar misa para ofrecer al gran Dios un acto de expiación, pero debe ser mucho más un acto del amor a Dios.

No sé si es prudente exponer todo de esta manera, pero estoy obligado a hacerlo para todos los que aspiran ya desde hace

---

320 Müller desarrolla esta contraposición a lo largo de varias páginas: 135ss.

tiempo a actuar en forma apostólica fuera, en su propio círculo. Ahora saben ustedes por qué debemos amar y cómo el amor es a veces amor a la idea, a veces amor a la persona, pero que, en última instancia, debe llegar a ser siempre un fuerte amor a la persona.

– Amor afectivo y amor efectivo

Y ahora cabe considerar la pregunta acerca de cómo podemos hacerlo. Les daré rápidamente la respuesta en el sentido de la vieja ascética. Hay un amor efectivo y un amor afectivo (véase p. 394, nota 298). ¡Primero conceptos claros y, después, la aplicación! *Amor afectivo,* amor de los sentimientos. En virtud de una actitud teológica, hemos de decir que este amor permanece en forma inmediata junto a Dios, no trasciende su objeto inmediato, sea éste Dios en sí mismo o Dios en sus atributos. Me alegro por la esencia de Dios, amo los atributos de Dios, me alegro de que Dios mismo sea amado. ¿Qué es esto? Amor afectivo. ¿Cómo lo practico? Escuchen primero qué es el *amor efectivo.* Éste no se queda detenido sólo en Dios sino que quisiera que la entrega a Dios pusiese asimismo en movimiento otros actos, por ejemplo, actos de mortificación, de obediencia. Allí, el amor efectivo opera en diferentes acciones y virtudes.

Ahora deben examinar y preguntarse: ¿qué es para mí lo más importante en este momento? Muchos de ustedes se dirán: me falta amor afectivo. Precisamente a las personalidades de naturaleza fuertemente voluntarista-intelectual les falta, las más de las veces, ese amor cálido. Pero no deben pensar que ese amor fuese cosa de niñas. Tampoco debemos quedarnos detenidos en él ni perder de vista que *lo afectivo debe llegar a ser efectivo.* Si tengo apego afectivo a Dios, esa vinculación entrañable debe poner en movimiento todos mis engranajes.

Permítanme que les pida que, esto que estamos diciendo, lo escuchen *en el organismo* y se pregunten: ¿dónde recae el acento?[321] Lo mismo vale acerca de la conducción de otras personas. A partir del tipo de situación cultural imperante, tal como la conocemos, me parece natural que debamos dar la mayor importancia a la vinculación afectiva y cordial a Dios. Otras personas, que tienen orientación emocional y a las que les resulta fácil la verdadera vida de oración, esa vinculación inmediata a Dios de manera sensible, deben colocar el acento en lo vigoroso, en lo efectivo, en cómo el amor se muestra en fuerza y vida reales. Pero no debe ser una ensoñación sino que hemos de ver el organismo íntegro de la forma más clara posible.

– *Amor afectivo y vida de oración*

Y ahora escuchen, por favor: ¿cómo se revela en nosotros *la vida de amor afectivo?* Quisiera adelantarles ya la respuesta: *en la vida de oración.* ¿Qué queremos decir de la vida de oración? No queremos destacar nada fundamental sino hablar para la vida práctica. Oración es un trato sencillo con Dios. Elaboren el retiro sobre la santidad de la vida diaria, en el que he hablado extensamente sobre la oración.[322]

Pero permítanme ahora que les diga una cosa: Donoso Cortés afirmó en cierta oportunidad que parecería como si el gobierno del mundo estuviese esencialmente determinado porque, en cada situación histórica, se verificase una *sana proporción*

---

321 Tal como enfatiza a menudo el P. Kentenich, lo importante en el pensar y vivir orgánico es la capacidad de observar y respetar los *desplazamientos de acento* exigidos por la naturaleza y por la vida.

322 Referencia al retiro PWH1932. Véase también WH1937, 66ss. Cabe hacer referencia asimismo a un retiro posterior (LWH1938), que trata exclusivamente acerca de la oración litúrgica.

entre trabajo y oración.[323] ¿Cómo llega a esto? Es sólo la aplicación de la Sagrada Escritura. Véanlo aplicado a nuestra vida. Me pregunto, pues: ¿hay en mi vida una real proporción entre actividad exterior y oración? Si quisiera agudizar la pregunta apuntando a nuestro complejo de cuestiones debería decir: ¿hay una proporción entre amor afectivo y efectivo? A mí personalmente me impresiona mucho cuando veo a Cristo en su soledad. Él es el líder del pueblo, para nosotros un modelo en muchas, en todas las cosas. Ahí está él, se sacrifica por su pueblo y, cuando está agotado, lo vemos en la recia *comunión a solas en y con Dios.* ¿No creen acaso que los verdaderos líderes del pueblo deben llegar también a eso? Pero no debe ser una recia soledad sino sólo una comunión a solas en Dios. ¿Acaso la catástrofe del tiempo actual no proviene justamente, si es que la palabra de Cortés tiene algún sentido, de que no se guarda la proporción entre oración y trabajo?[324] ¿No hemos acentuado demasiado el trabajo y dejado que la oración pasara a segundo plano? ¿No hemos dejado que la vida de amor afectivo pase a segundo plano? ¡Pero ahora no confundir afectivo con ensoñación en la oración!

Hagan la comprobación: ¿qué importancia tiene el *cultivo de la vida de oración?* Quisiera que comprendiésemos la oración como *entrega concentrada a Dios,* no sólo como una unión sencilla durante el día sino como entrega concentrada. En lugar de ello decimos en otras ocasiones «prácticas espirituales». ¿Qué importancia tienen? ¿He de resumirles lo que hemos comentado

---

323 Véase WH1937, 71: «Un gran estadista católico afirmó una vez que Dios ha hecho depender el orden, la tranquilidad y la paz entre los pueblos de la recta relación entre trabajo y oración».

324 Esta pregunta tiene vigencia no sólo frente a posturas provenientes del comunismo o frente a todo el materialismo práctico, no sólo en el contexto de la vida de los cristianos en la sociedad secularizada del rendimiento productivo sino sobre todo también frente a los sacerdotes y sus problemas de identificación con su propio papel, hoy en día mucho más que en 1934.

extenamente en otros retiros?[325] Debo decirles lo siguiente: en primer término, esta entrega concentrada a Dios con ocasión de las prácticas de oración es la expresión normal y sana de nuestra vida amorosa. Piensen si es cierto. En segundo término, tal como la cultura moderna influye en nuestra vida actual, a la larga no saldremos adelante habiendo evitado el pecado grave si no mantenemos estos tiempos de oración concentrada. ¡Verifíquenlo, por favor! Sin esta entrega concentrada en la vida de oración y en las prácticas, a la larga no saldremos adelante habiendo evitado el pecado grave. No lo demuestro porque lo he hecho antes extensamente. En tercer término, toda nuestra actividad llegará a ser fecunda en medida extraordinaria justamente a través de la entrega concentrada a Dios, ya por el solo hecho de que nos reorientamos constantemente según las fuentes de los frutos, según Cristo, el Dios hecho hombre.

Por eso, para todos aquellos de ustedes que quieran vivir en serio el contenido de este retiro, que quieran inmunizarse contra el espíritu del tiempo, que quieran superar en sí y en otros el espíritu del bolchevismo, la convicción y la pregunta debe ser la siguiente: *¿cómo aseguro mis tiempos de oración* y mis prácticas de oración? La pregunta no es superflua. ¿Qué debo hacer? Ya conocen la respuesta. Puedo hacer de los seguros de mis prácticas religiosas materia de confesión, puedo confeccionar un horario espiritual (H.E.) y controlarlo por escrito, ¡cuántas cosas puedo hacer! Ustedes mismos deben encontrar el camino: ¿cómo aseguro mi H.E., mis tiempos de entrega concentrada al gran Dios?

---

325 Véase WH1937, 71, donde dice, refiriéndose al «santo de la vida diaria»: «Para él, la oración es la expresión normal del amor a Dios». Véase también, de fecha poco posterior, KVG1937, 128ss.

— *Amor efectivo y cultivo de las virtudes y votos*

Esto bastará para aclarar y examinar en cierta medida la idea de la vida de amor afectivo en nuestra alma. Pero he dicho también, en segundo lugar, que no sólo debemos corresponder con amor afectivo sino también efectivo, es decir, que *esa vinculación a Dios debe poner fuertemente en movimiento también otras virtudes.* Ahí tienen ustedes la fuerte orientación a partir del amor, el gran organismo. ¿De qué virtudes se trata? Francisco de Sales mencionó toda una cantidad de virtudes.[326] ¿Qué cualidades y qué virtudes no inspira acaso el amor? En última instancia, el amor debe poner en movimiento en nosotros todas las virtudes.

Aquí deben preguntarse, y en forma sumamente personal: ¿cómo puedo demostrar a Dios mi amor yo personalmente? ¡Por los hechos! ¿Dónde está *mi punto débil,* a qué debo dar importancia?[327] ¡Pregúntenselo a sí mismos! No será mucho; tal vez sea grande el número de faltas pero, si observan la fuente, encontrarán sólo una. Y debo ofrecer el sacrificio que me cueste hacer.

Me permitirán que advierta acerca de un par de puntos —la actividad propia deben realizarla ustedes mismos—. ¿A qué me referiré? ¿Les mencionaré la mortificación y, para los religiosos, los *votos?*

También aquí deben hacer un examen: también estas cosas, también los votos tienen un motivo inmediato diferente y en ello estriba por cierto la posibilidad de un nuevo movimiento que, en el sentido de san Francisco de Sales, coloque con más fuerza en

---

326 Véase *Tratado del amor de Dios XI,* 2ss, p. 633ss.

327 E. P. Kentenich habla del «punto de ruptura» en la naturaleza humana de la personalidad individual, con la que cada uno debe contar en virtud del pecado original y que debe ser orientadora para la aspiración espiritual.

primer plano el motivo del amor y haga pasar a segundo plano los otros motivos, los autónomos.

Los votos tienen un motivo y objeto formal diferente, autónomo.[328] Sin embargo, no debemos perder de vista que los votos de pobreza, castidad y obediencia inspiran el amor, pero también a la inversa, que el amor fecunda y despierta todas estas cosas. Si no lo hace, no se trata de una respuesta de amor profunda, seria, vigorosa. De ahí la ley de vida que dice: verse amado por Dios pero, al mismo tiempo, esforzarse por corresponder a su amor con seriedad y determinación.

- *Un mandamiento nuevo*

¿A qué haré referencia? A los que se desempeñan en la actividad caritativa me permito decirles que podríamos partir de este punto y dictar un retiro sobre la siguiente pregunta: ¿qué relación guardan el amor al prójimo y el amor a Dios? O bien, ¿cómo podemos comprender el amor al prójimo como expresión del amor efectivo a Dios? Aquí se yergue ante nosotros Cristo y me parece que quiere que se lo escuche más cuando dice: «Les doy un mandamiento nuevo: que se amen los unos a los otros» (Jn 13, 34).

Un mandamiento nuevo.[329] Escuchen, por favor: ¿qué es eso de un mandamiento nuevo? Pregunto a Cristo: ¿es que los hombres no se han amado unos a otros antes de ti? ¿Qué responderá

---

328 Un objeto claramente delimitado que no puede ser deducido del amor.

329 WH1937, 192: «La frase despierta espontáneamente en nosotros la pregunta: ¿es que no ha habido hasta ahora amor en el mundo? El mismo Señor nos da la respuesta a través del agregado breve pero sumamente rico en contenido: *«Que, como yo os he amado, así os améis también vosotros los unos a los otros»*. Por tanto, no es tanto el amor lo nuevo sino el tipo de amor, tal como lo enseñan y practican Cristo y el cristianismo». Véase especialmente el capítulo tercero: «Del amor sobrenatural», en el que se tratan los temas: «Amplitud del amor» (226), «Grado del amor» (228), y «Móvil del amor» (230).

la historia? ¡Se han amado, y cómo! ¿O Cristo quiere decir: hasta ahora no han utilizado correctamente el mandamiento, y por eso lo inculco nuevamente? Ése no es el sentido de sus palabras. Los hombres se aman unos a otros. Pero ¿cuál es el impulso, el impulso natural-instintivo para amar? Es la sangre o, por lo menos, puede ser la sangre;[330] puede ser el erotismo, como en los griegos;[331] puede ser la humanidad, como en la era estética;[332] puede ser la conciencia de solidaridad, como se ha practicado más adelante. Todo eso puede intervenir en nuestra vinculación recíproca. Pero, frente a todo eso, Cristo proclama, en medio del actual trabajo de beneficencia, de la actividad de beneficencia, de la actividad de colectas benéficas, tal vez también en medio de nuestra acción caritativa católica: ¡les doy un mandamiento nuevo! Si hoy hay que reformarlo todo, si todo debe ser reducido a principios últimos, no podemos perder de vista esto mismo en la acción caritativa. ¿No se ha convertido esa acción en forma demasiado unilateral en un movimiento de colectas? ¿Qué debe ser? ¡Les doy un mandamiento nuevo!

¿Cuáles son los efectos? ¿En qué reside lo nuevo? En tres cosas. Primero, este mandamiento es nuevo en cuanto a la extensión; segundo, es nuevo en cuanto al tipo; tercero, es nuevo en cuanto al espíritu.

– *El mandamiento nuevo en cuanto a la extensión del amor*

Este mandamiento es nuevo *en cuanto a la extensión*. ¡Vean cómo ha amado el Señor a los hombres! Los ha amado a todos, y dice: «Amen a sus enemigos» (Mt 5, 44; Lc 27, 35). Por eso se ha ampliado la extensión del amor. A tantos cuantos tengan rostro

---

330 Como en el nacionalsocialismo.

331 En el sentido del eros platónico.

332 En el renacimiento, en el humanismo de Erasmo de Rotterdam, por ejemplo.

humano se extiende también el radio del amor. ¿No es esto nuevo en comparación con lo que era usual en el Antiguo Testamento y entre los paganos?

– *El mandamiento nuevo en cuanto al tipo del amor*

El mandamiento es nuevo en cuanto al tipo. ¿Cómo ha amado el Señor a los hombres? «Nadie tiene mayor amor que el que da su vida por sus amigos» (Jn 15, 13). ¡Cómo ha amado él al prójimo! Al precio de su propia vida, con la entrega de su propia vida. ¡Cómo suena esto hoy en día! Movimiento de beneficencia como movimiento de colectas… ¡santo cielo! ¿Es esto disponibilidad a entregarlo todo, a ofrecer sacrificios personales? Amor al prójimo en el sentido del cristianismo: ¿qué tan lejos debe llegar aquí la disponibilidad? ¡Tan lejos cuanto llegó también el Salvador del mundo! Él se inclina y lava los pies a los apóstoles (Jn 13, 1-11), ¡él, el Rey de la creación! ¿Qué se dice en el otro frente? ¿No trae acaso a la memoria los principios de Nietzsche? ¿Amor al prójimo, amor a los enemigos? Sólo importan los hombres de calidad, los que tienen sangre sana —así se lo traduce correctamente—. Los demás, que sucumban. Escuchen, pues, cuál ha de ser nuestra tarea: debemos extraer las verdades católicas desde las fuentes últimas; debemos vivirlas nosotros mismos y llevarlas nuevamente a las más amplias masas.

– *El mandamiento nuevo en cuanto al espíritu del amor*

El mandamiento es nuevo *en cuanto al espíritu*. ¿Qué quiere decir esto? El amor al prójimo es idéntico al amor a Dios. ¡Esto es tan importante! Escúchenlo una vez más: el Señor coloca ambos mandamientos uno junto al otro: el segundo es semejante al primero (véase Mt 22, 39). Y si examinan al apóstol Pablo, es algo peculiar, en la culminación de su *Himno sobre el amor,* cómo uno y otro amor fluyen uno hacia el otro y cómo el amor a Dios opera en el amor al prójimo. El amor hace esto y aquello y lo de más allá pero permanece eternamente.[333] El *móvil* formal es en uno y otro caso el mismo: porque amo a Dios, amo también al prójimo. Ésta es la *caritas* católica. Puede haber también otros móviles: el ardor de la fe, instintos fuertes, etc.; todo eso podrá ser también un móvil pero no es **el** móvil católico. La esencia es la *caritas Christi,* el amor de Dios.

Tal vez, en sus diócesis se den las cosas de acuerdo a leyes y métodos semejantes a los que se aplican en muchas partes al introducir la procesión de las ofrendas en el sentido de la *caritas,* por ejemplo, los primeros viernes. Se lleva todo hacia el altar y, hasta donde sé, en Friburgo se hace de tal modo que cada uno debe traer una ofrenda personal. Los que pueden traer dinero o alguna otra cosa traen eso, otros traen alguna otra ofrenda escrita en un papel. Todos y cada uno deben adquirir en nuestro pueblo la conciencia de que todos tenemos obligaciones de unos para con otros.

- ***El amor al prójimo como amor efectivo a Dios***

El amor a Dios debe captarse en el amor al prójimo como *amor efectivo a Dios.* ¿Qué puede ser? Ya con que sólo escriba que quiero rezar un par de Avemarías por la comunidad parroquial se despertará la conciencia de la entrega a Dios y a la comunidad. Nuestra *caritas* debe ser reformada en todas partes. Procuremos que no sea formal, que no sea un movimiento de colectas en forma privada sino amor a Dios. Es así como el amor a Dios, como amor efectivo, debe poner y mantener en movimiento el amor al prójimo.

¡Apliquen ahora estos pensamientos a sí mismos en el sentido de la *caritas,* del amor al prójimo! ¿Qué es amor al prójimo? Vigoroso, activo amor a Dios. Por favor, pregúntense a sí mismos

---

333 1 Co 13, 8: «La caridad no acaba nunca».

y bajen a las circunstancias cotidianas, personales. Pienso en la casa parroquial, en mi relación con el vicario o del vicario para conmigo, en mi relación con el ama de llaves. ¿Tienen todas estas relaciones el ardor de un amor a Dios que llena de satisfacción? Interprétenlo ustedes mismos. Lo mismo vale acerca de la relación para con los que acuden a confesarse.

En todo lugar donde me encuentre, también en las asociaciones, se trata de no buscar de algún modo motivos de segundo orden sino de hacer que todo brote en última instancia del amor a Dios. Y cuando me digo: este asunto no ha resultado, ¿me pregunto después si he dado con ello alegría al Padre del cielo? Así llego a tener una conciencia delicada, un amar y vivir divinos en mi interior. No deben objetar, sin más: yo tengo mis derechos. Por supuesto que los tienen y pueden ejercerlos. Pero deben preguntarse, asimismo: ¿no he lesionado en ello también el amor? ¿He dado alegría al Padre? Cometeremos faltas pero lo importante es que, después, sintamos que no hemos dado alegría al Padre.

- *El amor y la veracidad*

El amor debe inspirar asimismo la *veracidad*. Valdría la pena hablar más extensamente sobre la veracidad, porque es necesario hacerlo.[334] ¡Cuánta mentira y exageración hay en nuestro propio interior! Somos hijos de nuestro tiempo. Si todo lo que decimos y dejamos que brote de nuestros labios fuese verdad y

---

334 En un estudio sobre las disposiciones para alcanzar el perfecto amor de Dios (en el sentido de la gracia de contemplación) redactado por el P. Kentenich en el Campo de concentración de Dachau en 1944, habla él de esta importante virtud y actitud y de su relevancia para nuestro tiempo: «La educación a la verdad y a la veracidad deben acentuarse hoy en día en forma especial porque nuestra cultura en su conjunto se ha deslizado hacia el extremo opuesto». Es «la peste del hombre masa» que el P. Kentenich ve surgir y propagarse a través de la «falta de capacidad de juicio como la señal más segura del ocaso de nuestra cultura».

estuviese pensado en serio, ¡santo cielo! Deben comprobar cómo el amor enciende la veracidad y cómo ella brota del amor. Examínenlo todo, entonces.

- *El amor y la mortificación*

Lo mismo vale también acerca de *la mortificación*. No deben pensar que exagero. El amor de Dios es inconcebible sin un desprendimiento respecto del yo y del mundo. Si quieren estar vinculados a Dios, si quiero desprenderme en cierta medida de mi yo enfermizo y del mundo, entonces está dado el nexo con la mortificación. En tal sentido, puedo aplicar también aquí el parámetro del seguimiento de Cristo. ¿Hasta dónde ofreceré sacrificios? Hasta donde crezca mi amor. Pero, en la mayoría de los casos, el amor crece con la mortificación.[335]

Permítanme decir todavía un par de frases. La mortificación forma parte del abecé del sacerdote fervoroso. Si no nos infligimos dolor en forma sana y profunda, no hay crecimiento alguno del amor a Dios. El amor a Dios debe encender el espíritu de mortificación y este último enciende a su vez el amor a Dios. Ahora deben preguntarse: ¿cuál es en mi caso el punto de la mortificación? Y si ya lo han encontrado, entonces «¡Ahí ponemos el dedo: ése es el que escogemos!».[336] ¡Pero debe tratarse de una mortificación *esclarecida* y no de un cimbrear en el aire!

---

335 WH1937, 83ss. Allí, la oración y la mortificación se designan como las dos alas que llegan a «un amor a Dios de alto grado».

336 En un poema de August Kopisch (1799-1853) que el P. Kentenich leyó en un antiguo manual escolar, el viejo general Blücher dice lo siguiente refiriéndose a la posición del enemigo francés según un mapa:

    «Wo steht der Feind? «Der Feind? Dahier!»
    «Den Finger drauf, den schlagen wir!»
    «¿Dónde está el enemigo?». ¿El enemigo? ¡Ahí!».
    «¡Ahí ponemos el dedo; lo derrotaremos!».

He aquí por cierto lo trágico de nuestra vida de sacerdotes: a espaldas nuestras se protesta sobre nosotros, pero se nos muestra un rostro amigable y no se nos advierte sobre nada. Y así nos desarrollamos, sin adelantar ni un solo paso. Si jugamos a ser Orlando Furioso o si tenemos la firme convicción de que el otro nos condena en forma equivocada, se tendrán gestos amigables frente a nosotros pero, en la práctica, estaremos cada vez más desubicados. Se es amigable para con nosotros, se bromea con nosotros, pero no se nos toma en serio. ¡Pregúntense si cultivamos la mortificación como se debe!

¿Dónde está el punto? El amor a Dios y al prójimo debe ser, entonces, esclarecido, vigoroso; no debe hacernos blandos sino vigorosos. Pero éstas son cosas que ya hemos escuchado muy a menudo. Sólo quisiera advertir acerca del amor. ¿Dónde está el punto? «¡Ahí ponemos el dedo: ése es el que escogemos!». Si hay en la propia naturaleza alguna otra cosa que debe reformarse, aquí tenemos el punto de partida: el amor efectivo a Dios. Y si he cometido una falta, debo comprenderlo todo como falta contra el amor a Dios; no contra la justicia, contra la humildad, contra la obediencia. No he dado alegría al Padre del cielo. Los demás motivos irán pasando a un segundo plano en la medida en que nos adentremos más en Dios. Ésta es la segunda ley de crecimiento.

C. Tercera ley de crecimiento del amor: vincularse a las criaturas conforme a su sentido

La tercera ley de crecimiento dice procurar tener una vivencia de la vinculación a las criaturas conforme al sentido de las mismas.

Es un capítulo muy vasto. En realidad, aquí sólo hemos resumido en forma concisa los puntos que una sana pastoral y pedagogía moderna deben acentuar con mucho énfasis como contrapeso a los esfuerzos bolcheviques. ¿Qué significa tener la vivencia del sentido de las criaturas? ¿Qué es vinculación a las criaturas conforme al sentido de las mismas? Ya he hecho referencia a ello: quiere decir que las criaturas en su conjunto tienen de parte de Dios la tarea, en primer lugar, de *vincularnos* a sí y, en segundo lugar, de *conducirnos* en forma orgánica más allá, hacia el Dios Trino. Sabrán que hoy en día, si hemos de captar la cultura, si queremos crear contrapesos contra el espíritu colectivista del tiempo actual, debemos dar mucha importancia a una vinculación local, personal y a ideas. Todas estas vinculaciones deben hacer justicia a un ser humano que se desarrolle en forma sana.

- ***Vinculación local***

Examinen la *vinculación local.* ¿Se hacen una idea de cuánta problemática se concentra en este punto porque nuestra generación no puede apegarse ya en forma sana a lugares, no tiene más vinculación local? ¡Deben estudiar en la psicología y en la pedagogía cuánto necesita un niño, cuando comienza a gatear por la habitación, hasta que se ha vinculado a ella y a las cosas que contiene! ¡Y qué pronto debe partir el niño de la vivienda alquilada! Hoy aquí, mañana allá. Y si en la juventud no se tiene la vivencia del proceso de vinculación de acuerdo con el sentido que el mismo posee, existe el gran peligro, para el futuro, de que ya no se tenga vinculación a nada. Por eso hay que dar mucho más importancia a que naturalmente se acentúen de nuevo con más intensidad estas vinculaciones en la familia parroquial, en la vinculación a la iglesia. Por eso hay que hermosear la iglesia. Este es sólo un recuerdo fugaz acerca de la importancia de la vinculación local.

- *Vinculación personal*

Todo lo que he dicho sobre la psicología, sobre el proceso de desarrollo del amor, sobre la fuerza creadora del amor, trasládenlo en forma semejante a la importancia de la vinculación personal. Al hombre moderno, que no ha estado vinculado de alguna manera por un tiempo más prolongado a personas o a lugares, no se le puede dar demasiado pronto el impulso hacia Dios, no se le puede decir demasiado rápido: ¡Mi Dios y mi todo!, un puntapié al mundo y: ¡Mi Dios y mi todo! ¡No hay que querer separar demasiado rápido a los seres humanos de todas las cosas! El hombre actual necesita mucho más tiempo para una vinculación sana a seres humanos y a lugares.

Primero debemos preparar el terreno para un sano amor a los hombres y a Dios. Lo que es mecánico, en cambio, se da vuelta a una determinada altura de la vida espiritual convirtiéndose en todo lo contrario. ¿Qué deberé hacer? Captar las cosas en forma más correcta en este sentido, es decir, tener una vivencia correcta del sentido y del valor de las diferentes vinculaciones o de la vinculación a las criaturas, a lo creado. En primer lugar, esto significa que *debo dejarme vincular.* Aplíquenlo enseguida en lo ascético al objeto de nuestras consideraciones: me está permitido dejarme vincular a seres humanos y a cosas. ¿A qué cosas? A bienes y posesiones, a poder y prestigio. Me está permitido vincularme a ellos. Es sano y normal.

Debo reconocer realmente el sentido de las cosas, experimentarlo en forma sana, es decir, tener la vivencia del proceso de vinculación. Pero debo *tener también la vivencia del proceso de conducción orgánica más allá.* ¿Qué significa esto? Notarán que nos encontramos aquí ante el terreno del espíritu de los votos. Pienso en la vinculación personal. Tengo afecto a seres humanos. Podemos y debemos tener afecto a personas humanas, quererlas de corazón. ¡Cuán importante es actualmente que, tanto nosotros como los demás, seamos sanos! ¡Especialmente hoy! Y aquí vale no sólo la ley de vinculación sino también la ley de conducción orgánica. Las cosas no tienen sólo la tarea de vincularnos a ellas mismas sino también de conducirnos hacia Dios. Sólo entonces cumplo el sentido de las cosas.[337]

- *Actitud exterior de una prudente distancia*

Permanezco en la vinculación personal. Vuelvo aquí a mi idea predilecta, la que quiero grabarles cada año: la del *permanecer intocado.* Estoy vinculado a algo en forma sencilla. Pero para que esta vinculación permita y forme asimismo como función la conducción orgánica, considero que, para el hombre actual, es bueno que, al hecho de permanecer interiormente intocado frente a los seres humanos asocie también un permanecer totalmente intocado.[338] El fundamento profundo de lo dicho se sigue de una reflexión psicológica. Si me vinculo a un ser humano y ese vínculo llega a ser una vinculación interior del alma, sé que esto dificulta que el torrente de amor que corre hacia el otro sea conducido más allá de él. No puede ascender hacia lo alto. Es

---

337 El P. Kentenich señala las leyes de vinculación y conducción orgánica con respecto a la devoción mariana en ME1934, 99s o 155ss. Por ejemplo (155): «La vinculación personal orgánica se da según dos grandes leyes: en primer lugar, según la ley de transferencia orgánica; en segundo lugar, según la ley de ampliación y conducción orgánica». En esta obra no sólo se pone en claro que se trata aquí del núcleo del vivir y amar orgánicos sino también que la superación de esta problemática en el actual giro histórico tiene una importancia decisiva para la «reconstrucción creadora de nuestra cultura religiosa y de la educación en su totalidad» (100).

338 Véase al respecto RR1968, 73: «Cuanto más desinteresado, hidalgo, puro, intocado, noble sea el ser humano, tanto más puede llegar a ser padre o madre de su pueblo. Se presenta como un ser de otro mundo que remite a todo su entorno más allá de sí mismo». Sobre todo: «Si las personas quieren entregar su amor a las madres y los padres del pueblo sin peligro para su propio desarrollo, estos últimos deben salirles al encuentro con un corazón hondamente bondadoso y con manos santas, intocadas».

más: puede llegar pronto el momento en que el torrente de amor se vuelva en mi contra y me tire a mí personalmente hacia abajo. ¿Qué se necesita, entonces?

El torrente de amor debe alcanzar ciertamente a todos y arrastrar a todos hacia arriba pero, para que no se quede enredado en forma demasiado prolongada en la persona individual y pueda arrastrarla también hacia arriba, debemos convertir en una *ley fundamental* de nuestra pastoral, de nuestro modo de actuar y de tratar a los demás, la siguiente consigna: en toda circunstancia mantenerse absolutamente intocado. Esto es lo que acentúa en forma tan estricta la antigua ascética: *regula tactus*.

Podrán pensar que, en otras ocasiones, comprendemos aquí las cosas en forma más liviana pero en esto las concebimos en forma más estricta que los antiguos: es simplemente una exigencia de la conducción orgánica. Pero como nuestra alma es tan débil y se queda detenida en forma tan prolongada en las cosas, ¿qué hace Dios? Cuida que nos desengañemos de las cosas. Y este *proceso de desengaño* promueve el proceso de conducción en cuanto me digo: pero si el hombre es nada más que carne y sangre, ¡cómo es que lo idolatro de inmediato, etc.! De ese modo debemos apegarnos a las cosas en forma sana pero no esclavizarnos sino ser conducidos más allá. Y para lograrlo es necesario permanecer absolutamente intocado. Lo digo en forma tan terminante pero admito el contacto decente, claro está. No obstante, por lo demás, ¡permanecer intocado! ¡También con los ojos! ¡No sólo con los ojos, sino también con todos los demás órganos! Todo eso forma parte de este contexto y este permanecer intocado hay que sostenerlo en forma absoluta como principio.

Esto vale también acerca de muchas otras cosas. Ahora deben pensar también en *los objetos de uso,* en las cosas materiales.

Me está permitido quererlas, vincularme a ellas pero no dejarme esclavizar. Esto significa que debo cuidar de conservar mi libertad, de llegar a ser independiente. Éste es el sentido del voto de pobreza, del espíritu de pobreza. Ahora deben preguntarse a sí mismos: ¿cómo está esto en mi caso? ¿Experimento el sentido de las cosas? Puede ser una pipa a la que estoy apegado en forma esclavizada, y eso puede ser para mí el mayor impedimento para llegar a Dios. Pueden ser personas que se me confían en la confesión, puede ser el ama de llaves, podría ser también el vicario, ¡pero en sentido contrario!

Lo mismo vale respecto del *poder y el prestigio.* Ya ha avanzado mucho la hora de modo que quiero señalar solamente el camino. Sólo tienen que ver lo siguiente: ¿estoy apegado a esas cosas? ¿O puedo decir, serenamente: mi Dios y mi todo? Si éste es el caso, entonces está bien. No obstante, me está permitido alegrarme también del poder y del prestigio, sólo no apegarme en forma esclavizada a ellos. Deben ser peldaños orgánicos para llegar a Dios: ¡mi Dios y mi todo!

D. Cuarta ley de crecimiento del amor: poner el propio instinto de amor en inmediata relación con el movimiento de amor que parte de Dios

La cuarta ley de crecimiento es la más profunda y la más importante, en especial para aquellos de nosotros que luchan, ya desde ¡sabe Dios cuánto tiempo!, por estar interiormente llenos de Dios en su propia naturaleza, aquellos que tienen que luchar más por ese objetivo. Dicho en lenguaje moderno: *procura colocar tu propio instinto de amor en inmediata relación con el movimiento de amor que parte de Dios.* Esto no entra en el ámbito de la mística. Cierto es que estos fenómenos son especialmente fuertes en la mística. Pero lo que dice la ley es accesible en toda circunstancia, también en las habituales.

• *Cuatro movimientos del amor*

Permítanme recordarles que hay un *cuádruple movimiento de la voluntad* y del amor. Al hacerlo, quiero utilizar expresiones que son habituales en la antigua ascética. Se trata aquí de un movimiento de amor natural humano, meritorio, cristiano y divino. Para expresar lo último, la antigua ascética decía «sobrenatural», y ésa es también la razón por la cual encontramos tanta exégesis al respecto.

– *Movimiento de amor natural humano*

¿Qué es un *movimiento de amor natural humano?* Es un bien humano puramente natural que me pone interiormente en movimiento, por ejemplo, la salud. ¿Qué es esto? Es un bien que actúa sobre todo especialmente en el estadio inferior: me refiero al hombre instintivo. Aquí, los bienes sensibles mueven al hombre de los sentidos.

– *Movimiento meritorio del amor*

El segundo movimiento es el *movimiento meritorio* de la voluntad o *del amor.* Se trata aquí de bienes que ponen en movimiento la voluntad y también el instinto de amor. Son los hombres que pertenecen al segundo estrato de ser, los hombres del espíritu. ¿Qué será esto? Honor y prestigio. Tengo en mí el impulso, quisiera ser objeto de honor. Y esto es para mí un bien que apetezco como tal.

– *Movimiento religioso del amor*

Un tercer movimiento de la voluntad tiene como objeto los bienes *religiosos cristianos,* por ejemplo, el Dios Trino, el Señor Jesucristo. ¿Qué es necesario para poner en movimiento el impulso hacia esos bienes? La virtud infusa del amor.

– *Movimiento divino o sobrenatural del amor*

Por último, hay todavía otro movimiento de bienes y de la voluntad. ¿Qué nombre le damos? Santa Teresa y otros utilizan la expresión «movimiento *sobrenatural* de la voluntad» pero esa expresión es equívoca[339] puesto que también el tercer tipo puede ser sobrenatural. Por eso hablamos de un *movimiento divino de la voluntad.*

¿Qué entendemos por esta caracterización? Cuando actúan en el alma principalmente las virtudes infusas de la fe, la esperanza y la caridad, sabemos que, por las inspiraciones de la gracia, hay en el alma una nueva capacidad para obrar en forma meritoria. En este estado, nuestro pensar y querer han sido elevados a niveles más altos pero se ven impulsados todavía por las mismas leyes que en el orden natural. Pero cuando en el alma actúan fuertemente *los dones del Espíritu Santo,* tenemos que constatar un hecho muy singular en nosotros: el Espíritu Santo actúa en forma directa sobre la inteligencia y la voluntad. Ya no es más un pensamiento discursivo. El Espíritu Santo actúa en forma directa sobre la inteligencia, capta en forma directa la voluntad. Éste es el sentido de los dones del Espíritu Santo. Son talentos infusos que capacitan y disponen al alma para responder en forma inmediata al impulso del Espíritu Santo; para elevarse, para dejarse entusiasmar por las acciones más grandes y difíciles.

---

339 El equívoco se relaciona con la forma de expresión, no con el contenido, puesto que también santa Teresa de Jesús distingue la «oración de quietud» (estadio de oración que pertenece ya a la gracia de contemplación») de la «oración de recogimiento», a la que considera ya sobrenatural. La santa Doctora de la Iglesia aconseja al alma a la que Dios conduce a este estadio de oración que «sin ninguna fuerza ni ruido procure atajar el discurrir del entendimiento, mas no el suspenderle, ni el pensamiento» (Moradas del Castillo Interior, Cuartas Moradas, cap. 3 n. 8 [*Obras completas,* 370]) y se refiere a tal estadio considerándolo como «un recogimiento que también me parece sobrenatural» (op. cit., Cuartas Moradas, cap. 3, n. 1 [*Obras completas,* 368]).

Éste es el punto que todos nosotros debemos grabarnos nuevamente. Así lo sentimos. Si nuestra vida ha de ser una vida de amor, es necesario que nuestra débil naturaleza sea impulsada por Dios. Porque ¡cuán débil es el instinto del amor divino en nuestra alma! Es la imagen del pájaro al que se le han recortado las alas. Acerca de esto mismo leemos también con frecuencia en las cartas de almas fervorosas. El águila divina debe descender y recoger a su avecilla para llevarla consigo al seno de la Trinidad.[340] Debe hacerlo el Espíritu Santo.

- *Un permanente estado de entrañable amor a Dios*

Esto no entra en el ámbito de la mística; éste es el estado que debiéramos haber alcanzado en realidad hace tiempo en virtud de nuestra edad y de las gracias que hemos recibido, si es que hemos colaborado con ellas.[341] Se trata del *estado permanente de entrañable amor a Dios,* también durante el trabajo. Permítanme recordarles aquí una expresión: vivir en la presencia de Dios. Debemos llevar nuestra unión de vida con Dios también al interior de nuestro trabajo. Pero esto no podemos otorgárnoslo a nosotros mismos: Dios debe hacerlo. Nosotros sólo podemos prepararnos a ello mediante dos cosas.

---

340 Santa Teresa del Niño Jesús utiliza esta imagen en sus escritos autobiográficos (Teresa de Lisieux, *Obras completas,* 585-588): «Un día, yo lo espero, vendrás, Águila adorada, a buscar a tu pajarillo; y remontándote con él hasta el Foco del amor, le hundirás por toda la eternidad en el ardiente abismo de ese amor, al cual se ofrece él mismo como víctima» (588).

341 Al parecer, el P. Kentenich se refiere aquí a la «oración de simplicidad», acerca de la que dijo a los sacerdotes participantes de una jornada del año 1941 sobre los grados más elevados de la vida de oración, en la tercera plática: «Si no conozco este tipo de oración, la «oración de simplicidad», debo decir que tengo una actitud infantil. Hay una parte en mí que se ha quedado atrás respecto de mi desarrollo general» (WHG1941, 74s).

– Desprendimiento

En primer lugar, prepararnos mediante un *desprendimiento* to constante, serio y profundo *de nosotros mismos* y del mundo; sobre todo, mediante el desprendimiento de cosas que queremos mucho: ¡sacrificios del corazón! ¡Desprendimiento! ¡Seria mortificación! De ese modo puedo dejar expedito el camino para que Dios, cuando descienda, aprehenda mi voluntad y me arrastre consigo hacia lo alto, de modo que mi vida llegue a ser realmente una vida de amor.

– Cultivo de la oración y del espíritu mariano

En segundo lugar, constante *cultivo de la vida de oración y del profundo espíritu mariano*. La Santísima Virgen no tiene en definitiva otro interés que hacer que todo sea divinizado por su intercesión. Allí donde se presenta ella no sólo se ha presentado Cristo sino también el Espíritu Santo.[342]

¿Quieren escuchar cómo reza un alma que sabe dejar que su voluntad sea aprehendida siempre en forma directa por el amor de Dios? ¡Tengan entonces la bondad de detenerse a considerar la fórmula de consagración que rezara en su oportunidad *santa Teresita!* «A fin de vivir en un acto de perfecto amor, **yo me ofrezco como víctima de holocausto a vuestro amor misericordioso,** suplicándoos que me consumáis sin cesar, dejando que se desborden en mi alma las olas de *ternura infinita* que están

---

342 Ya en las pláticas que el P. Kentenich dictara en mayo de 1914 en Schoenstatt como director espiritual de los seminaristas pallottinos se hacía referencia a esta realidad. Decía el P. Kentenich: «La veneración, la alabanza de María, no sólo agrada al Espíritu Santo: él es también su causa; y María no puede ser alabada en forma digna sin la inspiración y la fuerza del Espíritu Santo. Por tanto, cuanto mayor sea el amor a María, en forma tanto más abundante e ininterrumpida se derramarán los dones del Espíritu Santo y, a la inversa, cuanto más esté uno lleno del Espíritu Santo, tanto más ardiente será su amor a María» (F. Kastner, *Unter dem Schutze Mariens,* Paderborn 1939, 253).

encerradas en vos, para que así llegue yo a ser *mártir* de vuestro *amor,* ¡oh Dios mío!… Que este *martirio,* después de haberme preparado a comparecer delante de vos, me haga por fin morir, y que mi alma se lance sin demora al eterno abrazo de *vuestro misericordioso amor…* Quiero, ¡oh, *Amado* mío!, renovaros esta ofrenda a cada latido de mi corazón, un número infinito de veces, hasta que habiéndose desvanecido las sombras, ¡pueda yo repartiros mi *amor* en un *cara a cara* eterno!».[343]

Aquí deben tener ante ustedes la imagen de cómo dejar que la propia vida sea captada directamente por la vida divina: «que me consumáis sin cesar, dejando que se desborden en mi alma las olas de *ternura infinita* que están encerradas en vos».

Con esto les he dicho, en forma resumida, lo que puede decirse al respecto. Es obvio que saber estas cosas no es todavía vivirlas. De todos modos, se yergue de nuevo ante nosotros un gran edificio. Ahora hemos ido sabiendo, poco a poco, qué significa *perfecta alegría sacerdotal de vivir.* Conocemos también las fuentes de las que hemos de beber y extraer: el *perfecto amor de Dios.* Nos hallamos desvalidos frente a la gran tarea. ¿La cumpliremos? Sí, la cumpliremos si nos esforzamos en llevar realmente a la práctica el par de puntos que he podido indicarles en forma fundamental.

Sí; si estas nítidas líneas están ante nuestro espíritu, sabemos cómo podemos trabajar a lo largo de doce meses, cómo podemos dejarnos inspirar fuertemente por la gran tarea del tiempo actual, por el enfrentamiento espiritual y la inmunización espiritual de nuestro pueblo y de la propia alma frente al bolchevismo. Debemos superar el espíritu bolchevique representando, como jefes

---

343 Final de la oración de consagración del 9-6-1895 (Obras completas, 812s. Los destacados en versalita, mayúscula y cursiva están en el original).

del pueblo católico, al hombre moderno redimido de la forma más clásica posible. ¿No opinan acaso que varios deberían unirse para proclamar en común, desde el púlpito, verdades como las que hemos comentado?

Uno de ustedes me relató ayer –he olvidado pedir permiso para decirlo pero lo doy por supuesto– cuántos clérigos pronuncian esencialmente el mismo sermón asumiendo una actitud muy consciente frente al «Movimiento Alemán de Fe». Dos de ellos preparan la materia y hacen el esquema de modo que el mismo día se proclamen, desde todos los púlpitos, las mismas verdades. ¡No debemos cansarnos! Escuchen lo que dijo Clemens Hofbauer: el Evangelio debe ser predicado de nuevo. Debemos interpretar las antiguas verdades de tal manera que nuestros seguidores sean interiormente capaces de superar los peligros. El bolchevismo no puede superarse de hoy para mañana: es el peligro del siglo. Debemos procurar que la Iglesia y nuestro pueblo lleguen a ser tan fuertes que superen interiormente las dificultades, las herejías, las conmociones, de modo que nuestro pueblo y nuestra Iglesia católica salgan de toda esta lucha más gloriosos y dignos de gloria.

Decimosexta Plática
EL ESPÍRITU SANTO, ALMA DE LA IGLESIA

1. Esperamos el Espíritu Santo

Hemos comprendido el retiro de este año como una renovación profundizada de la gracia de la ordenación sacerdotal y de Pentecostés; como una segunda fiesta de Pentecostés, un segundo milagro de Pentecostés. Con arreglo a eso mismo, hemos dispuesto este par de días de convivencia. Los hemos comprendido conscientemente como preparación a un nuevo envío del Espíritu Santo. Por eso nos hemos mantenido siempre en la actitud de revivir la situación de Pentecostés: estaban todos reunidos con María, la Madre de Jesús (véase Hch 1, 14). De ahí también la constante invocación pronunciada en unión con la Santísima Virgen y entre nosotros mismos: envía tu Espíritu y se realizarán la *nova creatura* (nueva creatura), el hombre nuevo, la nueva comunidad, el hombre nuevo redimido y la comunidad nueva redimida.

A este trabajo de preparación, debe seguir el propio *envío del Espíritu.* ¿Podemos esperarlo con ocasión de la celebración final? ¿Podemos esperar el Espíritu de Dios tal como ya lo hemos recibido en la ordenación sacerdotal: *Accipe Spiritum Sanctum* (Recibe el Espíritu Santo)? ¡Que el Señor pronuncie después, sobre nosotros, en la celebración final, la misma frase creadora: *Accipe Spiritum Sanctum!* La misma frase que captaron en aquel tiempo y en vitalidad plena los apóstoles en el Cenáculo. En efecto, de ellos se dice: «quedaron todos llenos del Espíritu Santo y se pusieron a hablar» (Hch 2, 2). El Espíritu Santo intervino en ese momento *per modum unius* (de modo único) [344], con enorme profundidad en su vida y desplegó en ellos su múltiple acción. Lo que el Espíritu Santo obró en los apóstoles el día de Pentecostés quiere obrarlo también, «gota a gota», en diferentes ocasiones a lo largo de nuestra vida. Por eso, *Deo gratias:* puedo esperar al final del retiro el Espíritu Santo con su intensa acción.

Una vez más, gracias a Dios. ¡Han sido tantas las *verdades* que he podido captar en mi alma en estos días! Y si arrojo una mirada retrospectiva, debo temer que tal vez haya sido muchísimo lo que se ofreció, al parecer demasiado para un par de días. Pero no tengo por qué temer, pues el Espíritu de Dios, el Espíritu Santo —así oímos que nos dice Jesucristo en este momento— «les enseñará todo y les recordará todo lo que yo les he dicho» (Jn 14, 26; véase también 16, 13). El Espíritu de Dios, el Espíritu Santo, deberá cuidar que los pensamientos y verdades, que hemos tenido oportunidad de absorber con tanta fuerza en nosotros, no se dispersen sino que encuentren terreno fértil y den fruto al cinco, al diez, al treinta, al sesenta y al ciento por uno.

---

[344] «En el modo de un solo» acontecimiento, el Espíritu Santo tomó en Pentecostés posesión de todos los apóstoles al mismo tiempo y los llenó de su presencia (véase Hch 2, 4). Lo mismo sucedió también después en forma reiterada pero sólo «gota a gota» (véase más abajo), como lo relata ya el libro de los Hechos de los Apóstoles (véase 4, 31).

1.1. El Espíritu Santo debe transformar nuestro sentimiento de vida

¡Gracias a Dios que viene el Espíritu de Dios! No sólo esperamos el arraigo de los pensamientos del retiro en nosotros sino también la *transformación de nuestro sentimiento de vida* en el sentido de Dios, tal como la hemos puesto como meta ante nuestra mirada. Y sabemos por experiencia cuán poco es, en total, el crecimiento de la vida interior que nos llevamos a casa cada año; cuán pronto se ha disipado todo de nuevo, cuán poca fuerza borbotante ha desplegado en nosotros todo lo que habíamos absorbido durante un par de días de soledad.

Por cierto que aquellos que hemos venido, año a año a este lugar; con el correr del tiempo, hemos hecho la experiencia de que retiros de nuestro tipo no repercuten en forma especialmente profunda durante los días de semana que pasamos en común, sino que despliegan su acción con mucho más fuerza sólo más adelante. Hasta donde podemos comprender la razón de este fenómeno, debemos decir que es la siguiente: como estos pocos días orientan su trabajo siempre y en forma tan irrestricta hacia la creación de una actitud, no podemos sustraernos al proceso de transformación. Y eso lo notamos propiamente sólo cuando estamos afuera, y más de lo que lo notábamos aquí, estando bajo la influencia de la verdad.

1.2. El Espíritu Santo nos regala calor sobrenatural

Pero, aun cuando estas verdades, en su forma de presentación psicológicamente original, actúen sobre nosotros, es demasiado poco para poder comprender y captar la naturaleza de un hombre redimido y de una humanidad redimida. Por eso, también aquí, el Espíritu de Dios, el Espíritu Santo debe regalarnos no sólo claridad para el entendimiento sino también fuerza para la voluntad, calor, *calor sobrenatural para el corazón.*

1.3. El Espíritu Santo crea en nosotros la nueva creatura

El Espíritu de Dios, el Espíritu Santo, debe crear en nosotros la *nova creatura*. Por eso queremos pedir en silenciosa interioridad y reflexión, con más profundidad que hasta ahora: *Emitte Spiritum tuum, et creabuntur: et renovabis faciem terrae.*[345] ¡Y entonces, esperar con toda firmeza el Espíritu Santo y su profunda acción! Sí, esperamos con certidumbre el Espíritu Santo. En estos días hemos obtenido nueva claridad acerca de que el Espíritu de Dios, el Espíritu Santo, es un Dios viviente, un Dios que gobierna también hoy el acontecer del mundo actuando, formando y plasmando y que quiere intervenir en nuestra pequeña vida. El Espíritu de Dios debe venir; debe venir de nuevo fuertemente sobre nosotros, con más fuerza que en otros tiempos. Debe hacerlo, según me parece, por dos razones: primero, porque lo necesitamos y, segundo, porque él nos necesita.

Nosotros necesitamos el Espíritu Santo. ¿Acaso no hemos visto en estos días, con más claridad, nuestra tarea de *construir y ampliar el Reino de Dios?* El cristianismo, el sacerdocio, no es para nosotros una escala hacia el cielo sino, tal vez más que en otros tiempos, una escala hacia la tierra: *adveniat regnum tuum,*[346] debemos y podemos ampliar el Reino de Dios. Si queremos realizar un trabajo útil en la construcción y ampliación del Reino de Dios, un trabajo heroico, debemos esperar el Espíritu Santo. Y por eso mismo debemos también recibir el Espíritu Santo. Queremos realizar un trabajo útil en la construcción del Reino de Dios. Pero realizarán un trabajo útil y lo harán en magnitud si no se quedan en lo periférico, en lo superficial, en lo secundario, en lo que no reviste carácter último. Nuestro trabajo será

345　Véase Sal 104 (103), 30: «Envías tu soplo y son creados, y renuevas la faz de la tierra».

346　Venga a nosotros tu Reino (véase Mt 6, 10; Lc 11, 2).

útil si está orientado hacia el centro, si gira en torno al alma de la Iglesia, en torno al alma del Reino de Dios.

1.4. El Espíritu Santo es el alma de la Iglesia

Pero ¿sabemos cuál es esa alma? ¿Sabemos que esa *alma de la Iglesia es el Espíritu Santo?*[347] Tal vez, hasta ahora no lo hemos sabido en absoluto o no en forma especialmente práctica, suficientemente concreta, pues, de otro modo, no habríamos tomado tanta distancia del Espíritu de Dios; nuestras obras de pastoral hubiesen tenido en mayor medida el carácter de «cura de almas». Pero, sobre todo, son los adversarios del Reino de Dios aquí en la tierra quienes no saben nada, absolutamente nada del Espíritu Santo como alma de la Iglesia; si así no fuese, no comenzarían a lanzar sus aullidos de triunfo con la conciencia y la advertencia de que ahora tienen más que meros medios organizativos para derrotar a la odiada Iglesia. «Ustedes, hijos de la Iglesia católica,[348] hasta ahora han reivindicado la inmortalidad de la Iglesia. ¡Pero eso se acabó! Antes era imposible vencer porque no se tenían tantos medios en las manos. Pero hoy conocemos mejor la psicología de masas. Hoy hemos logrado mucho y, por eso, tenemos que lograr también derrotar a la Iglesia». ¿Qué olvidan los adversarios de la Iglesia que hablan y piensan de ese modo? Ven a la Iglesia solamente como organización exterior, no como organismo, y no ven tampoco su alma, el Espíritu Santo.

¿Lo sabemos nosotros? ¿Queremos que el Espíritu Santo encuentre corazones receptivos cuando descienda sobre nosotros? ¿No queremos y no debemos, pues, profundizar de nuevo en esta gran verdad de que el Espíritu de Dios, el Espíritu Santo, es el alma de la Iglesia aquí en la tierra? ¿Qué otra cosa quiere decir

347 Véanse más adelante las notas 351 y 352, p. 447s.
348 Palabras puestas retóricamente en boca de los adversarios (¿nacionalsocialistas?) de la Iglesia.

acaso Jesucristo cuando ora al Padre: Como tú, Padre, me has enviado al mundo, también yo los envío (véase Jn 17, 18; 20, 21)? ¿No queremos escuchar esta palabra como si se hiciese literalmente realidad, sobre todo más tarde, en la celebración final? Como tú, Padre, me has enviado al mundo, también yo los envío, para que sean uno como tú en mí y yo en ti. Así, todos ellos deben ser uno en nosotros. (véase Jn 17, 18. 21).

¿Qué quiere decir el Señor con esas palabras? ¿Cuál es el principio de unidad entre el Padre y el Hijo? ¿Cuál es el lazo de unión, como dice santo Tomás, la fuerza primordial entre el Padre y el Hijo?[349] Los teólogos dogmáticos nos dicen, remitiéndose a la Sagrada Escritura, que ese lazo es *el Espíritu Santo.* Él es el que vincula y une entre sí a los miembros de la Iglesia y él es también *el que une a los miembros de la Iglesia entre sí y con el Unigénito:* el Espíritu Santo, el alma de la Iglesia. Lo mismo señala también una conocida definición de la Iglesia. Como nos dice Bossuet a su genial manera: «la Iglesia es el mismo Cristo en cuanto sigue viviendo y actuando a lo largo de los siglos, de las edades, de las generaciones».[350] La Iglesia como Cristo que sigue engendrándose en el mundo. Por eso, el Espíritu de Cristo es también el Espíritu de su Iglesia, el Espíritu Santo.

---

349 Tomás de Aquino, STh I, 37, 1 ad 3: «dicendum quod Spiritus Sanctus dicitur esse nexus Patris et Filii inquantum est Amor, quia cum Pater amet unica dilectione se et Filium, et e converso, importatur in Spiritu Sancto, prout est amor, habitudo Patris ad Filium; et e converso, ut amantis ad amatum … Secundum … praedictam habitudinem est medius nexus duorum ab utroque procedens» : «Hay que afirmar lo siguiente: se dice que el Espíritu Santo es el nexo entre el Padre y el Hijo en cuanto que es el Amor, puesto que, como el Padre se ama a sí mismo y ama al Hijo con un único amor y, a la inversa, también está dada en el Espíritu Santo en cuanto Amor la relación del Padre para con el Hijo (y a la inversa) como del que ama al que es amado … Según … la mencionada relación, él es el nexo intermedio entre los dos, procediendo de ambos».

350 Véase Koch II, 333, 4, 5.

Así entendemos también lo que nos dicen grandes teólogos como, por ejemplo, san Agustín y santo Tomás. San Agustín nos dice: *lo que es el alma para el cuerpo es el Espíritu Santo para la Iglesia.* Las funciones que realiza el alma en el cuerpo y frente al cuerpo son las que realiza el Espíritu Santo frente a la Iglesia.[351] En forma algo más categórica, clara, metafísica, filosóficamente delimitada, agrega santo Tomás: el Espíritu Santo es como el alma de la Iglesia. «Como el alma»: con esto quiere decir que el Espíritu Santo no puede ser el elemento esencial de la Iglesia, el principio de la Iglesia, puesto que la Iglesia es algo creado. Pero agrega que las funciones que realiza el Espíritu Santo en la Iglesia son las mismas que las del alma en el cuerpo.[352]

¿Queremos convencernos de esto? *Nosotros,* que vemos *hoy en día* a la Iglesia de manera diferente que en otros tiempos, que somos responsables de que la Iglesia conserve también en medio del tiempo actual su carácter imperecedero; nosotros, que estamos llamados a darlo todo por la Iglesia, a dar lo mejor de nosotros, nuestro cuerpo y nuestra vida, esperamos el Espíritu Santo si es que queremos realizar un trabajo útil en el Reino de Dios. Y queremos realizarlo. Por eso clamamos hacia el Padre, hacia el mismo Unigénito: ¡envíanos este Espíritu Santo para que, animados por él, podamos actuar en forma más profunda y

---

351 Agustín, Sermo 267, IV, 4 (PL 38, 1231): «quod autem est anima corpori hominis, hoc est Spiritus Sanctus corpori Christi, quod est Ecclesia; hoc agit Spiritus Sanctus in tota Ecclesia, quod agit anima in omnibus membris unius corporis»: «lo que es el alma para el cuerpo del hombre es el Espíritu Santo para el Cuerpo de Cristo que es la Iglesia; el Espíritu Santo opera en toda la Iglesia lo que el alma opera en todos los miembros de un cuerpo».

352 Tomás de Aquino, *Expositio in symbolum 9*: «Sicut videmus quod in uno homine est una anima, et unum corpus, et tamen sunt diversa membra ipsius, ita Ecclesia catholica est unum corpus, et habet diversa membra. Anima autem quae hoc corpus vivificat, est Spiritus Sanctus»: «Así como vemos que el hombre tiene un alma y un cuerpo pero diferentes miembros, así la Iglesia católica es un cuerpo y tiene diversos miembros. Pero el alma que vivifica ese cuerpo es el Espíritu Santo».

duradera sobre el alma de la Iglesia, de la parte de la Iglesia que debemos cuidar en nuestra pequeña familia parroquial!

2. Funciones del Espíritu Santo

Así vislumbramos también en sus pormenores la *acción del Espíritu Santo*. Partimos de la idea de alma de la Iglesia. ¿Qué funciones tiene el Espíritu de Dios, el alma de la Iglesia? ¿Qué funciones tiene el alma frente al cuerpo? Una función creadora, plasmadora, animadora y ordenadora.

2.1. El Espíritu Santo, principio creador

Así, el Espíritu Santo es también el principio *creador* en la Iglesia. Él crea propiamente a la Iglesia, crea el Cuerpo místico de la Iglesia, crea a Cristo, crea la naturaleza humana del Dios hecho hombre, crea a Cristo como Cabeza de la Iglesia, crea también lo divino, la gracia en nosotros, Cristo y sus miembros místicos. Éste es el Espíritu de Dios, el Espíritu Santo que actúa aquí como alma en la fuerza creadora.

2.2. El Espíritu Santo, principio animador

Pero él es también el principio *animador*. Él otorga a su Iglesia el espíritu de la verdad, el espíritu del amor; él da a su Iglesia también el espíritu de la alegría y del regocijo.

2.3. El Espíritu Santo, principio ordenador

Él es en la Iglesia el principio *ordenador* y, por eso, es también el principio de plasmación creadora, el gran principio de unidad que produce sobre todo el crecimiento, en la Eucaristía.

3. Necesitamos el Espíritu Santo

¡Esperamos este Espíritu, el alma de la Iglesia! *Emitte Spiritum tuum!* Y no oramos solos: siempre estamos e*n compañía de la*

Santísima Virgen, que pide, ora y suplica también con nosotros, y nosotros con ella: *Emitte Spiritum tuum!* Queremos realizar un trabajo útil en la construcción y ampliación del Reino de Dios. En efecto, queremos ayudar a crear en nuestras filas, en nuestros círculos y en nuestra familia parroquial un estado ideal.

¡Pero eso no es suficiente! ¡Son tan serios los tiempos actuales! Hoy debemos predisponernos en general a que el trabajo de construcción y ampliación que tenemos que realizar es *heroico.* Hoy se necesita heroísmo, tener gracia en un nivel extraordinario, ya sólo para saber enseguida sobre qué estructura debe construirse hoy. Se necesita fuerza de plasmación, voluntad de plasmación para formar hoy a nuestro rebaño, para hacer que el Reino de Dios sea apto y capaz de vencer al mundo. ¿No ha sido así en todos los tiempos? Pero cuando nos encontramos frente a un giro de los tiempos y la Iglesia debe lanzarse al mar embravecido de la época y del mundo, ¿no sentimos y debemos sentir que, en tiempos semejantes, el Espíritu de Dios debe brotar de manera totalmente singular? Así fue al comienzo y así fue también una y otra vez después, en grandes cambios de época. Y sabemos, por la teología dogmática, que, cuando se trata de obras heroicas en y para Dios, somos *totalmente dependientes del Espíritu Santo.*

Queremos realizar un trabajo heroico; no queremos quedarnos a mitad de camino sino, a pesar y también a raíz de los desórdenes del tiempo actual, crear en segundo plano un estado ideal católico. Y cuanto más estemos llamados a hacerlo, con tanto más fervor debemos implorar y pedir: *emitte Spiritum tuum!* (¡Envía tu Espíritu!). Esperamos el Espíritu de Dios, el Espíritu Santo. Sí, lo esperamos y debemos esperarlo porque todos lo necesitamos sin falta.

4. El Espíritu Santo nos necesita

¿Me permitirán que les traiga también a la memoria la cara opuesta? Esperamos también el Espíritu Santo *porque él nos necesita*. Dios es el Independiente, el Inconmensurable; él puede hacer y obrar lo que quiera y como quiera. Pero cuando él mismo ha proclamado leyes, se atiene a ellas. Cuando san Agustín nos dice «Dios te ha creado sin ti pero no quiere redimirte sin ti»[353], nos está advirtiendo acerca de la ley a la que me refiero: el Espíritu de Dios, el Espíritu Santo se ha hecho dependiente de *causas segundas*. ¡Qué respeto muestra frente a nosotros! Cuando él quiere imprimir en el mundo el rostro de Cristo no lo hace solo sino que utiliza instrumentos, se ha hecho dependiente de ellos. ¡Sí, el Espíritu de Dios necesita instrumentos!

¿No queremos alegrarnos de poder suponer en cierto sentido que estamos preparados para ese trabajo de *instrumentos* que el Espíritu Santo quiere realizar en nosotros y a través de nosotros? Pensamos cuántos afectos de anhelo hemos enviado en estos días hacia lo alto, cuántas veces hemos clamado con los apóstoles y la Bendita entre las mujeres: ¡Envía tu Espíritu! Y no en vano hemos hablado al comienzo del retiro acerca de la fuerza creadora y del anhelo llameante por el Espíritu creador y santificador.

Así es, no sólo afectos de anhelo, no, sino también un *amor profundo y serio* de parte de ustedes. Podrá parecernos, sobre todo al final del retiro, como si el Señor quisiese entregarnos nuevamente la conducción de nuestra comunidad parroquial. Él está frente a mí como estuvo frente a Pedro y me pregunta: ¿me amas? ¿Acaso no me ha planteado esa pregunta en este retiro? ¿No ha pronunciado mi nombre en forma sumamente dulce y

---

353 Véase p. 318, nota 226.

tierna preguntándome: me amas? ¿Y qué respuesta he de dar? Escuchen la siguiente pregunta: ¿Me amas más que éstos, más de lo que me aman todos los otros que están aquí en la sala? (Véase Jn 21, 14-17). ¿Me atreveré a hacer un juicio de valor y decir que sí? No, nosotros queremos hacerlo como Pedro, queremos contentarnos con decir al Señor y al Espíritu de Dios: tú sabes que te amo, sabes que querría amarte con todo el fervor que hay dentro de mí.

Por eso podemos esperar con certidumbre el Espíritu Santo, el Espíritu de Dios. *Emitte Spiritum tuum!* ¡Sí, envía tu Espíritu sobre nosotros en esta celebración devocional, y haremos progresos en la solución de las dificultades, progresos en el sentido de poder ofrecer cada vez más al tiempo actual el ideal del hombre redimido! Esperamos con certidumbre el Espíritu Santo pero, con él, también toda su acción.

5. Acción del Espíritu Santo

5.1. El Espíritu Santo, Espíritu de la alegría y del amor

La acción del Espíritu Santo es multiforme pero, al final del retiro, debe actuar en nosotros como *el Espíritu de la alegría y el Espíritu del amor.* Así es: sólo si el Espíritu Santo actúa en nosotros en esas dos direcciones –como Espíritu de la perfecta alegría sacerdotal de vivir, como espíritu del amor–, sólo entonces podrá decirse más adelante de nosotros que hemos salido con alegría a presentarnos ante los tribunales,[354] alegremente dispuestos a darlo todo en tiempos difíciles, dificilísimos, para dar testimonio de Cristo por amor, por ardor interior.

---

354 El P. Kentenich establece un paralelismo entre la persecución en tiempos de la Iglesia primitiva y bajo el régimen nacionalsocialista. Véase Hch 5, 41ss; Mc 13, 9ss; Lc 21, 12ss.

Emitte Spiritum tuum! Así debe ser. El Espíritu Santo debe *transformarnos realmente en nuestro interior,* por lo menos en forma gradual, lenta, profunda; y seguir haciéndolo hasta que seamos realmente la *nova creatura,* hasta que representemos al hombre nuevo, redimido en Cristo y por Cristo. El Espíritu Santo debe actuar en forma tan prolongada y profunda en nosotros para que, una vez, podamos decir con gran fervor y con verdad: *caritas urget nos* (2 Co 5, 14). Ésta es la acción del Espíritu de Dios, la acción plasmadora y global: *caritas Christi urget nos!* (¡la caridad de Cristo nos urge!).

Una vez más está ante mí el amor ardiente, llameante del Dios hecho hombre. Él me amó con amor eterno, con amor solícito, cordial, heroico. Una vez más nos dice en este momento: «Nadie tiene mayor amor que el que da su vida por sus amigos» (Jn 15, 13). *¡Amor por amor!* ¿Acaso no he de corresponder a ese amor santo con un amor llameante? He ahí ante mí a san Pablo, que exclama: ¡Anatema sea quien no ame al Señor Jesús! (véase 1 Co 12, 3; Ga 1, 8s). ¡Cómo arde en él, sin reservas, el fuego del amor a Cristo! Y nada puede separarlo del amor de Cristo. «¿Quién nos separará del amor de Cristo?» (Rm 8, 35). Y enumera entonces todo lo difícil y duro, pero nada puede separarnos del amor de Cristo. ¿Acaso no debe ser así también en mí? *Caritas urget,* no el temor, no la compulsión, no la obligación; ningún otro móvil, no: ¡el amor de Cristo! Por eso, en el futuro será y deberá ser mi compañera de camino la *magnanimidad.* No hago solamente lo que debo hacer sino lo que, de alguna manera, puede dar alegría a Cristo —y aunque fuese al precio de mi vida—, lo que pueda aumentar su honor y su Reino. Éste debe ser el sentido, la consigna de mi vida y pensamiento futuros: *caritas urget me!*

5.2.　El Espíritu Santo nos enciende en el amor a María

Pero permítanme agregar una segunda expresión: *el amor hacia mi Madre María* me impulsa y apremia. ¿Debo recordarme de nuevo cómo la Santísima Virgen me ha demostrado todo su amor? Ahí está, frente a mí. El Dios hecho hombre le ha regalado un corazón maternal para conmigo. ¡Cómo se ha mostrado maternal desde el comienzo hasta ahora, en especial a partir del momento en que sentí que Dios me llamaba a ser sacerdote, en especial en estos días, en que he podido permanecer por cuatro o cinco días en esta atmósfera de gracia, en el mundo propio de María, donde ella ejerce su dominio sin impedimento alguno!

La Santísima Virgen actúa –así lo creemos– también desde este lugar.[355] *Desde aquí,* ella ha introducido una nueva onda y ola, desde aquí ha cuidado de que se movilizara nuevamente la fuerza originaria del catolicismo. Ella actúa también a fin de que crezcan para la Iglesia vigorosas figuras de líderes que estén en condiciones de servir a la Iglesia con gran desinterés. El amor de la madre. ¿No he de responder acaso amor con amor? Mi amor a la Santísima Virgen debe ser filial, caballeroso, vigoroso.[356]

Mi amor a Dios, que debe impulsarme a partir de hoy en la pastoral, en la plasmación en Cristo de la vida propia y ajena, debe ser un amor de imitación. ¡El amor me apremia; el amor de Cristo, el amor de la Madre, el *amor a las almas* me apremia! Cristo, al morir, me ha confiado muchas almas inmortales. La

---

355　Desde el Santuario de gracias de Schoenstatt, María actúa mediante su amor como Madre y Educadora del Pueblo de Dios. Ella desarrolla esta acción en la «Alianza de Amor», que no implica solamente nuestra consagración a María sino también sus «obligaciones de amor» como Señora de Alianza.

356　Véase la conocida oración de la Congregación Mariana como expresión de la consagración a María: «Eligo te hodie in Dominam, Advocatam, Matrem; tuere me servum, clientem, filium tuum»: «Hoy te elijo como Señora, como Abogada, como Madre; protégeme como siervo, como protegido, como hijo tuyo».

Santísima Virgen quiere que cuide a sus hijos espirituales. Por eso me ha implorado la gracia del sacerdocio.[357] Por eso, podrán sucumbir por derrumbe las obras de mis manos, los edificios y las organizaciones; podrán haberse derrumbado sin culpa de mi parte pero, si se han derrumbado sin que sea culpa mía, me queda lo último: el amor a las almas inmortales debe ser la fuerza que impulse constantemente mi actuar.

5.3. El Espíritu Santo nos enciende en el amor a la Iglesia

El *amor a la Iglesia*. La Santísima Virgen es mi Madre. Pero también veo como Madre a la Iglesia de Dios, a la santa Iglesia romana. Pienso cómo esa Iglesia me ha engendrado, cómo me ha cuidado a través de los sacramentos, cómo ha colocado su honor en mis manos a través de la ordenación sacerdotal. ¡Cuántas maravillas me ha regalado y ha hecho por mí la madre Iglesia, que puedo ser servidor suyo, miembro suyo, aventajado miembro suyo! *Caritas urget!* También mi amor por ella debe ser un amor filial, fiel, invariable, caballeroso, heroico.[358] ¡Si la Iglesia me necesita, ahí estoy!

Caritas urget! Así esperamos, así debemos esperar, en la celebración final, el Espíritu de Dios, el Espíritu Santo. Y será una liberación y una alegría interior para nuestra alma si podemos suponer que, mientras el Espíritu esté suspendido sobre nosotros durante la celebración devocional, el Señor pronun-

---

357　El P. Kentenich manifestó siempre de nuevo esta convicción. Ya como joven director espiritual de los seminaristas palotinos, en mayo de 1914, enumeró entre los «dones y gracias que debemos a María» en forma especial los «primeros impulsos de la gracia de la vocación» (véase Kastner, *Unter dem Schutze Mariens,* 249).

358　El P. Kentenich demostró su amor a la Iglesia en una fidelidad que no pudo ser sacudida ni siquiera por el destierro de catorce años que le fuera impuesto precisamente por esa Iglesia. Cuando regresó de ese exilio en 1965, pudo recomendar una vez más a sus seguidores ese amor con las palabras que quiso que se grabaran en su lápida: *Dilexit ecclesiam.*

ciará nuevamente la palabra de envío singularmente poderosa, el mandato de misión: Como el Padre me envió, también yo los envío hoy (véase Jn 20, 21). ¡Una nueva, renovada ordenación sacerdotal, una renovada gracia de ordenación, una gracia de Pentecostés! ¡Como el Padre me envió, también yo los envío a ustedes! Y así partimos.

Queremos participar de la misión del Señor porque estamos impulsados por el Espíritu Santo. Participamos de su misión, de su vocación de Mesías, de su destino de Mesías, por eso también de su alegría de Mesías y de sus frutos de Mesías. Y así sea, pues: *emitte Spiritum tuum!* Sí, Señor Jesús, envía tu Espíritu Santo y seré transformado, comprenderé el nuevo tiempo, podré saber, podré trabajar y formar con acierto a fin de representar el rostro de un hombre nuevo redimido, de lograr trabajar en mi comunidad para el Reino de Cristo de la forma que el tiempo nuevo, el tiempo actual exige y desea de todos nosotros.

BIBLIOGRAFÍA

RELACIÓN DE LAS OBRAS CITADAS
O REFERIDAS EN EL TEXTO

1. OBRAS DE CONSULTA GENERAL

LThK² *Lexikon für Theologie und Kirche* (fundado por Michael Buchberger, 2ª edición totalmente renovada), comp. por Josef Höfer y Karl Rahner, 10 vols., Friburgo de Brisgovia: Herder, 1957-1966; Ergänzungsband [volumen complementario] 1967.

PG *Patrologiae cursus completus.* Series Graeca, ed. por J. P. Migne, 167 t., París 1857-1866.

PL *Patrologiae cursus completus.* Series Latina, ed. por J. P. Migne, 217 t. y 4 tomos de índices, París 1841-64.

2. OBRAS DEL P. JOSÉ KENTENICH

El listado sigue el orden cronológico. Agregamos entre corchetes la traducción al español de los títulos originales. En el caso de ediciones realizadas en español y utilizadas para citas en esta traducción, se consignan primero los datos bibliográficos de la edición traducida y, después, entre paréntesis, los de la edición o texto originales.

AP1927 *Allgemeine Prinzipienlehre der Apostolischen Bewegung von Schönstatt [Principios generales del Movimiento Apostólico de Schoenstatt].* Obra aún inédita.

IPT1930 *Industriepädagogische Tagung 1930 [Jornada de Pedagogía para la Industria, de 1930].* Obra aún inédita.

EI1931 *Ethos und Ideal in der Erziehung, Tagung 1931 [Ethos e ideal en la educación, Jornada de 1931]*, Vallendar-Schoenstatt 1972.

PWH1932 *Priesterliche Werktagsheiligkeit. Priesterexerzitien [Santidad sacerdotal de la vida diaria. Retiro para sacerdotes].* Obra aún inédita.

MPLW1933 *Marianisch-priesteliche Lebensweisheit. Priesterexer-zitien 1933 [Sabiduría de vida mariana sacerdotal].* Obra aún inédita. (Modo de citado: I = día primero; 1 = plática primera).

ME1934 *Marianische Erziehung. Pädagogische Tagung [Educación mariana. Jornada pedagógica].* Vallendar-Schoenstatt 1971.

DHM1936 *El hombre heroico. Ejercicios espirituales con la guía de San Ignacio y su método,* traducción de S. D. Acosta y R. H. Bernet, Santiago de Chile: Editorial Patris 2002. (Original: *Der heroische Mensch. Exerzitien 1936.* Obra aún inédita).

WH1937 Véase Nailis, M. Annette, *Werktagsheiligkeit.*

KVG1937 *Kindsein vor Gott. Priesterexerzitien [Ser niño ante Dios. Retiro espiritual para sacerdotes].* Vallendar-Schoenstatt 1979.

LWH1938 *Liturgische Werktagsheiligkeit. Priesterkurs 1938 [Santidad litúrgica de la vida diaria. Curso de ejercicios para sacerdotes, de 1938].* Obra aún inédita.

WHG1941 *Wachstum im höheren Gebetsleben. Priestertagung [Crecimiento en la vida de oración más elevada. Jornada para sacerdotes].* Obra aún inédita, impresa como manuscrito para la Familia de Schoenstatt, Vallendar-Schoenstatt 1977.

MWF1944 *Marianische Werkzeugsfrömmigkeit, herausgegeben für die Schönstattfamilie [Piedad instrumental mariana, editada para la Familia de Schoenstatt].* Vallendar-Schoenstatt 1974.

HW1945 *Hacia el Padre. Oraciones para uso de la Familia de Schoenstatt.* Traducción del P. Joaquín Alliende Luco, Santiago de Chile: Editorial Patris, 1976 y varias ediciones posteriores (original: *Himmelwärts. Gebete für den Privatgebrauch,* Vallendar, 1945 y ediciones posteriores).

KM1946 *Krönung Mariens - Rettung der christlichen Gesellschaftsor-dnung [Coronación de María - Salvación del orden social cristiano].* Vallendar-Schoenstatt 1977.

OB1949 *Oktoberbrief 1949 an die Schönstattfamilie [Carta de oc-tu-bre de 1949 a la Familia de Schoenstatt]*. Vallendar-Schoenstatt 1970.

GNP1950 *Grundriß einer neuzeitlichen Pädagogik für den katho-lischen Erzieher, Vorträge der Pädagogischen Tagung 1950 [Compendio de una pedagogía moderna para el educador católico, Pláticas de la Jornada Pedagógica de 1950]*. Vallendar-Schoenstatt 1971.

NMW1951 *Daß neue Menschen werden, Eine pädagogische Re-ligion-spsychologie, Vorträge der Pädagogischen Tagung 1951 [Que surjan hombres nuevos, Una psicología peda-gógica de la religión. Pláticas de la Jornada Pedagógica de 1951]*. Vallendar-Schoen-statt 1971.

LGS1952-II *Das Lebensgeheimnis Schönstatts [El secreto de la vida de Schoenstatt]* (2 t.), t. II: *Bündnisfrömmigkeit [Piedad de alianza]*. Vallendar-Schoenstatt 1972.

ST1961 *Studie aus dem Jahr 1961 [Estudio del año 1961]*. Obra aún inédita.

(Sin sigla *Plática para el Seminario Internacional de los Padres de Schoenstatt,* del 17 de julio de 1966. Aún inédita.

RR1968 *Vom Reichtum des Reinseins [La riqueza de ser puro]*. Vallendar 1968 y sucesivas ediciones.

3. BIBLIOGRAFÍA GENERAL

El listado sigue el orden alfabético de los apellidos o nombres de los autores. En el caso de obras citadas frecuentemente se ha utilizado una forma abreviada que se consigna aquí entre corchetes.

Aristóteles, *Ética a Nicómaco,* traducción de Julián Marías y María Araujo, Madrid, Centro de Estudios Constitucionales, 1969

Concilio Ecuménico Vaticano II. *Constituciones. Decretos. Decla-raciones,* edición bilingüe patrocinada por la Conferencia Epis-copal Española, con presentación de Angel Suquía Goicoechea, cardenal-arzobispo de Madrid, Madrid: Biblioteca de Autores Cristianos, 1993

Das Thema. *Arbeitsheft zu aktuellen Themen: Alltag - Spur meines Lebens [El tema. Cuaderno de trabajo sobre temas actuales: el* *día cotidiano, huella de mi vida]*. Edición a cargo de AG Frauenseelsorge Bayern, Múnich 1975.

Donders, Adolf, *Paul Wilhelm von Keppler,* Friburgo de Brisgovia 1935.

Endres, Nikolaus, *Die psychologische Begründung der Erziehungsmethode Don Boscos als Ursache seiner pädagogischen Erfolge.* Tesis doctoral impresa como manuscrito, Múnich 1951.

Faber, Frederick William, *Bethlehem,* Ratisbona 1861.

-, *Das heiligste Altarsakrament,* Ratisbona 1857.

Feckes, Carl, *Madre y esposa del Verbo.* Traducción del P. Feliciano de Ventosa, O.F.M. Cap., Bilbao: Desclée, 1955 (original: *Die bräutliche Gottesmutter,* Essen 1951).

Francisco de Sales, san, *Obras selectas.* Preparadas sobre la edición típica de las obras completas de Annecy por el P. Francisco de la Hoz, S. D. B, 2 t., Madrid: BAC (serie Normal, 109 y 127), 1954.

-, *Tratado del amor de Dios.* Edición preparada por las Hermanas de la Visitación de Santa María del Primer Monasterio de Madrid, presentación de Lamberto de Echeverría, traducción del P. Francisco de la Hoz S.D.B., Madrid: EDIBESA, 1999.

-, *Deutsche Ausgabe der Werke des Heiligen Franz von Sales nach der vollständigen Ausgabe der Oeuvres de Saint François de Sales der Heimsuchung Mariä zu Annecy (1892 - 1931).* Edición a cargo de los Oblatos de san Francisco de Sales bajo la dirección de Franz Reisinger, 12 t., Eichstatt-Viena 1959-1983 (referencias en el texto *Deutsche Ausgabe* más número de tomo Iss).

Garrigou-Lagrange, Reginald, *Perfection chrétienne et contemplation selon Saint Thomas d'Aquin et Saint Jean de la Croix,* 2 t., Paris [7/3]1923.

Ghéon, Henri, *Der heilige Pfarrer von Ars,* Einsiedeln 1930 (original: *Le Saint Curé d'Ars,* París 1928).

Goethe, Johann Wolfgang von, *Faust = Sämtliche Werke, Briefe, Tagebücher und Gespräche.* Comp. por Dieter Borchmeyer et al., t. 7, secc. 1, a cargo de Albrecht Schöne, Fráncfort del Meno 1994 (para una edición en español: Fausto. Una tragedia, traducción de Pedro Galvez, Esplugues de Llobregat: Plaza & Janés, 1986)

- , *Götz von Berlichingen = Sämtliche Werke, Briefe, Tagebücher und Gespräche.* Comp. por Dieter Borchmeyer et al., t. 4: Dramen, Fráncfort del Meno 1985 (para una edición en español: «Götz de Berlichingen», en: Obras, introducción y notas de José María Valverde, traducción de Justo Molina, t. 1, Barcelona: Planeta [2]1967).

Haecker, Teodoro (Theodor), *Virgilio, Padre de Occidente.* Traducción de Valentín García Yebra, Madrid: Ediciones y Publicaciones Españolas, 1945 (original: V*ergil - Vater des Abendlandes,* Leipzig 1931 (edición definitiva en *Gesammelte Werke,* t. 5, Múnich 1967).

Kant, Immanuel, *La Metafísica de las Costumbres.* Estudio preliminar de Adela Cortina Orts, traducción y notas de Adela Cortina Orts y Jesús Conill Sancho, Madrid. Tecnos, 1989 (original: *Die Metaphysik der Sitten,* 2 t., Konigsberg 1797; para una edición actual: *Werke in zehn Bänden* (Weischedel), t. VI: *Schriften zur Ethik und Religionsphilosophie,* Fráncfort del Meno 1981).

Kastner, Ferdinand, *Unter dem Schutze Mariens. Untersuchungen und Dokumente aus der Frühzeit Schönstatts [Bajo la protección de María. Investigaciones y documentos de los primeros tiempos de Schoenstatt].* (Paderborn 1939), Limburgo [4]1952.

Kempis, Thomas à (atrib.), *La imitación de Cristo.* Prólogo y tra-ducción de Agustín Magaña Méndez, Barcelona: Herder, [8]1991.

Keppler, Paul wilhelm von, *Mehr Freude.* Friburgo de Brisgovia 1919.

Kierkegaard, Søren, *Enten-Eller.* Copenhage 1997 (de próxima aparición la traducción al español bajo el título de *O bien o bien,* en el marco del volumen 2 de los *Escritos,* Madrid: Trotta).

- , *Temor y temblor.* Traducción de Vicente Simón Merchán, Madrid: Alianza, 2003.

[Koch] Koch, Anton, *Homiletisches Handbuch,* t. I-IV, Friburgo de Brisgovia [3]1939.

Luis de Granada, *Gebet und Betrachtung.* Friburgo de Brisgovia 1912 (para una edición en español: *Libro de la oración y meditación.* Madrid: Palabra, 1979).

- , Memorial de la vida christiana. Barcelona: Lacavalleria, 1674.

Monnerjahn, Engelbert, *Häftling Nr. 29392. Der Gründer Schönstatts als Gefangener der Gestapo 1941-1945 [Interno Nº 29392. El Fundador de Schoenstatt como prisionero de la Gestapo 1941-1945]*. Vallendar-Schönstatt ³1975.

[Müller] Müller, Michael, *Frohe Gottesliebe. Das Ideal des heiligen Franz von Sales [Alegre amor de Dios. El ideal de san Francisco de Sales]*. Eichstätt -Viena ²1968.

Nailis, M. Annette, *Werktagsheiligkeit. Ein Beitrag zur religiösen Formung des Alltags.* (Limburgo 1937) Vallendar ⁸1974 (para una edición en español: *La santificación de la vida diaria,* traducción de Constantino Ruiz-Garrido, Barcelona: Herder 1955, ⁹1992).

Nietzsche, Friedrich, *Also sprach Zarathustra.* Stuttgart 1969 (para una edición en español: *Así habló Zaratustra,* traducción de Andrés Sánchez Pascual, Madrid: Alianza, 2003).

- , *Die fröhliche Wissenschaft.* Stuttgart 1965 (para una edición en español: *La gaya ciencia,* traducción de José Carlos Mardomingo Sierra, Madrid: EDAF, 2002).

- , *Götzendämmerung. Der Antichrist. Ecche homo. Gedichte.* Stuttgart 1964.

Padres apostólicos *y apologistas griegos (s. II)k.* Introducción, notas y versión española por Daniel Ruiz Bueno, Madrid: BAC (serie Normal, 629), 2002, 401.

Perrin, J.-M. OP, *El evangelio de la alegría.* Traducción de Luis Homo Liria, Madrid: Rialp, 1962 ³1975 (original: *L'évanglie de la joie,* Friburgo / Suiza 1959).

Pieper, Josef, *Una teoría de la fiesta.* Traducción de Juan José Gil Cremades, Madrid: Rialp, 1974 (original: *Zustimmung zur Welt,* Múnich 1963).

- , *El amor,* traducción de Rufino Jimeno Peña, Madrid: Rialp, 1972 (original: *Über die Liebe,* Múnich 1972).

Pohle, J., *Lehrbuch der Dogmatik I [Manual de enseñanza de teología dogmática].* Paderborn ⁴1908.

Rauschning, Hermann, *Gespräche mit Hitler [Conversaciones con Hitler].* Zúrich 1940, nueva edición Viena 1973.

Rosenberg, Alfred, *Gestaltung der Idee [Plasmación de la idea].* Múnich 1938.

\-, *Der Mythus des XX. Jahrhunderts [El mito del siglo XX].* Múnich 1939.

Scheeben, Matthias Josef, *Handbuch der katholischen Dogmatik I [Manual de teología dogmática católica I].* Friburgo de Brisgovia 1933.

\-, *Natur und Gnade [Naturaleza y Gracia].* Múnich 1922.

Schiller, Friedrich Wilhelm, *Gedichte. Eine Auswahl.* Stuttgart 1977, 28ss.

Schlosser, Herta (comp.), *Zentrale Begriffe Schönstatts. Kleiner Lexikalischer Kommentar. Nach Schriften und Vorträgen P. Josef Kentenichs [Conceptos centrales de Schoenstatt. Pequeño comentario lexicológico. Según escritos y conferencias del P. José Kentenich].* Vallendar-Schoenstatt 1977.

Segneri, Paolo, *Il cristiano istruito nella sua legge: ragionamenti morali [El cristiano instruido en su ley: razonamientos morales].* 3 t., Bassano, 1743.

Teresa de Jesús, santa, *Obras completas. Edición manual,* transcripción, introducciones y notas por los padres Fr. Efrén de la Madre de Dios, O.C.D. y Otger Steggink I. Carm., Madrid: BAC (serie Normal, 212), 1962

Teresa de Lisieux, *Obras completas,* traducción de Manuel Ordóñez Villaroel, Burgos: Monte Carmelo, [7]1989.

Uhland, Ludwig, *«Frühlingslieder» [«Canciones de primavera»],* en: *Sämtliche Gedichte = Werke,* t. 1, comp. por Hartmut Fröschle et al., Múnich 1980.

Virgilio, *Eneida I.* Edición bilingüe, con traducción de Víctor José Herrero, Madrid: Gredos, 1989.

Vives, Juan Luis, *De anima et vita [Sobre el alma y la vida].* Valencia: Ajuntament de València (Vicent), 1992 (reproducción facsímil de la edición Basilea: Roberti Winter, 1538).

ÍNDICE GENERAL

El padre **José Kentenich** (1885-1968). Fundador de la Obra de Schoenstatt. Su proceso de beatificación fue iniciado oficialmente el Año Santo 1975, en la diócesis de Tréveris, en Alemania Occidental.

Característico de su persona es un carisma de paternidad sacerdotal, fruto de una profunda vinculación filial a la Santísima Virgen, en cuyas manos fue un instrumento fiel.

Padre y educador en la fe, se empeñó por formar un nuevo tipo de hombre y de comunidad cristianos, como respuesta al desafío colectivista de esta nueva época de la historia.

Profeta del Dios vivo, buscó incansablemente la voluntad de Dios en la creación, en los hombres y en los acontecimientos, siguiendo con audacia los caminos que le señaló la Providencia.

Hijo de la Iglesia, luchó y sufrió por su renovación, ofreciéndole su Obra como respuesta anticipada a las iniciativas del Concilio Vaticano II. Las palabras esculpidas sobre su tumba sintetizan su testimonio: *«Amó a la Iglesia»*. Así fue fermento para una nueva humanidad.

Para conocer más sobre el P. Kentenich:

Leer del P. Hernán Alessandri M. y el P. Juan Pablo Catoggio: *«La Historia del Padre Kentenich»*